선발과 교육과 기록

| 손종현 |

양 성 원

〈질문〉

성적 · 석차 시스템을 어떻게 '기록가능한 교육활동' 시스템으로 바꿀 것인가?

서문

교육을 통해 인간화를 추구한다. 인간화는 지식활동을 통해 지적 · 도덕적 발달을 향해 나아가는 것이고, 공동체에 대해 사랑과 봉사를 실천하며 급기야 평화 공존을 실천하는 것이다. 그 인간화를 교육의 과정에서 거치고 그리고 결과로써 향유할 수 있게 한다. 어떻게 그럴 수 있는가? 왜곡된 성적 경쟁을 완화하고, 선발과 기록을 제 원리대로 실행하며, 교육의 과정에서 탐구와 발견의 경험을 통해 재능과 능력감을 키움으로써 그럴 수 있다. 그 경우, 교육의 결과가 아닌 과정에 대해 관심을 표명하면서 거쳐야 할 과정을 다 거치게 함으로써 인간화를 추구할 수 있다. 그것이 교육 ↔ 기록 ↔ 선발의 도식을 문제 삼는 이유이다. 이 도식이 곧바로 인간의 사회화와 사회의 인간화와 직결된다. 필자는 인간의 사회화와 사회의 인간화를 확장하는 교육제도와 선발제도에 대해 숙고한다. 필자는 이런 교육활동을 활성화하는 교육시스템과 선발시스템을 발명하는 것을 일상의 숙제로 삼고 있다.

우리의 근대교육은 처음부터 끝까지 정치사회가 직접 규제를 하는 역사를 가지고 있다. 특히 일제강점기 식민지배 권력이 교육을 정치에 편입시켰다. 교육을 교육으로 두지 않고 권력이 정치에 편입시키면서 행정을 강화하고 그 행정을 보수화했다. 또 조선 민중을 시험으로 경쟁시키고 그 결과인 성적 · 석차로 통제하고자 했다. 일제는 관치교육이라는 체제와 성적 · 석차라는 시스템으로 조선 민중을 묶어 놓고자 했다. 지금도 그 관치교육체제와 성적 · 석차 시스템을 자발적으로 계승하고 있고, 이것이 우리 교육체제의 모순의 기제로 작용하고 있다.

모순은 우선 인식되고 폭로되어야 한다. 폭로되면서부터 그 모순의 심각성이 사회적으로 공유되고, 그것을 타파하기 위해 모종의 혁신 정책을 구안해야 할 것이다. 모름지기 성적 · 석차 시스템을 고착시키는 모순 기제에 대한 분석은 여태까지 '검은 상자(black box)'로 남아 있다. 누구나 현장성을 파손하는 교육모순이 구조화되어 있지만 아무도 이것에 대한 근본적인 대응책을 내놓지 않고 있다. 이 모순 기제의 분석과 제도적 대응책을 구안함으로써 새로운 사회의 리얼리티(reality)에 대해 전망하고자 한다. 이 저서가 전개하는 탐색과 선언은 인간화 성취를 위해 제안된 '역사적 프로젝트'라고 해도 좋다. 이 저서는 이 역사적 프로젝트의 일환으로 이루어진 것이다.

공교육 정상화가 빈말이 아닌, 이를 실질로 만들 수 있는 새로운 교육–기록–선발의 시스템을 창안해야 한다. 그것을 창안함으로써 인간화의 프레임을 새로 기획해야 한다. 이제 한국사회의 '성적 · 석차 시스템'에 대해 근본에서부터 새롭게 질문해야 한다. 이 질문을 탐구의 목적으로 설정하고, 이를 대체할 수 있는 새로운 체제를 구안해야 한다.

이 저서는 참여정부 교육혁신위원회 재직 당시의 이론적 고민과 연구물, 그 이후 필자가 학회에 게재한 여러 논문, 그리고 새로 정리한 글을 편집 · 구성한 것이다. 이 저서의 내용은 평소 필자가 가진 교육학적 소신을 적은 것이다. 이 저서는 4개의 부(part)에 14개의 장(chapter)으로 구성되어 있다. I 부의 1장에는 '교육현장 파손'의 기제로서 사람분별의 평가와 성적 · 석차 시스템이 역사적으로 작동하는 것임을 밝히고자 한다. 그 시스템이 만들어내는 고통이 무엇이며, 그것에 대한 교육학적 응답이 무엇인가에 대해 논의하고 있다.

2부는 교육 현장성 위기의 기원과 현실태를 분석하고 있다. 2장은 성적 · 석차 시스템의 역사적 기원을 밝히고 있다. 일제 식민지배 방안으로 시험이 법제화되었고, 학력제도와 선발제도가 경쟁 구조 속에 고착되었음을 논의하였다. 3장은 일제강점기 학교시험제도가 조선 민중을 시험제도와 시험 점수로 통제하고자 했음을 밝히고 있다. 이 장에서 학교내부시험과 입학시험의 제도화와 학교시험제도에 대한 통제기제를 다루고 있다. 4장은 성적 · 석차 시스템이 주조한 교육문화를 분석하고 있다. 일제강점기의 그것과 해방 이후 일제의 시스템을 계승한 한국사회의 천박한 교육문화를 논의하였다. 특히 성적 · 석차 시스템의 한 기제로 치러졌던 '일제고사'의 반교육성에 대해 논의하고 있다. 5장은 작금의 현장교사들이 교육과정 운영과 관련하여 '무규범적 성과주의'에 매몰되어 있음을 드러내고자 했다.

Ⅲ부는 교육 현장성 위기에 대한 제도적 대응책을 논의하고 있다. 6장은 선발체제의 개혁 방안에 대해 논의하고 있는바, 대학은 전공단위 선발제를 도입해야 함을 논의하고 있다. 7장은 대학 입학사정관제를 통한 전공단위 선발방법론을 논의하는바, 고교–대학 간 '교육과정 연계'의 의의와 그 방식, 입학사정관제의 전형방법론과 전형요소 평가방안을 밝히고 있다. 8장은 교육과정에 대한 대책으로써, 오늘날 쟁점이 되고 있는 IB 교육과정의 의미와 그것의 도입 가능성에 대해 탐색하고 있다. 특히 IB 교육과정의 도입과 연관하여 현 단계의 교육과정 관련 운영상의 문제해결 방안을 제안하고 있다. 9장은 학교에서 교사별평가를 제도화해야 하는바, 기존 교과별평가의 문제점, 교사별평가의 필요와 목적과 기능, 교사별평가제 도입을 위한 조건과 여건에 대해 논의하고 있다. 10장은 학교생활기록의 새로운 프레임으로서 '기록가능한 교육활동'이 이루어져야 함을 논의하고 있다. 현행 학생부 기록의 문제점, 기록의 재개념화, 기록의 방법론, 새로운 프레임 작동의 제도적 조건에 대해 논의하고 있다. 11장은 수능시험이라는 국가기준 시험이 패러다임 수준에서 대체되어야 하는바, 수능시험의 문제점을 드러내고, 현행 수능시험의 대체물로서 (가칭) '교육과정완성도검사'의 규준에 대해 논의하고 있다. 12장은 참여정부 교육혁신위원회가 도입한 수능등급제와 관련하여, 이명박 정부가 이를 폐지했다는 것과 수능등급제의 의의를 밝히면서 이를 다시 복원해야 한다는 것을 주장하고 있다. 13장은 입학사정관제도의 본래 취지가 무엇이었으며, 본래 취지를 살리기 위해 요청되는 제도적 환경이 무엇인지를 논의하고 있다.

Ⅳ부의 14장은 이 저서의 결장(結章)으로서, 이 저서에서 주창하고 있는 여러 혁신 방안은 모름지기 정치적 결단과 역사적 선택을 요청하는 것임을 말하고 있다. 특히 '기록가능한 교육활동'의 제도하는 정치적 결단과 역사적 선택을 요하는바, 교

육활동 기록이 제도화되어야 하는 이유, '교육이력철'의 무력화에 대한 변명, 교육활동을 기록하는 방안 등에 대해 논의하고 있다.

이 저서 출판을 기획하고 탈고할 때까지 늘 관심과 애정을 보여주신 분이 계신다. 김민남 선생님이 바로 그분이다. 김민남 선생님께서는 이 책 전체의 구조와 내용에 대해 동의를 표하시고 격려해 주셨다. 선생님께 특히 감사를 드린다. 제자이자 동료인 황두환 선생에게도 감사를 드린다. 또 아내와 아이들에게도 고마움을 전한다. 응원을 아끼지 않은 아내에게 감사를 드리고, 출간을 손꼽아 기다려 준 아이들에게 감사를 드린다. '지역문화연구 사람대사람' 연구소의 여러 선생님들, 이 책의 출판에 정성을 기울여 주신 도서출판 양성원에 깊이 감사를 드린다.

2023년 11월

하양 연구실에서

차례

I

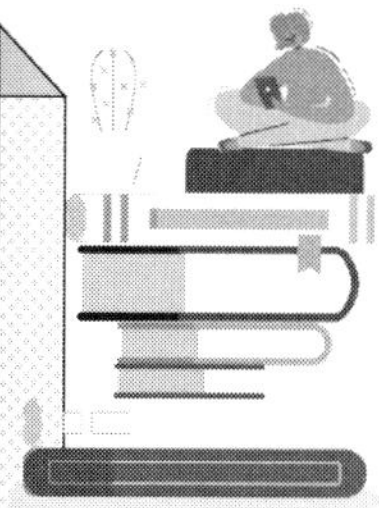

성적·석차 시스템의 질곡: '교육 현장성 위기'

1장. 사람분별의 평가와 성적 · 석차 시스템

1장 사람분별의 평가와 성적·석차 시스템

기성 교육제도와 평가·시험제도에 대한 실망과 불신, 불평등에 불평등을 더하는 첨단기술 변화, 엘리트에 대한 반감, 이를 두고 '교육 현장성 위기'라고 진단한다. 교육 현장성 위기는 직접적으로 사람분별의 평가와 성적·석차 시스템이 만들어낸 사회현상이다. 우선 교육 현장성 위기의 실재와 그 고통에 대해 논의한다.

가. 평가관과 평가실제의 왜곡: 사람분별

1) 평가방식의 왜곡

한국사회는 사람분별을 하기 위해 평가를 한다. 그 평가에 대한 관점을 바꾸어야 한다. 김민남(2022)은 '사람분별에 기반을 둔 사회운영 체계, 이게 진정 지속가능한 사회발전 시스템일 수 있을까' 하고 의심하고 있다(김민남, 2022: 17). 먼저 평가방식의 왜곡에 대해 살펴본다.

한국사회는 시험을 통한 평가가 많고, 평가하는 경우 반드시 성적과 석차를 산출한다. 학생의 학력에 대해 평가할 때 주로 시험을 사용하며, 그 경우 원점수, 평균, 반 석차, 학년 석차를 산출한다. 그것이 당연한 것으로 여기고 있다. 그러나 그것은 평가원리를 위반한 것으로서, 그렇게 표기하는 나라가 드물다. 우리에게 그렇게 표기하는 전통을 남긴 일본조차도 지금은 체크리스트를 사용하고 있다.

주지하듯이, 학생평가의 관점으로 세 가지 방식이 있다. 측정관(measurement), 평가관(evaluation), 총평관(assessment)이 그것이다. 학생에 대해 이해하고자 할 때, 세 가지 관점이 서로 보완적인 방식으로 이루어져야 한다. 그리고 개인과 환경과의 상호작용 속에서 개인의 발달과정을 가늠하는 전인적 평가와 적합도를 문제 삼는 총평의 관점을 사용해야 한다(황정규 외, 2012). 그럼에도 불구하고 학생평가의 관점으로서 대개의 경우 총평관이 배제되고 있다. 우리 사회는 교과 학력에 대해 평가할 때 측정관을 우세하게 사용하고 평가관을 적용하기도 한다.

학생평가는 몇 가지 중요한 역할을 한다. 이를테면 개개 학생의 학업성취도 평가, 개개 학습자 또는 학급 전체의 학습 곤란점의 진단, 교육과정 · 수업자료 · 수업절차 · 학급조직 등의 교육적 효과에 대한 평가 등이 그것이다(이병환, 2023: 177-178). 그럼에도 불구하고 학생평가는 학업성취도를 평가하는데 집중되어 있고 성적 · 석차를 산출하여 줄 세우기 하는 일에 매몰되는 경우가 많다.

학생평가가 순기능과 관련하여 진단적 기능, 형성적 기능, 총괄적 기능, 동기유발적 기능을 수행하지만, 문제는 그 평가가 역기능을 크게 만들어낸다는 것이다. 평가받는 사람들에게 과도한 경쟁을 유발하여 긴장과 불안과 스트레스를 주고, 이를 근거로 부당한 간섭과 통제를 부가하며, 본래 의도한 동기유발의 기능은 약화되고 줄 세우기라는 전략적 기능을 강화하고 있다. 특히 학생평가를 통하여 개인차를 변별하고 우열을 가려냄으로써 사람들 간 차별의 빌미를 제공하고, 결국 사람분별의 잣대로 기능한다는 것이다(이병환, 2023: 184).

학생평가는 평가의 기준이 어디에 있느냐에 따라 규준지향평가(상대평가), 준거지향평가(절대평가), 성장참조평가, 능력참조평가로 구분된다. 평가의 타당성 준거에 비추어보면 준거지향평가로 이루어져야 하는데도 불구하고 우리는 일반적으로 규준지향평가를 선택하고 있다. 학업증진의 기회와 그 기회에 따른 능력의 향상을 재는 성장참조평가와 학생이 가진 능력을 얼마나 발휘했는가를 재는 능력참조평가는 그 자체가 교육적인 평가방법인데도 불구하고 이것이 학교현장에서 이루어지는 법이 없다.

학생평가의 목적에 따라 진단평가, 형성평가, 총괄평가로 분류되는데, 우리의 경우 총괄평가가 일반적이다. 교과학습의 경우, 총괄평가를 통해 학습자의 성적을 결정하고, 학습자의 미래의 학업성적을 예측하고, 집단 간의 성적을 비교할 수 있는 정보를 제공하는 일에 집중하고 있다. 총괄평가의 결과에 의하여 학력수준의 판정과 표기, 합격 · 불합격, 자격 유무의 판정에 집중하고 있다. 국가(교육부와 교육청) 차원에서 교육과정의 효과성과 학습자의 성취수준 정도를 진단하는 평가의 경우도 진단보다는 학습성취도의 달성 정도를 평가하는 총괄평가에 더 익숙하다. 수업 시작 시점의 진단평가를 대부분 생략하는 경우가 많다. 우리 사회는 학생평가의 목적이 진단보다는 차별과 분별에 기울어져 있다.

또 한국사회의 경우, 평가횟수가 많은 편이다. 중간고사, 기말고사, 수행평가, 월종시험, 쪽지시험, 전국단위 혹은 지역단위 일제고사 등 다양한 횟수의 시험에 노출되어 있다. 가히 '시험과잉'의 세상을 만들어 놓고 있는 것이다.

평가방식과 관련하여 지필시험과 수행평가가 있지만, 지필시험이 일반화되어 있다. 평가결과를 표시하는 방식에 있어서, 학교 내부평가의 경우 교과별 단위수, 원점수/과목평균(표준편차), 석차등급(수강자 수) 등 상대평가 성적을 산출하고 있다. 수능시험의 경우 교과별 원점수에 따른 표준점수, 백분율을 산출하여 상대평가 줄세우기 방식을 연출하고 있다. 어느 경우에도 절대평가가 이루어지지 않고 있고, 그것을 기록하는 방식에 있어서 질적 기록보다는 양적 기록을 선호하고 있다.

2) 평가방식 왜곡이 야기하는 오류

평가의 관점, 평가의 기능, 평가기준, 평가목적, 평가방식, 평가횟수, 기록방식 등에서 심각한 왜곡이 일어나고 있다. 그 왜곡은 몇 가지 차원에서 심각하게 오류를 일으키고 있다.

첫째, 평가는 '교육의 과정'을 구성하는 필수불가결한 요소이지만 자칫 평가가 그 자체로 목적이 되고, 그래서 평가에 의해 '교육의 과정'이 왜곡되는 현상을 야기하고 있다.

둘째, 교실학습과 교육과정 효과에 대한 진단이 아닌 학생 · 학교 · 지역 간의 경쟁 조장과 성적 · 석차에 따른 줄 세우기에 집중하고 있다.

셋째, 사람을 이해하는 참조체제가 아닌 사람을 분별하는 도구로서 기능하고 있고, 시험과잉 사회에서 공정성 타령과 변별력 타령을 일삼도록 만들고 있다.

평가와 선발의 방식으로서 학교 내부시험과 대학 선발시험이 이루어지는데, 그 시험이 사람을 분별하는 도구로서 그 시험이 오류를 만들어내고 그래서 고통을 야기하고 있고, 언제나 공정성을 다그치고 그래서 변별력 타령으로 모아진다. 공정성이 중요한 가치임이 분명하지만 더 높은 가치로서의 평가의 타당성을 지향하는 제도로 바뀌어야 한다. 요컨대 사람을 분별하는 도구로서의 기능을 멈추고 사람을 이해하는 조회체제(reference system)[1]로서의 타당한 평가가 이루어지도록 해야 한다.

나. 교육 현장성 위기: '선발에 종속된 교육'

근본 교육모순의 현상은 "선발에 종속된 교육의 참상"이라고 집약된다. '선발에 종속된 교육'이라는 명제는 교육모순의 집약체이다. 교육모순을 분해하면 두 개의 하위 모순으로 쪼개진다. 제1모순은 대학수학능력시험이 강력한 영향력을 행사한

1) 사람들은 저마다 다른 사람을 평가하는 조회체제를 갖고 있다. 한국사회는 학력과 경력을 조회하여 사람을 이해하고 평가한다. '어느 학교 출신인지, 무엇을 하는지'를 조회하는 진부하고 상투적인 어법은 교육주체의 삶을 참으로 성가시게 하고 있다. 기존질서를 고집하고 정태적 삶의 터를 만들어 놓고서, 다양하고 자율적이고 창조적인 사람이 되라고 외치고, 머물지 말고 깊고 넓게 움직이라고 아우성이다. 학력과 경력의 조회는 성공의 욕망을 작동시키는 체제이다. 이제 삶의 이력(교육이력, 경험의 역사성)으로 사람을 조회해야 할 시대이다. 시대가 지식기반사회이기에 그렇다. 사람을 이해하는 다른 조회체제를 가지고 사람을 이해해야 한다. 이 사람분열의 조회체제를 대체하는 수밖에 다른 도리가 없다. 교육이력철이 발명된 이유가 여기에 있다.

다는 것이고, 제2모순은 교사가 교육과정 기획과 평가의 권한의 자율을 발휘하지 못한다는 것이다. 이 문제를 언급하지 않을 수 없다.

무엇보다 선발에 종속된 교육을 만들어내고 있다. 선발에 종속된 교육은 다양한 분면의 이론적 · 현실적 고통을 만들어낸다. 한 마디로 그 현상을 표상하면, '내부시험－전국단위 한 줄 세우기 수능시험－선발' 도식이 교육의 과정을 지배한다는 것이다. 그 도식 속에서 교사는 교과서 진도 나가고 문제풀이 수업에 빠져든다. '고3 교실에 절반 이상의 학생이 엎드려 있고 다섯 명의 학생이 수업을 듣고 있다.' 이것이 교육과정 파행 운영, 출제경향에 따른 문제풀이 수업, 사교육 폭증을 야기한다. 평가를 포함한 시험제도에 의해 교육현장이 체계적으로 파손되고 있는 것이다.

시험의 모순에 대한 미시적 관점의 분석이 이루어지고 있는바, 이경숙(2017)은 그의 저서 《시험국민의 탄생》을 통해 시험이 성과관리 교육체제를 지탱하는 바탕임을 밝히고 있다. 그는 미시적 관점에서 시험제도가 교육활동을 획일화하는 기제였음을 분석적으로 다루고 있는 바, 시험에 대한 분석을 통해 한국사회 교육모순을 해명하려고 했다. 이경숙의 또 다른 선행연구(2013b)는 시험제도가 책임지지 않는 교육을 만들어냈고 개인을 파편화하는 사회문화현상을 산출했음을 논의하였다. 이들 연구에 의하면, 시험이 경쟁구조의 원인이고 결과이다. 시험이 교육의 하나의 과정이 아니고 목표가 되어 있다. 그 목표는 다양한 교육활동을 만들어내는 것이 아니라 고정된 도달점에 먼저 이르도록 경쟁시키는 수단으로 기능하고 있다. 따라서 지금과 같은 시험의 모순을 대체하는 모종의 방안을 숙고할 필요를 제기하고 있다.

입학시험제도에 희생되는 교육현장의 파손에 대한 조사연구도 있다. 이경숙(2013b)과 김종혁 · 이경숙 외의 조사연구(2013)는 현행 입학시험제도에 의해 학교격차와 학력격차가 체계적으로 발생하고 있으며 이것이 불평등을 재생산하고 있음을 밝히고 있다. 조용개 · 손종현 외의 연구(2014)와 조용개 · 손종현의 연구(2015) 등은 수능시험을 위시한 대학입학시험의 영향으로 학교교육이 무규범적 성과주의에 휘둘리고 교육과정 파행 운영이 일상화되고 있으며, 그 구조 속에서 아이들의 학습 관련 낭비가 심각한 수준에서 발생하고 있음을 밝히고 있다. 또 이경숙(2013a)

과 손종현(2013a; 2013b)과 김종혁 · 이상원(2013)의 연구는 입학시험제도와 그것에 종속된 교육이 중앙주의와 교육특구를 야기하고 그 결과 지역 해체를 추동하고 있음을 보고하고 있다. 이들 선행연구의 성과물에 의하면, '선발에 종속된 교육'의 비정상을 정상화할 수 있게 하는 새로운 선발제도의 기획과 (그 기반이 될) 교육과정에 대한 재체제화의 기획이 긴요한 과제임을 확인하고 있다.

선발에 종속된 교육은 성적 · 석차 시스템을 더욱 활성화한다. 성적 · 석차 시스템과 이 시스템에 기능하는 '성적우수자 골라내기' 선발 관행은 학교교육을 선발에 종속시키는 법이다. 선발에 종속된 교육은 '성적 · 석차 시스템'을 더욱 강고하게 제도화한다. 교육목적이 교육의 과정을 견인하는 것이 아니라, 그 자리에 평가와 시험과 성적 · 석차가 교육의 과정을 절대적으로 규정하게 되고, 결과적으로 교육목적은 형해화(形骸化)된다. 그리하여 평가의 물신화, 시험의 기법, 그리고 성적 올리기 문제풀이 기법이 교실수업을 지배하게 된다. 그 구조에서는 교육원리를 배반하는 '출제빈도, 난이도, 변별력' 등의 언어가 세력을 얻게 된다. 그 성적 · 석차가 선발의 객관성과 공정성을 보증한다고 철석같이 믿고 있다. 언제나 '변별력'과 '공정성'을 외치고 있다.

수능시험 점수는 다만 한 학생의 학습능력에 대한 하나의 정보에 불과하다. 그 시험점수는 대학 전공단위 교육목적과 무관하며 미래의 진로능력을 예언하지 못하는데도 불구하고 이를 유일 · 절대의 척도로 삼아 선발하고 있다. 현행 수능시험은 정작 학습능력을 키우지 못하고 시험능력을 키우고 있다. (예컨대 영국의 GCSE는 국가 최소기준의 도달여부를 확인하는 기능의 시험이다.) 학교가 학습상황을 만들지 않고 시험상황을 만들고 있다. 학교와 교실의 현장은 수능시험에 안전히 종속되어 있다. 이 문제에 대해 그 누구도 항거(revolt)하고 반박하기가 쉽지 않다.

학교 내부시험이든 입학시험이든, 성적 · 석차 경쟁의 격화로 인해 공교육이 왜소화하고 사교육이 폭증하고 있다. 수능시험 출제경향에 비추어 교육이 이루어지고 있고, 사교육이 공교육을 압도하고 있다. 수능시험 대비 사교육 전략과 연관하여, 절대가치인 도구교과는 '처음부터 지속적으로 집중적으로 하지 않으면 안 된다', '한 번 낙오하면 만회되지 않는다', '여타 교과 능력이 뛰어나도 도구교과에서 뭔가를 보여주지 않으면 안 된다' 등과 같은 '문화적 교육론'을 낳았다. 도구교과의 절대가치를 보호하기 위해, 도구교과 비중이 커지기 전에, 저학년 예체능 과외(전인교육)를 미리 해두고, 기타 과목에 대해 미리 당겨 해두는 사교육 문화를 온존시킨다. 그리고는 선수과외, 집중과외, 고액과외 등을 낳고 있다.

주지하듯이, 모든 한국인은 선발과 시험에 묶여 있고, 선발제도와 시험제도에 종속된 교육을 확대 · 강화하고 있다. 왜곡된 경쟁체제와 시험제도가 사회구조가 되어 있는 곳에 공교육 황폐화는 예비되어 있다. 따라서 경쟁을 격화시키는 선발제도와 시험제도를 품위 있는, 합리적인, 타당한 것으로 체제적으로 개혁해야 한다. 이 과제에 대해 심각하게 인식하지 않을 수 없다. 이 교육모순에 대해 근본적으로 대응해야 한다.

'교육에 종속된 선발'로 패러다임을 전환하는 것은 불가능할까? 모순을 깊게 하는 모종의 정책을 통해 만들었다면 모순을 해소하는 또 다른 정책을 통해 이것을 역전시킬 수 있다. 어떻게 패러다임을 전환할 것인가? 이는 이론의 문제, 체제의 문제, 제도의 문제, 실천의 문제이다.

다. 공교육 붕괴의 제1 원인: 국가기준 수능시험과 대학의 반지성

공교육 붕괴의 제1 원인은 무엇인가? 공교육을 황폐화하는 주범은 대학서열화도 아니고 학력 · 학벌사회도 아니다. 중등학교 교사의 무능은 더더욱 아니다. 공교육 붕괴의 제1 원인은 국가수준 수능시험제도 그 자체이며, 그 수능시험의 성적 · 석차로 학생을 뽑거나 본고사형 논술고사와 구술고사 시험으로 학생을 뽑으려는 대학의 반지성(反知性, 고착화된 관념과 태도와 관행)이다.[2)]

2) 대학교육 황폐화의 주범도 각종 시험(공무원, 공기업, 사기업 등)으로 선발하는 국가 인사제도이다. NCS 직무능력을 블라인드 면접을 통해 채용한다는 것은 2차적인 문제이다.

공교육을 붕괴하는 주체는 누구인가? 교육부(정부)는 국가단위 수능시험제도를 편들고 있는 교육부(정부)와 그 시험제도를 선호하는 이른바 '일류' 대학이다. 어른들이 젊은이들을 '경쟁시험'의 구덩이로 내몰고 있다. 경쟁시험을 방치하는 이유는 무엇인가? 국가수준 수능시험제도를 유지하고, 그 시험 성적이 객관성과 공정성을 담보하기에 이것을 유일 · 절대의 선발척도로 사용하겠다는 것, 대학교는 대학교별 본고사형 (논술 혹은 구술) 시험을 치러 그 성적 · 석차로 학생을 선발하겠다는 것이다. 대학의 반지성을 증거하는 한 사례를 예시한다. 이는 김성근(2012)의 '참여정부 정책총서' 교육편에 나오는 구절이다.

> 2008 대입개선안 시안이 발표되자 첫 포문은 고려대 총장이 열었다. 2004년 10월, 고려대 어윤대 총장은 "고교 간 학력 격차를 입시에 반영하는 것이 당연하다"며 2008 대입안을 정면 비판하고, 고교등급제 필요성을 전면에 내세웠다. 또한 어 총장은 "정부안대로라면 고려대의 경우 수능 성적과 학생부 모두 1등급인 학생들만 지원할 가능성이 커 변별력 확보에 어려움이 예상된다"고 주장했다. (중략) 이 같은 발언이 나온 이유가 있었다. 고려대의 경우 2001년도부터 '고교등급제'를 위한 고교 간 학력격차 자료를 축적해오는 등 주요 사립대학의 '사전 작업'이 속속 드러났기 때문이다. 실제로 교육부 감사 결과 연 · 고대, 이화여대를 비롯한 6개 사립대학은 수시 입학에서 이미 고교등급제를 적용해온 사실이 확인됐다. 두 번째 포문은 서울대 정운찬 총장이 열었다. 서울대는 변별력을 높이기 위해 통합형 논술을 도입하겠다고 발표했다. 통합형 논술이 본고사인가 아닌가를 놓고 뜨거운 논란이 이어졌다. 급기야 교육부에서 교수 50%, 교사 30%, 교육과정평가원 전문가 20%로 심사단을 구성, 통합형 논술이 본고사인지 여부를 판명하는 우스꽝스러운 일까지 벌어졌다. 당시 열린우리당과 청와대는 국립대학인 서울대가 반발하고 나선 데 대해 심각하게 반응했다(김성근, 2012: 129-130).

교육부 주도의 수능시험과 대학의 반지성이 초중등 학교교육을 온통 '선발에 종속된 교육'으로 내몰고 있다. 그 필연적 귀결로서 초중등교육과 대학교육 간의 교육과정의 연계와 계통성을 상실하게 되었다. 그래서 공교육 붕괴가 지속되고 있다. 그러면서도 대학은 초중고 학생의 고통과, 교사의 고통과, 학부모의 고통을 먹잇감으로 삼아 생존하고 있다. 그 고통을 터전으로 삼아 대학(이른바 '일류대학')이 위신을 누리고 여러 이득을 따먹고 있다. 대학은 중등교육의 공교육 목적을 살리면서 자신의 전공교육에도 복무하는 품위 있는 선발제도를 능히 구안해서 실행할 수 있는데도 불구하고, 대학은 이것에 무척 게으르다. 그러면서도 창의성을 지닌 人材의 선발과 교육을 갈망하는 인식론상의 오류를 범하고 있다(손종현, 2012c: 7). 그것에서 원인과 원인의 원인을 찾고 그것을 해체할 수 있는 '품위 있는' 새로운 방법론을 발명해야 한다.

대학수학능력시험이 필요한 때가 있었다. 대학수학능력시험이 시대적 · 이론적 적절성을 발휘하는 때가 있었다는 것이다. "대학 입학 학력고사를 폐지하고 그 대신 도입한 대학수학능력시험의 성격은 대학 수학에 기초가 되고 공통적인 보편적 학력을 측정하는 시험으로서, 통합교과적인 소재를 활용하여 고등학교 교육과정의 내용과 수준에 따라서 출제되는 사고력 중심의 학력고사라고 볼 수 있다. 대학수학능력시험은 국가가 출제와 채점, 시행과 관리의 일체를 관장하는 시험으로, 공공성과 객관성이 높은 전형 자료를 국가가 각 대학에 제공한다는 의미를 갖고 있다. 이 시험의 도입 목적은 암기 위주의 교육을 탈피하고 사고력을 신장하여 고등학교 교육의 정상화에 기여함과 동시에, 대학 교육 적격자 선발 기능을 제고한다는 것이다"(김진규, 2014: 75). 도입 초기에는 그 시험의 의미와 성격이 상당정도 살아났다. 그러나 점차 그 취지가 모호해졌고, 최근에 그것이 더 큰 교육모순과 선발모순을 만들어내고 있다. 무엇보다 교육과정 파행 운영을 이끌고 있고, 수능시험에 종속되는 교육을 이끌고 있다.

'수능시험 중심의 선발제도'는 어느새 교육적 경험을 가리는 것이 아니라 사람을 분별하는 차별적 기제가 되었다.[3] 경제적 재생산의 기제가 되었고, 계층 · 계급을 반영하는 시험이 되어버렸다. 문제를 많이 푼 상류층 아이들의 수능시험 성적 · 석차가 높게 나온다는 것은 잘 알려진 사실이다. 이런 형편이라면 정상적인 교육의

3) 사람분별의 시험제도는 우리의 전통이기도 하다. 현재의 수능시험 중심의 입시제도는 우리의 전통(과거제도와 같은 것)을 계승하며 더욱 반인간화 기제를 강화시킨 꼴이다. 그럼에도 불구하고 우리 사회의 고위층은 학력저하를 걱정하며 평준화를 비판한다. 과연 그들은 진정 학력 저하를 걱정하고 있는가? 끊임없이 사람을 분별해야 한다고 고집하고 그것에 정합하는 체제와 제도를 유지 · 강화해야 한다고 주장한다.

과정을 견인하는 학교교육에 대해 중산층이 불신을 쌓는 것은 당연해 보인다. 우리 사회에 중산층은 (계급적으로) 지위 불안을 느끼는 층이며, 이 불안을 해소하기 위해 성적 · 석차에 사활을 걸고 사회진출에 투자를 늘리고자 하며 입시준비에 관심을 쏟게 되어 있다. 가족의 경제력과 문화자본을 여기에 쏟아 붓게 되어 있다. 그들은 사회적 성공을 겨냥하여 이른바 '특수목적고'에 진학시키기를 희망하고 있고 SKY대학 입학에 목을 매고 있다.

'시험성적으로 표시되는 학력'의 신장이라면 '모든 학교'가 교육과정을 정상 운영하여 그 목적을 완성한다는 책임 있는 교육활동을 이끌어낼 수 없게 되어 있다. 교육과정을 완성하는 책임 있는 교육활동이 아닐 바에야, 과학고와 자사고 등 특목고(도구교과의 학력 신장에 성공한 아이들을 끌어모은 학교)가 성적우수 학생을 끌어 모으는 경쟁 전략과, 수능 고득점자들을 대상으로 학생을 뽑으려는 대학이 선발 자율화를 요구하는 전략은 오히려 자연스럽다. 그 구조 속에서 겪는 아이들의 삶은 반인간적, 반존재론적이다.

> 진도와 정답과 속도경쟁의 프레임에서 경쟁관계에 내몰린 대다수 아이들이 입는 부끄러움, 수치심 상처는 너무 크다. 아이들의 유능과 성실은 경쟁의 관계에서 귀결된 것인데도 어느새 그것이 원인으로 둔갑되어 그 아이의 삶의 뿌리를 흔들고 있다(김민남, 2017: 16).

선발과 시험에 종속된 교육체제에서는 어떤 다양화 교육정책도 결국 획일로 귀결되는 구조화된 패턴을 낳는다. 이 패턴(모순)을 해체하는 교육발전 시스템으로서, '교육적인 것의 추구'를 가능하게 하는 교육과정 완성 교육체제를 정립해야 한다. 이 교육체제 구축과 관련된 이론을 정립하고, 교육적 타당성 물음에 적합한 새로운 선발체제를 탐구하고, 관련 선발방침을 개발해야 한다.[4)]

---

4) 이를 간단하게 재진술하면, 人材교육론 정립, 人材교육체제 탐구, 人材교육 프로그램 개발이 그것이다. 교육과정 완성을 촉진하는 평가제도와 선발체제로 바뀌어야 한다. 교육개혁 정책이 방향은 이 지점으로 모아져야 한다.

라. 성적 · 석차 시스템이 산출하는 고통

'선발에 종속된 교육'이 성적 · 석차 교육시스템을 구성한다. 격화된 경쟁체제와 선발체제가 모든 교육당사자에게 고통을 산출하고 있다. "여기서 말하는 고통이란 개인이 어쩌다 겪는 심리적 고통이 아니라 온 국민이 겪는, 체계적으로 거듭 반복되어 나타나는 일종의 사회현상으로서의 고통이다. 이 고통은 모든 교육당사자에게 지속적으로 나타나는 것이며, 계층적으로는 주로 중산층에게 더 직접적으로 나타난다"(김민남 · 송대헌 외, 2003: 1). 그 고통은 곧 사회적이며 체계적인 것이다. 이는 한국사회의 구조적 고통이다. 선발에 종속된 교육과 성적 · 석차 교육시스템이 만들어내는 고통은 이러하다(김민남 · 송대헌 외, 2003: 1-2 참고).

1) 개인적 분면: '자존의 파손'

체계적인 사람분별과 인격적 자존심 파손이 이루어지고 있다. 성적 경쟁이 심화되고, 성적 경쟁에서 빗어진 아이들의 열등감과 수치심과 절망감이 심화된다. 사람분별의 과정에서 인간의 존엄성이 상실되고, 그래서 비인간화가 발생한다.

교육과정이 파행 운영된다. 교육목적이 '진도－성적 · 석차－입학'에 성공하는 것이다. 성적과 학력 · 학벌을 유일 가치로 섬기면서 사회문화적 가치가 탕진되고 있다. 땅과 사람과 전통의 가치가 철저히 낭비되고 있다.

제도가 사람을 보호해 주지 않는 세상에서, '내 힘 키우기'와 '몸 사리기' 세상살이가 일상화된다. 그 적응방식이 소유중심적 사고로 물들어 간다.

2) 학교교육의 분면: '선발에 종속된 교육'

교육당사자간의 교육적 관계가 항상적으로 훼손된다. 교사－학생 간, 학생－학생 간, 교사-학부모 간, 교장-교사 간의 관계 방식이 파손되고, 상호 신뢰의 파트너십이 단절된다.

탐구 · 조사 · 발견이 매개되지 않는 교실 수업이 일상화된다. 시험문제 유형에 맞추어 공부했는데, 그렇게 많은 경제적 · 문화적 경비를 쏟아 부었는데, 정작 학생들에게 '학력'이 형성되지 않는다. 문제풀이에 매달리다가 정작 학습능력을 키우지 못한다.

학생들 각자의 재능 개발을 차단하고 몰개성화하며 학습활동이 획일화되어 간다. 학습상황이어야 할 교실이 시험상황으로 변질된다. 질문이 없는 서책 중심의 정답교육론이 횡행하게 되고, 선행학습이 학습원리가 된다. 이론적으로는 그것이 반교육상황인데 그것이 버젓이 학습상황으로 환영받는다.[5)]

교사가 탈전문화되어 간다. 교육활동을 기획할 수 있는 교직(faculty)의 전문성이 파손된다. 교육활동을 기획해서 창조적인 교육행위를 해야 하는데, 수능시험 준비에 학생을 내몰다가 문득문득 신세를 타령하는 교사가 현실안주를 선택한다.

3) 사회적 분면: 사회 양극화

모든이가 '지배층화'의 가치도식(성적-일류대학-사회적 성공)을 수용하면서 '쏟아붓기'식 사교육이 확대된다.

계층에 따라 교육기회와 수능시험 성적 격차가 커져 가고, 수능시험 성적에 따라 일류, 이류, '기타대'로 대학의 서열화가 고착된다. 대학과 인재의 수도권 쏠림 현상으로 인해 중앙과 지역의 격차가 커져 가고, 지역의 정체성이 상실되고 지역의 삶이 붕괴된다.

공교육이 철저히 사적 관심사가 되고, 해를 거듭할수록 계층간 · 지역간의 사회경제적 분극은 커져 가고, 교육을 강조하는 만큼 사회적 연대가 해체되고, 사회분열이

---

5) 예컨대 이런 것이다. 일반지능 맹신과 '학력' 개념의 추상화, 도구교과 중시와 자의적인 교과중요도 결정, 문제풀이와 반복연습, '지식을 간추린' 참고서 중심의 수업, 지식과 인성의 이분법, 과정이 생략된 결과 중심의 평가, 교육이론과 교육사상의 경시, 시험 과잉 등이 그것이다(《한국교육론》, 286-287쪽 참조).

가속화되고 탈사회화(보수화)된다.

대학 전공단위의 교육목적과 무관하게 선발되었고, 전공학과 교육과정목표에서 방치되었고, 대학을 졸업하고도 무엇을 할 수 있다는 능력감조차 갖지 못하고, 급기야는 청년실업에 빠져든다.

마. 시대 변화에 대한 교육학적 응답

교육현장 파손이라는 파열된 세계에서 공유미래의 창조를 말하는 '교육학적 응답'을 제기하지 않을 수 없다. 이런 시점에서, 지식기반사회와 교육을 쟁점화하는 다보스 포럼(Davos Form)의 문제의식에 동의한다. 이론과 시대에 적합하게, 조건을 조성하면서, 체제 변화를 꾀하는 방식으로 '교육학적 응답'을 제안해야 한다.

'교육현장 파손'이라는 현장성 위기는 어느 역사사회에서도 있었다. 위기를 기회로, 공존의 사회제도로 발전시키고자 한다. 그 사회제도는 인간의 문제이고, 인간의 문제는 교육제도와 시험제도를 개혁하는 문제와 연관되어 있다.

우리의 교육사에서 출산이 문제가 될 때 돌봄 개념이 형성되었고 그것이 교육제도로 발전했다. 영유아교육이 기간학제가 되었고, '종일교육'을 담보하는 교사양성과 교육과정과 교육재정이 주요 정책과제가 되었다(중앙일보. 2018.2.11.). 다양한 수월성 인력이 문제가 될 때 '특성화 학교'와 '특성화 대학교육' 개념이 형성되었고, 그것이 고교체제 다양화와 특성화 대학 전공교육을 제도화하였다. 국가기준 대학입학시험이 문제가 될 때가 있었다. 1946-1968년에 대학-국가 간의 갈등과 견제가 이루어졌고, 1969-1981년에 국가기준 예비고사를 제도화하였다. 1982년-1993년에 국가기준 학력고사를 제도화하였다. 1994년부터 지금까지 국가기준 수능시험이 이루어졌다. 그 국가기준 시험의 변화는 그때의 강렬한 산업화 요구와 평가관의 변화에 의한 '교육학적 응답'이라고 본다.

그러나 '지금 여기에' 그 제도하의 교육과 선발은 아이들과 학부모에게 고통이 되고 있다. 그 제도에 대한 항거(revolt)가 밑으로부터, 다시 말해 사회운동단체와 교사단체와 기층 민중에서부터 일어나고 있다. 성과를 관리하기에 적합한 경쟁 구조와 거기서 살아남은 엘리트에 대한 불신이 나타나고 있다. 항거와 불신을 낙오자의 심리학적 문제로 환원시킬 수는 없다. 그들의 항거와 불신을 사회제도로써의 교육정책과 선발정책 문제로 풀어야 한다. 새로운 사회발전 프로그램을 마련해야 하고, 그것을 '교육학적 응답'으로 접근해야 한다. '도전에 대한 응전'으로서 시대에 적합하고 이론에 근거한 교육제도로, 시험제도로 풀어야 한다. 모두에게 능력감을 심어주는 교육제도가 그 핵심이며, 타당한 선발을 이끌어내는 시험제도가 그 핵심이다.

우리 아이들은 진도와 정답과 속도경쟁의 프레임에 속박된 채 교육을 받아왔다. 거기서 지식을 형성하는 경험을 하지 못했다. 지식활동을 경험하지 못했고, 지식의 사회적 구성(Dewey 식으로 말해, 여럿이 협력하여 함께 만들어 가는 앎)에 대해 경험하지 못했다. 문제풀이 하여 익힌 지식은 전혀 소통의 정보가 되지 못했다. 그 지식은 개인의 소유물이었고, 경쟁의 장에서 개인 생존의 유효한 도구였다. 그 구조 속에서 아이들은 서로 의지하여 배우는 협력 관계를 맺을 수 없었다. 시험에 의한 성적 · 석차로 입학전형을 꾀하고자 했다. 언제나 성적과 석차로 객관성을 유지하려고 했고, 그것이 공정성을 담보한다고 말해 왔다. 그러다가 그것이 '선발에 종속된 교육'을 심층과 표층의 교육문화로 심화시켰고, 수능 1점 경쟁이 "킬러 문항"을 쟁점화하기에 이르렀다.

'선발에 종속된 교육'에 한국사회가 빠져 있고, 학교 · 교사가 빠져 있고, 학생 · 학부모가 빠져 있다. 학교를 통해 받아들이는 지식은 참과 거짓을 가려내는 지성의 발전을 담보하지 못했고, 참(진실)에 대해 일관되게 고민하는 인격의 디딤돌이 되지 못했다. 그 결과, 학교와 교사가 학습능력과 진로능력에 대해 아무도 책임지지 않는 교육구조를 만들었다. 그런 가운데 교육과 선발(시험)에 간섭하는 권세 있는 세력이 힘을 얻고 있다. 기성세대의 욕망이 교육과 선발(시험)을 덧칠하고 있다. 대통령이 나서서 '킬러 문항 출제'를 언급하고 있다. 이 제도적 모순에 대해 교육학적으로 응답하지 않으면 안 된다.

한국사회는 人才가 아닌 人材 키우기 문제를 안고 있다. 人材 문제는 교육제도 문제와 시험제도 문제이다. 교육제도와 시험제도를 원리에 맞게 개혁함으로써, 교육과정을 정상 운영하고 모두로 하여금 학력을 키우게 하고 진로를 보살피게 한다. 人才 · 인물 · 인력이 아니다. 엘리트가 아니다. 人材로 키워서, 모든 아이들에게 삶의 진로를 안내하는 길을 만들어야 한다. 삶의 진로는 어떤 일에도 즐겁게 임하는 능력과 태도를 키우는 것에 다름 아니다. 삶의 진로는 자신의 일의 경험을 가지고 세상을 발언하는 지성을 발휘하는 것에 다름 아니다. 우선 근본적 학습능력에 집중하는 교육(모든 아이)과 재능 · 직능을 돌보는 교육(특별한 아이)을 구별할 필요가 있다. 구별하고 통합하자.

한국사회를 바꾸는 교육과 선발은 개인의 걱정거리가 아닌 우리 모두의 걱정거리이다. 모두의 걱정거리를 숙고하는 공교육체제 개혁이 모든 아이들로 하여금 인간적 삶의 진로를 걸어가게 하고 아름다운 조화의 세계를 만들어 가게 할 수 있다. 모든 아이들의 학습능력에 주목하고, 모든 아이들이 자신의 재능과 직능에 맞게 진학하는 입학전형에 주목한다. 이것만이 '교육 현장성 위기'라는 현상을 기회로 바꿀 수 있다.

모든 아이들의 다양한 학습능력의 가치, 모든 아이들의 다변 · 다층의 능력을 가늠하여 타당하게 이루는 입학전형과 입학사정의 가치를 현실이 되게 한다. 원래 그것이 타당성 가치를 살리는 교육과 선발의 논리이다. 이론적 논의가 아니다. 이상적 논의가 아니다. 창의성이 미래의 가치라면 그 저변은 학습능력 문제이고, 그 학습능력을 북돋우는 교사의 교육활동은 입학전형 문제이다.

Ⅱ

‘교육 현장성 위기’의 기원과 현실태

2장

성적·석차 시스템의 역사적 기원[1)]

가. 문제 제기

이 연구는 일제 강점기 관치교육, 즉 '교육에 대한 국가개입'의 메커니즘을 분석하는 연구의 일환으로 시작되었다.[2)] 이 연구에서는 그 관치교육의 한 고리로서, 시험제도에 대해 주목하고 있다. 일제는 국가개입의 "은밀하지만 강력한"[3)] 제도적 장치로서 '성적 · 석차 시스템' 도입하였고, 이것에 의해 '서열 매기기–분별하기–사람 가려 뽑기'의 가치도식을 일상화하였다. 필자는 이 시스템과 가치도식이 '교육에 대한 국가개입'의 확대와 심화를 가능하게 만들었고, 결과적으로 당대 교육체제와 그 교육질서의 성격을 '관치교육'으로 몰고 가는 절대적인 기제로 작용했을 것이라고 보고 있다.

필자는 오늘날 한국사회 교육체제의 리얼리티를 한마디로 표상하여 '성적 · 석차 시스템'이라고 이름 붙이는데 주저하지 않는다. 이 연구는 그 '성적 · 석차 시스템'의

---

1) 한국교육철학회 《교육철학》 제35집(2008)에 게재된 필자의 논문 〈일제시대 식민지 지배층화의 경로〉와 동 학술지 제31집(2007)에 게재된 〈일제시대 학교시험제도의 정치학〉 내용을 통합한 글이다.

2) 여기서 '국가개입'이란, 식민지 지배권력의 교육에 대한 집권적 개입, 구체적으로는 조선총독부가 식민지배 영속화를 위해 교육에 대해 집권적으로 개입하는 하는 것을 의미하는 개념으로 쓰고 있다. 필자는 "일제시대 중앙관료행정에 의한 현장교육지배"라는 제목으로 교육에 대한 국가개입과 그 개입의 구조를 분석 한 연구를 수행한 바 있다. 이 연구는 그 연구의 후속연구로서 진행되고 있다.

3) 이른바 '공정성'과 '객관성'을 가장하기에 당연하고 합리적인 것 같으면서도 '선발–과정–졸업'의 학교교육체제 전반의 작동방식을 추동하고 견인하는 힘을 갖는다는 점에서 이렇게 표현했다. 물론, 그 속에는 악질적인 정치적 의도를 담고 있다.

역사적 기원을 성적 · 석차에 의한 경쟁의 틀을 제도화함으로써 '선발에 종속된 교육'을 조건화하고자 했던 일제시대 시험제도에서 찾고 있다.

방금 말한 대로 필자는 가설적으로 일제가 관치교육을 강화하기 위해 이른바 '성적 · 석차 시스템'을 도입하고 이를 고착시켰다는 관점을 가지고 있다. 필자의 가설적 관점을 좀 더 구체적으로 진술하면 다음과 같다.

첫째, 일제는 시험제도의 목적에 충실한 세부 메커니즘, 즉 '좁은 입구–촘촘한 감시권–써먹을 인물 가려내기' 도식을 도입하였다. 이 메커니즘을 운영하는데 필요한 한 가지 제도적 장치를 도입했는데, 그것이 '성적 · 석차 시스템'이다.

둘째, 성적 · 석차 시스템을 기능적으로 정의하면, 1) 교육의 동기와 결과가 성적과 석차를 산출하는 것이며, 2) 교육의 과정이 성적 · 석차(점수) 높이기에 종속되며, 3) 성적과 석차가 입학과 입직에서 중요한 평가척도, 더 나아가 결정적인 잣대로 쓰이는 교육체제를 말한다.

셋째, '시스템'이란 교육체제를 움직여 나가게 하는 힘(엔진, 동력)을 말하고, '성적 · 석차 시스템'이란 성적과 석차가 그 힘의 중심에 있다는 의미로 이해하고 있다. 일제는 식민지 조선의 교육 '체제'를 지배하는 원리로써 '성적 · 석차'라는 시스템을 그 속에 집어넣었다는 뜻이다.[4)]

넷째, 일제는 '성적 · 석차 시스템'의 도입과 적용을 통해 '선발과 과정과 졸업'의 학교교육체제를 '성적 · 석차 시스템'으로 장악하였다. 그 결과 높은 성적과 석차를 얻는데 유리한 것이라면 여기에 모든 자원(인적 · 물적 · 문화적 자원)을 투입하는 점수경쟁이 심층문화가 되었고, 이 제도 하에서 현장 학교의 반교육(反敎育) 상황은 역사적 리얼리티가 되었다.

필자는 일제 식민지 관치교육이 '성적 · 석차에 의한 경쟁의 틀'을 일반화하는 교육침략 정책에서 연유하는 것임을 밝히고자, 시험관리체제, 학력제도와 입학시험 경쟁, 경쟁의 제도화에 대해 분석할 것이다. 특히 시험관리체제와 경쟁의 제도화가

4) 오늘날 은행의 '번호표'를 생각해보라. 번호표는 줄세우기를 자동화하고 내부질서를 유지하는 하나의 시스템이다. 그렇게 간단한 '번호표'가 매우 효율적인 시스템으로 기능하고 있다.

국가개입이 실질화하는 기제였음을 말하고자 한다.[5] 이는 일제 식민지 교육지배정책의 블랙박스를 해체하는 하나의 단서가 될 것이다. 이 연구에서 '시험'이라고 할 때 그 시험은 주로 학교내부시험과 입학시험을 지칭한다는 것을 밝혀둔다.

나. 시험의 법제화

일제강점기 시험제도는 친일관료 충원과 이를 통한 지배체제 안정화를 위한 통치도구였다. 일제 식민지 지배권력은 시험을 핵심기제로 삼고 지배체제에 순응하는 친일관료 충원을 기획하였다. 그 시험제도는 친일관료를 충원하고자 하는 것이었고, 결과적으로 민족분할지배를 겨냥하는 것이었다.

1) 천거제도 폐지, 시험제도 도입

갑오개혁을 주도한 친일파 개혁관료들은 관제개혁과 더불어 관료임용제도를 전면적으로 개편하였다. 그들은 과거제도의 폐지와 인재등용을 위한 '선거조례(選擧條例)'의 실시를 통해서 관료제도의 성격을 변화시켰다. 특히 친일파 관료들은 천거제도를 통해 중앙행정 주무부서의 관료들을 직접 임명하고 해임하는 관료임면권을 행사하여 자기 계열의 관료들을 요직에 앉히려는 것이었다. 천거제도는 정부 인사담당 관리가 특정 인물을 국왕에게 천거하면 국왕이 임명하는 방식을 말한다. 물론 천거제도는 이전의 과거제도에 못지않은 폐단을 낳기도 했다. 양반 문벌가문 자제

5) 일제는 시험제도를 통해 식민지 교육체제를 자의적으로 운용하였다. 일제가 시험제도를 통해 국가개입을 강화해 온 그 과정은 교사의 교육전문성 개입을 차단하려는 명백한 정치적 의도를 가지고 있었다. 일제는 시험제도가 교육제도를 압도하도록 기획하였고, 마찬가지로 선발이 학교교육을 압도하도록 구조화하였다. 필자는 일제강점기 "시험인간"과 "시험지옥"이 '의도하지 않은 우연한 결과'가 아니라 명백하게 정치적 의도(전략과 목적)를 가지고 생성시킨 것이라는 관점에 서 있다. 이런 점에서 이 연구는 음모론을 승인하고 있다. 이 음모론이 역사적 진실이 아니라고 말하는 반대론자에게 긴 토론이 필요함을 일단 말해 둔다.

를 중심으로 천거가 이루어졌기 때문이다. 그러나 천거제도가 가지고 있는 근대적 합리성을 획득하고 그것이 자기규제능력을 축적하기 전에, 일제와 일제가 배후조종하는 친일개화관료에 의해 폐지되기에 이르렀다.

갑오개혁을 통해 조선정부의 통치기구의 제도개혁을 이룩한 일본제국은 1907년 「한일신협약」을 강제 체결한 이후부터 조선의 관료인사권을 빼앗아 갔다. 특히 친일파 관료군을 형성하기 위하여 대한제국의 고등관료 임면권을 행사하였고, 통감이 추천하는 일본인을 대한제국 관료로 임명하도록 하였다. 차관정치를 실시한 이후 고등관 임용권은 실질적으로 일제 통감에게 귀속되었다. 따라서 일제의 친일관료의 형성은 이미 강제 병탄 이전부터 일제의 치밀한 계획 하에 이루어졌다고 볼 수 있다.

통감 이또오 히로부미(伊騰博文)는 당시 일본의 능력주의에 입각한 시험제도를 조선에 이식하고자 했다. 그는 식민지 조선을 병탄하면서 시험제도를 통해 식민지배 관료체제를 친일파 인물로 채우고자 하였고, 그리하여 1905년부터 벌써 천거제도를 대체하여 시험제도로 관료를 충원하고자 하였다. 시험제도를 통해 겉으로 보기에 신분질서의 봉건제에서 능력주의의 근대적 선발제도로 탈바꿈하고자 하였다. 능력주의에 입각한 시험제도의 도입은 지배집단의 근대적 기획으로서 지배층화의 공정한 기회 부여를 요구하던 조선민중의 동의를 구하고자 하는 것이었고, 구관료의 식민지 체제내화를 도모하려는 의지를 반영하는 것이었다.[6)]

2) 시험에 의한 문관입직의 제도화

일제는 식민지화를 진척시키는 도구로서, 일본 본국의 시험제도를 식민지 조선에 이식하였다. 일제는 '시험을 통한' 문관입직을 규칙화하였다. 물론 내부승진의 경우, 경력이 주요 요인이었지만 시험이 주요 변인으로 작용하도록 하였다.

6) 일제는 '한일병합 조약문'에서 "일본 정부는 성의 충실히 신제도를 존중하는 한국인으로 상당한 자격이 있는 자를 사정이 허하는 범위에서 한국에 있는 제국 관리로 등용한다."고 발표하였다(박은경, 1999: 43).

일제시대 시험은 임용자격을 부여하기 위한 것이었다. 시험은 기본적으로 문관을 선발·임용하기 위한 자격시험이었다. 시험제도는 일반임용시험과 특별임용시험으로 구체화되었다. 문관은 임용자격에 의해 일반임용 관리와 특별임용 관리로 구분되었다.

식민지배 초기에는 부족한 임용자격자를 보충하는 수단으로 시험이 이용되었다. 이후 임용자격을 가진 자가 늘어나게 되자 그들 중에서 가장 친일적인 인물을 골라 뽑는 수단으로 시험을 이용하였다. 관리임용의 문호를 개방하되 좁은 입구를 만들어 놓고 조선 민중들로 하여금 민족의 생존문제(독립·해방투쟁)를 유보하면서 끝없이 경쟁하게 하는 식민화된 인물 가려뽑기 시스템을 구축하였다. 물론 그 시험제도에는 '친일파 가려뽑기'라는 '선택과 배제'를 합리화하는 특별임용이 훨씬 더 잘 기능하고 있었다.

시험에 의한 친일관료 임용은 식민지 지배체제 안정화에 필요한 조처였고, 시험은 능력주의를 표상하는 가장 강력하고도 직접적인 통치도구가 되었다.

3) 능력주의를 표방한 「문관임용령」 실시

일제 당국은 「문관임용령」(1913년 8월 칙령 제261호)을 발하여 문관위계의 대종을 이루는 칙임문관, 주임문관, 판임문관의 임용자격을 규정하였다.[7] 주임문관과 판임문관은 시험에 의해 그 자격이 주어지도록 조건화한 것이다. 그 중 주임문관과 판임문관의 임용자격을 각각 다음 〈표 2-1〉과 〈표 2-2〉와 같이 명세화하였다.

표 2-1 주임문관 임용자격

조건	임용자격
시험	문관임용령 제5조 1. 고등시험 행정과시험에 합격한 자
경력	2. 고등시험 외교과시험에 합격하고 2년 이상 외교관 또는 영사관의 직에 있던 자

7) 1899년에서 1900년에 걸쳐 제2차 山縣내각이 문관 3법(문관임용령 개정, 문관분한령, 문관징계령)을 단행하였다. 문관 3법에 의한 임용의 제도화는 전제적인 국가기구 강화의 한 지표가 되었다.

조건	임용자격
	3. 2년 이상 판사 또는 검사의 직에 있었던 자 4. 재판소구성법에 의해 판사, 검사 또는 사법관시보 자격을 가지고 2년 이상 육군 법무관 혹은 해군사무관, 조선총독부 또는 남양청의 판사 혹은 검사, 또는 대만총독부법원 혹은 관동청법원의 판사 혹은 검찰관의 직에 있었던 자 • 2년 이상 주임교관의 직에 있었던 자는 그를 문부 부내의 주임문관으로 임용할 수 있음
예외	제7조. 교관, 기술관, 기타 특별한 학술기예를 요하는 주임관은 고등시험위원의 전형을 거쳐 임용함.

표 2-2 판임문관 임용자격

조건	임용자격
학력	문관임용령 제6조 1. 중학교 또는 문부대신이 이와 동등 이상이라고 인정한 학교를 졸업한 자 2. 고등시험령 제7조의 규정에 의해 고등시험 예비시험을 받을 수 있는 자 3. 전문학교령에 의해 법률학, 정치학, 행정학 또는 경제학을 교수하는 학교에서 3년의 과정을 이수하고 그 학교를 졸업한 자
시험	4. 보통시험에 합격한 자 5. 고등시험에 합격한 자
경력	6. 2년 이상 문관의 직에 있었던 자 7. 4년 이상 고원인 자
예외	제7조. 교관, 기술관, 기타 특별한 학술기예를 요하는 판임관은 보통시험위원의 전형을 거쳐 임용함.

위 〈표 2-1〉과 〈표 2-2〉에서 보듯이, 주임문관은 고등문관시험 행정과, 외교과, 사법과에 합격하는 것이 주된 자격요건이었다. 주임문관은 기본적으로 시험제도와 경력제도(2년 이상의 해당 경력을 요구)에 의거하였다. 고등문관의 경우, 학력 자체가 그 지위를 보증하지는 않았다. 판임문관은 중학교 졸업장이 가장 주된 자격요건이었다. 중학교 이상의 학력을 소지한 자, 법률학 · 정치학 · 행정학 또는 경제학을 교수하는 전문학교의 졸업자는 보통문관시험위원의 전형을 거쳐 판임문관이 될 수 있었고, 판임문관 임용 자격시험인 보통시험에 합격한 자가 입직할 수 있었다. 또 2년 이상 고원의 직에 있었던 자가 보통문관전형위원의 시험을 거쳐 판임문관의 관직에 오를 수 있었다.

일제는 겉으로 능력주의를 표방하면서 문관입직이 언제나 시험을 통하도록 규칙화하였다. 이는 정실과 신분에 의한 지위배분을 깨트리는 근대적 기획으로서 능력주의를 표방하는 것이었다. 이 능력주의는 학력 + 자격 + 경력을 바탕으로 하는 것으로서, 그것이 지니는 근대화 지향에 의해 정당화되어 갔다.

4) 중앙집권적 시험관리조직의 법제화

일제는 문관임용시험을 관리하는 조직체계를 중앙집권적으로 제도화하고자 하였다. 일제당국은 「고등시험위원 및 보통시험위원 관제」(1918년 1월, 칙령 제9호)를 통해 '상시 위원회' 형식의 조직체계를 법제화하였다. 이리하여 관리임용시험 전형사무를 관장하는 중앙집권적 위계적 조직체계를 구축하였다.

시험위원은 고등시험위원과 보통시험위원으로 대별되었다. 고등시험위원은 고등문관 임용 전형사무를 관장하였고, 보통시험위원은 판임문관 임용 사무를 관장하였다.

고등시험위원은 내각총리대신의 감독하에 있었고 고등시험에 관한 사무, 고등문관임용의 전형에 관한 사무 또는 보통시험령에 의한 사무를 관장하였다(제1조). 고등시험위원은 3부로 나누어, 고등시험 행정과 시험(제1부), 외교과 시험(제2부), 사법과 시험(제3부)에 관한 사무를 관장하였다(제3조). 고등시험위원은 위원장, 부장, 상임위원 및 임시위원으로 조직되었다. 위원장은 법제국 장관이 맡고, 제1부 부장은 위원장이 겸임하고, 제2부 부장은 외무차관, 제3부 부장은 사법차관이 맡았다(제2조 및 제4조). 위원장은 직원을 감독하고 고등시험위원에 속한 일체의 사무를 총리하고 부장은 그 부에 속한 사무를 장리하였다(제5조). 상임위원과 임시위원은 각 관청 고등관 중에서 내각총리대신의 주청에 의해 내각에서 임명하였으며, 각 부에 분속되어 각각의 시험위원 사무를 분장하였다(제6-7조). 임시위원은 각 관청 고등관 중에서 시험시행마다 내각총리대신의 주청에 의해 내각에서 임명했다. 임시위원은 각부에 분속되어 시험 사무를 맡았다(제7조). 고등시험위원은 철저하게 관료적 위계구조 속에서 기능하였다. 관료충원의 핵심기제였기에 관련 행정당국의 장관이 위원장이 되어 전형사무를 관장하였다. 고등문관시험위원은 주로 동경제국대학 교수들이 관여하였고 출제와 채점을 도맡아 하였다(이경숙, 2006: 87-88). 고등문관시험위원은 모두 일본인으로 채워졌고, 조선인에게는 기회가 주어지지 않았다.

보통시험위원은 각 관청에 설치하였다. 보통시험위원은 해당관청 장관의 감독에 속하고, 보통시험 및 판임문관 임용의 전형에 관한 사무를 관장하였다(제9조). 보통시험위원은 위원장 및 위원으로 구성하였다(제10조). 위원장 및 위원은 중앙관청에서는 그 관청의 고등관 중에서, 지방관청에서는 그 청의 관리 및 관립공립의 학교교원 중에서 장관이 임명하였다(제11조). 위원장은 직원을 감독하고 보통시험위원에 속하는 일절의 사무를 총리하였다(제12조).

보통시험은 일본천황(조선총독)에게만 신민적 복종의 책임을 지는 본속 장관이 그 시행 여부를 전행하였다. 보통시험위원은 각 관청의 장관이 전형사무를 감독하였고, 해당관청의 필요에 따라 소요 인원을 정하고 관련 전형사무를 관장하였다. 예컨대 도경부 및 경부보 시험은 학술시험 및 실무고사를 행하기 위해 조선총독부 및 도에 고시위원을 두었다. 고시위원장은 조선총독부 경무국장으로 충당하고 기타 고시위원은 각 3명 이상으로 하고, 경무국 및 도 제3부 근무의 고등관 중에서 조선총독이 임명하였다(제1조). 산림주사 선발시험은 산림부장이 시험위원장이었고 시험위원은 조선총독부 고등관 중에서 임명하였다. 시험위원은 영림서 고등관 혹은 도고등관에서 위촉하였다. 소방수 시험은 경찰부장이 시행하였다. 이처럼 보통시험위원의 위계도 관료체제 속에서 구성되었다. 보통문관시험위원으로 해당관청의 관리와 관공립학교 교원이 관여했으며, 그중 소수의 노골적인 친일 조선인이 참여하였는데, 그 구성비는 5% 내외에 불과하였다(이경숙, 2006: 92).

5) 일반임용시험에 의한 안정적 친일관료충원

일제는 식민지배 관료체제의 안정화를 위해 각종 시험령을 제정 · 공표하였다. 각각의 시험령은 임용자격을 규정하였다. 고등시험령은 주임문관 임용자격시험에 대해 규정하는 칙령이었고, 보통시험령은 판임문관 임용자격시험에 대해 규정하는 칙령이었다. 시험령에 의해, 임용은 일반임용과 특별임용으로 이루어졌다.

일제는 일반임용을 위해 1918년 1월 칙령 제7조와 제8조를 연속적으로 발하여 「고등시험령」과 「보통시험령」을 공표하였다. 아래 <표 2-3>은 일반임용시험의 내부구성에 대한 것이다.

표 2-3 일반임용시험의 내부구성

종류	성격	수험자격
고등시험령 (1918년 1월, 칙령 제7호)	• 주임문관 임용자격시험, 외교관 및 영사관의 임용자격시험, 재판소구성법 제5조의 시험 • 매년 1회 동경에서 시행	• 제3조. 무자격자 배제 • 제4조. 고등시험은 예비시험과 본시험으로 나누고, 예비시험 합격자가 본시험에 응시 • 제7조. 예비시험 수험자격 : 중학교 졸업자, 문부대신이 보통교육에 관해 이와 동등 이상의 學歷을 가진 것으로 인정한 자 또는 고등시험위원이 보통교육에 관해 중학교와 동등 이상이라고 인정한 외국의 학교를 졸업한 자 • 제8조. 고등학교, 대학예과 또는 문부대신이 이와 동등 이상이라고 인정한 학교를 졸업한 자는 예비시험을 면제
보통시험령 (1918년 1월 칙령 제8호)	• 판임문관 임용자격시험	• 제4조. 보통시험은 중학교 학과목 중 5과목 이상에 대해 중학교 졸업 정도에서 이를 행함 - 각 관청 소장의 사무를 참작하여 따로 과목을 부과할 수 있음 • 제5조. 고등시험령 제3조 및 제18조 내지 제20조의 규정을 준용 • 제6조. 보통시험에 관한 세칙은 보통시험위원이 정하고 고등시험위원에게 보고

위 <표 2-3>에서 보듯이, 식민지 시기 일반임용시험은 고등문관시험과 보통문관시험이 치러졌다. 고등문관시험은 동경에서 1년에 한 번 정기적으로 치러졌다. 능력에 따라 누구에게나 기회가 열려 있는 것으로 선전했던 고등문관시험에서 조선인 합격자는 극소수였다. 조선인 문관시험 합격자는 전체 합격자의 10% 미만에 머물렀다. 합격자의 교육수준은 매우 높았다.[8] 선행연구에 의하면, 고등문관시험 합

8) "고등고시 합격자들의 교육수준이 매우 높음을 알 수 있다. 즉 대학 이상의 학력을 지닌 자가 전체 고등고시 합격자 중 91%나 된다. 이는 일제시대 전문대학의 교육 기회가 당시의 대지주나 상공업자와 친일 관료의 자손이 아니면 힘들었고, 특히 관립학교에 입학할 수 있는 자는 친일적인 식민지 지배층의 자손이 아니면 불가능 하였다는 사실에 비추어 볼 때 경제적 배경이 높았음을 알 수 있다"(박은

격자 전체 307명 중 출신학교를 보면, 경성제대(81명, 26.4%), 경성법학전문학교(23명, 7.5%), 보성전문학교(2명, 0.7%), 사범학교(6명, 2%), 기타(3명, 1%) 등이었다(이경숙, 2006: 102). 이들 합격자들의 진출 경로는, 행정과의 경우 시보를 거쳐 주임관 말단인 군수로, 사법과의 경우 재판소 검사 혹은 판사 시보로 임명되었다.[9]

보통문관시험은 식민지 초기부터 조선에서 매년 치러졌고 1943년까지 계속되었다. 보통문관시험은 식민지 관료 자리를 탐하는 '소수의 성공한 자'를 배출하였는데, 응시자들은 주로 보통학교 졸업자, 중학교 중퇴자들이었다. 1911년부터 1943년까지 판임문관 시험 합격자는 모두 3,772명이다. 그중 1940년 창씨개명 이전까지 합격자가 3,426명이며 조선인이 1,488명(43.8%)이다(이경숙, 2006: 107-109). 합격자의 직전 경력은 훈도와 순사가 많았다. 합격자의 임용률이 1910년대는 80%를 상회하였으나 20년대는 70%, 30년대는 50% 이하로 하락하였다. 그럼에도 불구하고 지원자는 해를 거듭할수록 증가했다. 시험 합격이 안정된 취직의 기회, 승진의 기회였다. 보통문관시험에 합격할 경우, 주사보나 재판소 서기보로 임명되었다. 합격자들의 최초임용지는 군청이 63.6%였고, 총독부 본부에 임용되는 경우는 2.7%에 지나지 않았다. 여기에서도 민족차별이 상존하였다(장신, 2003: 65; 이경숙, 2006: 111에서 재인용).

6) 특별임용시험에 의한 친일관료의 부식: 민족분할지배

일제는 조선인에 대한 특별임용규정을 제정함으로써 조선인의 입직절차를 특별히 관리했다. 특별임용 관리는 담당하는 직무의 성질상 관료임용의 원칙법인 문관임용령을 적용하지 않고 특정의 임용규정에 의하여 임용되며, 그 임용범위를 국한했다(박은경, 1999: 25).

특별임용은 식민지 관료를 전부 친일파로 충원하고자 한 조처였다. 식민초기 특

경, 1999: 99).

9) 이경숙(2006)은 자신의 박사학위논문 부록에서 고등문관시험 합격자 307명의 이름, 합격년도, 응시과, 학력, 경력, 출처를 상세하게 정리해 놓고 있다.

별임용은 대한제국의 구관료의 식민지 체제내화를 꾀하고자 하는 것이었다. 특별임용에 의해 '선택과 배제'가 법칙적으로 작용하였다. 식민지배 초기 조선인 특별임용령을 정리하여 제시하면 아래 〈표 2-4〉와 같다.

표 2-4 식민지배 초기 조선인 특별임용령

직책	관련 규정	내용
조선총독부 장관, 도참여관, 군수	「조선인 조선총독부 장관, 도참여관 및 군수의 특별임용 및 관등에 관한 규정」(1910년 9월, 칙령 제383호)	「문관임용령」과 「고등관관등봉급령」 제4조의 규정에 의하지 않고 학식 · 경험이 있는 자 중에서 문관고등시험위원의 전형을 거쳐 특별히 임용
통감부 참여관, 주임문관, 판임문관	「조선총독부 및 소속관서 특별임용령」(1910년 9월, 칙령 제394호)	통감부 참여관은 총독부와 소속관서의 칙임문관에 임용, 주임문관과 주임문관 대우자는 주임문관에 임용, 판임관과 판임관 대우자는 판임관에 임용
조선인 판임관	「조선인관리의 특별임용에 관한 건」(1910년 9월, 칙령 제396호)	조선인으로서 현재 고등관의 대우를 받는 자는 조선총독부 및 소속관서의 문관에 임용할 수 있음(제1조). 구한국 정부의 고등문관 또는 고등문관이 될 자격을 가진 자는 문관고등시험위원의 전형을 거쳐 임용(제2조). 판임관의 대우를 받는 자는 조선총독부 및 그 소속관서의 판임문관으로 임용할 수 있음(제3조). 조선인으로서 구한국 정부의 판임관 직에 있었던 자 또는 판임관 자격을 가졌던 자는 문관보통시험위원의 전형을 거쳐 판임문관에 임용할 수 있음(제4조).
조선총독부 판사, 검사	「조선인으로서 조선총독부 판사 및 검사의 임용에 관한 건」(1910년 10월. 제령 제5호)	제국대학, 관립전문학교 또는 조선총독부 지정학교[10]에서 3년 이상 법률학과를 수학 · 졸업한 조선인은 문관고등시험위원의 전형을 거쳐 특히 판사 또는 검사로 임용할 수 있음(제1조) 본령 시행시 현재 통감부 판사 또는 검사인 조선인은 특히 그를 조선총독부 판사 또는 검사로 임용할 수 있음(제2조)
조선총독부 판사 및 검사	1910년 10월, 제령 제6호	재판소구성법에 의해 판사 또는 검사의 자격을 가진 자 또는 조선총독부 사법관 시보로서 조선총독부 재판소 및 검사국에서 1년 6월 이상 실무수습을 하고 시험에 합격한 자 중에서 임용 수습 및 시험에 관한 규칙은 조선총독이 정함

위 〈표 2-4〉에서 보듯이, 일제는 조선을 완전한 식민지로 병탄하면서 조선인 구관료들을 체제내화하기 위해 특별임용을 실시하는 방식을 꾀하였다. 일제는 1910년 9월 처음 「조선인 조선총독부 장관, 도참여관 및 군수의 특별임용 및 관등에 관한 규정」을 통해 "학식 · 경험이 있는 자 중에서 문관고등시험위원의 전형을 거쳐 특별히 임용"할 수 있게 하였다. 그 후 「조선총독부 및 소속관서 직원 특별임용령」, 「조선인관리의 특별임용에 관한 건」, 「조선인으로서 조선총독부 판사 및 검사의 임용에 관한 건」 등을 공표하고 조선인 구관료의 식민지배 체제내화를 꾀하였다. 고등문관은 문관고등시험위원의 전형을, 판임문관은 문관보통시험위원의 전형을 거쳐 각각의 직에 종사할 수 있도록 길을 터 주었다.[11)]

한편 일제는 제국대학과 관립전문학교, 조선총독부 지정학교를 졸업한 조선인을 문관고등시험위원의 전형을 거쳐 판사 또는 검사로 임용할 수 있게 했다. 이는 식민지배체제의 안정화를 위해 필요한 사안이었다. 구관료들의 저항을 무마하고 그들을 체제내화함으로써 그들로 하여금 제도적 기반 위에서 조선민중을 대리지배케 하기 위함이었다.

따라서 일본 유학을 다녀오거나 일찍부터 개화 학문을 익힌 자에게 특별임용은 좋은 기회가 되었다. 일본 유학생들은 대부분 가족배경이 지주 또는 상공업 자본가, 귀족의 자제들이었다(김영모, 1982: 75). 당시 일본 유학을 다녀오거나 시찰 혹은 견학한 친일파들은 차츰 총독부의 조선인 관리자리를 차지하게 되었다. 초기에는 조선인을 많이 등용시킨다는 총독의 인사방침이 있었으나 지방의 하위직에 배치하였고, 중앙의 고위직은 거의 일본인이 독점하는 구조를 만들어냈다. 다만 도의 장관을 보조하는 참여관과 참사관, 군수에는 조선인을 배치했다. 조선인을 특별임용하는 경우에는 적극적 친일파나 조선병탄에 공로가 있는 인사들에 한했다(이이화, 2004: 144-147 참고).

일제는 식민지배 중기로 접어들면서 주임문관 특별임용령을 여러 건 공표하여

---

10) 일본 사립대학, 경성전수학교(경성법학전문학교 전신)를 지칭한다.

11) 선행연구에 의하면, 1909년 《한국직원록》에 수록된 관료 3,624명 중 《조선총독부직원록》에서 다시 이름을 확인할 수 있었던 관료는 모두 2,449명이었다. 대한제국의 친임관 15명 중 14명은 중추원에 임용되었으며, 칙임관 113명 중 50명이, 주임관 684명 중 401명이, 그리고 판임관 2,812명 중 1,984명이 일제시대 관료로 근무했다(박은경, 1999: 46).

조선인뿐만 아니라 일본인을 위한 특별임용의 길을 열어 놓았다. 아래 〈표 2-5〉는 식민지배 중기 주임문관급 특별임용령을 정리한 것이다.

표 2-5 식민지배 중기 주임문관급 특별임용령

직책	관련 규정	내용
조선총독부 이사관, 조선총독부 제생원주사, 조선총독부 도이사관, 조선총독부 부윤, 조선총독부 군수, 조선총독부 島司	「주임문관 특별임용령」(1920.5. 칙령 제160호)	5년 이상 판임 이상의 官에 재직하여 행정사무에 종사하고 판임관 5급봉 이상의 봉급을 받는 자로서, 고등시험위원의 전형을 거쳐 임용할 수 있음
조선총독부 판사	「조선총독부판사의 특별임용에 관한 건」(1920.7. 제령 제11호)	지방법원 지청의 판사로 보임해야 할 자에 한해 당분간 5년 이상 판임 이상의 관에 재직하여 사법사무에 종사하고 판임관 5급봉 이상의 봉급을 받은 자로서 조선총독이 정한 고시를 거쳐 특별히 그를 임용할 수 있음
조선총독부 판사	「조선총독부 판사 특별임용 고시규칙」(1920년 8월, 총령 제18호)	조선총독부 법무국장이 위원장(1인), 위원(여러 명)은 법무국 근무 고등관 및 조선총독부 판사, 검사 중에서 조선총독이 임명(제2조)
조선총독부 사무관, 조선총독부 중추원 서기관, 조선총독부 도지사, 조선총독부 도참여관, 조선총독부 도사무관, 조선총독부 도이사관, 조선총독부 군수	「조선총독부사무관 등의 특별임용에 관한 건」(1921.2. 칙령 제26호)	조선어에 숙달하고 조선의 사정에 정통하고 또 상당한 학식·경험이 있는 자 중에서 고등시험위원의 전형을 거쳐 특별 임용할 수 있음

위 〈표 2-5〉에서 보는 주임문관급 특별임용령은 조선인을 겨냥하는 것이었지만, 실제로는 주임문관에 해당하는 여러 관직에 일본인이 입직할 수 있게 하기 위한 조처였다. 예컨대 「조선총독부판사의 특별임용에 관한 건」은 조선총독부 재판소서기 겸 통역생에게 조선총독부 판사자격시험을 거쳐 판사로 임용할 수 있는 길을 마련한 것이었다. 행정분야 고등관 직위 이외에도 조선총독부 시학관, 경성제국대학 관공리(사무관, 도서관장, 사서관, 사서) 등에 대해서도 해당분야 특별임용령을 공표하여 일본인을 입직할 수 있도록 제도적으로 보증하였다.

한편 일제는 일본인의 판임문관 입직을 용이하게 하기 위해 1920년 9월 칙령 제357호를 통해 「판임문관 특별임용령」을 공표하였다. 조선총독이 판임문관의 고시 규정을 자유롭게 발할 수 있게 하였고, 그리하여 다양한 부문에서 판임관을 임용할 수 있게 하는 길을 터놓았다. 각 관청의 경부와 경부보, 간수장, 소방사 등의 판임관 특별임용을 제도화하였고, 조선총독이 정하는 규정에 의해 건강보험서 서기보, 각청 세관감리, 각청 삼림주사, 저금국 서기보, 간이보험국 서기보, 체신국 서기보, 각청 통신서기보, 각청 체신서기보, 각청 세무리 등의 특별임용을 가능하게 하였다. 이와 같은 맥락의 연장선상에서 예컨대 세관감리의 특별임용에 관한 규정도 공표하였다. 이리하여 식민지 파쇼적 지배체제의 영속화를 가능하게 하는 관리임용제도를 갖추게 되었다.

일제는 특별임용을 통해 민족분할지배전략을 관철시키고자 하였다. 식민주의자들은 피식민지 민중의 저항을 약화 · 고립시키고 그들 사이의 불화를 조장하고 심화하기 위해 '문화적 지배방식'을 선택하게 된다.[12] 이는 언어와 관습이 다른 지배민족이 식민지 민중을 직접 통치하는 것보다, 피지배 민족의 지배 관료들을 이용하는 것이 그들의 항일화 방지책도 되고, 통치비용도 저렴하게 들기 때문이었다(박은경, 1999: 44). 일제는 피식민지 민중 다수를 종속시키고 식민지 지배체제를 항구적으로 존속시키기 위해서, 식민지배체제는 특별임용을 통해 소수 대리지배자와 다수 민중으로 분할하였다. 일제는 특별임용시험에 의해 소수 대리지배자를 가려뽑아 그들에게 지배층 지위와 권한을 부여하였고, 그들로 하여금 민중을 대리지배하게 하였다. 이런 배경 하에서 형성된 친일관료 지배층들은 상호 간 협력을 통해 공생과 순환을 지속할 수 있는 기틀을 만들어 가고 있었다.

12) 피식민지 지배엘리트들에게 특권을 부여함으로써 그들로 하여금 현실에 안주하게 하면, 그들 자체가 보수화되고 관료화되어 민족해방을 포기하게 되고, 동시에 식민지 민중의 저항력은 크게 약화된다. 그런 엘리트들에게 베푸는 특권의 크기와 민중의 저항 강도는 반비례하는 법이다.

다. 학력제도와 입학시험 경쟁: 친일관료예비군 배출

학력(學歷)이 관료 지배층화의 핵심적인 사다리였음은 주지의 사실이다. 신분질서가 사라진 식민지 지배공간에서 사회계층이동을 가능하게 하는 기회체제로서 대표적인 방식이 학교교육을 통하는 것이었다.13) 일제는 초등 · 중등 · 고등의 학력에 따라 차등적인 지위를 배분하였고, 따라서 학력의 위계가 곧바로 지배층화의 위계가 되었다. 일제는 학력제도를 통해 친일관료예비군을 배출하였다. 이러한 제도적 조처는 일제강점기 내내 관철되었다. 여기서 지배층화의 한 경로로서 학력제도에 대해 논의한다.

1) 시험을 통한 입학의 일상화

초등학교 입학은 지원자가 많은 시기를 기점으로 하여 입학시험이 행해졌다. 식민초기 10년 정도는 입학지원자가 없어서 학교입학을 종용하였지만, 1919년 3 · 1운동 이후 교육열이 팽창하게 되자 모집인원에 비해 지원인원이 넘쳐났고, 이때부터 초등학교 입학시험이 일반화되었다. 그 입학시험은 면접과 가정형편에 대한 것이었다. 중등 이후 단계의 학교입학은 기본적으로 시험에 의한 것이었다. 경쟁이 없는 경우에도 형식적으로는 무시험이었지만 최소한의 조건을 갖추지 않으면 입학이 불허되기도 했다.

일제는 의도적으로 학교교육기관의 설립과 교육기회를 엄격하게 제한하는 가운데 치열한 입학경쟁구조를 형성하였고, 그 경쟁을 시험제도를 통해 해결하는 갈등

13) 이는 갑오개혁 이후에 설립된 학교기관이 더욱 그러하였다. 일제는 갑오개혁에 의해서 설립된 외국어학교를 이용하여 친일관료를 양성함으로써 한국의 내부 침략을 기도하였고, 통감부 설치 이후에는 외국어학교를 식민지 관료 양성기지로 만듦으로써 한국병합의 기초 작업을 개시하였던 것이다(박은경, 1999: 86). 한말에 설립된 근대 학교에서 관료 등용에 가장 큰 영향력을 가지고 있었던 학교가 관립외국어학교였다. 한 조사에 의하면 3,208명의 대한제국 관료 중 외국어학교 출신자는 7.5%인 241명이었으며, 외국어학교 출신 관료 중에서 일어학교 졸업자가 전체의 60%를 차지하고 있다(박은경, 1999: 84).

구조를 형성시켰다. 이리하여 시험으로 인한 치열한 점수경쟁을 유도하였고, 조선 민중으로 하여금 민족문제를 유보하면서 동족 간의 치열한 분열을 조장하였다.

한편 일제는 학교내부시험과 입학시험에 대한 통제 규정을 예규화하였고, 그 시험이 감시권 하에서 이루어지도록 제반 제도적 장치를 마련하였다. 학교내부시험의 과정과 결과, 입학시험의 과정과 결과가 시학(관)의 사찰의 대상이 되도록 제도화하였다. 이리하여 시험에 의해 교육의 과정과 졸업을 통제할 수 있게 되었다.

2) 학력위계에 따른 입직위계의 제도화

학력을 획득한 자가 시험을 거쳐 관리임용의 자격을 획득하였고, 그들이 민중에 대한 대리지배권을 행사하였다. 그 학력의 위계가 곧 입직의 위계와 평행하게 되었다.

가) 초등 학력

보통학교만 나와도 일본어 능력을 이용하여 지배층의 자리를 차지할 수 있었다. 비록 저급한 실무기능직이었지만, 민중 위에서 군림할 수 있는 지배의 '끄나풀'(agent)이 될 수 있었다. 보통학교 졸업자는 제한적이기는 하지만, 일정한 시험을 거쳐 면서기, 순사, 하급 고원이 되어 지배의 지위를 누렸다.

입직은 주로 학력이 매개한 것이었다. 학교 졸업생이 취직할 수 있는 통로는 출신학교장의 소견표를 통한 추천과 각자의 사회적 배경을 통한 연줄관계, 자기 자신의 수완에 달린 개별적인 취직운동이었다. 취직은 학벌과 정실관계에 의해 좌우되었다. 취직의 정실주의는 조선사회가 갖는 식민지적 고용구조로 인해 취직자리가 극도로 제한되어 있었던 것에서 비롯되었지만(정선이, 1997: 129), 그럼에도 불구하고 학력이 가장 결정적인 수단이 되었다.

나) 중등 학력

일제는 중등학교 학력을 통한 고급입직 경로를 법제화하였다. 일제가 인정하는

'제도권' 관공립 중등학력을 관료입직의 자격요건으로 조건화하였다. 중등학력이 관료예비군을 배출하는 결정적 기회체제가 되었다는 것이다.

앞에서 살펴보았듯이, 일제강점기 초기에는 중등학교 졸업자에게 판임문관의 입직자격을 부여하였다. 일제는 「문관임용령」에 의해 일반교육을 실시하는 중학교·고등보통학교 졸업자는 모든 관서의 판임문관에 임용될 수 있는 자격을 부여하였다. 이리하여 '중학교' 이상의 특정 학력이 문관임용 등에 나갈 수 있는 결정적 기준으로 고착되었다.

관공립 고등보통학교(중학교) 졸업자에 부여된 자격은 ① 판임문관 임용시험 응시자격, ② 주임문관 임용자격시험 예비시험 응시자격, ③ 관서의 특성을 고려한 특별임용령에 의한 고원 자격(철도, 체신, 경찰, 감옥 등), ④ 조선총독부 지방관리 양성소 입소자격 등이었다. 그 결과, 일선 중등학교는 문관임용의 기준에 비추어, 총독부 당국이 인정하는 '중학교 이상의 학교'라고 인정받기 위해서 「공립사립학교 인정에 관한 규정」에 적응해야만 되었다. 이를테면 「문관임용령」 제6조에 의해 중학교와 동등 이상이라고 문부대신(조선총독)의 인정을 받기 위해서는, 학교장 혹은 설립자는 제반사항(명칭, 위치, 학교의 연혁, 학칙, 학교장의 이력, 교원의 씨명·자격·학업경력·분담학과 및 전임겸임의 구별, 생도 정원·현재생도 학년 및 학급별 원수, 졸업자의 수 및 졸업 후의 정황, 교지·校舍 및 기숙사의 도면, 경비 및 유지의 방법, 교과서 목록, 교과용 기구·기계 및 표본 목록)을 갖추어 조선총독에게 신청하여 '중학교 이상의 학교'임을 인정받아야만 했다. 이 규정에 의해 관공사립 간 학교에 대한 차별질서가 성립하였고, 이른바 '명문학교'가 실체화되었다. 각 도에 하나씩 세워진 관공립 고등보통학교가 거기에 해당한다.

한편 「문관임용령」 제6조 규정에 의해 인정되는 학교는 "1922년 칙령 제19호 조선교육령에 의한 중학교, 고등보통학교, 사범학교, 전문학교"였다.[14] 단 사범학교 특과 및 강습과, 전문학교 특과 및 舊令에 의해 졸업한 고등보통학교생에게는 인정의 효력이 적용되지 않았다. 따라서 조선 민중은 기를 쓰고 '관공립' 고등보통학교에 입학하고자 했고, 그래서 죽기살기로 치열한 경쟁을 했다. 이들 학교가 모든 조

14) 「조선교육령에 의한 중학교, 고등보통학교, 사범학교, 전문학교를 문관임용령에 의한 인정」(1923년 2월, 文告 제34호).

선민중에게 선망의 대상이 되었던 것은 이 까닭이었다.

다) 전문학교 이상의 학력

중등학교 졸업자가 더 높은 관직의 관리가 되기 위해 선택할 수 있는 하나의 방법은 상급학교에 진학하는 것이었다. 보다 상급의 교육기관에 진학하면, 관리로 취직하기가 용이해질 뿐만 아니라 다른 부가적인 자격도 획득하였다. 전문학교 졸업은 고등문관으로 입직할 수 있는 기본 학력조건이 되었다. 전문학교 졸업자에게 부여된 자격은 관리임용자격, 시험면제, 전문직업자격 등이었다. 이를 구체화하면 다음 〈표 2-6〉과 같다.

표 2-6 전문학교 졸업자에게 부여된 자격

관리임용자격	• 판임문관의 자격 • 조선총독부 판사 및 검사의 자격(제국대학, 관립전문학교 또는 조선총독이 지정한 학교에서 3년 이상 법률학과를 수료하고 졸업한 조선인)
시험면제	• 고등시험 예비시험 면제(고등학교, 대학예과 또는 문부대신이 그와 동등 이상이라고 인정한 학교를 졸업한 자) • 조선변호사시험 예비시험 면제(고등학교 대학예과 또는 조선총독이 이와 동등 이상이라고 인정한 학교를 졸업한 자)
전문직업자격	• 사립학교 교원의 자격 1. 보통학교 교원 자격 2. 고등보통학교 및 여자고등보통학교 교원 자격 3. 실업학교 교원 자격 • 의사 자격(경성의학전문학교 또는 조선총독이 지정한 의학교를 졸업한 자)

당대 고등교육기관으로서 관립전문학교, 공립전문학교는 위 〈표 2-6〉에서 예시하는 자격을 향유하였다. 모든 고등교육 학력은 훨씬 수월한 지배층 자리를 차지하는 토대가 되었던 것이다. 경성제국대학(예과) 졸업자에게는 더 고등한 자격이 부여되었음은 말할 나위가 없다. 경성제국대학 학력에 주어진 자격도 위의 〈표 2-6〉과 마찬가지로 ① 관리임용자격, ② 고등문관시험 예비시험 면제, ③ 전문직업자격 등이었다.

일제강점기에 충원되었던 관료 출신 판사들은 주로 재판소 서기로 일정 기간 근무하다가 판사로 승진하였음을 알 수 있는데, 이들 중 상당수가 경성전수학교 졸업자들이었다. 즉 수많은 재판소 서기 중 고등교육 이수자, 특히 경성전수학교 법학과 출신들이 1920년대에 판사로 임용되었으며, 1930년대에는 고등문관시험 합격자들이 사법시보를 거쳐 판사로 임용되기 시작하였다(박은경, 1999: 127).

경성제국대학은 최고의 관공리를 양산하는 교육기관이었다. 경성제국대학은 법학중심적 성격을 띠고 식민지에 설립되는 대학으로서, 그 자체 식민지 관료 충원이라는 기본목적을 추구하는 곳이었다.[15] 정선이(1997)의 선행연구에 의하면, 경성제국대학의 졸업생들은 당국의 주선과 고등문관시험을 통해 상대적으로 용이하게 식민지 관료로 진출하였다.[16] 당시의 일반 고등인력이 대부분 취업의 어려움을 겪고 있었지만 경성제국대학 졸업생들은 상대적으로 원활하게 식민지 국가기구에 진출했고, 적극적이고 기능적으로 적응하여 고급관료로서 성공했다(정선이, 1997: 148).

3) 입직자격으로서 학력요건의 법제화

일제는 학력요건을 입직자격으로 법제화하였다. 특히 중등학교 이상의 학력을 관리입직의 자격요건으로 규정하였다.[17]

아래 〈표 2-7〉에서 보는 것처럼, 각종 직책에 입직할 수 있는 조건은 중등학교 이상의 학력이었으며, 이런 점에서 학력이 관료예비군을 배출하는 주요 기제였다. 〈표 2-7〉은 각 직책이 어떤 학력을 기본 요건으로 요구하였는가에 대해 정리한 것이다.

---

15) 경성제국대학 학력을 가진 자에게 관료임용의 길을 열어 놓은 것은 엘리트주의와 실력양성논리에 기초한 근대화론을 반영하는 것이었다.

16) "1942년까지의 확인 가능한 경성제국대학 법학과 졸업생 수, 239명에 비추어 보면 약 30%가 고등관으로 진출하였다. 법학과 출신은 세 명 중 1명은 고등관인 식민관료로 진출하였던 것이다. 관공서로 진출한 경성제국대학 졸업생들 108명에 비추어보면, 72%가 일제하의 고등관료로 진출하고 있다"(정선이, 1997: 141).

17) 「문관임용령」이 적용되던 시기는 중학교 졸업자가 많이 배출되지 않았기 때문에, 이때에는 중학교 졸업증이 관리임용으로 바로 연결되었다. 그렇지만 중학교 졸업자가 늘어남에 따라 중학교 졸업증은 관리임용을 보증하기 않게 되었다. 이에, 중학교 졸업자도 관리가 되기 위해서는 보통문관시험을 치르거나 고원으로 취직하여 경력을 쌓아야 되었다.

표 2-7 각 직책이 요구하는 학력조건[18)]

직책	관련 규정 및 근거	학력조건
조선인 판임문관	「조선인인 관리의 특별 임용에 관한 건」(1910.9, 칙령 제396호) 제5조	• 경성전수학교, 관립고등보통학교 혹은 조선총독이 이와 동등 이상이라고 인정한 학교를 졸업한 자에게 판임관 임용자격 부여
우편소장	「조선총독부 우편소장 임용규칙」(1910.10. 총령 제32호) 제1조.	• 중학교 3학년 수학한 자 또는 이와 동등 이상의 학력 소지자
체신서기보	「조선총독부 체신서기보 시험규칙」(1910년 10월, 총령 제34호) 제2조	• 무시험에 의해 채신서기보에 임용될 수 있는 자 : 관립 · 공립 중학교 3학년 이상의 수업증서를 가진 자 또는 이와 동등 이상이라고 인정되는 관립 · 공립 · 사립 학교 또는 사법성 지정 법률 학교의 졸업증서를 가진 자
稅務吏	「조선총독부 부군도 세무리 특별임용 규정」(1934.4. 총령 제46호) 제2조	• 중학교 · 고등보통학교 또는 문관임용령 제6조 제1호의 규정에 의해 문부대신이 인정하는 학교의 3학년 과정을 수료한 자 또는 이와 동등 이상의 학력을 가진 자
삼림주사	「조선총독부 營林署 삼림주사 및 조선총독부 부군도 삼림주사 특별임용 규정」(1919.6. 총령 제118호)	• 농업학교 임업과 수학.졸업 또는 을종 삼림학교 혹은 을종 농림학교 임과 혹은 조선의 공립농업학교의 졸업증서를 가지고 수업성적이 우등한 자
판임문관	「문관임용령」(1913.8. 칙령 제261호) 제6조	• 중학교 또는 문부대신이 그와 동등 이상이라고 인정한 학교를 졸업한 자 • 전문학교령에 의해 법률학.정치학.행정학.경제학을 교수하는 학교에서 3년 과정을 이수하고 졸업한 자
순사	「조선총독부 순사 및 조선총독부 도순사 채용규칙」(1925년 10월, 총령 제104호)	• 경찰관 강습소: 제도권 학력을 명시하지는 않았지만 학술시험을 요구 • 시험과목: 일본지리 및 역사의 대요, 작문 및 書取, 산술, 일본어(조선인에게만 부여)

위 〈표 2-7〉에서 발견할 수 있듯이, 각 직책은 중등학교 이상의 학력을 기본조건으로 요구하였다. 일제는 지배층 자리에 나아가려는 자에게는 반드시 문부대신 또는 조선총독이 인정하는 이른바 '제도권' 학력을 요구하였다. 소위 '행세'를 할 수 있는 '지배층' 직책은 법적 근거에 의해 적어도 중등학교 이상의 학력을 요구하였으

18) 조선총독부, 《조선교육법람》, 1928년판 148-159쪽, 1940년판 233-245쪽.

며, 각 직책의 위신에 상응하는 위상의 학력을 요구하였다. 이런 사실은 거꾸로 학력(學歷)이 관리로 나아가는 최소필요조건이었고, 학력제도가 관료예비군을 배출하는 기능을 적극적으로 수행했다는 것을 말해 주는 것이다.

4) 수험자격 혹은 시험면제자격으로서의 학력

학력을 입직요건으로 강제한 것의 최고 수준은 학력이 곧바로 수험자격으로 규정된 것에서 확인된다. 「문관임용령」 제6조에 의하면, ① 중학교 또는 문부대신이 이와 동등 이상이라고 인정한 학교를 졸업하는 것, ② 고등시험령 제7조의 규정에 의해 고등시험 예비시험을 받을 수 있는 것, ③ 전문학교령에 의해 법률학, 정치학, 행정학 또는 경제학을 교수하는 학교에서 3년의 과정을 이수하고 그 학교를 졸업하는 것이 수험자격으로 인정되었다.[19] 또 주임문관 임용자격시험을 규정하고 있는 「고등시험령」 제7조에 의하면, 특정 학력이 예비시험의 수험자격으로 규정되었다. 이를테면 고등문관시험 예비시험 수험자격으로 "중학교 졸업자, 문부대신이 보통교육에 관해 이와 동등 이상의 學歷을 가진 것으로 인정한 자 또는 고등시험위원이 보통교육에 관해 중학교와 동등 이상이라고 인정한 외국의 학교를 졸업한 자"를 지정하고 있다.

「고등시험령」 제7조에 의해 보통교육에 관해 중학교 졸업자와 동등 이상의 학력을 가진 자로 인정되는 자는 다음과 같다(「고등시험령 제7조 및 제8조에 관한 건」).

1. 전문학교 입학자 검정규정에 의해 시험검정에 합격한 자(이하 생략)
2. 전문학교 입학자 검정규정에 의해 일반의 전문학교 입학에 관해 무시험검정을 받을 자격을 가진 자
3. 전문학교
4. 고등학교 고등과 제2학년 이상 또는 수업연한 3년의 대학예과 제2학년 이상에 입학한 자

19) 관련부문의 전문적 내용이나 정치학, 경제학, 행정학, 법률학 등 구한말부터 그 필요성이 인식되던 소위 '근대적 학문'에 대한 이수를 강조하였다.

한편, 특정 학력이 예비시험 면제자격으로서의 지위를 가지고 있는 경우도 있다. 고등학교, 대학예과 또는 문부대신이 이와 동등 이상이라고 인정한 학교를 졸업한 자는 예비시험을 면제하였다. “고등시험령 제8조에 의해 고등학교 · 대학예과와 동등 이상이라고 인정한 자는 ① 고등학교 고등과, ② 대학학부, ③ 대학예과, ④ 전각호 이외에 문부대신이 고등학교 대학예과와 동등 이상이라고 지정한 학교” 등이었다(「고등시험령 제7조 및 제8조에 관한 건」).

이처럼 학력(學歷)은 입직조건과 관련될 뿐만 아니라 입직시험에 응시할 수 있는 자격조건이 되거나 시험의 일부를 검정 혹은 면제받는 조건이 되었다. 대체로 중학교 수준의 학력이 그 응시자격 요건으로 요구되었고, 이를 소유하지 못한 자에 대해서는 이에 상응하는 수준의 검정을 거치게 하는 한편, 그 이상의 학력자에게는 그에 상당하는 면제조치를 취하고 있다. 이와 같은 제도적 조직체계 하에서 조선 민중은 누구라도 높은 학력을 획득하고자 하였고, 고등교육기관을 자리를 탐하는 ‘사다리’로 활용하였다. 이는 앞에서 말한 ‘학력을 통한 입직의 제도화’가 조건화한 것이었다. 여기에는 일제의 민족분할지배 의도가 숨어 있었다.

일제 식민당국과 학교는 중등 이상의 학력소지자의 취업알선에 앞장섰다. 학교기관(중학교, 전문학교, 경성제국대학)은 말할 것도 없고, 식민당국의 지원을 받는 조선장학회, 직업소개소 등이 나서서 해당 학교졸업자 혹은 일본 유학생의 취업을 알선하였다. 이 경우 출신학교 학교장추천서와 배속장교 고과조서를 첨부하여 그의 친일성을 담보하고자 하였다.

라. 경쟁의 제도화: 상대평가 점수제

일제는 경쟁의 제도화를 꾀하였다. 성적 · 석차를 산출하는 내부시험을 제도화하였고, 성적과 석차를 통해 비교하고 순서를 지우고 가려뽑는 것을 능사로 삼았다. 마찬가지로 성적 · 석차를 산출하는 경쟁시험에 의한 입학과 입직을 제도화하였고,[20] '시험을 통한 입학과 입직'이 일반적 규범으로 인정되었다. 그리하여 성적·석차를 교육체제를 운용하는 핵심 코드가 되게 하였다.

1) 성적·석차를 산출하는 시험의 제도화

시험은 분류(목적)상으로 볼 때, ① 어떤 기준에 대한 도달 여부를 검사하는 시험, ② 수험자에게 순위를 매기기 위한 시험(선발)으로 대별된다. 학교내부시험(학기말, 학년말, 진급, 졸업 시험), 학력검증시험, 공무원·의사·조산원·운전사 자격검증시험 등은 전자에 속한다. 학교입학시험, 관공서·회사의 입직채용시험은 후자에 속한다.

후자는 선발시험으로서 순서를 매기는 것이 통례이다. 순위 매기는 시험(선발)에는 시험결과를 성적과 석차를 부여하여 나타낼 수 있다. 문제는 선발이 목적이 아닌 학교내부시험의 경우에도 언제나 순위(성적·석차)를 매긴다는 것이다. 이는 시험 목적의 전도, 이를테면 성적·석차·점수에 종속된 시험, 선발에 종속된 교육을 만들어낸다는 것이다. 어떤 기준에 대한 도달 여부를 검사하는 시험은 그것이 등급으로 평정될 수도 있고, 기록으로 평정될 수 있는 데도 불구하고, 성적과 석차로 나타내는 것은 특별한 의도가 그 속에 담겨 있다. 그것은 끝없이 비교하고 서열을 지우고자 하는 것이다. 순서를 매겨야 하는 선발시험도 시험 결과를 과목별 등급으로 혹은 전체를 등급으로 나타낼 수도 있지만, 일제는 반드시 그것들을 성적·석차로 나타내도록 하였다. 이는 '등급제'가 만들어내는 완화된 경쟁이 아닌, '점수제'가 만들어내는 격심한 경쟁을 만들어내기 위한 것이다. 일제는 점수경쟁에 의한 분열을 꾀하고, 원자화된 인성 형성을 획책했던 것이다.

일제는 성적·석차를 산출하는 시험을 제도화하였다고 했다. 그 시험을 목적과 성격으로 볼 때 학교내부시험, 입학시험, 입직시험으로 나누어 볼 수 있다.

학교내부시험은 월종시험, 학기시험, 학년시험, 졸업시험 등 시기별로 다양한 종

20) 경쟁의 제도화는 언제나 '입학시험–교육기회 제공–입직시험 합격–높은 사회정치적 보상'이라는 가치도식 하에서 이루어지는 것이었다.

류의 시험이 치러졌다. 학교내부시험은 월종시험이든 학기시험이든 그 시험이 진단을 위한 것이 아니었고 비교를 하기 위한 것이었다. 어느 시험이든 성적 · 석차를 산출하려는 것이었고, 성적 · 석차로 줄 세우기(사람 가려내기) 위한 것이었다. 이는 체계적으로 줄 세우기를 강제하는 상대평가 점수제를 요구하도록 되어 있다. 학교내부시험의 경우, 성적 · 석차는 교과지도(수업)의 한 과정 혹은 교육활동의 한 국면인데, 그럼에도 불구하고 성적 · 석차가 비교와 서열과 가려뽑기 선발을 겨냥하는 것이었다. 일제의 의도는 성적과 석차를 제도화함으로써 남보다 앞서가는 경쟁과 그 경쟁에 휘말려 원자화된 개인이 활개 치는 '교육상황'을 만들려고 하는 것이었다(김민남 · 손종현, 2006: 286-287 참조).

입학시험은 상급학교 진학을 위한 시험인데, 그 시험의 전형요소는 필기시험(일본어와 산술), 구두시험, 신체검사, 학교장 소견표 등이었다. 그밖에 학급성적일람표가 보조자료로 첨부되어, 수험생의 학교내신성적이 통보되었다. 이 입학시험은 모두 성적과 석차로 결과를 산출하였고, 성적 · 석차를 유일 잣대로 삼아 서열화하고 선발하였다.

입직시험은 국가 혹은 채용기관에 의한 시험인데, 입직시험은 시험의 목적에 따라 다양한 전형자료가 채택되었다. 그렇지만 어떤 경우에도 성적 · 석차가 적힌 전형자료를 사용하였고, 입학시험과 마찬가지로 성적 · 석차를 산출하여 서열 순으로 선발하였다.

일제는 '시험'으로 학생의 학력을 평가한다는 것을 철칙으로 삼았다. 평가는 주로 지필시험으로 하는 것을 원칙으로 삼았다. 일제는 '시험을 통해' 평가하였고, 평가결과를 '성적 · 석차로 기록'하도록 강제하였다. 이 강제는 평가양식으로서 교육의 과정과 결과를 기록하기, 평가표기방식으로서 (성적 · 석차가 아닌) 등급으로 제시하기, 평가목적으로서 비교행위가 아닌 진단행위(무석차. 무서열) 및 총점 서열화가 아닌 실력 분류하기라는 평가의 원리를 배반하는 것이었다.

성적 · 석차 시스템은 학생 간 경쟁, 학급 간 경쟁, 더 나아가 학교 간 경쟁을 부추겼다. 교사 간 점수올리기 경쟁과 교과 간 점수올리기 경쟁을 부추긴 것은 물론이다.

2) '성적 · 석차 시스템'의 분면

일제는 각종 양식에서 성취도가 언제나 계량과 서열을 나타내는 성적 · 석차로 표시되도록 제도화하였다. 상대평가 점수제는 교육체제 운용의 핵심 메커니즘이었다. 내부평가와 외부평가(교육평가)가 상대평가 점수제를 일반화함으로써, 평가를 성적 · 석차 서열 매기는 과업으로 자리매김하였다. 학적부, 통지표, 모범학생 표창, 상설제도, 장학생 선발, 졸업증명서, 학업성적표, 학교장 소견표, 합격증서 등 다양한 분면에서 성적 · 석차 시스템이 발현되었다. 이를 구체적으로 고찰한다.

가) 학적부[21)]

일제는 제2차 조선교육령(1922년 2월 칙령 제19호), 「보통학교규정」(1922년 2월 總令 제8호) 제3장 설비 제69조에 의해 학적부를 공식적으로 도입하였다. 당시 학적부의 표준양식은 〈양식 1〉과 같다.

이 〈양식 1〉에서 보듯이, 학적부 양식은 크게 1-6학년까지의 교과목별 학업성적, 재학 중의 출석 및 결석 상황, 신체상황을 기록하도록 구성되어 있다.[22)] 이후에는 이 양식 중의 학업성적란에 총점, 평균, 석차란이 추가되었고, 신체상황은 생략되고 개평이 사용되었다. 점수는 시기에 따라 10점법 혹은 100점법이 적용되었다.

---

21) 학교생활기록부는 학교에서 이루어지는 학생 활동의 대부분의 결과를 기록하는 법정 장부이다. 학교생활기록부에는 학생의 학업성취도 및 인성 등을 종합적으로 관찰 · 평가한 결과가 기록 · 관리되며, 학생을 이해하고 지도하는데 합리적인 근거로 활용될 수 있다. 우리나라의 학교생활기록부는 1955년 1월 25일 문교부 훈령 제10호에 의해 초등학교에 처음 도입된 이후, 지금까지 성적 · 석차를 기록하는 시스템으로 운용되고 있다. 이 학교생활기록부는 일제강점기 학적부의 구조를 그대로 수용한 것이었다. 이것이 지니고 있는 모순을 해소하고자 '교육이력철'로 대체하려는 개혁방안이 참여정부에서 개진되었으나 전적으로 채택되지 않았고, 부분적으로 개선되는 데 그쳤다.

22) 일제강점기에는 입학시험에서 취득한 과목별 성적과 석차를 기입하는 학적부도 있었다.

〈양식 1〉 1922년 학적부 표준 양식

備考	第六學年	第五學年	第四學年	第三學年	第二學年	第一學年	學年	
							身 修	學業成績
							語 國	
							語 鮮 朝	
							術 算	
							史 國	
							理 地	
							科 理	
							書 圖	
							歌 唱	
							操 體	
							縫 裁	
							行 操	
							月 ノ 修 日 年 了	
							數日席出	出在 席學 及中 缺ノ 席
							缺席日數 氣病	
							缺席日數 故事	
							發育 長身	身體狀況
							發育 重體	
							發育 圍胸	
							發育 評概	
							養 營	
							椎 脊	
							굴절상태 左	
							굴절상태 右	
							神 色	
							疾 眼	
							力 聽	
							疾 耳	
							牙 齒	
							狀病他其 異疾ノ	
							否ノ監 要察	
							注スニ本 意ル對人	
							備 考	

生年月日	名 氏				
退學ノ事由	退學年月日	卒業年月日	入學前ノ經歷	入學年月日	住所

者 護 保		
兒童トノ關係	職業	氏名住所

여기서 1940년 초등학교 학적부로서, 수창국민학교 학적부(1940년 입학)를 예시한다.

〈앞면〉

비고	제6학년	제5학년	제4학년	제3학년	제2학년	제1학년			
							수 신		학업성적
							독방	국어	
							철방		
							서방		
							화방		
							산 술		
							국 사		
							지 리		
							이 과		
							직 업		
							도 화		
							수 공		
							창 가		
							체 조		
							가 사	가사재봉	
							재 봉		
							조선어		
							총 점		
							통 약		
							조 행[23]		
							석 차		
							수료연월일		
							개평		
							출석 일수		재학중출석 및 결석
							병기	결석일수	
							사고		
							륻引 일수		
							개평		
							학급담임 인		

본적	주소	생년월일	아동씨명	
		년 월 일		
퇴학사유	퇴학연월일	졸업연월일	입학전경력	입학연월일
보호자				
아동과의 관계	직업	본적	주소	씨명

23) 일본의 학적부에는 '조행' 란이 없다. '직업'은 초등교육을 완결형 교육을 지향한 것의 반영이었다. '통약'은 평균점수를 말한다. '개평'은 '우 · 양 · 가'로 적시되었다.

나) 통지표

성적 · 석차는 통지표를 장식하는 공식언어이었다. 통지표는 평어로 진술되는 경우도 시기에 따라서는 있었지만, 대개 성적과 석차로 제시되었다. 통지표가 평어로 기록되어 학부형에게 전달되는 경우에도 교사의 자료에는 언제나 성적 · 석차로 기재되어 있었다.

〈양식 2〉 통지표 양식 예시

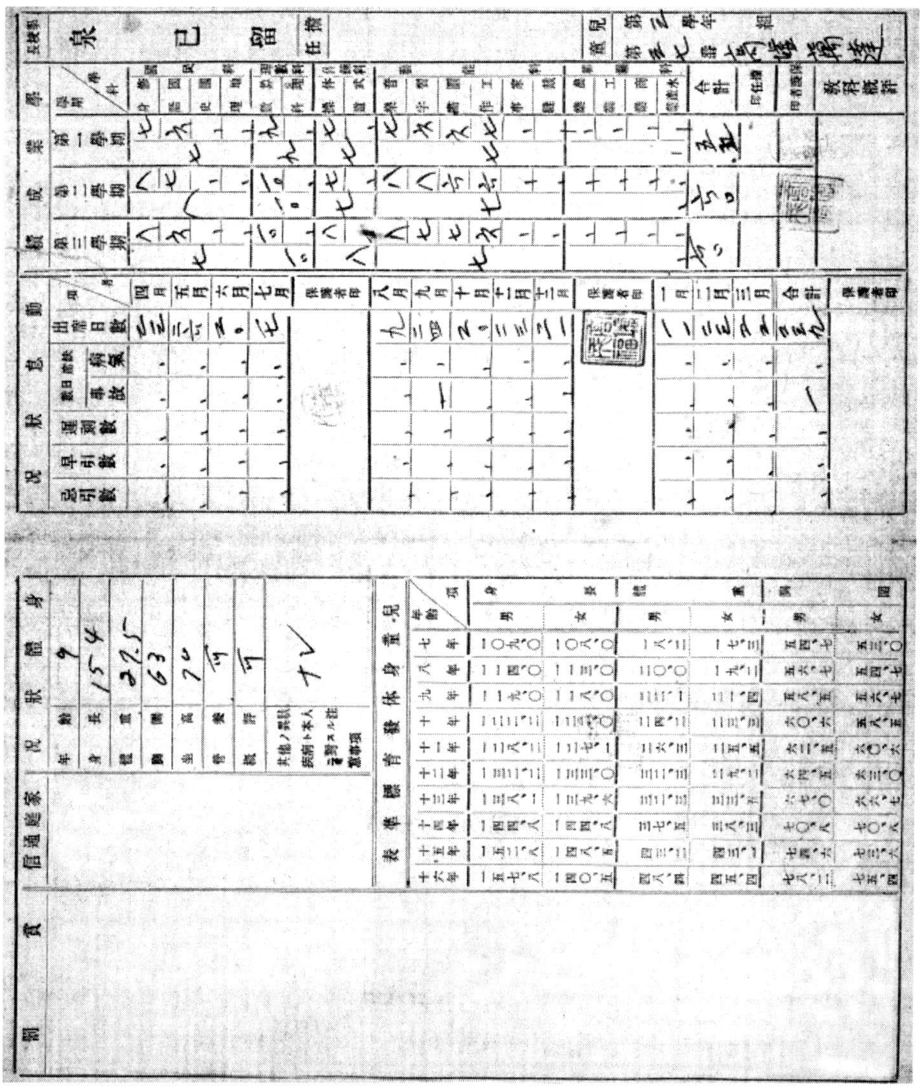

다) 모범학생 표창

식민권력은 모범학생 표창을 예규화하였다. 모범학생은 언제나 '성적이 우수한 자'였다. 매년도 졸업생 중에서 '모범학생'을 추천할 경우, 추천 조건은 ① 신체가 건강하고 품행이 방정하여 장래 유망한 자, ② 사상이 견실하고 근면 역행하는 자, ③ 학력이 우수하고 신망이 두터운 자 등이었다. "학력우수하고 품행방정하다"는 말이 '모범'을 상징하는 핵심어였다.[24] 이 언어는 입학 · 입직 추천, 우등상 수여, 모범생 표창, 장학생 추천의 준거였다. 학급 급장도 "품행방정, 학술우등, 신체 강건한 자 중에서 학교장이 임명한다"라고 규정한 학교도 있다(양정고보, 「생도심득」).

아동표창에 대한 규정은 다음과 같은 것들이 있었다. 부산부의 「예규집」(117-120)에 다음과 같은 예규가 있다.

> 「아동표창에 관한 건, (1916.2.15, 도지사)
> 도지방비 아동장학자금사업 규정이 발표될 예정이니, 조행선량, 학업우수, 타의 모범이 되는 자, 특수한 선행자에 대해 도지사가 표창함. 좌기 표준에 비추어 표창 아동수를 정하고, 조서를 개인별로 제작하고, 조서 양식에 따라 제작하여 2통 제출할 것.
>
> 「아동표창에 관한 전」 (1933.11.13, 도지사)
> 위 규정에 의한 표창 아동 중 학과 성적, 기타는 좌기에 의해 기재할 것
> 1. 학과성적은 반드시 점수로서 하고, 학과 총평균점수의 기재를 빠짐없이 할 것
> 2. 조행은 갑, 을, 병 구분
> 3. 석차를 몇 명 중 몇 등으로 기재할 것

위의 예규에서 요구한 표준양식은 모두 학년별, 교과목별 성적과 석차를 명기하는 것이었다. 아동 표창의 준거가 성적과 석차이었던 것이다.

---

24) 모범학생은 '인재인물'의 가능성을 표상하는 언어가 되었다. 모범과 불량, 우등과 열등이라는 이분법적 관념이 형성되었고, 이것이 상호 교차하여 4분면의 인식론을 성립시켰다. 이것이 교사가 학생을 비추어보는 스펙트럼으로 고착되었다.

라) 우등생 표창

일제시대 학교에서의 상벌제도는 그 표준이 교과학업의 성적과 석차였다. 물론 학교는 학력을 높이는 곳이지만, 반드시 학력이 표준이 되어야 하는 것이 아니다. 징벌의 경우, "학력이 열등하여 학업성취의 전망이 없다고 인정되는 자"는 교장이 퇴학을 명할 수 있도록 각급 「학교규정」에 제시되어 있다. 모든 학교는 이 규정에 터하여 약간 수정한 내용을 「학칙」으로 규정하였다.

학력이 우수한 자는 학교 내규에 의해 포상하였다. 한두 개 학교의 「내규」 사례를 아래에 예시한다.

> 該학년에 조행 優 또는 학업성적 優等(학과 평균 85점 이상)인 자에 대해서는 각각 상장을 수여하고 졸업 시에는 賞을 수여한다. (고창고보 「생도포상규정」. 박철희, 2002: 126 재인용)

> 품행방정 학업우수(평균 85점 각과 70점 이상)한 자 혹은 학업우수(평균 85점 각과 70점 이상으로 품행 보통)한 자"에 대해 포상한다(해주고보 「포상내규」, 박철희, 2002: 127 재인용).

위의 사료에서 보듯이, 우등상 표창이 언제나 성적 · 석차를 기준으로 하는 것이었다. 성적 · 석차에 의한 우등상 표창은 지배관행이었다.

마) 학업증명서

졸업증명서도 성적과 석차로 채워져 있다. 어떤 교과를 얼마나 수학하여 어떤 능력을 가지고 졸업했다가 아니라, 몇 점 몇 등으로 졸업했다가 그 징표였다. 교과별, 학년 · 학기별, 성적 · 석차가 기입된 졸업증명서가 상급학교, 회사와 기업, 관공서 등에 그 사람의 능력을 입증하는 자료로 이용되었다.

〈양식 3〉 학업증명서 양식

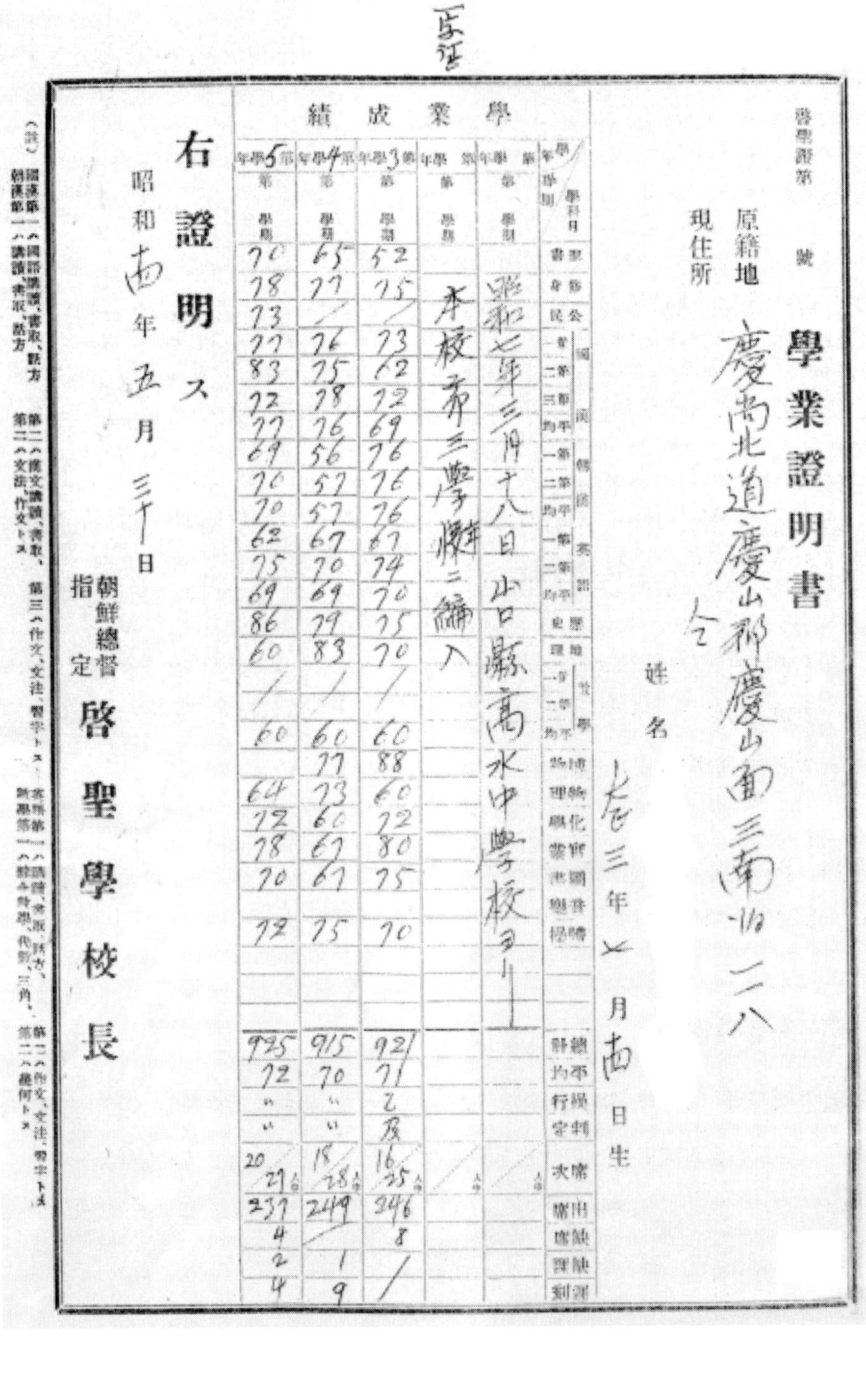

正證

學業證明書

啓學證第　號

原籍地 慶尚北道慶山郡慶山面三南洞二八

現住所 仝

姓名

三年七月西日生

學業成績

學科目	第1學年	第2學年	第3學年	第4學年	第5學年
聖書	昭和七年三月十八日	本校第三學年ニ編入	52	65	70
修身			75	77	78
公民			/	/	73
國語漢文 第一			73	76	77
國語漢文 第二			62	75	83
國語漢文 第三			72	78	72
國語漢文 平均			69	76	77
朝鮮語 第一			76	56	69
朝鮮語 第二			76	57	70
朝鮮語 平均			76	57	70
英語 第一			67	67	62
英語 第二			74	70	75
英語 平均			70	69	69
歷史			75	79	86
地理			70	83	60
數學 第一			/	/	/
數學 第二					
數學 平均			60	60	60
博物			88	77	
物理			60	73	64
化學			72	60	72
實業			80	67	78
圖畫			75	67	70
音樂					
體操			70	75	72
總計			921	915	925
平均			71	70	72
操行			乙	〃	〃
判定			及	〃	〃
席次	人中	人中	16/25人中	18/28人中	20/27人中
出席			246	249	237
缺席			8	/	4
缺課			/	1	2
遲刻			/	9	4

昭和七年三月十八日 大邱高等水中學校ヨリ

本校第三學年ニ編入

右證明ス

昭和西年五月三十日

朝鮮總督指定 啓聖學校長

（註） 國語漢文第一ハ講讀、書取、話方 第二ハ漢文講讀、書取、第三ハ作文、文法、習字トス

朝鮮語第一ハ講讀、書取、話方 第二ハ文法、作文トス

英語第一ハ讀方、書取、話方、 第二ハ作文、文法、習字トス

數學第一ハ算術、代數、三角、 第二ハ幾何トス

바) 성적일람표(내부시험)

일제는 학교내부시험의 학급별 성적일람표를 제작하였다. 매 학년마다 1- 3학기별 · 학급별 · 교과별 성적, 총점, 평균, 석차가 매겨졌고, 조행성적과 함께 우등생 수, 열등생 수, 낙제생 수, 과목별 우등생 수 · 열등생 수 등이 집계되었다. 그 양식은 아래와 같다.

〈양식 4〉 학급성적일람표 양식

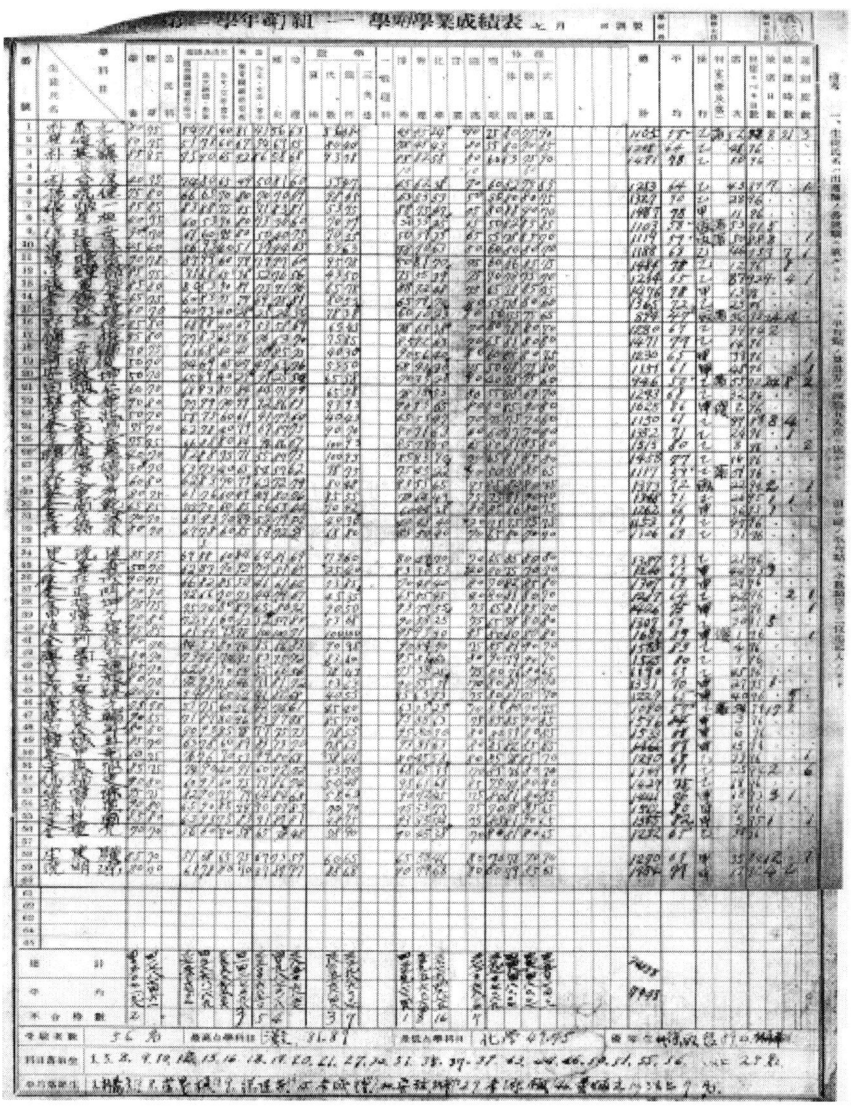

이 양식은 사실 일제가 전통적으로 사용해오던 것이었다. 일본 사범학교 교육과용 교과서 학교관리법(명치 31년 10월 13일, 문부성 검정필)에서 소개되고 있는 '학업성적조사원부' 모형[25]은 아래와 같다.

〈양식 5〉 학업성적조사원부 모형(田中敬一 編, 1898: 246)

<table>
<tr><th>씨명</th><th colspan="3">교과</th><th>수신</th><th>독서</th><th>작문</th><th>습자</th><th>某</th><th>某</th><th>某</th><th>某</th><th>평균</th><th>행장</th></tr>
<tr><td rowspan="8"></td><td rowspan="8">제 1 학기간 성적</td><td rowspan="6">平常點</td><td>1회</td><td></td><td></td><td></td><td></td><td></td><td></td><td></td><td></td><td></td><td></td></tr>
<tr><td>2회</td><td></td><td></td><td></td><td></td><td></td><td></td><td></td><td></td><td></td><td></td></tr>
<tr><td>3회</td><td></td><td></td><td></td><td></td><td></td><td></td><td></td><td></td><td></td><td></td></tr>
<tr><td>4회</td><td></td><td></td><td></td><td></td><td></td><td></td><td></td><td></td><td></td><td></td></tr>
<tr><td>평균</td><td></td><td></td><td></td><td></td><td></td><td></td><td></td><td></td><td></td><td></td></tr>
<tr><td>二培</td><td></td><td></td><td></td><td></td><td></td><td></td><td></td><td></td><td></td><td></td></tr>
<tr><td colspan="2">試驗點</td><td></td><td></td><td></td><td></td><td></td><td></td><td></td><td></td><td></td><td></td></tr>
<tr><td colspan="2">約點</td><td></td><td></td><td></td><td></td><td></td><td></td><td></td><td></td><td></td><td></td></tr>
<tr><td rowspan="4">學齡</td><td rowspan="8">제2 학기간 성적</td><td rowspan="6">平常點</td><td>1회</td><td></td><td></td><td></td><td></td><td></td><td></td><td></td><td></td><td></td><td></td></tr>
<tr><td>2회</td><td></td><td></td><td></td><td></td><td></td><td></td><td></td><td></td><td></td><td></td></tr>
<tr><td>3회</td><td></td><td></td><td></td><td></td><td></td><td></td><td></td><td></td><td></td><td></td></tr>
<tr><td>4회</td><td></td><td></td><td></td><td></td><td></td><td></td><td></td><td></td><td></td><td></td></tr>
<tr><td rowspan="4"></td><td>평균</td><td></td><td></td><td></td><td></td><td></td><td></td><td></td><td></td><td></td><td></td></tr>
<tr><td>二培</td><td></td><td></td><td></td><td></td><td></td><td></td><td></td><td></td><td></td><td></td></tr>
<tr><td colspan="2">試驗點</td><td></td><td></td><td></td><td></td><td></td><td></td><td></td><td></td><td></td><td></td></tr>
<tr><td colspan="2">約點</td><td></td><td></td><td></td><td></td><td></td><td></td><td></td><td></td><td></td><td></td></tr>
<tr><td rowspan="4">前학년 말의 성적</td><td rowspan="8">제3 학기간 성적</td><td rowspan="6">平常點</td><td>1회</td><td></td><td></td><td></td><td></td><td></td><td></td><td></td><td></td><td></td><td></td></tr>
<tr><td>2회</td><td></td><td></td><td></td><td></td><td></td><td></td><td></td><td></td><td></td><td></td></tr>
<tr><td>3회</td><td></td><td></td><td></td><td></td><td></td><td></td><td></td><td></td><td></td><td></td></tr>
<tr><td>4회</td><td></td><td></td><td></td><td></td><td></td><td></td><td></td><td></td><td></td><td></td></tr>
<tr><td rowspan="6"></td><td>평균</td><td></td><td></td><td></td><td></td><td></td><td></td><td></td><td></td><td></td><td></td></tr>
<tr><td>二培</td><td></td><td></td><td></td><td></td><td></td><td></td><td></td><td></td><td></td><td></td></tr>
<tr><td colspan="2">試驗點</td><td></td><td></td><td></td><td></td><td></td><td></td><td></td><td></td><td></td><td></td></tr>
<tr><td colspan="2">約點</td><td></td><td></td><td></td><td></td><td></td><td></td><td></td><td></td><td></td><td></td></tr>
<tr><td rowspan="2">학년간 성적</td><td colspan="2">約點의合計</td><td></td><td></td><td></td><td></td><td></td><td></td><td></td><td></td><td></td><td></td></tr>
<tr><td colspan="2">通約點</td><td></td><td></td><td></td><td></td><td></td><td></td><td></td><td></td><td></td><td></td></tr>
</table>

25) "학업성적조사원부는 학기 또는 학년말 성적일람표의 재료를 공급하는 중요한 원부로서, 학급담임 교원 이 관리해야 하는 것이다. 이 원부는 최소한 아동이 재학 중인 동안에는 보존해야 하는 것이다" (田中敬一 編, 1898: 245)라고 적고 있다.

사) 입학시험용 학급성적일람표

일제는 입학시험 시에 참고 전형자료로서 상급학교에 학급성적일람표를 제출하도록 예규화하였다. 이 일람표에는 과목별 성적, 총점, 평균, 석차, 추천순위가 기재되도록 도안되었다. 그 양식은 아래 〈양식 6〉과 같다.

〈양식 6〉 입학시험용 학급성적일람표

비고							신수	소화 년 월 일 졸업(예정) 지원인원 명	소학교장 씨 명 (인)	학급성적일람표
							어국			
							술산			
							사국			
							리지			
							과이			
							업직			
							화도			
							공수			
							가창			
							조체			
							봉재사가			
							어선조			
							점총			
							약통			
							행조			
							차석			
							위순천추			
							씨아 명동			

이 양식은 작성을 할 때 다음과 같은 주의사항을 고려하도록 요구되었다.

(1) 본표는 학급별로 작성할 것, (2) 남녀혼합 학급에서는 필요에 따라 남아 혹은 여아끼리 작성할 것, (3) 지원자가 없는 학급의 성적표도 참고를 위해 첨부할 것, (4) 각 교과목의 성적은 10점법으로 표기할 것, (5) 석차 또는 추천순위는 같은 순위가 없도록 할 것, (6) 남녀혼합 학급의 석차는 해당학급 모든 아동의 성적 순서로 할 것, (7) 아동의 이름은 성적순으로 기입할 것, (8) 해당 중등학교의 지원자는 朱圈을 첨부할 것, (9) 지원 인원은 그 학급에서 중등학교 입학지원자의 총인원을 기입할 것, (10) 본표는 교장이 직접 기명날인할 것

위 사료에서 보듯이, 학급성적일람표는 교과목별 성적과 학년 전체의 석차를 기재하였고, 특히 추천순위를 성적과 석차 순으로 하였다.

아) 학교장소견표

일제는 입직시험과 입학시험의 전형사정자료로서 출신학교의 학교장소견표를 요구하였다. 학교장소견표는 다양한 이름으로 불려졌다. 고과조서, 인물성행조회, 생도고과조회, 생도고과자료, 생도고과표, 신원조사, 인물고사서, 신상조사서, 출신학교장내신서, 학업성적 및 인물성행조회, 학업성적 및 기타 조서, 생도성행조서, 학업성적 등 조사서, 수학상황조회, 학력 및 신분조사 등으로 불려졌고, 그중에서 고과조서가 일반적이었다. 그것이 어떻게 불리든 재학 중의 학업상황이 성적과 석차로 표기되도록 구성되었다. 여기서 1940년 5월 강원도지사 관방주사가 요청한 「졸업생조사의 건」 양식을 예시하면, 졸업 연한 및 졸업 연월일, 재학 중의 성적 및 졸업의 순위, 성행의 良否, 귀교의 문관임용령 및 징병령에 의해 인정된 연월, 특수 기능, 기타 참고사항이었다.

표준적인 학교장소견표 양식은 학업, 勤惰, 가정·환경, 성행, 상벌 기타, 신체, 총괄적 소견으로 구성되었다. 학교장소견표 상의 학업란을 기입할 때 요구 된 내용은 아래와 같은 것이었다.

「조사서 기입에 관한 주의」

1. 각 학과목의 성적은 숫자로 표시할 것
2. 현재 재학하는 자는 최종학년 제3학기까지의 성적을 기입할 것
3. 시험에 의해 학년 도중에 편입한 자에 대해서는 그 편입시험의 성적을 前학년의 성적으로 간주하여 그 요지를 부기할 것
4. 본 조사서에 기재할 수 없는 학과목에 대해서는 적당히 기입할 것
5. 석차는 당해 학년 전체 생도에 대한 순위를 기입할 것. 단, 제1종, 제2종에 의해 순위를 매길 경우에는 '제何종 재적 何인 중'이라 기입할 것.
6. 재학 기간 중에 인지된 학업상의 현저한 경향 등은 이를 총평란에 기입할 것(예: 총체적으로 우수하지만, 입학시험에 수석을 한 것에 비해 중간에 조금 이완의 징후를 보이는데, 이는 입학 연령이 높은 것에 기인함.)

육군병 지원의 경우에도 학교장소견표를 요구하였다. 그 한 사례로, 1930년 1월 조선보병 대장 명의의 공문서 「신상조사에 관한 건」(朝步 제3호)을 통해 요구한 조사양식은 다음과 같다.

1. 學歷 및 성적 몇 명 중 몇 번　1. 성질 및 조행의 良否
1. 건강상태　1. 가정의 상황 및 향당의 風評　1. 조선보병대 병졸로서의 適否　1. 운동경기에 관한 특유한 기능의 유무　1. 사상 및 기타 참고사항

이 학교장소견표는 학교장이 기록하거나 당해 학교 배속장교가 기록하는 것이 관행이었다. 특히 일본에 있는 상급학교의 경우, 이 양식을 요구하였다.

자) 합격증서

일제는 시험합격자에게 합격증서를 수여하였다. 그 합격증서에 시험성적순으로 증서의 일련번호를 매겨 이를 발행하기도 했다. 그 한 사례로 道경부 및 경부보 고시합격증서 양식은 아래 〈양식 7〉과 같다.

〈양식 7〉 도경부 및 경부보 고시합격증서 양식

<table>
<tr><td>
제(　)호(시험성적순)

고시합격증서

조선총독부 도순사　　　씨명
생년월일

판임문관 특별임용령에 의해 조선총독부 조경부 및 도경무보
특병임용 학술시험 및 실무고사에 합격했음을 증명함.

대정 00년 0월 0일

고시위원장
官位勳功　　　씨명　　　인
</td></tr>
</table>

요컨대, 학생의 교과학습능력에 대한 기록을 성적 · 석차로 하였다. 성적 · 석차를 표기하지 않아도 될 곳에서도 굳이 이를 표기하였다. 그만큼 순서를 지우고 경쟁시키고 원자화된 개인으로 분열시키고자 했던 것이다. 학생이 교사에 의해 점수화되었고, 교사는 교장에 의해 점수화되었고, 교장은 시학(관)에 의해 점수화되었다. 체계적으로 성적 · 석차에 의해 조건화되었던 것이다. 이리하여 성적 · 석차가 교육체제 운용의 원리가 되었고, 삶의 원리가 되었고, 심층문화가 되었다.

마. 마무리

이 연구는 일제가 성적 · 석차라는 시스템을 제도화하여 교육체제를 운영해 왔다는 가설에서 출발하였다. 일제는 학교와 학생을 감시권 하에 묶어놓고 이를 관리하는 제도적 장치로 성적 · 석차 시스템을 고착시켰다는 것이다. 사실 일제는 죽어라고 성적 · 석차의 점수경쟁을 벌이게 하는 "시험"이라는 감시권을 제도화했고, 감시의 도구로서의 시험제도를 통해 성적 · 석차에 의한 경쟁의 틀을 만들고자 하였다. 지금까지의 논의를 요약하면 다음과 같다.

첫째, 일제는 시험제도를 통해 직접 친일관료를 충원하고자 하였다. 식민지화는 본국의 시험제도를 식민지에 이식하는 데서부터 시작되었다. 관료충원제도로서의 대한제국의 천거제도를 시험제도록 대체하였고, '시험에 의한' 친일관료충원을 제도화하였다. 시험제도는 언제나 능력주의를 표상하는 것이었고 공정성을 가장하였다. 일제는 중앙집권적인 시험관리조직을 법제화하였고, 일반임용시험에 의해 안정적으로 친일관료를 충원하고자 하였으며, 민족분할지배의 일환으로 시행된 특별임용시험에 의해 친일관료를 부식하고자 하였다.

둘째, 일제는 학력제도를 통해 친일관료예비군을 배출하고자 하였다. 일제는 입학이 반드시 '시험을 통해' 이루어지도록 이를 일상화했으며, 학력의 위계에 따라 입직의 위계가 이루어지도록 법제화하였다. 일제는 중학교 학력을 관리 입직의 제도적 법적 기반이 되도록 조건화하였다. 학력의 위계가 그것에 상응하는 지위의 위계를 결정하는 배분구조를 형성하였다. 학력요건이 관료입직의 자격이 되도록, 동시에 학력이 수험자격 혹은 시험면제자격이 되도록 제도화하였다. 식민지 지배체제는 시험을 매개로 하는 학력제도에 의해 더 효과적으로 유지 · 재생산되는 구조를 형성하였다.

셋째, 일제는 시험경쟁을 제도화하기 위한 방편으로 상대평가 점수제를 적용하였다. 그 시험은 언제나 성적 · 석차를 산출하는 것이었다. 성적 · 석차 시스템의 분면으로서 학적부, 통지표, 모범학생 표창, 우등생 표장, 학업승명서, 성석일람표(내부시험), 입학시험용 학급성적일람표, 학교장소견표, 합격증서 등에서 성적 · 석차를 기록하였다.

시험제도는 능력주의를 표상하는 것이었고, 그 능력주의는 시험, 학력, 경력을 매개로 하여 이루어졌다. 이때 학력과 경력도 시험을 통해 매개되는 것이었다. 이렇게 보면 지배층화는 시험제도에 의해 이중적 규정을 받는 것이었고, 시험제도가 식민지 사회구성의 핵심적인 고리로 작용하였다고 할 수 있다.

일제강점기 학력제도는 식민지적 지위배분의 기제이지만, 학력이 시험에 의해 규정받는 것이었음을 인정한다면, 시험이 사회구성의 핵심적인 기제였다고 할 수 있다. 식민지배 초기에는 입학시험이 입직시험(1차 선택과 배제)으로서의 의미를 지니고 있었지만, 중 · 후기로 가면 입학시험은 입직시험에 응시할 수 있는 필수조건을 확보(2차 선택과 배제)하는 것에 그쳤고, 입학시험과 입직시험이라는 이중구조를 형성하게 되었다. 이리하여 일제강점기에 이미 '입학시험－학력획득－입직시험－지위획득－민족분할지배'의 구조가 형성되었으며, 이 시험제도는 학력제도와 함께 민족과 민중에 대한 "압제"의 핵심 통치도구가 되었다.

일제강점기 시험제도는 이 땅에 시험의 시대, 시험과잉의 세상을 정초하였다. 식민권력은 시험제도를 통해 식민지 지배체제에 순응하는 친일관료군을 형성하여 이를 토대로 지배체제를 안정화하고 이를 확대재생산 하고자 하였다. 일본제국주의의 조선지배는 군사력과 경찰력에 의해 폭력적으로 유지되었지만, 이데올로기적으로는 시험제도에 의해 보다 직접적으로 관리 · 통제되고 있었다고 할 수 있다. 시험제도는 가장 효과적인 식민지 압제의 도구, 통치의 도구였다는 것이다.

일제는 식민화된 지식 정도를 재는 시험을 통해 산출한 성적 · 석차를 평가의 척도, 더 나아가 선발의 척도로 고착시켰다. 일제는 성적 · 석차의 평가척도로 사람분별을 하는 평가방식과 이것으로 '사람 가려뽑는' 선발방식을 고착시켰다. 동시에 선발방식의 공정성과 객관성을 기한다는 명목으로 이 시스템을 강화하였다. 이 성적 · 석차에 의한 경쟁의 틀은 '선발－과정－졸업'의 학교교육체제를 효과적으로 지배하는 핵심적인 메커니즘이었다. 학교는 성적과 석차를 부여하는 곳이고, 그것을 잣대로 줄을 세우고, 분별하고, 선발하고, 규율하는 곳이었다. 이런 점에서 학교는 성적과 석차로 사람을 체계적으로 분별하는 국가기구였다. 일제는 성적 · 석차시스템을 통해 조선인의 무한정의 욕구경쟁과 점수경쟁을 부추길 수 있었고, 그 경쟁으로 인해 원자화된 개인으로 사회화할 수 있었고, 이를 통해 민족사회를 분열시킬 수 있었다. 이 시험과 성적 · 석차는 가장 '은밀하지만 강력한' 무기가 되었다.

일제강점기 시험제도는 교육에 대한 관념체계를 왜곡시켰다. '시험대비 지식－해법중심 수업(암기와 주입)－성적 · 석차 · 서열－사회정치적 성공'을 교육적 가치도식으로 강제하였다. 평가는 시험 치는 일이고, 점수 내는 일이고 상대적인 석차를 매기는 행위라는 인식을 유포했다. 시험은 객관적이고 공정한 유일한 장치라는 신화를 내면화하도록 입버릇처럼 말했다. 시험을 쳐서 소수의 똑똑한 인재를 골라내는 것이 '교육'이라는 관념(인재양성론)을 유포하였고, 교육은 교육목적을 완성하는 것이 아니라 시험과 그 선발에 대비하여 준비하고 단속하는 것이라는 믿음을 유포했다. 점수경쟁에 목을 매는 경쟁시험을 일상이 되게 만들었고, 그러면서도 식민지 조선민중의 마음속에 끝없이 '하면 된다'는 정신주의 어법과 관념을 유포하였고, '시험=실력=능력주의'라는 허구화된 신화를 뿌리 깊게 내면화하도록 만들었다.

식민지 시험제도의 경험이 민족의 교육사에 역사적 외상을 남겼다. 일제는 학교교육을 선발에 종속되는 비정상의 질곡으로 내모는 역사적 계기를 만들었다. 그것은 선발의 목적에 부합하는 능력과 경륜을 가진 인물을 선발하는 품위 있는 시험제도의 개발과 그것의 발생적 진화의 기회를 박탈하는 것이었다. 성적 · 석차에 의해 가려뽑기 하는 억압적 시험제도의 자발적 계승은 해방 이후 민족사회의 저변 · 심층 교육문화를 이루었다.

해방이 되고도 성적 · 석차 시스템의 침략성에 대한 비판적 성찰 없이 그 시스템을 온존 시키고 계승해 왔다. 조선의 민중들의 학력열망(성적 · 석차 열망)을 부추기고 그것을 이용해 개인의 역량을 키우도록 조건화한 그 식민지 교육정책을 그대로 계승하고 있다.

개발독재와 군사독재는 성적 · 석차를 교육의 질 통제의 유일한 기제로 강제하는 한편, 학교를 완전히 관리의 대상으로 삼고 성적 · 석차와 관련하여 지시 · 규정 · 지침 · 감사의 행정 행위를 강화했다. 성적 · 석차로 인재 · 인물을 가려 뽑는다는 산업

심리학적 개념이 성적 · 석차를 더욱 강고한 교육시스템으로 정착시켰다. 문민정부, 국민의 정부가 들어서고서도 여전히 이 시스템을 통해 사람을 골라내고 그에게 높은 사회경제적 보상(자원)을 배분하고 있다.

여기에 성적 · 석차로 표상되는 왜곡된 변별력과 객관성 개념이 시험의 공정성, 관리의 공정성을 보증한다는 명목으로 더욱 위세를 떨치고 기승을 부리고 있다. 어느새 중앙관료행정은 성적 · 석차를 물신화하고, 학교를 관리대상으로 객체화시키고, 교사와 학생을 점수의 노예로 대상화해 버렸다. 입시제도를 개혁한답시고 온갖 수단을 동원하지만, 성적 · 석차 시스템으로서의 시험제도는 그대로 둔 채, 시험종류, 시험방법, 출제방법과 난이도, 배점 등을 이리저리 뜯어고치는 수준에 머무르고 있다. 일제강점기와 구조적으로 동일한 성적 · 석차 시스템이 오늘날에도 여전히 전일적으로 학교체제를 억누르고 있다. 오늘날 시험과잉의 구조 속에서 아이들은 대결에 가까운 성적경쟁으로 내몰리고 있다.

오늘날에도 여전히 위세를 떨치는 성적 · 석차 시스템(감시권)이 작동하는 학교교육, 그 학교체제는 중앙관료행정(국가개입)에 의해 획일적으로 통제되게 되어 있다. 이 시스템은 성적 · 석차에 의한 일사불란한 학교통제, 즉 감시권 하에 학교를 묶어두는 것을 효율적 관리라고 주장하는 '중앙관료행정'을 수반하고 이를 강화하도록 이끌었다. 그럴수록 교육행정은 더욱 보수화되었다. 어느새 사회적 지위 상승, 성적 · 석차 올리기 준비교육, 중앙행정에 의한 교육현장 통제 등이 마치 교육 본래의 모습인양 자리 잡았다. 교육관료들이 그렇게 믿는 것은 물론이고, 무엇보다 서울(중앙)에 있는, 학력과 경력이 높은 자일수록 그렇게 믿고 있다. 완성형 교육은 흔적도 없이 사라지고 공교육의 기능은 왜소해질 수밖에 없는데도 불구하고, 교육은 나중의 출세를 위해 지금을 준비하는 것으로, 교육을 사회진출의 '준비'로 보는 관념은 교육계 지도층에게도 마찬가지로 만연되어 있다. 교육계의 전문가 엘리트집단들이 이미 성적 · 석차 시스템에 매몰되어 있는데, 어디서 손을 쓰고 무엇에다 지렛대를 설치해야 모순에 찬 이 교육체제를 개혁할 수 있을까? 이것이 문제점의 핵심이다.

3장 일제강점기 학교시험제도의 정치학[1]

가. 문제제기

이 연구는 일제강점기 학교시험제도의 실제와 그것이 지니는 침략교육정책으로서의 정치적 의도를 분석하는 것을 겨냥하고 있다. 필자는 일제강점기 학교시험제도의 정치적 성격(반교육성)을 드러내기 위해 학교 내부시험과 입학시험의 실제를 밝히고, 그 시험제도에 대한 통제기제를 밝히는 것을 연구내용으로 삼는다.

일제강점기 교육정책의 전개 구조를 큰 틀에서 보면, 그것은 '교육에 대한 국가개입의 확대와 교사 전문성개입의 축소'라는 메타포로 해석될 수 있다. 이 전개 구조에 핵심적으로 작용한 기제가 시험제도이며, 이 시험제도는 일제강점기 이래 '선발에 종속된 교육'을 정초 지웠고 오늘날까지 온존 시키고 있다. 오늘날 한국사회의 시험제도의 구조와 기능이 일제시대의 그것을 매우 닮아 있으며, 예나 지금이나 '교사의 교육기획의 전문성'을 파손하는 핵심기제로 작용하고 있기 때문이다.

일제강점기 시험제도에 대한 선행연구를 간단히 약술한다. 필자는 박사학위논문에서 일제의 식민지배관행에 대한 분석의 한 분면으로 시험제도를 주목하면서, 당대 시험제도가 학력사회화의 역사적 기원이었음을 밝힌 바 있다. 그 후 이혜영 · 윤종혁 · 류방란(1997)은 한국 근대 학교교육 100년사를 개관하면서 일제강점기 시험

1) 한국교육철학회 《교육철학》 제31집(2007)에 게재된 필자의 논문 〈일제시대 학교시험제도의 정치학〉을 수정한 글이다.

현상에 대해 소개한 바 있다. 이후 일제강점기 시험제도에 대해 연구가 개별 박사학위논문에서 본격적으로 다루어지기 시작했다. 정선이(1997)는 〈경성제국대학 성격 연구〉에서 부분적으로 경성제국대학예과 입학시험의 성격에 대해 논의한 바 있고, 박철희(2002)는 〈식민지기 한국 중등교육 연구〉를 통해서 시험제도에 의해 매개된 고등보통학교의 준비교육 상황에 대해 세밀하게 서술하고 있다. 그리고 이경숙(2006)은 그의 박사학위논문 〈일제시대 시험의 사회사〉에서 방대한 사료를 수집하여 국가관리시험, 국가자격시험, 학교시험, 시험관련 신화에 대해 사회사적 설명을 가하였고, 개인논문 〈1930년 조선총독부 학무국의 '시험폐지'규정과 교육담론〉에서 '시험지옥' 발생과 '시험폐지' 규정을 둘러싼 당대 담론의 내용에 대해 분석하고 있다. 한편 백순근(2003)은 단행본 《일제강점기의 교육평가》에서 일제의 학생평가방식과 학교급별 입학전형방식에 대해 전반적으로 고찰한 바 있다.

이 연구는 선행연구의 성과를 일정 부분 수용하면서, 한편으로 선행연구의 지형에 대해 약간의 지적 도전을 하고 있다. 필자는 역사연구가 정보의 제공만이 아니라 지식의 생산으로 나아가야 한다고 믿으며, 史實의 나열과 기술을 넘어 역사적 현재주의와 교육사의 전체적 조망 속에서 이루어져야 한다고 믿고 있다.

이 연구를 수행하기 위해 조선총독부 관찬사료(관보, 조선학사예규 등) 외에, 1차 사료로서 학교일지, 학교공문서, 시험문제, 학급성적일람표, 학급경영안, 각급학교 입시요강, 시험 관련 보고문서철, 졸업생관계철 등을 수집하여 분석하였다. 여기서 '학교내부시험'이란 학교 내부에서 치는 시험(내부시험)과 상급학교 진학을 위한 입학시험을 포함해서 지칭하는 말로 정의한다. 또 '정치학'이란 '일본제국주의가 시험을 제도화하면서 도모하고자 했던 정치적 의도'를 지칭하는 말로 조작적으로 정의한다.

나. 내부시험의 제도화

일제는 개화기 이래 근대적 제도로 형성되던 자생적 시험제도를 폐지하고[2] 자신들의 의도를 반영하는 시험제도를 강제하였다. 이 장에서는 일제가 제도화한 내부시험의 실제와 그 성격에 대해 논의한다.

1) 정기 시험의 공식화

일제는 시험의 시기와 관련하여 정기시험과 임시시험으로 나누었고, 정기적 시험을 통해 결과를 평가하도록 규정하였다.

초등학교는 '평소의 성적'을 고사케 함을 원칙으로 하여, 학기시험과 같은 정기시험을 치지 않고 성적을 산출하도록 규정하고 있다.[3] 그러나 실제로는 학기말시험이나 학년말시험과 같은 정기 시험이 실시되고 있었다. 중등학교에 대해서도 소수 '기능교과'를 제외하고는 각 교과별로 학기별 · 학년말에 일제고사 형태의 시험을 실시하도록 규정하였다.

「고등보통학교 규칙」(1911.10.20., 조선총독부령 제101호)

제40조 : "각 학년 과정의 수료 또는 전 교과의 졸업을 인정할 때는 평소의 성적 및 시험의 성적을 고사하여 이를 정해야 한다. 다만 습자, 도화, 수공, 창가, 체조에 대해서는 시험을 실시하지 않을 수 있다."

제41조 : "시험은 이를 나누어서 학기시험 및 학년시험으로 한다. 학기시험은 제1학기 및 제2학기, 학년시험은 학년말에 이를 시행할 수 있다."

---

2) 전통적 교육기관과 개화기 교육기관에서는 상대적인 서열 판정은 없었고 일정 수준에 도달했는가를 판정하는 절대평가였다. 적어도 점수(석차)가 아닌 등급 판정이었다.

3) 「보통학교 규칙」(1911.10.20., 조선총독부령 제100호) 제30조, 「보통학교 규정」(1922.02.20, 조선총독부령 제8호) 제36조 참조.

이 규정에서 보는 것처럼, 고등보통학교는 학기시험(1학기, 2학기)과 학년말시험(3학기시험에 해당)을 쳐서 성적을 산출하였다. 학교에 따라서는 이런 정기 시험 외에도 임시시험, 월말시험(월중시험), 모의시험 등의 각종 시험이 빈번하게 실시되었다. 이는 전문학교와 대학교에서도 예외는 아니었다. 「경성제국대학예과규정」 제21조－제23조에 의하면, 시험을 평상시험 및 학기시험으로 나누고, 학기시험과 학년시험의 방법을 정하고 있다.

여기서 보는 것처럼, 일제는 교육의 한 과정으로서 교육평가를 규칙화했지만, 교육평가를 주로 지필고사 형태의 시험을 통해 하도록 했으며, 결국 그 교육평가를 시험 행위로 축소시켰다. 평가는 그 시기와 방법에 있어서 교사에 의해 자율적으로 이루어지도록 하는 것이 원리임에도 불구하고, 일제는 일정한 시기에 시험이라는 방법을 통해 학생을 평가하도록 공식화했으며, 이리하여 정기 시험이 '교육의 과정'을 구성하는 주요 요소로 자리잡기에 이르렀다.

2) 시험방법의 내규화 강제

일제는 각급학교마다 시험의 요항과 방법에 대해 학교운영의 지침으로서 내규화하도록 요구하였다. 이 내규의 제정권은 학교장의 권한에 속하는 것이었지만, 이 내규를 도지사에게 보고하도록 요구하였다. 이에 모든 학교는 '考査에 관한 내규'를 제정하였고, 시험 관련 각종 자료를 법정장부로서 비치하였다. 여기서, 1936년도 대구 계성학교가 제정한 교과별 성적고사 방법을 한 사례로서 제시한다.

표 3-1 중등학교 교과별 성적고사 방법(1936년도 계성학교 사례[4])

교과목	고사 요항	고사 방법
수신과	1. 도덕적 지식, 2. 도덕적 판단, 도덕적 정조, 4. 도덕적 의사, 5. 도덕적 실천	1. 학습활동에 의한 고찰, 2. 제작품에 의한 고찰, 3. 일상생활에 의한 고찰, 4. 필답에 의한 고찰, 5. 口答에 의한 고찰

4) 계성학교(1936), 敎授進度表綴.

교과목	고사 요항	고사 방법
공민과	1. 지적 방면(이해력, 판단력), 2. 정조 방면(국민적 정조, 도덕적 정조), 3. 의사 방면	1. 학습활동에 의한 고찰, 2. 노트 및 제작품에 의한 고찰, 3. 일상생활에 의한 고찰, 4. 필답 및 구답에 의한 고찰
국어과	1. 語意 · 節意 · 文意의 이해 · 추리 · 기억의 정도, 2. 낭독 巧拙의 정도, 3. 감상력 · 비판력의 정도, 4. 응용력의 정도	1. 학습활동에 의한 고찰, 2. 노트 및 과제에 의한 고찰, 3. 필답에 의한 고찰
한문과	1. 句讀訓点	1. 口語講讀
문법과	1. 문법의 지적 이해의 정도, 2. 문법의 지적 기억의 정도, 3. 문법의 추리력 응용의 정도	1. 학습활동에 의한 고찰, 2. 필답에 의한 고찰, 3. 구답에 의한 고찰
작문과	1. 표현능력(平明達意), 2. 표현 내용 착상의 深淺 · 廣狹), 3. 구상(표현능력과 표현 내용과의 조화 및 통일), 4. 진보의 정도, 5. 작문학습 태도	1. 제작품에 대한 고찰, 2. 학습태도 및 학습활동에 의한 고찰
습자과	1. 학습태도, 2. 運筆, 3. 間加結講, 4. 布置, 5. 속력, 6. 진보의 정도, 7. 감상력	1. 학습활동에 의한 고찰, 2. 성적물에 의한 고찰
영어과	1. 독본, 2. 말하기 및 작문, 3. 영문법, 4. 습자	1. 학습활동에 의한 고찰, 2. 단어장 및 노트북의 점검, 3. 필답 및 구두에 의한 고찰
역사과	1. 지적 방면과 정의 방면, 2. 양자의 통합능력	1. 학습활동, 노트 및 제작품, 필답에 의한 형식, 2. 교수 중 수시 시행, 3. 일시를 정해 두고 시행하는 시험
지리과	1. 지적 방면, 2. 정의적 방면, 3. 기술적 방면	1. 필답(정기시험), 2. 구답(교수 중 수시), 3. 연구물 · 제작물 · 학습활동 등에 의한 고찰

위 〈표 3-1〉의 계성학교의 사례에서 보는 것처럼, 각급학교는 교과별 고사요항과 고사방법에 대해 예규화 하였다. 이 〈표 3-1〉에서 확인할 수 있는 한 가지 특징은, 각 교과별로 교과의 특성을 반영하여 다양한 평가방법을 통해 학생의 능력을 평가하였지만, 범교과적으로는 지필고사(필답시문) 방법이 일반적인 것이었음을 확인할 수 있다.[5] 교육평가는 주로 지필고사 형태의 시험이 주된 방법으로 이루어졌으며, 이로써 지필고사 형태의 시험이 주된 평가방법으로 정착되기에 이르렀다.

5) 한문과, 작문과, 습자과는 지필고사를 통하지 않고 평가하는 것으로 나타나고 있다.

3) 엄격한 시험규칙과 감독

모든 학교는 시험을 칠 때 반드시 준수해야 할 사항을 교칙으로 명시하고, '시험심득(試驗心得)'을 제정하여 이를 엄중하게 따르도록 하였다. 예컨대 양정고등보통학교의 '시험에 관한 심득'에 의하면,[6] '시험심득'은 시험용구 제한, 시험장 질서 유지, 답안의 성명 기입, 부정행위 엄벌, 질병 시 진단서 첨부 등, 오늘날과도 별반 다르지 않은 규칙을 설정해 놓고 있다. 특히 부정행위에 대해서는 엄중하게 단속을 하고 있는데, 부정행위를 한 때에는 해당시험 성적을 영점으로 처리했고, 학교에 따라 정도의 차이는 있지만 상당한 체벌과 함께 1주간 이상의 정학처분을 내렸다.

일제는 내부시험이 '객관성과 공정성'을 확보할 수 있도록 엄중하게 감독할 것을 지시하였다. 학무국 시학관회의, 시도단위 학교장회의 등에서 '학교시험의 엄중한 실시', '부정행위 단속 강화', '학적부의 검열과 취급방책의 지도', '학적부의 취급 철저', '소견표 작성의 엄정' 등을 누차 강조하였다.[7]

내부시험의 결과는 상급학교 입학시험과 관공서 · 기업의 입직시험의 전형자료로서 중요한 쓰임새를 가진 것이었기에, 일제는 엄격한 시험규칙과 엄중한 감독을 요구하였다. 이 요구는, 시험은 '공정한' 것이며 시험은 '실력'을 객관적으로 반영한다는 신념 위에서, 성적 · 석차에 의한 인물 가려뽑기를 교육체제 운용의 기본원리로 삼고 있는 지배정책에 비추어보면 당연한 귀결이었다고 할 수 있다.

4) 교과서의 내면화 정도를 재는 시험문제

일제가 제작 · 편찬한 교과서는 체계적으로 왜곡된 이데올로기 구성물(지식, 가치, 태도)이라는 것은 주지의 사실이다. 일제는 이른바 '사상'과 관련된 교과(인문과 사회 교과)에 대해서는 국정으로 학생용도서와 교사용도서를 제작 · 편찬하였고, 특

6) 양정고등보통학교의 '생도심득세칙'. 박철희(2002)의 박사학위논문, 116쪽.

7) 예컨대 「경기도 공사립학교 초중등학교장회 지시사항」(1940.6.24), 「학무과장시학관회의 학무과장 지시사항」(1940.5.16) 등이 있다.

히 교사용도서 속에 출제 내용을 예시하는 방식을 취하고 있다. 이는 교실수업과 시험문제의 내용을 통제하고자 하는 의도에 다름 아니다.

예컨대, 보통학교 5학년 수신교과서 제1과 「우리나라(1)」에 대한 시험문제는 다음과 같은 방식으로 설문하는 것이었다.[8)]

> ① 天照大神이 瓊瓊杵尊에 명하여 일본을 다스리게 할 즈음에 무엇에 대해 말했는가? ② 神武天皇은 어떤 일을 한 천황인가? ③ 우리나라는 다른 나라와 어떤 점에서 다른가? ④ 우리나라가 세계의 강국이 된 것에 대해 말해 보시오. ⑤ 지금은 紀元 몇 년인가?

이 사료에서 확인할 수 있듯이, 수신과(修身科) 시험문제는 지배이데올로기의 내면화의 정도를 재는 내용으로 구성되어 있다. 일본어 교과와 역사 · 지리 교과의 시험문제가 그 자체 지배이데올로기를 내포하고 있음은 물론이다. 여기서 일제강점기 시험제도가 식민지적 교과서 지식(체계적으로 왜곡된 신화 혹은 지배이데올로기)을 규범화하는 기제였음을 확인할 수 있다.

한 가지 부언할 것은, 일제는 내부시험의 문제를 합철하여 이를 비치하도록 법정장부화 하였고 언제나 시학이 사찰할 수 있도록 했다는 점에서 보면, 문제 출제의 자유가 허용되지 않았고, 그런 점에서 출제 내용이 일제 식민권력의 '감시권' 하에 있었다고 할 수 있다.

5) 인성에 대한 일상적 평가: 조행평가

일본 제국주의는 본국에서와 마찬가지로 초등학교, 중등학교, 전문 · 대학교의 학생평가가 교과 학력과 조행의 두 측면에서 이루어지도록 강제하였다. 일제는 이른바 '조행평가(操行評價)'라 하여, 교사 혹은 교장이 학생의 '인성'(인물 됨됨이, 성격 특성, 사상 경향)에 대해 평가하도록 요구하였다. 이 요구에 대응하여 학적부에 '조

8) 조선총독부(1923). 보통학교수신서. 교사용. 卷五. 5쪽.

행' 항목을 신설하였고, 일제는 학력과 조행에 대한 평가지침을 표준화하고 획일화하였다.[9)]

1922년 새로 도입된 학적부는 학업성적란에 '조행' 항목을 추가하여, 우 · 양 · 가 · 부 혹은 갑 · 을 · 병 · 정으로 평정하도록 하였다. 1938년의 개정 학적부는 '성행개평(性行槪評)' 난을 따로 두어 '성격, 재간, 악벽, 장애, 이상(異常), 취미, 기호, 언어, 동작, 용모' 등에 대해 평소의 학습 및 행장(行狀)을 종합 평정하여 구체적으로 매 학년 말에 기입하도록 하였다. 이에 각 학교에서는 '개성조사부' 혹은 '개성관찰부'를 설비하여 개별학생에 대한 지적 · 정의적 특성은 물론이고 가정환경과 연관된 각종 정보를 관찰하고, 기록하고, 관리하였다. 이에 학교는 조행평가 통계를 학급운영의 주요 지표로 삼았고, 학생에 대한 이해의 기초자료로 삼았다. 조행평가는 학급담임이 원안을 작성하여 감독계원과 교무주임을 거쳐 '조행평가위원회'에 제출하였고[10)], 교장의 결재로 확정되었다.

일제는 지필고사를 중심으로 교과능력을 평가하여 학생을 '우등과 열등'으로 구획화하였고, 조행평가의 형식을 통해 인성을 평가하여 학생을 '모범과 불량'으로 구획화하였다. 이는 이른바 '성적이 우수하고 품행이 방정한' 반민족적 개인을 양성하고자 한 정치적 의도를 나타낸 것이라 할 수 있다.[11)] 이런 점에서 보면, 일제는 학력평가와 조행평가를 통해 '어디에 써먹을 인물 골라내기', 그렇지 않은 자에 대해서는 '체계적으로 차별하고 분리하기, 감시하고 처벌하기'를 의도하고 있었다고 할 수 있다.

식민지배 하에서 실시된 조행평가 그 자체가 이미 크게는 식민지배의 규율을, 작게는 학교의 내부규율을 유지 · 강화하는 기제로서 중요하게 기능하였다. 또 조행평가의 결과가 졸업과 포상, 입학이나 입직에 중요한 영향을 미쳤다는 점에 비추어 보면, 일제는 조행평가를 식민지 지배체제를 유지 · 강화하는 기제로 유효하게 활용하고자 했음을 알 수 있다.

---

9) 「소학교규정」(1938.3.15. 조선총독부령 제24호). 제5호표(성적표) 참조.

10) 각 학교에서는 '조행평가위원회' 혹은 '조행고사회의'를 설치하여 이를 주무부서로 삼았다.

11) 이 학력평가와 조행평가의 실시는 이른바 '학력열등자'와 '성행불량자'를 학교에서 분리시키고 도태시키는 기회로 이용되었다.

6) 성적 · 석차 경쟁을 강화하는 결과기록방식: 상대평가 점수제

일제는 내부시험의 결과를 기록하는 학적부를 새로 제정하였고 이 양식을 표준화하였다. 일제는 이 학적부 양식을 통해 상대평가 점수제를 합리적으로 강제하고자 했다.

1922년 처음 도입된 학적부 양식은 크게 1-6학년까지의 학업성적(10점법 혹은 100점법), 재학 중의 출석 및 결석 상황, 신체상황을 기록하도록 구성하였고, 1938년 개정된 학적부 양식은 석차까지 기입하는 난을 구성하여 점수에 따른 서열 지우기를 요구하였다.

언제나 일제는 시험의 결과를 상대평가 하도록 강제하였다. 식민지배 초기에는 수 · 우 · 미 · 양 · 가 등의 5평정척도를 사용하였다. 제2차 조선교육령 이후부터는 학력평가의 경우 반드시 상대평가를 하고 교과별 성적과 총점 및 석차(전교 석차)를 산출하여 기입토록 요구하는 것이었다. 성적표, 학교성적일람표, 학업증명서, 졸업증명서가 모두 숫자로, 성적과 석차로 기록되는 것임은 두말할 나위가 없다.

이른바 '점수 경쟁'을 유도하는 방식으로 내부시험의 결과를 처리하도록 강제하는 방식은 그 자체 중요한 정치적 의미를 담고 있다. 원래 학교에서 이루어지는 평가 혹은 시험이 '진단하는 행위'임을 감안한다면, 평가는 하되 그 결과를 꼭 점수나 석차로 기록할 이유는 없다. '교육' 기관은 비교 · 서열을 짓기 위한 평가를 하지 않는 것이 원리이며, 그런 점에서 시험 결과를 숫자로 기록할 이유가 없는 것이다. 그럼에도 불구하고 일제는 내부시험의 결과를 굳이 숫자로 표기하고 서열을 짓게 한 까닭은 다른 정치적 의도를, 이를테면 끝없이 학생 간의 성적 · 석차 경쟁을 벌이게 만들고, 그 결과 통합 · 협동 · 연대가 아닌 분열 · 경쟁 · 갈등을 유발하고자 하는 정치적 의도를 숨기고 있는 것이라 할 수 있다.

일제가 초 · 중등교육기관에 상대평가에 의한 석차를 도입한 의도는, 보다 직접적으로는 치열한 입시경쟁을 유발하고, 시험이 객관적이고 공정한 것임을 내세워 치열한 입시경쟁을 간단하게 처리하며, 점수로 표시된 그 결과를 차별적 채용이나 선발에 손쉽게 활용하도록 유도한 것이었다. 이는 학교를, 선발(황국신민화된 인물 가려뽑기)의 사회정치적 기능을 수행하는 국가기구로 한정하는 식민지 지배집단의 의도를 드러내고 있는 것이라 할 수 있다.

다. 입학시험의 제도화

일제 식민권력은 입학시험에 대해 강력한 의지를 가지고 개입하고자 하였다. 입학시험은 극도로 좁은 교육기회를 배분하고 식민지배에 용이한 '황국신민화된 인물'을 선발하는 핵심적인 기제이기 때문이다. 이 장에서는 입학시험제도의 실제를 분석함으로써 이와 연관된 일제의 정치적 의도를 밝히고자 한다.

1) '제도권' 학력만을 인정하는 수험자격

일제는 입학자격에 대해서는 「교육령」에서 규정하였고, 시험에 의한 입학지원자 선발에 대해서는 각각의 「학교규정」에서 규정하였고, 시험에 의한 구체적 선발방식에 대해서는 각 학교의 「학칙」에서 규정하도록 하였다. 물론 각 학교의 「학칙」이 입학자격에 대해 규정하고 있음은 물론이다. 여기서 입학자격에 대한 규정은 곧바로 수험자격을 의미하는 것이었다.

초등학교는 만 6세 이상이라는 연령을 자격조건으로 했고, 지원자가 정원을 초과할 경우 간단한 구술시험을 거쳐 입학자를 선발하였다. 중등학교의 경우, 반드시 일제가 인정하는 제도권 초등학교 졸업자이거나 이와 동등이상의 학력(學力)을 가진 자로 한정하였다. 다시 말해 수험자격을 관공립초등학교, 총독부지정 사립학교 졸업자로 한정하였다. 이는 조선의 전통적인 초등교육기관인 서당과 민족계 사립학교, 야학, 사설학술강습소 등의 학력(學歷)을 이른바 '비제도권'이라 하여 인정하지 않는 것으로서, 이는 일제가 인정하는 학교만을 '교육기관'으로 승인하는 식민권력의 의도를 반영한 것이었다. 전문학교와 대학의 경우에도 수험자격을 관공립 중등학교와 총독부지정 사립학교 졸업자, 총독부지정 혹은 인정 기관의 학력 소지자, 전문학교 검정시험 합격자로 한정하였다. 이것도 역시 일제가 인정하지 않는 민족적 교육기관을 '비제도권'이라 하여 이를 배제하려는 의도를 담고 있는 것이었다.

여기서 수험자격과 관하여 한 가지 지적할 것은, 초등교육에서부터 고등교육에 이르기까지 상당 정도의 학비를 부담할 수 있는 자산계급 출신자로 수험자격을 제한했다는 점이다. 자산 문제는 보통학교 입학지원자에서부터 중등학교, 전문학교와 경성제국대학예과 지원자에게 한결같이 요구되는 조건이었다. 중등학교의 경우 5년간 학자금을 낼 수 있다는 것을 증명하는 것으로 200원 이상의 납세증명서가 있어야 했고[12], 뒤에서 예시되는 「경성제국대학 지원 학생 신상조사서」 양식에서 보듯이 전문학교와 대학의 경우[13]에도 학교장소견표 양식을 통해 학교장으로 하여금 이것에 대해 조사하도록 규칙화하고 있었다.

2) 도구교과 중심의 시험과목

일제강점기 입학시험과목은 이른바 '도구교과'였고, 이를 통해 '일반지능'이 높은 자를 선발하는 것을 능사로 삼았다. 보통학교 입학시험은 일종의 지능검사에 가까운 것이었다. 가령 더하기·빼기를 할 수 있는가, 사물의 이름을 댈 수 있는가 등이었다. 중등의 경우, 일제는 시험과목을 일본어와 산술 과목으로 한정하였다. 지필시험의 과목은 식민지배 전 기간 동안 이 두 과목으로 부과했다. 단 1940년부터 2년간 일본어(읽기·쓰기·듣기)만을 부과하다가 1942년 이후에는 시험과목을 이전대로 환원하였다.[14]

---

12) 동아일보, 1930.2.7

13) 전문학교와 대학의 경우에는 경찰을 동원하여 본인과 가정의 사상경향과 재산 및 성행에 대해 조사하기도 했다.

14) 국민총력조선연맹은 1939년부터 필답고사 과목으로 일본어만 시행한 결과, 과학의 기초가 되는 수학적 두뇌가 미약해지므로 지필시험의 과목을 변경할 것을 요구하였다. 물론 다른 전형요항은 그대로 유지하되, 국민과·이수과·예능과·직업과·제조과 5과목으로 범위를 넓힐 것도 요구하였다. 이에 조선총독부 학무국은 1942년에는 국민과의 일본어와 이수과의 산술을 대상으로 지필시험을 치도록

여기서 '전국의 수재들이 모인다'는 경성제일고등보통학교의 국어과 · 산술과의 시험문제를 각각 예시한다.[15)]

- 國語科：左ノ文中『 』ノ中トコロノ意味ヲ書キナサイ.
  1) 若し『御光來相成候は,』及ぶ限りの御便宜相計り申すべく候.
     (중략)
  5) 今は唯機內の一都市として『僅かに古の名殘を留むるのみ.』
- 算術科
  1. 어떤 가게에서 물품의 원가와 판매가와의 관계는 다음과 같다.

     原價 10錢 15錢 20錢 …

     買價 12錢 18錢 24錢 …

     1) 원가와 판매가 사이에는 어떤 관계가 있는가?
     2) 원가 1원50전의 물품의 원가는 얼마인가?

위의 사례에서 보듯이, 시험과목은 국어과와 산술과였으며, '일반지능'이 높은 자를 뽑는 난이도가 매우 높은 문제가 출제되고 있었다.[16)]

물론 전문학교와 대학(교)의 입학시험과목은 그 학교의 성격에 따른 여타 과목을 요구하는 것이었지만, 공통적으로 국어(일본어)와 산술(수학)을 부과하였다. 일제가 시험과목을 이른바 '도구교과' 중심으로 강제한 것은 '일반지능'이 높은 아이를 선발하고자 한 것이었고, 그 일반지능이 식민지 착취체제에 가장 유효하게 기능할 것이라고 믿었기 때문이다. 여기서 필자가 수집한 몇몇 전문학교 · 대학교의 입시요강 사료를 정리하여, 시험과목과 수험자격의 사례로서 예시한다.

방침을 세우고 각 관계기관에 통첩하였다(매일신보, 1941. 10. 3-7).

15) 동아일보, 1934.4.6., 박철희 논문 70-72에서 재인용.

16) 여기서 확인할 수 있듯이, 일제시대의 지배적인 문제출제 유형은 주관식이었다. 이는 어느 교과에서도 지배적인 방법이었다. 물론 사지선다형의 객관식 문제가 연구 저서에서 실험적으로 검토되기는 했지만, 비록 단답형이라고 하더라도 '주관식'으로 출제되었다(《各科 成績考査法》, 1955년 11월, 19-47).

표 3-2 전문학교 · 대학교의 수험자격 및 시험과목

학교(근거)	수험자격	시험과목
早稻田大學附屬 第二 早稻田高等學院 (1940.1, 모집요강)		국어 · 한문, 영어(독어 · 불어), 수학(대수, 평면기하), 작문
조선총독부 水原고등 농림학교 (1940년, 모집요강)	1. 중학교 졸업자 2. 실업학교 졸업자 3. 전문학교입학자검정규정 합격자 4. 제1호 및 제2호에 해당하는 학교 졸업예정자	국어, 이과(동물, 식물) ※ 무시험 전형자는 출신학교 학업성적 및 성행, 신체검사, 구두시문을 전형 사정함
조선총독부 남자사범 학교 특설강습과 (1940년, 모집요강)	1. 고등소학교 2년 졸업자 또는 동등 과정 수료자 2. 14세 이상의 남자로서 고등소학교 정도의 學力을 가진 자	• 수험자격 1에 해당하는 자: 국어(讀方, 書取, 聽方, 綴方), 산술 • 그 외의 자: 국어, 산술, 국사
부산고등수산학교 (1941.3, 모집요강)	1. 중학교 졸업자 2. 전문학교입학자검정규정 합격자 3. 중학교 졸업과 동일 학력으로 지정된 자 3. 졸업예정자	국어, 수학, 화학, 동물
경성제국대학예과 (1938년, 경성제국대학예과 규정, 백순근과 정선이의 연구)	1. 중학교 및 고보 제4학년 수료자 2. 조선총독이 중학교 수료자로 지정한 자 3. 고등학교 심상과 졸업자 4. 대학예과 또는 고등학교 고등과 입학자격시험 합격자 5. 전문학교입학자검정규정 합격자 6. 조선총독이 중등졸업자 學力 이상이라고 지정한 자	• 문과: 국어 및 한문, 영어, 수학, 지리 및 만주지리 • 이과: 국어 및 한문, 영어, 수학, 식물 및 동물

3) 시험 언어: 일본어

일제가 강제한 시험 언어는 언제나 식민지 모국어인 일본어였다. 모든 시험과목이 일본어로 출제되었고 일본어로 답을 써야 하는 것이었다.

일제가 교실 언어를 철저하게 일본어로 한정했음은 주지의 사실이지만, 모든 시험 언어를 일본어로 한정했음도 중요한 의미를 지닌다. 일제 식민권력은 일본어

상용의 취지를 입학시험에서부터 철저하게 관철시키고자 했으며, 일본어의 능력이 시험의 합격·불합격에 결정적으로 중요한 척도가 되도록 만들었다. 특히 일본 고문(古文)에 대한 이해와 이것의 일역(日譯), 또는 한문의 일역(日譯) 등은 고도의 일본어 능력을 요하는 것이었다. '평이한' 문제 출제와 '교과서 내' 출제가 원칙이었지만, 그 수준은 상당히 높은 것이었다.

물론 일본어 능력이 지필시험에서 뿐만 아니라 구두시험에서도 중요한 요건으로 작용하였다. 이는 일본어 능력이 결정적으로 중요한 조건이었음을 말하는 것으로서, 시험 언어가 교실수업, 더 나아가 학교교육 전반을 통제하는 권력이 되어 있었다.[17] 일제가 일본어를 시험 언어로 강제한 것은, 한국인을 일본인으로 철저하게 동화시켜 부려먹기에 용이한 인물(황국신민)로 양성한다는 일제의 의도를 반영한 것이라 할 수 있다.

4) 식민지적 지식과 인성을 사정하는 선발전형

일제는 식민지적 지식과 인성을 사정하기에 유효한 요소들을 선발전형 자료로 채택하였다. 일제는 초기에 지필시험 중심의 선발전형방법을 유지하다가 1930년대 이후에는 다양한 전형요소, 이를테면 신체검사, 구두시험, 학교장소견표 사정 등을 부가하는 식으로 바꾸어나갔다.[18] 1938년 이전에는 구두시험, 신체검사, 학교장소견표가 선발사정의 참고자료로 활용되었는데, 그 후에는 구두시험과 신체검사 점수를 총점에 합산하는 이른바 '종합고사제' 형태를 취하였다.

1938년도의 중등학교 입학선발전형의 구성요소와 그 비중은 지필시험(국어 50점, 산술 50점, 계 100점), 신체검사(체격 30점, 체질 40점, 체능 30점, 계 100점),

17) 프레이리가 말하듯이, 언어의 문제는 언제나 이데올로기 문제와 함께 권력의 문제를 내포하고 있다. (교육문화연구회 역, 2000, 《프레이리의 교사론》, 185쪽)

18) 1930년대에 접어들어 일제가 입학시험제도를 구성하는 표준은 "「秘」 邱府秘 제89호(1930.2.20), 「신입학자 선발에 관한 건」"에 잘 나타나 있다. '인물과 성행을 충분히 조사하는 것이 요긴하고 절실하다'고 판단하고 초등학교장으로부터 제출된 소견표를 전형자료로 중시하고, 아울러 신체검사와 구두시험을 반드시 실행하여 '신체가 강건하고 성행이 온건중정(穩健中正)한 자를 선발하는 일에 한층 더 유의한다'는 것이었다.

구두시험(판단력과 사고력, 일상생활 상의 필수사항과 실천상황, 계 100점)이었다. 그리고 학교장소견표는 구두시험과 신체검사 시에, 종합판정 시에, 이를 유력하게 참고한다는 것이었다. 이 구성요소와 배점이 1940년도에 오면 약간의 변화가 일어난다. 1940년도의 중등학교 선발전형의 내부구성(구성요소, 채점 세목, 비중)을 정리해서 제시하면, 다음 〈표 3-3〉과 같다.

표 3-3 1940년도 중등학교 선발전형방법[19]

구성요소	채점 세목	합계 (비중)	비고
1. 학교장소견표 (학교성적일람표 첨부)	• 건강 50점 • 근태 50점 • 학력 50점 • 인물 50점	200점 (20%)	학급성적일람표는 신체, 학업, 성행 및 가정상황 등을 종합 고찰하여 당해 학교에 지원하는 아동 전체의 추천순위를 부기(附記)
2. 지필시험	• 읽기 100점 • 쓰기 100점 • 듣기 100점	300점 (30%)	이른바 '국어 능력'이 결정적으로 중요함
3. 신체검사	• 체격 100점 • 체질 100점 • 체능 100점	300점 (30%)	체능은 달리기, 뜀뛰기, 던지기(수류탄), 매달리기(턱걸이), 체조로 판정
4. 구두시험	• 언어 50점 • 상식 50점 • 지조 50점 • 성행 50점	200점 (20%)	지조는 황국신민으로서의 마음가짐 및 실천상황을 검사 성행은 언어, 행동, 태도 등을 통하여 발현하는 일반 심의(心意) 경향, 소질, 성향 등을 검사

위 〈표 3-3〉에서 보듯이, 학교장소견표와 구두시험에 각각 200점, 지필시험과 신체검사에 각각 300점 비중을 부여하여 지원자를 전형·사성하였나. 이는 제국주의 전쟁이 격화될수록 지식 중심에서 이른바 인성·체육 연성(鍊性) 중심으로 선발전형방법이 바뀌어 갔음을 의미하는 것이다.[20] 이 지표는 일제가 학교와 학생을 식민지적 노동력과 전투력을 제공하는 대상물로 수단시하고 있었음을 반증하는 것으로

19) 學秘 제61호(1939.10.12), 학무국장 통첩, 「중등학교 입학자 선발에 관한 건」.

20) 이와 관련된 당시의 신문은 이렇게 보도하고 있다. "이 달에 학무국은 중학입학시험을 종래의 지적에 편중했던 교육방침을 체력기준 작성에 더 숭요시할 것을 각 학교에 통첩, 전력증강의 체육책을 시행키로 하다"(동아일보, 1939.12.15).

서, 제국주의 모순과 그 전쟁이 격화될수록 일제는 몸과 마음을 반민족적으로 다 소진시키게 하는 선발전형방법을 구안하였다. 이것으로 볼 때 일제 말기에 올수록 일제는 반교육적 반인간적 침략교육체제를 한층 더 강화해 가고 있었다고 할 수 있다.

한편, 일제는 전형사정 자료의 하나로서 출신학교로 하여금 반드시 학급성적일람표를 제출할 것을 요구하였다. 중등학교의 경우 1938년 이후에 학급성적일람표 제출을 요구하고 있는데, 학급성적일람표는 학적부 기록을 토대로 최종학년의 성적, 이를테면 각 교과별 성적과 총점, 평균, 석차, 조행성적 등을 기입하도록 되어 있었다. 이 학급성적일람표는 당해학교 지원 아동의 추천순위 순으로 작성된 것이었다.

그 한 예로, 경성제국대학예과는 지원 학생의 지망과, 추천순위, 씨명이 기재된 입학지원자 추천서에다가, 지원 학생의 각 교과 성적, 총점, 평점, 학년석차가 기입된 성적일람표를 동시에 요구하였다. 이처럼 일제는 점수와 석차, 추천순위를 기입한 성적일람표를 참고로 하여 합격과 불합격을 판정하도록 제도화하였다.[21] 이는 점수 경쟁, 석차 경쟁, 서열 경쟁을 부추기려는 일제의 지배전략을 반영하는 것이었다.

여기서 전문학교 · 대학교의 선발전형방법에 대해 간략히 정리해 둔다. 물론 전문학교와 대학(교)의 선발전형방법의 경향은 중등학교의 그것과 구조적으로 동일한 것이었다. 다음 〈표 3-4〉는 연구자가 전문학교와 대학의 학생모집요강 사료를 수집하여 정리한 것이다.

표 3-4 전문학교 · 대학(교) 선발전형방법

학교(근거)	제출 서류	전형방법
早稻田大學附屬 第二 早稻田高等學院 (1940.1, 모집요강)	1. 입학지원표 2. 성적증명서(전문학교 입학자 검정 합격증명서) 3. 3개월 이내 사진 4. 호적초본	1. 학과 시험 2. 신체검사 3. 구두시문

21) 연구자가 수집한 사료에 의하면, 이는 해방 이후 적어도 1948년까지는 이 관행이 지속되고 있었다.

학교(근거)	제출 서류	전형방법
조선총독부 수원고등농림학교 (1940년, 모집요강)	1. 입학원서 2. 졸업증명서(졸업예정증명서) 3. 재학 중의 성적증명 및 성행조사서 4. 신체검사서	1. 시험 성적 2. 출신학교 학업성적 및 성행 3. 신체검사 4. 구두시문
조선총독부 남자사범학교 특설강습과 (1940년, 모집요강)	1. 입학원서(이력서, 학교장소견표 포함) 2. 신체검사서 3. 호적등본 4. 사진	1. 필답시문 2. 구두시문 3. 신체검사
부산고등수산학교 (1941.3, 모집요강)		1. 시험 성적 2. 출신학교 학업성적 및 성행 3. 신체검사 4. 구두시문(필문필답 대체 가능)
경성제국대학예과 (1938년, 경성제국대학예과 규정, 백순근과 정선이의 연구)	1. 입학원서 2. 신상조사서 3. 학교성적일람표 4. 입학지원자 추천서	1. 지필시험 2. 학교장소견표 4. 신체검사 3. 인물고사(구두시험)

위의 〈표 3-4〉에 의하면, 수험자격은 모두 조선총독부가 인정 혹은 지정하는 중등학교 졸업(예정)자여야 했다. 또 제출서류로서는 입학원서, 졸업(예정)증명서, 출신학교 성적증명서, 학교장소견서가 공통적으로 요구되었고, 특히 경성제국대학예과는 학교성적일람표를 반드시 요구하였다. 전형요소는 중등학교 입학시험의 그것과 마찬가지로 대개 지필시험, 신체검사, 구두시험, 학교장소견표 등이었다. 시험과목은 대개 일본어와 산술이 필수였고, 학교의 성격에 따라 여타의 과목이 요구되었다.

5) 지배이데올로기의 내면화를 재는 구두시험

일제는 '황국신민의 인물됨'을 사정할 때 구두시험을 주요 수단으로 활용하였다.

달리 말해, 식민지 지배세력이 정당화하는 지식, 신념, 태도 등을 가치로 여기고 이를 내면화하고 있는가의 정도를 재기 위해 구두시험을 적극 활용하였다. 앞에서도 언급했듯이, 구두시험을 도입하고 그것에 대해 상당 정도의 배점을 부가한 것은 일제가 식민지적 인성을 갖춘 인물을 이중삼중으로 검색하는 방안을 갖추고자 했음을 의미한다.

예컨대 1945년도 공산중학교가 구두시험 문제로 출제한 문제는 '황국신민으로서의 자질을 구비하여 중학교 교육을 받기에 충분한 소질과 능력을 가지고 있는가'에 관한 것이었다. 구두시험의 문제를 사례로 열거하면 다음과 같다.[22)]

> ① 국체관념에 대해 ② 황국신민으로서의 道에 대해 ③ 어떻게 하면 훌륭한 황국신민이 될 수 있을까? ④ 大東亞전쟁의 의의에 대해 ⑤ 왜 大東亞전쟁에서 승리하지 않으면 안 되는가? ⑥ 어떻게 하면 이 전쟁에서 이길 수 있는가? ⑦ 현재의 격전지는 어느 곳인가? ⑧ 特攻隊는 어떤 것인가? ⑨ 特攻정신이란 무엇인가? ⑩ 중학교 교육을 받고자 하는 목적이 무엇인가?

구두시험의 문제로서 지배이데올로기로 가득한 문제를 출제하는 것은 비단 공산중학교만의 경향을 나타내는 것은 아니다. 모든 중등학교가 이와 유사한 성격의 문제를 출제하였다. 이경숙(2006: 256-258)의 연구에 의하면, 1942년도에 실시한 명신중학교의 구두시험 사례에서도 대동소이한 경향이었음을 밝히고 있다. 명신중학교도 황국신민의 서사, 대동아전쟁, 神社 묵도에 관한 문제, 지원병, 大詔奉戴日, 후방의 태세, 애국반상회, 일본어 상용, 국기 게양, 軍歌, 防空 등에 대한 문제를 출제하였다. 전문학교와 대학(교)의 구두시험 내용도 중등학교의 그것과 마찬가지였음이 정선이(1997)의 연구에서 여실히 확인된다.

구두시험은 식민화된 지식과 신념과 태도를 많이 축적하여 내면화하고 있으면서 식민통치자들이 요구하는 방향으로 탈정치화된 학생을 우수한 학생으로 선발하는 도구였다. 이렇듯 일제는 학교장소견표 상의 조행평가뿐만 아니라 구두시험 상의

22) 공산중학교(1945.5.23). 보고문. 「입학자선발 실시상황 보고에 관한 건」.

지조와 성행에 대한 전형을 이중으로 부가함으로써 식민지배에 용이한 순치된 인성을 중요하게 사정하는 구조를 만들었다.

6) 사상검열의 기제로서의 학교장소견표: 인물고사

앞의 〈표 3-4〉에서 보듯이, 일제는 학교장소견표[23]를 전형사정의 주요 자료로 삼도록 했다. 학교장 간에 오고 간 '내밀한 비밀문서', 이른바 '내신'으로 매개되었던 학교장소견표의 구조와 기능에 대해, 연구자는 이를 '인물고사'로 명명하고 '사상검열의 기제'로 파악하고 있다.

중등학교 입학의 경우, 학교장소견표는 1939년까지는 순위 결정과 합격 여부의 판정에 참고자료로 쓰이다가 1940년에는 총점에 20%까지 배점될 뿐 아니라 합격 여부를 결정하는데 유력한 참고자료로 작용하였다. 학교장소견표에는 성적(석차)과 인성(성행, 사상경향)에 대한 소견을 필수요건으로 기입하도록 요구하였고, 그밖에 신체상황(체격, 건강), 근태(출결상황), 특기사항 등을 기입하도록 했다.

전문학교와 대학교는 더욱 치밀한 학교장소견표를 요구했는데, 입학지원자의 학업, 근태, 가정환경, 성행, 상벌 · 기타, 신체, 총괄적 소견을 묻는 소견표 양식을 이용하였다. 이때 상급학교는 "조사서 기입에 관한 주의"에 기초해서 기입할 것을 권고하고 있다.[24] 「조사서 기입에 관한 주의」에 의하면, 학업에 대해서는 성적을 숫자로 적되 전체석차를 기입할 것을 요구하고 있고, 근태(근면과 태만)에 대해서는 그 경향과 개평을 기입할 것을 요구하고 있다. 가정환경에 대해서는 심리적 사회적 환경에 대해서도 조사 · 기입할 것을 요구하고 있다. 성행에 있어서는 기질 · 성정, 재간, 취미 · 사상경향으로 나누어 적되 독서와 교우관계의 경향에 대해서도 기입할 것을 요구하고 있다. 상벌 · 기타에서는 훈계 · 처벌의 상황과 졸업 또는 수료 후의 상황에 대해 적도록 요구하였다. '신체' 난에는 병력(病歷)과 체력 등에 대해 기입하

23) 학교장소견표는 '고과조서' 혹은 '인물조사서'라고 불리어지기도 했는데, 이를 작성하는 데는 해당 학교의 배속장교가 관여하게 하였다.

24) 연구자가 수집한 사료에 의하면, 山口고능학교, 東京상과대학, 滿洲의과대학 부속 약학전문부, 神戸상업대학 예과 등, 많은 학교가 이 요구를 하고 있었다.

도록 요구하고 있다. 또 총괄적 소견에서는 장래성과 인물됨에 대해 기입하도록 요구하고 있다. 이런 것을 조사하고 기록하고 전달하는 학교장소견표와 그것에 의한 '인물고사'는 식민지적 지식과 체력과 인성, 특히 사상을 검열하는 기제로서 중요하게 기능하였음을 알 수 있다.

한편, 이른바 '명문학교'일수록 보다 치밀한 사상검열을 가능하게 하는 조사서를 요구하였다. 사료 발굴의 의미에서 경성제국대학의 사례를 아래에 예시한다. 이 양식은 그 자체로 치밀한 사상검열의 기제였음을 알 수 있다.

〈양식 8〉 경성제국대학 지원 학생 신상조사서

<table>
<tr><td colspan="3">신상조사서</td><td>경성제국대학 학생과</td></tr>
<tr><td rowspan="2">씨명</td><td rowspan="2">0 0 0
년 월 일생</td><td>본적</td><td></td></tr>
<tr><td>현주소</td><td></td></tr>
<tr><td>이력 相違의 유무</td><td colspan="2"></td><td></td></tr>
<tr><td>인물개평</td><td></td><td>호주 및 가족의 직업</td><td></td></tr>
<tr><td>성질</td><td></td><td rowspan="5">가족 현재수와 그 내역 및 현황</td><td rowspan="5"></td></tr>
<tr><td>소행</td><td></td></tr>
<tr><td>취미기호</td><td></td></tr>
<tr><td>학업 근태</td><td></td></tr>
<tr><td>재간의 유무</td><td></td></tr>
<tr><td>운동특기</td><td></td><td rowspan="2">家計의 개황</td><td rowspan="2"></td></tr>
<tr><td>교우관계</td><td></td></tr>
<tr><td>교우간 신망의 유무</td><td></td><td rowspan="2">학자금 지불능력의 유무</td><td rowspan="2"></td></tr>
<tr><td>급총대 기타 임원 활동</td><td></td></tr>
<tr><td>종교신앙</td><td></td><td rowspan="2">가정의 지역에서의 신망 지위</td><td rowspan="2"></td></tr>
<tr><td>건강</td><td></td></tr>
</table>

裏面

	사상동향	개요
사상관계	실제 운동에 가입한 사실이 있는가 없는가	
	검속을 받은 사실이 있는가 없는가	
	사상문제, 사회과학을 연구하고 있는가 또는 한 적이 없는가	
	변론, 잡지 등에서 사상적으로 주의할 만한 의견을 발표한 적이 있는가 없는가	
	선동행위를 한 적이 있는가 없는가	
	처벌을 받은 일이 있는가 없는가	
	주의를 요하는 선배 · 우인관계	
	소속회명 또는 단체명	
	기타 참고사항	

이런 양식의 '신상조사서'는 앞의 「조사서 기입에 관한 주의」보다 훨씬 더 엄밀한 사상검열을 가능하게 하는 기제가 되고 있음을 알 수 있다. 특히 가정의 사회경제적 지위에 대한 조사 요구와 함께, "사상동향"에 대한 철저한 검증을 요구하고 있다. 당대 사회주의 사상에 접한다든가 학생운동 혹은 저항운동에 참여한 학생을 구조적으로 배제하고자 했음을 여실히 확인할 수 있다.

여기서 보는 것처럼, 중등학교이든 전문학교 혹은 대학이든, 일제는 지원자의 식민지화의 정도를 재는 기준으로 식민지적 '인물됨'을 평가하는 중요한 제도적 장치로서 '학교장소견표'를 강제하였다. 이는 '사람 골라내기'가 인물고사에서 더 철저하게 이루어지고 있음을 의미하는 것이다. 인물고사는 식민지적으로 순치된 인성과 사상을 배양하고 그런 인물을 선발하려는 보다 '적극적'인 방식으로 기능하였다. 이런 점에서 보면, 입학지원자, 더 나아가 조선 민중들은 차라리 인물고사를 통해 더 효과적으로 처리(processing)되고 있었다고 할 수 있다.

라. 학교시험제도에 대한 통제기제

어떤 제도가 중요한 기능을 수행하는 것일수록 그것이 효율적으로 작동할 수 있도록 권력은 통제 메커니즘을 준비하는 법이다. 일제는 학교시험제도를 어떻게 그들의 '감시권' 하에 두려고 했는지, 어떤 기제를 통해 통제하고자 했는지를 여기서 밝히고자 한다.

1) 시험 관련 서류의 법정장부화

일제는 식민지배 전 기간 동안 학교에 이른바 '법정장부'를 비치하도록 법제화하였다. 이는 초등학교와 중등학교뿐만 아니라 전문학교와 대학교에도 마찬가지였다. 그 법정장부에는 특히 교과용도서와 시험 관련 서류에 대한 것이 중요하게 다루어지고 있음을 확인할 수 있다.

일제는 특히 입학시험과 내부시험의 문제, 답안 및 성적표, 학급성적일람표 등 시험 관련 각종 서류를 법정장부로서 반드시 비치하도록 강제하였다. 그리하여 필요한 경우 언제나 시학(관)이 학교를 방문하여 그것의 적부(適否)에 대해 직접 사찰할 수 있도록 경로를 마련해 두었다.

아래 〈표 3-5〉는 제2차 조선교육령(1922년) 이후, 각급학교에 비치하도록 법령에 의해 요구한 법정장부의 내역을 정리한 것이다.[25)]

25) 법정장부와 관련해서 1차에서 4차 교육령까지의 「규정」 내용이 거의 대동소이하다.

표 3-5 일제강점기 각급학교의 법정장부

시기	초등학교 (보통학교-소학교)	중등학교 (여자, 실업, 사범학교 포함)	전문학교[26]	경성제국대학예과[27]	대학교
제2차 조선교육령 (1922.2., 칙령 제19호)	3. 아동의 학적부, 출석부, 성적고사표	3. 학생의 학적부, 출석부, 신체검사에 관한 표 4. 입학시험 및 학년시험의 문제, 답안 및 성적표	3. 생도 학적부, 출석부, 신체검사표 및 징병유예에 관한 서류 4. 시험 문제, 답안 및 성적표	3. 생도 학적부, 출석부, 신체검사에 관한 표부(表簿) 및 입영연기에 관한 서류 4. 시험문제, 답안 및 성적표	3. 재학자의 학적부 및 입영 연기 또는 징병 유예에 관한 서류 4. 시험문제 및 성적표

위 〈표 3-5〉에서 보듯이, 모든 각급학교는 내부시험과 입학시험의 관련 서류, 이를테면 시험문제와 답안, 성적표, 학적부 등을 비치해 두어야 했다. 이는 그 자체로 시험의 엄중한 실시와 관리를 요구하고 있었다는 것과 함께, 내부시험 및 입학시험의 내부구성에 대해 언제나 훤히 들여다볼 수 있도록 한다는 것, 이를테면 내부시험과 입학시험의 출제 문제를 '감시권' 하에 두었다는 것이다. 이는 그만큼 학교시험에 대해 철저하게 사찰하고자 했음을 보여주는 한 가지 징표이다.

2) 시학(관)의 사찰권의 법제화

이미 주지하고 있듯이, 일제강점기의 일선 학교행정은 시학제도(視學制度)에 의해 관리되고 통제되었다. 시학(관)이 내부시험과 관련한 통제 에이전트(agent)로서 어떻게 기능했는가를 여기서 밝힌다.

「조선총독부 시학관 및 조선총독부 시학위원 학사시찰 규정」(1928년 10월, 총훈 제29호) 제1조와 제3조에 의해, 시학관(시학)은 교육행정의 상황, 학교교육의 상황 등 학교와 관련된 광범한 영역에 걸쳐 학사 사찰을 할 수 있는 권한을 가지고 있었고, 그래서 학교를 교육행정의 '감시권' 내에 묶어 둘 수 있었다. 특히 제2조의 규정

26) 「공립사립전문학교규정」(1922년 3월, 총령 제21호) 제7조.

27) 「경성제국대학예과규정」(1924년 5월, 총령 제21호, 1938년 총령 제84호로 8회 개정).

에 의해 시학(관)은 학교와 교사의 수업과 학력평가에 대해서 직접 사찰할 수 있는 권한을 부여받고 있었다.

> 시학관이 시찰상 필요하다고 인정할 때에는 일과를 변경하여 수업을 하게 하거나 또는 생도아동의 학력을 시험할 수 있다(제2조).

위의 규정에 근거하여 시학(관)은 학교 내부시험의 전반에 대해 사찰하였다. 시험과목, 각과의 고사방법, 문제 내용, 학적부 취급방법, 조행평가의 적절성 등에 대해 감시 · 감독하였다.

이런 경로 이외에도, 일제는 입학시험 실시상황에 대해 직접적 사찰을 행할 수 있는 제도적 장치를 마련해 두었다. 그것은 또 다른 법적 규정에 의한 것이었다. 아래 규정은 「공립사립학교 인정에 관한 규정」[28] 제3조에 관한 것인데, 이는 입학시험에 대한 병영적 통제 수준의 국가개입의 전형이라고 할 수 있다.

> 문부대신 또는 지방장관은 필요하다고 인정할 때 주무관리로 하여금 인정을 받으려는 학교의 입학시험에 입회시키거나 또는 입학시험 문제 및 그 답안을 사열케 할 것. 전항의 경우에 시험의 문제 또는 방법 중 부적당하다고 인정되는 것이 있을 때는 해당 관리는 그 변경을 명할 수 있다.

이 규정은 '특정 學歷을 통한 고급입직 경로'를 법제화한 것[29]인데, 이 규정을 만족시키는 중등학교를 졸업하면 법 규정 상으로 곧장 문관임용에 나갈 수 있었다.[30]

---

28) 1899년 6월, 문령 제34호, 1921년 총령 제23호로 9회 개정.

29) 이 규정은 관공립학교의 특정 졸업학력을 취득하면 문관임용 등에 나갈 수 있게 한 결정적 근거가 되었다. 말하자면 일제의 문관임용의 기준을 만족시키기 위해, 식민권력이 인정하는 '중학교 이상의 학교'라고 인정을 받아야 하며, 그러기 위해서는 「공립사립학교 인정에 관한 규정」에 적응해야만 되었다. 이 규정의 실행에 의해 학교에 대한 차별 질서가 성립하였고, 이른바 '명문학교'가 실체화될 수 있었다. 각 시 · 도의 관공립학교가 그 학교에 해당한다.

30) 이 규정과 유사한 기능을 한 규정으로서 「조선교육령에 의한 중학교, 고등보통학교, 사범학교, 전문학교를 문관임용령에 의한 인정」(1923년 2월, 文告 제34호) 규정도 있다. "1922년 칙령 제19호 조선교육령에 의한 중학교, 고등보통학교, 사범학교, 전문학교는 문관임용령 제6조 제1호에 의해 인정함. 단 인정의 효력은 사범학교 특과 및 강습과, 전문학교 특과 및 舊슈에 의해 졸업한 고등보통학교생에게는 적용되지 않음."

이런 규정을 만족하는 학교의 학생을 선발하는 문제였기 때문에 입학시험에 대해 감시와 감독을 하고자 하는 것은 어쩌면 당연한 것이었고, 이런 치밀한 감시 · 감독과 사찰을 통해 선발 · 임용 · 배치와 관련된 식민지 지배질서를 유지하고자 하였다.

내부시험과 입학시험에 대한 이런 통제기제를 통해, 일제는 시험에 대한 통제를 통한 '교육의 과정' 통제를 일상화할 수 있었다. 이런 기제를 통해, 일제는 학교의 내부와 외부에서 이루어지는 평가와 시험을, 사람을 분별하고 선발 · 배치하는 국가기구의 관변활동으로 체질화할 수 있었다.

3) 입학시험 실시상황에 대한 연례보고 의무화

일제는 '입시선발 실시상황'에 대한 연례보고를 의무적으로 강제함으로써 식민권력(국가)이 입학시험에 대해 직접 개입할 수 있는 통로를 열어 놓고 있었다. 이는 매년 관례적으로 이루어졌다. 연례 보고와 연관된 학교공문서 사례를 아래에 한 건 예시하고자 한다.

「입학자 선발 실시상황 보고에 관한 건」(慶北學, 1945.5.20, 내무부장)
1945년에 입학선발한 자에 관해, 귀교에서 행한 입학자 선발실시에 대한 소견 등, 2부씩 左記에 의해 5월 23일까지 보고할 것.
덧붙여, 필답시문의 문제, 구두시문의 시문사항의 개요 및 합격자의 명부를 첨부하여 제출할 것.

記. 　　一. (5월 1일 현재)

학교 명칭	모집 인원	지원자 수			제1차전형 합격자 수			제2차전형 합격자 수			합격자 수			보결입학 허가자 수			제1학년 재적자 수			비고
		내지인	조선인	계	내지인	조선인	계	내지인	조선인	계	내지인	조선인	계	내지인	조선인	계	내지인	조선인	계	

二. 전형일시 및 실시요항

학교명＼사항	전형일시	실시요령

三. 제1차전형 실시에 대한 소견

四. 제2차전형 실시에 대한 소견

(1) 구두시문

(2) 필답시문

五. 입학자전형위원회 조직 및 운용 상황에 관한 소견

六. 수험에 따르는 교통, 식량사정, 숙박상황에 대한 소견

七. 종합적 소견, 기타.

위의 학교공문서 사례에서 보듯이, 일제는 연례보고의 의무화를 통해 입학시험과 선발방법, 지필시험과 구두시험의 문제, 선발과정과 그 문제점 등에 대해 치밀하게 감시할 수 있는 통로를 마련하고 있었음을 알 수 있다.

한편, 일제는 학교공문서 및 학교장회를 통해 시험제도에 대한 관리 · 통제를 관행화하였다. 특히 입학전형방법에 대해 세세한 규칙을 정하여 입학시험의 엄정한 질서를 유지하고자 했으며, 그것에 의해 시험의 '객관성과 공정성'을 확보하려고 하였다. 이와 관련된 예규, 지침, 통첩이 학교 현장에 학교공문서 형태로 지속적으로 내려졌고, 또 해를 거듭할수록 더욱 강화된 시험관리지침을 하달했다. 이러한 행정조치들이 그 자체 학교교육체제의 운영과 그 성격을 일방적으로 강제하는 힘으로 작용하였다.

마. 마무리

이 연구의 목적은 일제시대 학교시험제도의 실제를 드러내고, 그 시험제도가 노렸던 정치적 의도가 무엇이었는가를 밝히고자 하는 것이었다. 지금까지 논의한 내

용을 요약하면, 다음과 같다.

첫째, 일제는 내부시험에서 정기 시험을 공식화했고, 시험방법을 학교가 내규화하도록 강제했으며, 시험에 대해 부정행위를 막기 위해 엄중한 실시와 감독을 요구했다. 일제는 교과서 지식을 정당화하는 기제로서 시험을 이용했고, 그 맥락에서 '교과서 내 출제'를 요구했다. 한편 일제는 학력평가에 덧붙여 조행평가를 일상화하도록 요구하였고, 그것에 대한 평가지침을 통해 식민지 인성을 조형하고자 했다. 학력평가와 조행평가의 동시 실시는 곧 식민지화된 지식체계의 습득과 식민지적 순치 인성의 배양에 대한 일제의 요구를 반영한 것이라 할 수 있다. 또 상대평가 점수제를 강제하는 학적부 양식을 도입하였고, 이를 통해 성적 · 석차 경쟁과 서열 경쟁을 유발시키고자 했다. 일제는 학적부에 기입된 학력의 성적 · 석차와 조행의 등급을 척도로 삼아 진급 · 진학 · 입직 등에 전형 · 선발케 하였다. 일제는 제도적 장치로서의 이 학적부를, 황국신민화의 자질을 보증하는 결정적인 '내신' 문서로서 충분하게 기능하도록 만들어 나갔다. 내부시험의 실제에 대한 분석을 통해 미루어 짐작컨대, 일제는 곧 학교를 어디에 써먹을 수 있는 인물을 가려뽑는 '선발'을 위한 곳으로, 그런 점에서 학교는 '교육'하는 곳이 아니라 성적 · 석차를 산출하는 국가기구로 만들고자 했음을 알 수 있다. 이런 점에서 일제는 내심으로는 시험제도를 통해 '선발에 종속된 교육'과 '공교육체제의 왜곡'을 부추기고 있었다고 할 수 있다.

둘째, 일제는 상급학교 입학시험의 내부구성에 적극적으로 개입하고자 했다. 수험자격을 일제가 인정하는 '제도권 학력'만으로 제한하였고, 시험과목은 일본어와 산술 과목으로 한정(1940년-41년은 일본어 한 과목)하였고, 시험 언어를 일본어로 관철시켰다. 이는 '도구교과' 중심의 '일반지능'이 높은 자를 선발하는데 유리하도록 하는 시험방식이었다. 1940년도 이후 선발전형요소는 지필시험, 신체검사, 구두시험, 학교장소견표(학급성적일람표 첨부)이었고, 각 요소에 일정한 비중을 부여하여 전형하게 하였다. 특히 일제는 지배이데올로기의 내면화를 재는 구두시험과 사상검열의 기제로서의 학교장소견표를 통해 '황국신민다운 인물'인가 아닌가를 체계적으로 선별하고 선발하고자 하였다. 상급학교일수록, 이른바 '명문학교'일수록, 사상검열의 기제로서 더욱 치밀한 '인물고사'를 시행하였다. 이런 점에서 보면, 일제강점기 입학시험은 식민지 예비전사와 노동자에게 요구되는 체력, 식민지 모국의 언어소통능력, 식민지 지배체제를 당연시하는 지식과 침묵하는 인성을 갖춘 인물을 선발하는 기제였다고 할 수 있다. 식민화된 지식과 언어능력과 인성이 입학시험 합격의 결정적 준거였으며, 시험제도는 그 선발을 정당화하고 합리화하는 핵심기제였다고 할 수 있다.

셋째, 일제는 시험 관련 서류의 법정장부화, 각종 시험에 대한 시학(관)의 사찰권의 법제화, 입학시험 실시상황에 대한 연례보고 의무화 등을 통해 학교 내부 · 외부 시험에 대한 통제뿐만 아니라 교육평가, 더 나아가 학교의 교육활동 전반을 통제하고자 했다. 이러한 통제 관행은 학력과 인성을 평가한 결과로써의 성적과 석차에 의해 사람을 서열화하고, 그 서열화를 직접 드러내는 학적부와 학급성적일람표 등을 전형자료로 삼아 '황국신민'을 가려뽑는 입학선발을 가능하게 만들겠다는 식민권력의 정치적 의도를 반영한 것이라 할 수 있다.

당대 일본 본국의 시험제도가 야기하는 문제점과 모순에 대해 너무나 소상하게 알고 있었던 학무국 당국은 경쟁과 서열을 지향하는 시험제도를 도입하여 실시하는 한 치열한 학력(學歷)경쟁과 서열경쟁으로 학생을 분할할 수 있을 것으로 기대하고 있었다. 이런 점 때문에, 평가(시험)가 교육목적과 교육과정을 규정하게 만들고, 평가가 교육의 원인과 결과를 절대적으로 규정하도록 하는 방식으로 학교시험제도를 구축함으로써, 학교의 교육활동의 전반을 통제하고자 기획했던 것이다. 이런 통제기제와 국가개입의 경로를 통해 일제는 비단 입학시험뿐만 아니라 학교교육체제 전반을 관료주의적으로 장악할 수 있었다. 그러면서도 일제는 당연히 나타날 수밖에 없는 이른바 "시험지옥"과 "지식편중의 수험준비교육"를 차단하기 위해 과외교습 금지, 교육과정 정상 운영, 모의고사 폐지 등의 조치를 취한다고 했지만, 사실 그것은 이경숙(2006)이 말한 것처럼 "단속과 부추김의 이중주"에 불과했던 것으로서, 차라리 일제는 이를 부추기고 있었다고 할 수 있다.

학교시험제도는 교과서제도와 함께 논의될 때, 당대 교사 전문성 개입을 최소화하는 통제도구로 기능하고 있었음을 드러낼 수 있을 것이다. 이런 맥락에서, 성적 ·

석차 시스템으로 명명되는 학교시험제도가 주조한 공교육체제의 왜곡에 대한 분석과, 교과서제도와 연동하여 학교시험제도가 어떻게 교사 전문성 개입을 최소화했는가에 대한 분석을 후속과제로 남겨두고 있다.

4장 성적·석차 시스템이 주조한 천박한 교육문화

가. 문제제기

한국사회는 분명 시험과잉의 사회이다. 온갖 종류의 시험이 치러지는 사회를 어른들이 만들어놓고 있다. 우리 사회는 왜 이렇게 시험이 많은가? 그 시험에 의한 성적 · 석차 시스템이 어떻게 척박한 교육문화를 만들고 있는가? 이 질문을 던지면서, 일제강점기 성적 · 석차 시스템이 주조한 교육문화와 해방 이후 일제의 그 시스템을 계승한 한국사회의 교육문화를 논의하고, 현재 입안 중인 '일제고사'의 반교육성에 대해 논의하고자 한다.

이 연구는 성적 · 석차 시스템으로서의 시험이 산출하는 교육 현장성 위기를 숙고하고 있다. 교육 현장성 위기의 하나의 징표는 이런 것이다.

> 6세 절반 "사교육 3개 이상" … 영유아도 굴레(동아일보, 2023.7.4. 1면 머리기사)
> 영어유치원 가려고 '4세 고시' 내몰린다(동아일보, 2023.7.6. 1면 머리기사)

왜 이런 현상을 어른세대가 자초하는가? 왜 일제고사를 도입하고자 하는가? 진정 진단이 필요해서 그렇게 하는가? 물론 국가기준 시험은 정치행위에 의한 것이다. 정부(정권)의 목적에 맞는 교육정책의 집행이라는 명분에서 국가기준 시험이 기획되는 것이라 할 수 있다. 그러나 그 명분은 실질과 충돌하는 경우가 많은 법이다.[1] 국가권력은 언제나 시험으로 교육을 통제하고자 한다. 군말 말고 시험 준비에 매몰된 인간형을 주형(鑄型)하고자 한다. 그것이 보수주의자들의 안목이다.

이 연구의 목적은 성적 · 석차 시스템이 천박한 교육문화를 주조한다는 것을 나타내 보이기 위한 것이다. 이를 논증하기 위해 다음과 같은 내용을 분석하고자 한다.

첫째, 교육 현장성 위기의 원인이 무엇인가에 대해 논의한다.

둘째, 일제강점기의 성적 · 석차 시스템과 해방 이후 그 시스템을 계승한 한국사회의 성적 · 석차 시스템의 교육문화에 대해 논의한다.

셋째, 성적 · 석차 시스템의 한 사례로서 '일제고사'의 반교육성에 대해 논의한다.

여기서 '천박한'이란 비교육적인 것을 넘어 반교육적인 것을 나타내는 말로 이해한다. '관치교육'이란 중앙관료행정 교육체제가 빚어낸 현장교육지배를 의미하는 말로 사용한다. '성적 · 석차 시스템'이란 성적과 석차가 그 체제 운영의 힘의 중심에 있다는 의미로 쓴다. 이를 조작적으로 정의해서 ㉠ 교육의 동기와 결과가 성적과 석차를 산출하는 것, ㉡ 교육의 과정이 성적 · 석차(점수) 높이기에 종속되는 것, ㉢ 성적과 석차가 입학과 입직에 중요한 평가척도로 쓰이고, 더 나아가 결정적 잣대로 쓰이는 교육체제를 일컫는다.

나. 교육 현장성 위기의 원인

필자는 학교교육의 모순에 대한 역동적 이해를 위해, 현실의 교육모순을 드러내

1) 현 정부도 일제고사 도입을 계획하고 있다. 윤석열 정부의 교육부 장관은 '일제히 시험 치지 않으니 일제고사가 아니다'라고 변명하지만, 전국단위에서 정해진 학년에 정해진 날짜에 치는 시험은 분명 일제고사에 해당한다. 그는 교육현장성을 파손하는 줄 뻔히 알면서도 일제고사를 도입하고자 한다.

는 말로 '교육 현장성 위기'라는 언어로 표상하고, 먼저 그것의 원인과 기제를 분석해 보고자 한다.

1) 위기의 진단

교육 현장이 위기에 봉착해 있다. 학습의욕과 지식활동을 이끌지 못하고, 학습경험을 제공하지 못하고 있다. 학교는 학생의 지적 도덕적 발달을 이끌지 못하는 시설(수용소) 같은 곳이다. 공교육을 살린다고 온갖 조처를 취했는데 여전히 공교육은 형해화(形骸化)되어 있다.

학교에 교육이 없다는 말은 학교가 교육력을 발휘하지 못하고 있다는 것이고, 교사가 교육기획력을 발휘하지 못한다는 것이다. 교사는 교육활동 기획의 전문성 발휘를 체계적으로 파손당한 채 '방관자' 삶을 살고 있다. 교사가 코스워크 기획의 전문성 행위를 하지 않으며, 교사에게 그것에 대한 문화적 압력이 없는 것이 사실이다. 교사의 존재방식은 코스워크 기획임에도 불구하고 한국사회 교사는 이것에 매우 무기력하다. 교사가 교육활동을 기획하지 않으며, 오히려 아이들의 지적 도덕적 발달을 체계적으로 방해하고 있다. 교실에서 교사–학생의 교육적 관계가 단절되었다. 학생들에게 교사가 증오의 대상이 되어 있다.

아이들은 '내가 하고 싶은 것, 잘하는 것을 해볼 테니 그것을 할 수 있도록 제발 내버려 두라'고 항변한다. 아이들은 자신의 재능을 발굴하고 싶어 하는데도 불구하고, 교실수업은 그 각자의 수월성 추구라는 자연적 의욕을 꺾고 '높은 성적 · 석차'라는 자의적 목표에 아이들을 내몰고 있다. 교사는 입시준비와 성적올리기에 매몰된 채 대다수 아이들에게 수월성을 추구할 수 있는 기회를 전혀 제공하지 못하고 있다. 사실 교사가 아이들의 '학력' 혹은 실력을, 더 나아가 진로능력도 돌보지 않는 무능력을 보이고 있다.[2)]

교실에 탐구와 발견의 인식론적 긴장이 사라진 지 오래되었다. 시험문제 출제

2) 여기서 '실력'이란 기초능력 위에 형성된 진로능력을 말하며, '진로능력'이란 '그 분야에서 이만큼 집중하고 연마해 보니 이제 그 분야에서 마음만 먹으면 실적을 낼 수 있어'라는 완성의 경험을 일컫는다.

유형에 맞추어 해법 중심의 수업이 진행되고 있다. 그리고는 참고서 · 문제집 문제 풀이 반복학습을 계속하고 있다. 그 시험상황에서 시험능력을 키울지는 몰라도 학습능력을 키우지는 못한다. 그것을 현장성 위기의 가장 심각한 반영물이다.

필자는 그 이유와 역사적 기원을 '관치교육'과 성적 · 석차 산출 교육시스템(경쟁교육)에서 찾고 있다. 필자는 이것을 '공교육의 현장성 위기'라고 진단하고 있다. 필자는 이것을 체계적으로 성립해 있는 객관적인 위기라고 진단한다. 공교육의 '현장성 위기' 현상은 어디에서 기인하는 것인가? 현장성 위기의 그 원인과 기제가 무엇인가?

2) 위기의 원인: 관치교육과 '성적 · 석차 시스템'

필자는 교육 현장성 위기의 원인을 관치교육과 '성적 · 석차 시스템'에서 찾는다.[3)] 이 양자가 서로 간에 규정력을 발휘하면서 교육 현장성 위기를 산출하고 있다.[4)]

가) 관치교육

성적 · 석차 시스템을 고착시키는 배후에 교육부를 정점으로 하는 '중앙관료행정에 의한 현장교육지배'가 도사리고 있다. 다양성과 자율성을 허용한다고 하지만 그것은 사실상 배급되는 것이고, 그래서 쉽게 허구화되어 버린다.

중앙관료행정은 성적 · 석차 시스템을 운용하고 관리하는데 지극히 폐쇄성을 보이고 있다. 성적 · 석차로 사람 골라내기 하는 시스템을 유지하면서, 온갖 지시와 지침, 규정과 규칙을 만들어내고, 이를 통해 학교와 교사의 교육활동 기획의 전문성 행위를 차단해 왔다. 관치교육의 핵심 대상은 언제나 성적 · 석차 시스템에 대한

3) 이를 어떻게 극복할 수 있을까? 미리 당겨서 말하지만, 필자는 이를 극복하는 방안을 '교사 전문성 개입의 교육체제'에서 찾고 있다. 교육과정 기획과 평가의 전문성을 발휘하는 교사가 책임교육을 실행하는 교육체제에서 그 답을 찾고 있다.

4) 필자는 근본적 차원에서 '교육이 선발에 종속되어 있다'는 모순에서 찾는 접근법을 취하고 있다. '선발에 종속된 교육'의 실체가 성적 · 석차 교육시스템이라는 것으로 표상된다는 관념을 가지고 있다.

것이었다. 이 시스템을 유지하는데 방만한 행정기구와 관변기구를 거느리고 있다.

이 연구는 이와 같은 시험 관련 심층문화가 일제강점기 시험제도와 무관하지 않다는 내심의 판단에서 시작되었다. 필자는 오늘날의 시험 관련 제도와 시스템을, 일제강점기 식민지 지배체제의 정당화 혹은 안정화 기제로서의 시험제도를 해방이 되고도 자발적으로 계승해 온 역사적 잔재라고 인식하고 있다.

일제는 '감시권'을 제도화하여 교육체제를 운영해 왔다. 감시의 도구로서 시험제도를 통해 성적 · 석차에 의한 경쟁의 틀을 만들었으며,[5] 감시의 도구로서 교육과정 · 교과서제도를 통해 앎과 믿음에 대한 통제의 틀을 만들었으며, 감시의 도구로서 시학제도(視學制度)를 통해 행정만능의 지시 · 지침에 의한 획일 · 통제의 틀과 감사(사찰)의 틀을 만들었다. 이 감시권에서 이루어진 것만이 교육인양 고착화시켰다. 감시권을 제도화한 것이 교과서정책으로, 평가정책으로, 교원정책, 시험선발정책 등으로 나타났다. 감시의 핵심권역이 교과서, 평가, 교원, 시험선발이었다는 것이다. 이는 중앙관료행정에 의한 현장교육지배, 이른바 '관치교육'을 만성화한다.

해방 이후의 과거 개발독재정권은 이에 대한 반성이나 개선 없이 그 체제를 그대로 이어왔다. 지금도 관치교육이 사회적 리얼리티(reality)를 구성하고 있다. 중앙관료행정이 교육기획 · 집행 · 평가 · 감사의 권한을 한 손아귀에 쥐고 교육현장을 관리하고 통제하고 있다. 관료행정이 교육목표 · 내용 · 방법 · 평가(시험)를 통제해서 획일화해 간다. 그 위기는 일제 이후 '행정우위 교육체제'의 고착과 해방 이후 그것의 자발적 계승에서 기인한다.

필자는 국가주도의 현행 시험제도와 교육과정 · 교과서제도를 관치교육의 전형으로 이해한다. 이 체제는 일제강점기 식민지교육정책에 의해 형성되었다. 일제 식민지 침략교육은 교사가 발휘해야 할 교육기획권(교재구성권과 학생평가권)을 조선총독부가 독점하도록 구조화하였다. 이 '관치교육' 구조 하에서 학교와 교사가 교육기획력을 발휘하지 못하고 있다. 일제 이후 '잘못 끼워진 첫 단추', 이를테면 행정우위 관치교육체제가 여전히 계승되고 있다.

5) 시험을 둘러싼 객관성 · 공정성 담론과 이에 빗댄 정부 정책은 결국 시험관리의 행정조치(강화책)로 귀결되게 되어 있다.

나) 성적 · 석차 시스템

선발에 종속된 교육이 관치교육을 요구하고, 이 관치교육이 다시 성적 · 석차 시스템을 온존 시키고 있다.

입시위주교육과 경쟁교육(선발에 종속된 교육)은 '성적 · 석차'를 교육시스템으로 만든다. 그리하여 성적 · 석차 시스템이 리얼하게 기능하고 있다. 여기서 '시스템'이란 조직이 움직여 나가게 하는 강력한 힘을 말한다.

'성적 · 석차 시스템'이 '선발에 종속된 교육'을 야기한다. 성적 · 석차 시스템 하에서 교육목적이 교육의 과정을 견인하는 것이 아니라, 그 자리에 평가와 시험(성적)이 교육의 과정을 절대적으로 지배 혹은 규정하게 되고, 결과적으로 교육목적은 허구화된다. 평가의 물신화와 시험의 기법이 교실수업을 지배하게 되고, 시험이 관리행정 행위의 중심축이 된다.

성적 · 석차는 교과지도(수업)의 한 과정 혹은 교육활동의 한 국면인데, 그럼에도 불구하고 그것의 교육체제화는 다음과 같은 반교육상황을 만들어 내는 계기로 기능한다(김민남 · 손종현, 2006: 286-287).

- 일반지능 맹신, 학력 개념의 추상화
- 도구교과 중시, 자의적인 교과중요도 결정
- 문제풀이, 반복연습
- 선행학습
- '지식을 간추린' 참고서, 참고서 중심의 수업
- 지식과 인성의 이분법
- '하면 된다'는 교육만능주의
- 결과중심 평가, 사람을 골라내는 수단
- 교육이론과 사상 경시, 실무 기능인 중시
- '말도 안 되는 말이 말이 되어 통용되는 학교'

성적 · 석차 시스템이 '선발에 종속된 교육'을 낳고, 이것이 다시 교육과정 파행 운영을 낳는다. 교육과정 파행 운영을 오히려 다행스럽게 여기는 풍조가 만연되어 있다. 교장과 학부모는 물론이고 언론, 기업인, 사회지도층이 앞장서서 교육과정을 파행 운영하도록 부추기고 있다. 교육부와 교육청은 이를 방치하고 있다. '교육과정을 가지고 교육활동을 한다'는 기본적 사회적 합의를 교육부, 교육청, 학교, 교사, 학부모가 앞장서서 예사롭게 깨트리고 있다.

다. 일제강점기 '성적 · 석차 시스템'이 주조한 교육문화

일제강점기에 이미 성적 · 석차 시스템에 의해 천박한 교육문화가 체계적으로 형성되었다. 시험(입학시험과 입직시험) 그 자체가 교육체제와 학교교육의 과정을 규정하였다. 성적 · 석차를 산출하는 시험은 크게는 교육체제, 작게는 학교체제를 통제하였고, 효과적인 통제도구로 기능한 시험에 의해 교육과정이 통제되기 시작했다. 일제강점기에 구축된 성적 · 석차 시스템이 비교육 · 반교육을 집요하게 주조하였다.

1) 교사의 평가권 축소

가르치는 자가 평가하는 것이 평가의 합리다. 가르친 자가 학생의 학력과 인성을 평가하여, 그 과정과 결과에서의 '언어'로 성취를 기록하는 것이 평가의 원리다. 그 기록이 입학에서의 전형자료가 될 수 있는 것이다. 그러나 일제강점기에는 가르친 교사가 평가한 것을 전형 자료로 삼아 학생을 선발하는 것이 아니라, 상급학교(채용기관)가 경쟁시험을 통해 곧장 학생의 학력을 평가하여 성적순으로 선발하는 방식을 관행화하였다. 이는 가르치는 자의 평가권을 제약하는 것이었고, 평가에 대한 상급학교와 국가의 개입, 더 나아가 교육에 대한 국가개입을 불러오는 계기가 되었다.

교사에 의한 평가권도 그것이 과정에 대한 기록으로 이루어질 때 성립될 수 있는 것이다. 그럼에도 불구하고 시험을 쳐서 나온 결과를 단순히 정량적으로 성적과 석차로 수치화하는 일에 그치는 것은 그 자체 교사의 온전한 평가권을 축소하는 일에 버금가는 것이다. 또 인성을 심판하고 사상을 사찰하는 수준의 '조행평가'는 교사와 학생의 교육적 관계를 차단하는 것이었다.

교사의 평가권을 최소화하는 입학시험의 과잉이 학교(교사)가 학생의 다방면의 다양한 재능을 계발할 수 있는 여지를 최소화시켰다. 자기 삶을 사는 능력, 자기진로를 주도적으로 개척하면서 저마다의 개성, 소질, 적성을 학교에서 발견할 수 있게 하는 기회를 박탈하였다. 이는 결국 사회적 실천으로서의 자기 삶을 살 수 있는 제기를 차단하는 힘으로 작용하였다.

2) 학교의 준비교육기관화

일제는 학교를 '교육' 기관이 아니라 '입시준비' 기관으로 만들어져 갔다. 1920년대 들어 이미 상급학교 진학을 위한 준비교육이 출현하였다.[6] 초등학교에서 중등학교로, 중등학교에서 전문학교 등으로 진학하기 위한 준비교육이 등장하였다. 1927년에 "시험지옥"이라는 말이 당대 교육체제의 성격과 학교교육의 상황을 편집하는 코드였다. 1930년대는 "시험지옥" 이 더욱 치열해지는 시기였다. 시험에 의해 교육과정이 통제되기 시작했다. 교육과정이 파행 운영되었고, 일제는 이를 단속하기도 하고 부추기기도 했다.

가) 시험대비 문제풀이 수업

일제강점기에 이미 시험대비 문제풀이 수업이 일상이 되었다. 여기에 교육목적과 교육내용을 기획함으로써 가르치는 자의 헌신성을 발휘하는 교사는 발견하기 어렵게 되었다. 일제 말기에 올수록 시험대비 문제풀이 수업(준비교육)이 만연하게

6) 오늘날의 준비교육 시스템이 여기에 그 역사적 기원을 둔다. 상급학교에 진학하고 사회에 진출하는 수단으로 교육을 전락시킨 식민지배의 침략교육정책이 자발적으로 계승되어 오늘에 이르고 있다.

되었다. 초등학교가 중등학교 진학을 위한 준비기관으로서의 성격을 드러내는 많은 증거가 있다.[7] 이는 중등학교의 경우 더욱 그러하였다. 부산부 「예규집」에서 지적하는 사항은 다음과 같은 것이었다.

1. 준비교육을 위해 정규 일과표를 변경하여 특수과목을 편중 교수
2. 수업전 및 수업종료 후에도 입학시험 준비교육을 실시
3. 수험준비를 위한 인쇄물 또는 참고문제집 등에 대한 숙제 부과
4. 교사는 자택 또는 학교 이외의 장소에서도 준비교육 실시
5. 일요일 및 휴업일 등에도 아동을 소집하여 준비교육 실시

위의 사료에 보건대, 오늘날 한국사회 교육현장에서 크게 문제시되고 있는 법정 교육과정 시수를 무시한 이른바 '도구교과' 편중 수업, 보충수업, 참고서수업, 과외수업 등의 문제점들이 일제 중기 이후의 초등학교 현장에서 이미 광범하게 관행화되었음을 알 수 있다. 그것도 반드시 시험유형과 범위에 따른 문제풀이가 준비교육의 핵심을 이루고 있었음을 알 수 있다.

나) 도구교과 위주

시험에 반영 비중이 높은 도구교과 중심으로 학교수업이 이루어졌다. 이는 일반지능이 높은 '똑똑한 인물 가려뽑기'의 주요 대상과목이기에 그랬다. 국어(일본어)와 산술 교과의 수업시수가 높았고, 삶에 필요한 생활경험 교과의 비중이 상대적으로 낮았다. "일단 상급학교 진학시험에서 가장 높은 비중을 차지하고 있는 국어(일본어), 영어, 수학을 중심으로 공부하고, 암기과목으로 분류된 역사, 지리, 물리, 화학, 박물 등의 과목을 보조적으로 학습하는 풍토가 형성되기 시작하였다"(박철희, 2002: 255). 일본역사와 일본지리 교과도 일본국가주의와 제국주의와 연관된 교과로서 시험의 주요 과목이었고, 이 교과에 대한 지식과 이해가 주요 학습과제로 간주되었다.

7) 釜山府, 1939: 88의 「중등학교 입학자 선발에 관한 건」.

도구교과 숭배의 중심은 당연히 진학반과 취업반의 반 편성으로 나타났다. 고학년이 되면 학생들을 진학반과 취업반으로 반 편성한 고등보통학교가 상당수 있었다. 박철희(2002)의 선행연구에서 이를 확인할 수 있다.

> 진학반과 취업반은 교과목의 시수와 내용에 있어서 적지 않은 차이를 보이는데. 진학반의 경우는 주로 영어와 수학의 수업시수를 늘이고, 그 내용도 상급학교 시험 준비에 부합하는 것으로 짜여졌다. 또한 방과 후 또는 하기방학을 이용하여 각종 과외지도를 실시하기도 하였다. 또한 모의고사를 실시하여 상급학교 시험에 미리 대비하고, 자신의 실력을 확인케 하였다. 반면 취업반의 경우는 영어와 수학의 수업시수는 줄이고, 실업과의 수업시수를 늘렸으며, 그 내용도 취업에 필요한 실용적인 것을 중심으로 구성하였다(박철희, 2002: 255).

다) 교육의 과정의 왜곡

준비교육으로서의 교실수업은 교육의 과정이 지녀야 할 합리성이 파손된 채 이루어지는 것이었다. 성적 · 석차를 산출하는 시험에 의해 '교육의 과정'이 '정답－진도－성적 · 석차' 도식으로 왜소화되었다. 학교교육(교실수업)은 실체화된 교과서의 정답을 가르치고 교과서 진도를 나가고 시험을 쳐서 성적 · 석차를 산출하는 행위로 축소되었다. 결과로써의 성적 · 석차가 교육의 과정을 절대적으로 지배하게 되었고, 시험의 기법이 교실수업을 지배하게 되었다.

교실수업이 철저히 성과주의 원리에서 도출되었다. 시험대비 교실수업은 탐구와 발견이 아니라 암기와 체벌이 일상적으로 일어나는 곳이었다. 탐구와 발견의 '과정'보다 성적 · 석차의 '결과'에 우위를 두는 교실수업을 형성시켰다. 준비교육은 시험 우위를 체제화하는 것이었고, 이는 과정보다는 결과를 우위에 두도록 요구하는 법이다. 성적과 석차를 산출하는 것이 교육의 동기이자 동시에 결과가 되었고, 성적 · 석차 높이기가 교육의 목적[8], 교육의 과정의 원리가 되었다. 교육목표에 따른 평가

8) 학교에는 선발 목적만 있고 교육목적은 사라진 반교육상황(선발에 종속된 교육)을 집요하게 강화하였다. 일제가 강요한 교육목적은 시험이 요구하는 목표와 동일하였다. 교육목적은 일본어능력을 키우고 '시험인간'에게 요구되는 교과능력과 식민지 인성을 키우는 것이었다. 황국신민의 자질을 키우는 것이 교육목적이었고, 시험은 그 자질을 극대화하는 인물을 가려뽑는 것을 목적으로 하고 있었다. 그래서

라는 것이 망실되었고, 평가의 '한 가지 방법'으로서의 시험이라는 관념이 상실되었다. 평가, 시험, 성적과 석차라는 것에 의해 교육과정과 교육의 과정이 지배당하게 되었다.

라) 학교 간 성적경쟁

일제는 중등학교 입학지원자의 출신학교명과 지원자 대비 합격자의 비율을 조사하여 보고하게 함으로써, 지원자 출신학교의 교육의 경제성(교육비 총량규모에 대한 교육효과)을 평가하였다. 이런 평가의 관행에 대응하여 초등학교는 입시 성적을 중시하였다. 이에 편승하여 초등학교들이 타교에 비해 입학 실적을 높이기 위해 성적이 열등한 학생과 그 부형에 대해 수험중지를 종용하거나 저지하여 지원자와 학부형의 불만을 사는 일이 빈발하기도 했다.[9] 이런 시험제도 하에서 교사의 지위는 한낮 입시지도자에 불과하였다. 이러한 현상은 중등학교에서도 예외는 아니었다. 박철희(2002)는 선행연구에서 이렇게 밝히고 있다.

> 상급학교 진학에 실패한 재수생을 위하여, 경성제일고등보통학교와 경성제이고등보통학교에 보습과(補習科)를 설치함으로써 이들을 위한 재수학원의 역할까지 담당하였다. 여러 고보가 학생들의 진학에 힘씀에 따라 학교간의 진학 경쟁 풍토가 형성되어, 상급학교 진학 성과에 따라 학교간 비교가 이루어지기도 하였다(박철희, 2002: 255).

마) 대비와 단속

당시의 여러 신문에 게재된 입시 관련 기사를 보면, 대중매체가 입시에 관해 미리미리 대비하고 단속하는 것이 상책이라는 관념을 유포하였다는 것을 알 수 있다.

시험이 요구하는 교과목 중심(일본어, 산술, 일본역사, 일본지리 등)으로 수업이 이루어졌고, 시험에 합격하는 것이 학교의 목적, 교육의 목적과 등치되었다. 총독부 당국이 강령화한 교육목적인 "충량한 황국신민 육성"이 본래적 교육목적에 반하는 것이었으니, 이것이 정당한 교육목적이 될 리 없다. 그럴 바에야 교육목적이 교육의 과정을 견인하는 것이 아니라 시험과 성적이 교육의 과정을 견인하는 것이었다.

9) 釜山府, 1939: 88-89의 「중등학교 입학에 관한 건」 등.

시험제도 그 자체를 '좋은 것'으로 승인하는 바탕 위에서 그것에 효과적으로 대비하는 것이 상책이라고 대중조작을 하고 있는 것이다. 이 상징체계 안에서 학부모 대중들은 이미 '솥아 붓기' 사교육을 예비하고 있었다.[10] 1939년 12월－1940년 3월간의 관련 기사와 표제를 열거하면 다음과 같다(손종현, 1993: 232).

1939. 12. 19. 겨울방학을 어떠케, 상급학교 입학문제! 규측적으로 공부하도록.
1940. 1. 12. 소학교갈 애기들 가정 입학원서 내는 날짜, 수속하는법 등 미리미리 알아둡시다.
1940. 1. 18. 닥처온 중학고녀 입학난 어떠케 정복해 낼까?
1940. 1. 25. 상급학교 선택문제, 학교선정은 선생과 상의.
1940. 2. 20. 시험전날 어머니의 주의, 밤에는 일즉 재우고 의복도 음식도 평시와 가치!
1940. 3. 6. 합격못된 어린이, 실수를 나므랠 것 업시 재수시키는 것이 상책. 연령 초과될 염려 잇거든 실업학교로 보내라.
1940. 3. 10. 몸으로 뚜를 좁은문, 단순한 표준점에서 종합적 채점으로.

일제는 완성형 교육[11]이 아닌, 입학과 입직에 대비하고 사회진출을 노리는 준비교육을 제도화하였다. '성적 · 석차 시스템'은 거기에 복무하는 핵심기제로 기능하였다.

3) 일반지능 물신화

교육이 성적과 석차를 산출하는 행위인 한, 그것은 늘 일반지능을 문제로 삼게 되어 있다. 당대 학교와 교사는 '일반지능'이 실체로서 실재한다고 믿었고, 그것이

10) 학부모 입장에서는 준비와 단속이 가치로 여겨졌으며, 이 점에서 교육에 대한 '사적 개입'의 단초가 열리게 되었다.

11) '완성형 교육'이란 초등이든 중등이든 그 교육을 받음으로써 한 인간으로 자긍심을 가지고 삶의 신비와 기쁨을 추구하며 살아가는데 충분한 교육을 일컫는다.

교과의 성적 · 석차에 결정적으로 중요하게 작용한다고 믿었다. 교과능력을 성적 · 석차로서 실체화할 수 있는 한 그것에 결정적으로 영향을 미치는 또 다른 실체가 있다고 생각했고, 그것이 '일반지능'이라고 믿었다는 것이다. 이 일반지능이 마치 그 자체 동력을 가지고 모든 것을 좌우하는 힘(작용력)을 가지는 것처럼 생각했다. 이런 점에서 일반지능을 '물신화'하고 있었다고 할 수 있다.

당시의 학급경영안이 늘 '일반지능' 개념과 관련하여 구성되고 편집되고 있었다. 계성학교의 사례를 예시한다.

표 4-1 학급경영안의 내용구성으로서 학습지도 관련 분석지표[12)]

학년	학습지도 관련 분석지표
1학년	지능분포표, 열등과목표, 우등과목표, 출석상황표, 조행성적표 등
2학년	
3학년	일반지능분포상태표, 학과별평균점수표, 열등지능조사표, 근태표, 조행성적표
4학년	반별 각과평균점수표, 일반지능상태표, 우등생 및 열등생 수, 반별 과목낙제생 수, 조행조사표, 징계생도 수, 출석통계표 등

위 〈표 4-1〉에서 보듯이, 학급경영안에서 1−4학년 공히 '일반지능분포표'와 '조행성적표'를 싣고 있다. 학급경영안이 일반지능을 중심으로 지능분포, '열등과목표 · 우등과목표, 열등생 수 · 우등생수' 라는 코드로 구성되어 있음을 확인할 수 있다. 일반지능이 학급경영의 주요 분석지표가 되어 있는 것이다.

여기서 보듯이, 학교의 교육력이 교사의 교육기획력(교재구성권, 수업기획력에 의존하는 것이 아니라, 학생의 지능에 의해 결정되는 것이라는 관념을 가지고 있었다는 것이다. 과목에 있어서 우수과목과 열등과목으로 나뉘었고, 우수아 · 열등아로 분별되었고, 우등생 · 열등생의 이분법이 학교교육의 세계관이 되었다. 이 논리가 학교의 공식적 분위기가 되어 있다. 그 한 사례를 예시한다.

12) 1938년도 계성학교 사례

표 4-2 '일반지능' 관련 학급경영안 내용 개관[13)]

학년	분석지표
1학년	1. 일반지능은 北組가 약간 열등하며, 대체로 中位임 2. 우수 과목(80전 이상 과목)은 英作, 성경, 실업임 3. 열등 과목(50점 이하의 과목)은 지리, 역사. 수학. 창가임
2학년	1. 일반지능이 中位로서. 평균 60－70점대의 학생이 약 65%임 2. 우수과목(80점 이상의 과목)은 英讀, 지리, 역사. 창가. 박물. 실업임
3학년	1. 일반지능은 남조, 북조 공히 중 정도임 2. 우수한 지능을 보이는 자는 적고, 남조는 영어 · 지리가 약간 양호한 편이고, 북조는 국어 · 영어 · 지리 등이 양호한 편임. 3. 남 · 북조 공히 현저히 열등 지능을 보이는 교과는 한문 · 영자 · 수화 · 물리 · 화학 등임 4. 전반적으로 두뇌, 즉 사고력의 자동적 적극적 발동이 부진한 것이 그 최대의 결점으로 사료됨
4학년	1. 지능 면에서 일반적으로 저열함. 2. 금년에 특히 본 학년은 수학성적이 저열함.

위 〈표 4-2〉에서 보듯이, 일반지능이 교과능력을 결정적으로 좌우한다고 믿고 있었고, '우수지능－우수교과능력, 열등지능－열등교과능력'이라는 도식을 가지고 있었다. 성적이 우수한 교과와 성적이 열등한 교과가 있으며, 이것이 주로 일반지능에 의해 결정되는 것이라는 믿음을 가지고 있었다. 이는 성적 · 석차로 교과능력을 실체화하는 한, 그것의 당연한 귀결로서 이런 믿음을 가지게 되는 것이다. 일반지능이 학교의 서열을 반영한다는 인식도 가지고 있었음을 행간을 통해 읽을 수 있다.

4) 개인자질 숭배

교육의 과정에서 개인이 보여주는 성적 · 석차라는 결과는 일반지능을 포함한 '개인자질'에 의존한다는 관념을 가지고 있었다. 학업의 실패가 학생의 개인자질, 이를테면 자신의 낮은 지능, 사고력과 추리력의 결여, 노력의 부족, 흥미의 부족 등, 개

13) 1938년도 계성학교 사례로서 계성학교(1938). 「학급경영안」 사례에 의하면, 학급경영이 학습, 훈련, 관리, 체육 및 양호, 가정과의 연락, 학급회 등의 내용을 중심으로 구성되어 있었다.

인의 심리학적 특성에 기인한다고 믿었다.

이와 관련된 사례로서, 계성학교는 어떤 인식을 가지고 있었는지를 분석해보자. 일반지능 관념과 연관해서, 당시 교원들은 어떤 방식으로 학생의 학력에 대해 분석하고 어떻게 대책을 수립하고 있는지를 살펴보자. 그 학교의 1938년도 3학년 사례를 예시한다.

● 고찰

1. 일반지능이 열등한 것은 전체적으로 생도의 노력, 특히 가정에서의 복습 부족에 연유함.
2. 수학에서 특히 성적이 열등한 것은 일반적인 사고적 추리적 작업의 부득이함에 연유함.
3. 요컨대 총괄적으로 성적이 양호하지 못한 것은 공부 노력의 전반적 부족과 특히 그 최대 결점인 생도 두뇌의 사고력 추리력의 자동적 적극적 발동의 전면적 결여에서 연유하는 것이라고 사료됨.
4. 그리고 사고력, 추리력의 자동적 적극적 작용의 결여는 중요성, 효과, 흥미 및 각 학과에 대한 일반적 흥미의 미발견 혹은 이들에 대한 자각 및 인식의 결여 부족에서 기인함.

● 대책

1. 생도의 학습에 대한 각 학과 지도에 대해서는 각과 담임교사의 교수방침 특히 본학년에서의 각과 교수세목에 기초하여 협력하여 철저히 성적 향상을 기한다.
2. 성적의 진전·저하에 유의하여 전반적 및 개인적으로 주의를 촉구한다.
3. 각 학과 담임과 협력하여 가능한 한 면밀하게 생도의 학습태도, 취미정도를 관찰하여 끊임없이 독려한다.
4. 부모와 협력하여 가정에서의 복습을 철저하게 함으로써 일반지능의 충실을 도모하고 동시에 특히 예습을 장려하여 우수지능의 획득에 힘쓰게 한다.

5. 특히 생도 지능, 두뇌의 자주적 적극적 발동에 관해 자각을 촉구하고, 그 효과 및 흥미의 발견 인식을 유도하여 이것의 중요성을 깊이 깨닫게 하고, 동시에 각 학과 및 일반지식 탐구에의 흥미를 발견 획득케 하고, 나아가 그것에로의 생도 두뇌의 적극적 자주적 발전에로 유도한다.
6. 노트정리 상태, 성적물 숙제 제출상태 등을 조사하여 태만한 자는 훈계한다.
7. 열등과목에 대해서는 해당 학과 담임에게 의뢰하여 과외교수를 함으로써 학력을 보충한다.
8. 수시로 각과 학습법을 강의하여 각자의 학습을 반성케 한다.
9. 열등생에 대해서는 그 원인을 탐구하여 적절한 방책을 강구하고 특히 우등생과의 동석을 장려한다.

당시의 교원들의 분석방식에서 추론하건대, 당시의 교원들은 학생의 일반지능과 성실성, 즉 '개인자질'이 교과능력을 좌우한다는 관념을 가지고 있었다고 할 수 있다. 위의 사료에서 제시하는 고찰에 의하면, 각 교과능력이 열등한 이유를 외재적인 데서 찾고 있다. 이를테면 학생의 낮은 일반지능, 학생의 예습 · 복습의 부족, 사고력 · 추리력의 적극적 발휘의 결여, 초등학교 교육의 불충분성, 교과에 대한 학생의 흥미 결여에서 그 이유를 찾고 있다. 특히 개인자질로서 학생의 두뇌의 '사고력 · 추리력의 자동적 적극적 발동'의 부족을 중요하게 꼽고 있다.

'개인자질'이 우선한다는 고찰은 '개인자질'을 높여야 한다는 '대책'을 세우게 되어 있다. 위의 사료에서 보듯이, 당대의 교원들은 그 대책으로서 학급의 평균점수를 높이는 방법을 강구하고 있고, 교과담임과의 협력지도 확대, 성적 경향에 대한 개인적 주의 부여, 학습태도 독려, 예습 · 복습 장려 등을 제시하고 있다. 또 학생의 자주적 사고력의 배양에 대한 자각 촉구 등을 주문하고 있다. 또 노트정리와 과제제출 등에 대한 검사 및 훈계, 열등과목에 대한 과외보습지도, 학습방법 지도, 우등생과 동석 장려 등을 지적하고 있다. 또 열등생에 대한 가정방문지도 및 학부형과의 협응을 통한 지도 등을 제시하고 있다. 어떤 경우에 있어서도 교사의 교육기획에 의한 학력의 고양을 인식하고 있지 못했음을 확인할 수 있다. 당대의 교원들은 성적 ·

석차로 표상되는 교과 학습능력이 학생의 개인자질(일반지능과 성실성)에 귀착한다고 환원시키는 데에 익숙했다. 교사 자신의 교육기획력에 의해 학생의 학력을 높인다는 인식은 도무지 하지 못했다. 이런 점에서 교권들은 환원주의 어법에 익숙했다고 할 수 있다.

5) 정신단련과 훈육

개인자질에 대한 믿음은 반드시 정신단련과 훈육을 강제하는 법이다.[14] 규율권력이 외형상 정신과 신체의 단련과 관련하여 훈육을 강조함은 논리적으로 당연한 것이겠지만, 이면에 있어서는 개인자질에 의해 좌우된다는 환원주의 관점에서 나오는 것이었다. 그러기에 언제나 이른바 '정신주의', '조행' 사정, '훈육'이 강조되었다. '정신을 차리면 된다', '하면 된다'가 학교교육과 교실수업의 표어가 되었다.

훈육은 앎과 믿음에 대한 통제 다음에 반드시 따라오는 행동에 대한 통제방식이다. 일제강점기 학교에서의 행동통제로서의 훈육은 급훈 · 생도심득 철저, 복장검사, 교외순시, 가정 연락, 조행보고회의, 불시 점검과 사찰, 개성조사 등으로 요약된다. 대부분의 학교가 그러하였다. 이 활동들은 성적 · 석차가 뛰어난 '우수학생'을 겨냥하는 것이지만, 동시에 보다 직접적으로는 행실이 반듯한 '모범학생'을 겨냥하는 지도강령이기도 하다. 중등학교의 훈육활동 대책을, 1938년도 계성학교 3학년의 사례를 아래에 예시한다.

1. 생도의 자각을 촉구하고 태타심(怠惰心), 무기력, 불활발(不活潑) 등 나쁜 습성을 근절한다.
2. 크게 자치정신을 양성하고 동시에 단체훈련을 확장함으로써 단체의 통제를 원활히 하고 급풍의 진작을 기한다.

14) 필자는 일제강점기 훈육이 그 자체의 목적에 의해 강조되는 것이었지만 동시에 성적 · 석차의 결과를 높이는 데 유효한 수단으로 강조되었다는 것을 지적하고 있다. 이를테면 훈육이 성적 · 석차 시스템의 자연스런 귀결이었다는 해석을 하고 있다는 것이다.

3. 성행불량한 생도는 일생활, 행동 등을 採査관찰함으로써 학교 교원사택, 부모의 면전에서 엄중히 훈계한다.
4. 출석이 무상하고 긴장이 이완된 생도에 대해서는 결석과 결과를 할 때마다 엄밀히 설득하고 아울러 사유서를 제출하게 하고 부형과 협력을 구한다. 그래도 정도가 심할 때는 엄벌한다.
5. 태도와 동작이 경박하고 조잡하여 안정을 결한 자에 대해서는 특히 침착 정숙을 려행(勵行)케 한다.
6. 협동 융화의 정신이 불충분한 자에 대해서는 소풍과 운동, 작업 등의 기회를 이용하여 융화를 도모케 한다.
7. 책임 관념이 희박한 자는 청소와 여타 작업을 할 때에 그 책임을 완수하도록 지도감독을 한다.
8. 교외에서의 생활행동은 매일 당직교원이 교외계와 연락하여 관찰감독을 게을리 하지 않는다.
9. 가정방문 때는 부형과 함께 그 교우관계를 조사 지도한다.
10. 생도심득의 철저를 기하고 수시로 생도수첩을 검사하고 심득에 대해 훈화한다.
11. 금전의 출입을 명확하게 하고 근검정신의 양성에 힘쓴다.
12. 물품과 금전의 대차교환을 엄금한다.
13. 흥행장과 음식점의 출입을 엄금한다.
14. 생도의 성행에 관해서는 각 직원이 협동하여 관찰하고 매주 1회 조행회의에서 이를 보고한다.
15. 개성조사를 행하여 그 성행을 밝히고 또 그 대책의 자료로 삼는다.

한편 일제강점기에는 가정방문과 교외감독이 유효한 생활지도방책으로 지목되었다. 이는 사상지도의 방책이기도 했거니와, 우선 학생의 교과 학습지도와 긴밀하게 연관되어 있었다. 가정방문과 관련하여, 1938년 계성학교 사례를 아래에 예시한다.

1. 통학생의 가정 및 숙소 방문은 1회 이상 실시하고 특히 감독을 요하는 자는 수시방문을 한다.
2. 가정과 숙소 이전, 가정의 이상이 있을 때는 속히 신고하게 한다.
3. 성적통신부는 반드시 부형이 날인한 다음 급주임의 검사를 받게 한다.
4. 학자금을 조사하여 부형에게 통지하고 낭비의 해(害)를 미연에 방지하도록 조치한다.
5. 생도의 성적, 품행, 신체에 관해 이상이 있을 때는 부형에게 통지하여 善後策을 강구한다.
6. 부형에게는 가급적 부형회의 출석, 학교참관을 권유한다.

교외감독과 관련해서도 일제는 학생들의 외부활동을 적극적으로 규제하고자 하였다. 학교 당국은 가시권에서 벗어나 있는 교외활동을 규율의 대상으로 삼았다. 이는 박철희(2002), 오성철(2005) 등의 선행연구에서 밝히고 있는 바이다.[15)]

라. 일제 성적 · 석차 시스템을 계승한 한국사회 교육문화

현재 한국사회 성적 · 석차 시스템은 일제의 성적 · 석차 시스템을 자발적으로 계승한 것이며, 한국사회의 교육문화는 이미 일제강점기의 성적 · 석차 시스템이 주조한 그 천박한 교육문화의 연장과 심화에 의한 것이다. 물론 오늘날 교육문화는 한국사회의 성격, 교육체제와 선발체제의 모순을 반영하여 더욱 심화된 것임에 틀림없다. 여기서 그 교육문화를 새로운 상징으로 드러내보고자 한다.

15) 야간 외출을 제한하는 규정을 가진 학교도 있다. 해주고보, 고창고보, 제이고보 등에서 야간외출을 제한하는 규정을 볼 수 있는데, 해주고보의 경우 외출제한시간을 오후 10시로 규정하고 그 시간 이후의 외출을 금지하고 있다(박철희, 2002: 122).

1) 성적 · 석차 시스템의 자발적 계승

한국사회는 지금도 '성적 · 석차 시스템'을 운용하고 있다. 해방이 되고도 이에 대한 비판적 성찰 없이 그 시스템을 온존 시키고 계승해 왔다. 민족 해방이 이루어진 이후 우리의 정책당국은 일제 식민권력이 조선 민중들의 학력열망을 부추기고 그것을 이용해 개인의 역량을 키우도록 조건화한 그 교육정책을 계승하고 있다. 이에 조선 민중은 '잘만 하면 나에게도 기회가 있을 것이다'는 믿음을 가지고 성적 경쟁에 빠져들었다. 이리하여 조선 민중은 '시험－높은 성적과 석차－입학과 입직의 성공' 도식에 빠져들었다. 군사정부가 주도하는 개발독재는 시험과 성적 · 석차를 교육의 질 통제의 유일한 기제로 강제하는 한편 학교를 완전히 관리의 대상으로 삼고 지시 · 규정 · 지침 · 감사의 행정행위를 강화했다.

성적 · 석차 시스템은 교육에 대한 국가 개입을 불러들이고 이를 강화한다. 국가 개입은 교육체제 운영을 '감시권' 속에 가두는 방식으로 이루어진다. 국가 개입 확대는 학교 · 교사의 교육활동을 자신의 '감시권' 속에 묶어둔다. 학교 · 교사의 현장성 숙고를 차단하고, 교사의 전문성 기획을 부정한다. 문화비판의 권능으로서의 교직의 정체성을 상실하도록 만들었고, 교재구성의 권한을 빼앗아 버렸다. 정치권력의 성격이 보수적이고 반민주적일수록, 경제체제가 경쟁과 독점을 옹호할수록 교사의 전문성이 개입하는 것을 차단하려고 한다(손종현, 2006b, 61-62).

왜 이런 교육시스템을 운영하고 있는가? 왜 이 시스템이 잘 작동했는가? 교육을 계층상승 혹은 사회적 지위 상승의 수단으로 전락시키고, 상승 욕구를 교육동기와 연결 짓고, 그리고 학교에서의 성공을 지위 보장과 연결 짓는 반사회적 반교육적 교육정책이 그렇게 만들었다.

이 시스템은 국가목표에 사람을 동원하는데도 이용되었다. 이 시스템은 일사불란한 학교통제, 즉 감시권 하에 학교를 묶어두는 것을 효율적 관리라고 주장하는 '교육행정체제'를 수반했다. 어느새 사회적 지위 상승, 성적 · 석차, 중앙행정에 의한 교육현장 통제 등이 마치 교육 본래의 모습인양 자리 잡았다. 무엇보다 학력과 경력이 높은 자일수록 그렇게 믿고 있다(김민남, 2005). 교육을 사회진출의 '준비'로 보는 안목은 교육계 지도층에게서도 마찬가지다. 그들은 성적 · 석차야말로 객관성과 공정성을 담보한다고 철석같이 믿고 있다.

2) 성적 · 석차 시스템이 만들어낸 교육문화

성적 · 석차 시스템은 개발독재 권력에 의해 유지 · 존속해 왔고, 이 시스템이 주조한 교육문화는 그 자체로 교육에 대한 국가 개입과 사적 개입을 확대하고 교사 전문성 개입을 축소하고 있다. 그것이 황폐한 교육문화로 자리 잡고 있다. 그 결과 학교와 교사가 아이들에게 인문적 환경이 되지 못하고 있다. 이는 학교와 교사의 존재성 망실을 의미한다.

가) 국가 개입

근원적으로 교육은 '공(公)'의 가치를 산출하는 것이다. 공교육의 목적을 실현하기 위해 근대국가는 교육에 개입하여 보편교육을 성립시켰다. 그 경우 국가 개입은 '지원은 하되 간섭하지 않는다'라는 원칙 위에서 이루어진 것이다. 그러나 한국사회의 경우 교육체제 운영에 대한 국가 개입은 직접적 통제로 나타났다. 그것은 성적 · 석차 시스템을 계승하고 유지하기 위한 것이었다. 직접적 통제를 무기로 하는 국가 개입은 '공'의 가치를 창안하는데 명백히 한계를 노출하였다.

성적 · 석차 시스템은 교육에 대한 국가 개입을 불러들이고 이를 강화한다. 국가 개입은 교육체제 운영을 '감시권' 속에 가두는 방식으로 이루어진다. 감시권을 제도화한 것이 교육과정 · 교과서제도로, 시험(평가) 제도로, 교원제도 등으로 나타났다. 감시의 핵심권역이 교육과정 · 교과서, 시험(평가), 교원이었다는 것이다. 국가 개입의 확대는 발생적으로 교육주체의 권한을 무력화하도록 만들었고, 교육민주화를 거부하였다.

나) 사적 개입

성적 · 석차 시스템은 민중들로 하여금 누구나 시험 경쟁에 나서도록 만들었고,

그것은 그 자체로 교육에 대한 사적 개입을 부추겼다. 성공의 외길('성적－명문학교－사회적 성공'이라는 가치도식), 전국단의 단일 · 전면 경쟁, 중산층의 이유 있는 불안과 '준비와 단속'의 가치관은 사적 개입을 불러들이게 되어 있다.

식민지 교육론의 계승에 의해, 거쳐야 할 과정을 거치지 않고 결과에 이르고자 하는 비인간화의 풍조를 낳았고, 그것이 문화적 풍조로 뿌리를 내렸다. 교육열이란 이런 문화적 풍조의 실체이다.

교육활동은 그 동기와 결과에서 엘리트 선발의 수단이 되고, 그 결과 시험 중심의 교육, 결과 중심의 교육이 정착한다. 시험이 교육을 지배하는 원리로 고착되고 시험이 소수엘리트 선발의 척도가 되는 한, 개인불안, 가족불안, 사회불안으로 확장된다. 이는 반드시 사적개입, 가족개입을 불러들이게 되어 있다. 그리하여 그 자체 사교육시장을 번창시킨다.

다) 교사 전문성 개입의 차단

국가 개입의 확대는 학교와 교사의 교육활동을 자신의 '감시권' 속에 묶어둔다. 학교와 교사의 현장성 숙고를 차단하고, 교사의 전문성 기획을 부정한다. 문화비판의 권능으로서의 교직의 정체성을 상실하도록 만들었고, 교재구성의 권한을 빼앗아 버렸다. 교사는 교장과 행정기구가 시키는 대로 하면 되었고, 규정과 지침에 따라 하면 되는 줄로 알고 있다.

교사는 교재구성과 학생평가와 관련된 전문성이 축소되었고, 그것이 당연한 것으로 여기게 되었다. 이는 교사의 존재론적 삶의 방식, 즉 교육활동 기획의 전문성을 파손하는 계기가 되었다. 이제 학교와 교사의 존재론적 삶의 방식에 대해 이론적 진실을 말하는 것 자체가 지극히 사치스러운 것이고 낭비적인 것으로 치부되었다.

3) 성적 과잉에 대처하고자 한 참여정부의 정책 대응

비교적 오래된 자료이지만, 2003년 참여정부 당시에 각종 시험에 대한 조사·분석한 자료에 의하면 다음 〈표 4-3〉과 같은 양상을 보이고 있다(교육혁신위원회, 2005: 298-299).

표 4-3 2003년 당시 학업성취도 관련 평가 일람

평가명	목적	내용	형식	평가주체 및 대상	활용	비고
기초학력 진단평가	국민기초교육 보장 위한 기초학력 진단평가	읽기, 쓰기, 기초수학 평가	대상 70만명 중 2% 표집평가	초등학교 3학년 대상	국가, 교육청, 학교의 기초학력 책임지도를 위한 기초자료로 활용	서열화 자료 비산출
초·중·고 학업성취도 평가	교육과정에 제시된 교육목표 달성 진단	국어, 영어, 수학, 사회, 과학 국가수준 교육과정	해당학년 약 1% 표집평가(대상 570~600교)	교육부 기본계획 및 예산확보, 교육과정평가원 위탁, 초6, 중3, 고1 대상	국내외 학업성취도 평가 결과를 연계, 학교교육개선자료로 활용	'03 예산액 390(백만원)
전국단위 모의고사 (전국연합 고교생 학력평가)	학교교육 정상화를 지원하는 평가도구 개발 및 진학자료 제공		전집평가	교육부, 시도교육청 고1,2,3 대상 학력평가(각 학년2~5회)	학력평가 설문 결과(한국갤럽 '02), 시행 성과가 있다(78.9%), 수능적응력 신장 및 사교육비 절감 등에 기여	교육부 기본계획 수립 및 예산('03 상반기 44억 지원) 지원교육청 공동출제 등 시행
전국단위 모의고사				사교육기관 주최 (정일, 대성, 종로, 중앙 등)		※'97부터 허용횟수 제한, '01부터 전면금지
대학입학 수학능력 시험	대학학생선발 전형	언어, 수리, 외국어, 사탐/과탐, 직탐 및 제2외국어/한문	객관식 5지선다형, 단수리영역은 30% 주관식	한국교육과정평가원장(출제, 인쇄, 채점, 성적통지, 시도교육감(시험관리)	영역별/과목별 표준점수·백분위·등급을 대학이 선택하여 활용(대학별 특성에 맞게 일부 영역, 가중치, 등급제 활용 권장	선택하여 활용가능
교육부 후원 경시대회	특정한 분야에 탁월한 능력을 발휘하는 영재발굴 및 육성	신청 361개, 승인 210개			특기자 우대 및 무시험대학진학에 활용	※ 고등교육법 및 동법 시행령 34조, 2002학년도 대입제도 개선안에 의거
대학주최		20개 분야		181,252명 참가		

평가명	목적	내용	형식	평가주체 및 대상	활용	비고
경시 (경연) 대회		235개 (인문 · 자연과학 132, 예체능103 ('01))				활성화 ('93년 38개 → '01년 765개) ※ 대회 난립, 질 저하, 상업성, 특정영역 치중
기타 경시 (경연) 대회		24개 분야 530개(인문 · 자연 204, 예체능 326)		민간주최, 사립특수목적고주최, 사교육업체 주최		
국제 올림피아드		수학, 물리, 화학, 정보, 생물, 천문	수을 제외하고 실험 · 실습 등 리서치 프로젝트	각국 분야별 영재		
영어능력 시험	영어활용능력을 입학과 입직에 활용	TOEFL, TOEIC, TEPS 등	객관식 5지 선다형	ETS, TEPS관리위원회 등 평가전문기관	특기자전형, 졸업인증, 대학원입학, 해외연수, 편입학, 기말고사 성적반영, 장학금 지급, 채용 · 승진, 해외파견, 국가고시, CPA, 임용고시 가산점 부여 등	
학업성취도 국제비교 평가		수학, 과학 (TIMSS) 읽기, 수학, 과학(PISA)	6천명 표집	TIMSS, PISA 중3 대상,		

〈표 4-3〉에서 보는 바와 같이, 정부가 기획해서 치르는 전국단위 모의고사, 시 · 도교육청이 연합으로 실시하는 모의고사, 사설기관이 판매하는 모의고사, 정부가 후원하는 210개 정도의 경시 · 경연대회, 대학주최 20개 분야 235개 정도의 경시 · 경연대회, 민간 · 특수목적고 · 사교육기관이 주최하는 24개 분야 530개 정도의 경시 · 경연대회 등, 총 1,000여 개에 이르는 각종 시험이 치러지고 있다. 여기에 토플, 토익, 텝스 등 영어능력 시험이 가세하고 있다. 이와 같은 온갖 종류의 외부평가가 아이들에게 부과되고 있으며, 그 결과로써 교사의 평가권은 잠식되고 있다.

이러한 시험 현상에 대한 대응으로서, 참여정부 교육혁신위원회는 국가차원의 정책방안을 구안했던바, 전국단위의 대학선발고사, 모의고사, 경시 · 경연대회를 폐지하는 방안을 추진하고자 하였다(교육혁신위원회, 2005: 320). 구체적 방안은 이런 것이었다.

1) 대학수학능력시험을 폐지하고 지역단위 교육과정 완성도평가를 실시한다.
2) 정부가 시행하거나 후원하는 고교생 대상의 각종 전국단위 모의고사를 실시하지 않는다.
3) 시 · 도교육청이 연합으로 시행하는 고교생 대상의 전국단위 모의고사를 실시하지 않는다.
4) 기타 공공기관이 주최하는 고교생 대상의 전국단위 모의고사를 실시하지 않는다.
5) 사설기관이 시행하는 전국단위 모의고사를 학교에서 시행하거나 학교 내신 성적에 반영하는 것을 금한다.
6) 정부, 시 · 도교육청, 공공기관 실시하는 지필고사 방식의 모든 경시 · 경연대회를 실시하지 않는다.
7) 대학선발에 활용되는 대학주최 지필고사 방식의 전국단위 경시 · 경연대회를 폐지를 권고한다.
8) 특수목적고교가 주최하는 지필고사 방식의 전국단위 경시 · 경연대회를 폐지를 권고한다.
9) 민간이 주최하는 지필고사 방식의 전국단위 경시 · 경연대회 폐지를 권고한다.

위의 정책방안 중에서 1)번 방안은 온전하게 실현되지 못했지만 나머지 방안은 모두 추진되었다. 정부가 나서서 관치교육과 성적 · 석차 시스템을 능히 완화할 수 있음을 보여주고 있다.

마. 성적 · 석차 시스템의 한 기제로서 '일제고사'의 반교육성

1) 시험의 효과와 의의

절제된 시험은 직접적으로나 간접적으로 긍정적인 효과를 만들어낸다. 절제된 시험은 이점도 있고, 그것에 이유도 있다.

시험의 이점으로서, 학교 시험은 학생성적을 부여하거나 학생의 순위를 매기기 위한 평가의 목적으로 실시된다. Roediger III, H. L., Putnam, A. L., & Smith, M. A.(2011)의 선행연구에 의하면, 시험은 다음과 같은 이점을 낳는다.

이점1: 시험이 나중의 파지를 돕는다.
이점2: 시험은 지식의 격차를 확인시킨다.
이점3: 시험은 다음 학습에피소드에서 더 많은 것을 배우게 한다.
이점4: 시험은 보다 나은 지식구조를 생산한다.
이점5: 시험은 새로운 상황으로 지식의 전이를 향상시킬 수 있다.
이점6: 시험은 시험을 치지 않은 자료에 대한 인출을 촉진할 수 있다.
이점7: 시험은 메타인지의 모니터링을 향상시킨다.
이점8: 시험은 새로운 학습시에 이전자료의 간섭을 막는다.
이점9: 시험은 교사에게 피드백을 제공한다.
이점10: 잦은 시험은 학생들에게 공부하도록 돕는다.

한편, 국가기준 시험을 치러야 할 충분한 이유가 있다. 의무(무상) · 보편 공교육 체제 하에서 국가시험은 교육제도 그 자체라고 할 수 있다. 이유와 관련하여, 국가기준 시험에 대해서 이렇게 이해할 수 있다.

- 내신 부풀리기 여부를 판정하는 계기

- 학교 간 학력격차를 점검하는 기제
- 교사의 전문성 행위에 대한 통제장치. 즉 국가 교육과정목표에 따르고 있는지에 대해 점검하는 도구
- 도달 수준을 정하고 그 도달 여부를 객관적으로 검증함으로써 교사 · 학생 관계의 특수성에서 오는 '밀실 교실'을 차단하기 위한 제도적 조치

그러나 일제고사식 시험 때문에 '교육기관'으로서의 학교의 성격을 잃어버린, 다시 말해 문제풀이 강습소로 획일화되어 버린 현상에 대해 근본적으로 회의하지 않을 수 없다. 이 지점에서 국가기준 시험은 가르치는 교사에 의한 교사별평가와 긴장관계에 놓인다. 국가기준 시험은 일제고사 방식이라는 그 자체의 성격 때문에 교육의 현장성을 약화시키는 정치적 도구로 기능한다.

2) 시험 과잉의 사회현상: 시험 과잉의 나라

우리는 '시험 과잉'의 나라, '시험 과잉'의 시대에 살고 있다. 각종 경시대회뿐만 아니라 반편성시험, 쪽지시험, 입시학원등록시험도 있다. 학교에서의 시험은 물론이고 상급학교 입학시험과 관공서와 기업의 입직시험에서, 지필고사 형태의 줄 세우기 시험을 통해 사람을 선발하는 방식이 관행화되어 있고 만성화되어 있다.

한국사회 성원들은 학교내부시험이나 입학시험이 없으면 큰일 나는 줄 알고, 시험결과는 반드시 성적과 평균과 석차로 나타내야 하는 것으로 믿고 있다. 교육계 종사자들이나 교사일수록 더욱 그렇게 믿고 있다. 학생들도 시험은 당연한 것으로 여기고, 으레 식은땀 흘리면서 시험 치고 점수에 대해 걱정하고 석차에 민감하게 반응한다. 점수와 석차를 산출하지 않는 초등학교 학부모조차도 시험을 치고 나면 '우리 아이 등수가 어느 정도인지'를 앞에 놓고 노심초사한다. 시험이 체질이 되어 있고, 뿌리 깊은 심층문화가 되어 있고, 모든 사람의 생활방식과 세계관을 지배하고 있다.

강원도 삼척 진주초등학교 교사 주순영이 "초등학교까지 짓누르는 '시험'의 그림

자"(한겨레 교육 섹션, 함께하는 교육(2006년 12월 25일자 5면)이라는 표제로 쓴 글을 보면, 시험 · 성적 · 석차를 중심으로 모든 학생들이 자신과 사물을 인식한다는 것을 확인할 수 있다. 시험이 끝나고 아이들에게 '문장완성검사'에서 괄호 안에 문장을 완성하라고 했더니 어떤 물음에도 아이들은 성적 및 공부와 관련지어 문장을 이어 썼다. 학생 모두가 공부 · 시험 · 성적 · 석차를 중심으로 표현하고 있다. 이것이 자신과 사물과 세상을 인식하는 단서가 되어 있고, 더 나아가 세계관이 되어 있다.

> 어리석게도 내가 두려워하는 것은 (시험 점수다.)
> 다른 가정과 비교해서 우리 집안은 (성적 위주인 것 같다.)
> 언젠가 나는 (우리 반에서 공부 제일 잘하는 아무개를 이기고 싶다.)
> 내가 잊고 싶은 두려움은 (이번에 친 시험 점수다.)
> 무엇보다 좋지 않게 여기는 것은 (시험이다.)
> 대개 어머니들이란 (잘 해주다가 성적 안 나오면 화낸다.)
> 우리 가족이 나에 대해서 (공부 잘하는 것만 밝힌다.)
> 나의 가장 큰 결점은 (공부를 못한다는 것이다.) (중략)

한국사회에는 시험을 통한 '사람 가려뽑기'가 체질화되어 있다. 성적 · 석차 산출 시험이 당연한 것으로 받아들이고 있고, 선발의 공정성과 객관성을 보증한다는 신화를 내면화하면서 아무런 의심 없이 시험을 통해 선발하는 것을 당연시한다. 누구가 어떤 문제로 시험 치고 누구가 시험에 합격하느냐를 분석해 보면, 아무리 봐도 그 시험이 공정성과 객관성을 보증할 것 같지 않음에도 불구하고, 시험만이 그것을 보증한다고 철석같이 믿고 시험을 통해 선발문제를 접근한다.

이런 사회적 분위기에 바탕을 두고, 한국사회는 평가가 난개발되어 있다. 이러한 난개발과 그 시행이 만들어낸 현상은 이런 것이다; ㉠ 국가단위 일제고사를 위시한 각종 외부평가는 결과를 점수화하여 석차를 매기는 방식으로 학교교육을 획일화하고 있고, ㉡ 교육과정 정상 운영을 막고 있고, ㉢ 교육목적을 무력화하고 있다. ㉣ 가장 큰 문제점은 역시 점수 따기 자체에 매몰되어 교사로 하여금 교육목적을 고민하지 못하도록 만들고 있다는 것이었다.

3) '일제고사' 시험의 반교육성

필자는 시험을 모두 부정하지는 않는다. 시험이 필요한 경우도 있다. 따라서 시험을 제자리에 두는 자세가 필요하다. 성열관은 그의 연구(2009: 49-53)에서, 교육목적에 부합하는 평가의 방향으로 ㉠ 측정에서 전인적 평가로, ㉡ 좋은 수업을 유도하는 좋은 평가로, ㉢ 학부모와 소통하는 평가로, ㉣ 목적에 맞는 평가로 그 방향을 전환할 것을 주문하고 있다. 또 평가를 전공하는 사람들의 인식론과 가치관이 근본에서부터 바뀌어야 한다.[16] 필자는 성열관의 의견에 동의하며 시험의 필요성을 인정하되, 다만 일제고사형 시험을 문제시한다. 최상천(2008)의 분석에 의하면, 일제고사의 목적은 ㉠ 교육주체(학생, 교사)의 대상화, ㉡ 획일적 강제교육체제와 교육권력 유지 · 강화, ㉢ 학원을 위한 교육시장 확대, ㉣ 더 나아가 종합적으로 기득권층에 절대 유리한 교육체제 확보를 지목하고 있다. 그런 점에서 일제고사 강행은 재고되어야 하고 실시를 멈추어야 한다. 일반적으로 일제고사 시험은 다음과 같은 반교육성을 산출한다.

첫째, 일제고사 시험은 평가의 원리 그 자체를 부정한다. 평가에 원리가 있다면, 그것은 ㉠ 가르치는 교사에 의한 평가, ㉡ 성취도 비교보다는 아이들 각자의 성장을 목적으로 진단하는 평가, ㉢ 수업 중에 학습과정을 평가하는 것 등이다. 요컨대 '좋은 평가'는 학습의 과정에서, 가르치는 교사에 의해, 학습의 성장(발달)을 위해 치러지는 평가를 말한다. 그런데 일제고사 시험은 이 '좋은 평가'를 배반한다.

평가에도 '좋은 평가'가 있고 '나쁜 평가'가 있다. 다음과 같이 구분이 가능한데, 조용기(2005: 159-175) 등의 논리를 반영하여 정리하면 아래 〈표 4-4〉와 같다.

---

16) 일제고사 옹호론자(학자, 관료, 교사, 학부모 등)들은 상대주의, 허무주의에 빠져 있다. 그들은 '교육목적'이란 말 자체를 싫어한다. 여타 학문분야 전공자들로부터 교육학은 아예 이론체계, 지식체계가 없는 것으로 치부된다. 그 비판에 대해서도 애써 외면한다.

표 4-4 '좋은 평가'와 '나쁜 평가'의 구분

구분	좋은 평가	나쁜 평가
주체	가르친 교사 (학교) (학생 자신)	외부기관 (교육부, 교육청)
목적	내재적 진단 학습평가(학습목표)	외재적 비교 · 선발 · 배치 성취도검사(성취목표)
시기	학습과정의 평가 (과정 중에, 과정을 대상으로)	학습결과의 평가 (종료 후에, 결과를 대상으로)
	수시로, 개별고사	일제히, 전체고사
형식	진단형성평가(표집)	총합평가(전집)
문제유형	수행평가(서류형)	선다형 객관식 평가
성적 표시	절대평가	상대평가
피드백 및 활용	즉시, 활용	지체, 불활용

위의 〈표 4-4〉의 구분에 비추어보면, 일제고사 시험은 '나쁜 평가'의 요소를 모두 갖추고 있다. 그래서 일제고사는 폐지되어야 마땅하며, 실시를 고집하는 한 상당 정도의 방법론상의 수정과 보완을 거친 후에 실시할 수 있다.

일제고사는 그 성격상 성취도평가가 될 수밖에 없는데, 성취도평가가 필요한 것이라고 하더라도 그 평가는 보조장치가 되고 그래서 그 결과물은 보조자료로 활용되어야 한다. 이 말은 성취도평가가 제 기능과 제자리를 찾게 해야 한다는 것이다. 무엇이든지 위상이 어긋날 때 그것은 가치가 되지 않는다. (가치는 제 기능과 제자리를 차지하고 있을 때 생긴다.) 여기서 한 가지 중요한 것은, 학생의 지성, 인격, 잠재력이 성취도평가 성적표의 숫자와는 아무런 연관이 없다는 사실이다. 미래의 예언력이 현저히 떨어진다는 사실에 대한 명백한 인식도 필요하다.

둘째, 일제고사는 교육과정을 파행 운영하도록 만든다. 일제고사는 다양한 교육과정의 운영을 봉쇄한다. 그리고 교육과정의 축소나 왜곡을 심화시킨다. 시험준비가 교육의 과정을 지배하고 그리하여 과정을 형해화한다. 결국에는 시험이 교육목적을 압도하고, 시험제도가 교육제도를 압도해 버린다.

셋째, 일제고사는 관료적 발상을 반영하여 교육문제를 간단히 처리하도록 만든다. 일제고사는 교육주체를 대상화하고, 인간을 점수형 인간으로 만들고, '감시'에 의한 길들이기 수단으로 사용된다(푸코, 《감시와 처벌》). 일제고사는 성적 · 석차로 줄 세우고 사람을 분별하는 손쉬운 수단으로 기능한다.

넷째, 국가수준 일제고사는 필연적으로 선다형 객관식 평가일 수밖에 없는 한계를 지니고 있다. 선다형 객관식 평가는 그 자체의 한계와 문제점을 잉태하고 있는바, 학습자로 하여금 지식의 능동적 구성이 아닌 수동적 선택을 강화한다는 것, 정답이 분명한 것만을 평가대상으로 한다는 것, 교육적으로 중요한 것(측정할 수 없는 다양한 종류의 인간능력)을 배제할 수 있다는 맹점을 포함하고 있다.

다섯째, 일제고사 형태의 시험은 피포위 심리(siege mentality)를 만성화한다. '피포위 심리'란 항상 공격이나 압박을 받는다고 느끼는 마음상태를 말한다. 이 마음상태를 일상이 되게 하고 그것을 보통 만성화한다.

4) 일제고사의 실시 배경과 그 허구

첫째, 일제고사 실시는 미국의 소위 NCLB 법령(No Child Left Behind)에 의한 '고부담시험', 대단위시험(Big Test)을 모델로 삼은 것이다. 여기서 미국(영국)의 국가단위 대단위시험은 "교육과정 지역성"을 극복하고 공교육에 대한 국가차원의 책무성 인식에서 실시되고 있고, 뒤쳐진 자와 불리한 지역에 대한 사회적 보상을 염두에 둔 정책마인드에서 유래한 것임(Sedlacek, 2004: 6)을 분명히 이해할 필요가 있다. 우리 사회의 경우 일제고사 시험은 그 책무성 인식과 사회적 보상을 담보하지 않는다.

둘째, 일제고사 시험이 그 자체의 타당성(필요성과 중요성)에 기초한 것이 아니라 학교정보공시에 종속된 정책수단으로 대상화되어 실시되고 있다. 교과부가 2008년 8월 8일 발표한 교육정보공개법, 「교육관련기관의 정보공개에 관한 특례법 시행령」의 시행에 따른 후속조치로서 전국단위 학력평가의 결과를 공개해야 하기 때문이다. 그래서 그것이 '국가단위'의 '전집 형태'의 시험을 모든 학교 모든 학생에게 강제하고 있는 것이다.

셋째, 일제고사는 교사의 인사와 승진에 연계하기 위한 것이다. 일제고사 성적을 교사의 인사와 승진과 연관 짓는다는 발상인데, 이는 최악의 상황을 만들어낸다. 교실수업을 황폐화하고, 성적 조작을 필연적인 현상으로 만든다.

여기서 이명박 정부가 일제고사 실시를 강제하는 이유의 허구에 대해 논의해 보자. '2008 국가수준학업성취도평가, 이렇게 시행됩니다(Q&A)'(교육과학기술부 홍보자료)와 '2008학년도 중3, 고1 국가수준학업성취도평가 실시요강'(대구광역시교육과학연구원)에 나오는 언표(言表)를 중심으로 분석한다. 실시 이유의 표면적 전제는 다음과 같다.

- 일제고사를 통해서 성취도와 배경변인과의 관련성 분석을 통해 교수-학습 방법 개선 및 장학정책 수립을 할 수 있다.
- 일제고사를 통해 학교의 책무성을 제고할 수 있다.
- 일제고사를 통해서 부진학생을 파악하고 지도할 수 있다.
- 일제고사를 통해서 참신하고 타당한 평가도구 개발로 학교현장의 평가방법을 선도할 수 있다.
- 일제고사를 통해 나타나는 결과는 신뢰롭고 객관적인 학력 정보다.

일제고사 실시 이유의 표면적 전제에서 알 수 있듯이, 정부(교육청)는 일제고사 도입의 이유를 다섯 가지로 요약하여 밝히고 있다. 그러나 그 이유는 모두 허구임이 드러난다. 여기서 그것이 왜 허구인가를 논의한다.

첫째, 교수-학습방법의 개선을 위한 자료로 활용한다는 것인데, 이는 성취도의 격차는 교수-학습 방법의 문제로 왜곡하려는 의도를 숨기고 있는 것으로서, 성취도 격차의 사회경제적 배경을 은폐할 가능성이 크다.

둘째, 일제고사를 통해 학교의 책무성을 제고할 수 있다고 말하지만, 학교의 책무성은 교육과정을 정상 운영하는 데 있는 것이며, 일제고사가 학교현장의 비교육적 양상에 대해 무책임하게 만든다는 것을 지적하지 않을 수 없다.

셋째, 학습부진아의 파악 · 지도를 금과옥조처럼 강조하지만, 사실상 학습부진아의 파악과 지도는 아주 다른 방식으로 접근해야 하는 것이다. 교실에서 가르치는 교사에 의해 판단되고, 보충의 학습컨설턴트가 지원하도록 해야 하는 문제다. 학습부진아 가려내기 일제고사는 역사적으로 세상에 유래가 없는 일이다. 학습부진아 파악과 지도는 '좋은 평가'를 통해 이루어져야 하는 것이다.

넷째, 일제고사는 참신하고 타당한 평가도구를 제공하는 기회가 된다는 말인데, 이것도 어불성설임이 드러난다. 선행연구에 의하면, 일제고사에 하찮은 문제를 다수 출제하였고(김형섭 · 장애숙, 2008: 83-110), 이것이 교육과정을 지배하도록 만들어버렸음이 드러나고 있다(이은생, 2008: 51-55; 강정식, 2008: 56-60).

다섯째, 학력에 대한 신뢰롭고 객관적인 정보라는 점을 강조하고 있는데, 사실상으로 절대로 신뢰롭지 않고 객관적이지도 않다. 채점과 보고에 비리가 개입할 여지가 많음은 주지의 사실이다.

여섯째, 입버릇처럼 일제고사 시험이 학습 "자극"을 이끈다는 논리를 펴고 있는데, 이것도 허구다. 한 사람의 일생에 한 번 정도는 시험 친다는 것이 "자극"이 될 수 있는바, 따라서 이 논리는 사실을 지극히 과장한 것이라 할 수 있다. 또 학습 자극이 실제 학습상의 강점과 약점에 대한 자극이어야 하는데, 시험에 의한 자극은 막연한 일반적 자극만 준다는 한계가 있다.

일제고사는 학습 자체가 주는 내재적 의미(발생적 · 지적 호기심)보다 그 결과의 비교우위(외적 보상에 의한 조건화)에 더 큰 관심을 가지게 만든다. 또 일제고사는 외재적 가치에 매몰함으로써 '마음의 틀'의 왜곡을 가져온다. 그래서 사람의 마음이 결과주의, 성과주의, 일류주의에 빠져들게 한다. 일제고사는 지금도 무너진 공교육을 더 나쁘게 몰고 갈 가능성이 매우 크다. 그리고 그것이 사실임을 여기저기서 확인할 수 있다. 이 지점에서 이제 교육의 본질이 무엇인지, 학교(교사)가 어떻게 교육기획력을 실천해야 하는지, 교육과정에 정합하는 학생평가방식은 무엇인지 등에 대한 성찰을 필요로 한다. 무엇보다도 교사들이 교육활동 기획을 실천한 기록과, 교육과정의 목표에 맞는 학생평가를 보여주는 실천사례를 산출하는 것이 주요한 과제가 되고 있다.

무엇보다 시험에 대한 새로운 담론의 창출이 요청된다. '시험'은 목표가 아니라 수단이 되어야 하며, 사람을 '발견'하는 하나의 자료로서 교육의 일부가 되어야 하며, 교육을 지배하는 것이어서는 안 된다. 이런 맥락에서 성취도평가를 대체하는 새로운 프레임(new frame, main stream)을 새로 개발해야 한다.

바. 마무리

이 글은 행정우위 관치교육체제와 그 성적 · 석차 시스템(객관)이 교사의 교육기획의 전문성을 파손하는 것을 '현장성 위기'라고 진단하고, 그것의 역사적 기원(일제강점기의 성적 · 석차 시스템과 해방 이후의 성적석차 시스템이 주조한 교육문화)을 밝히고, 성적 · 석사 시스템의 한 사례로서 일제고사의 반교육성을 밝히는 것이었다.

일제는 성적 · 석차를 산출하는 핵심 기제인 시험제도를 통해 '감시권'을 제도화하였다. 이 감시권을 제도화하여 관치교육을 확대 운영해 왔다. 지금 한국사회도 관치교육과 성적 · 석차 시스템을 운영하고 있다. 국가기준 일제고사의 위력은 모든 교육을 준비형 교육으로 몰아가고, 모든 학교를 똑같은 준비형 교육의 장으로 몰아간다. 시험성적이 우수아의 지표로, 문제풀이 수업이 교육활동의 근간으로 치부된다. 교실수업을 암기위주 · 참고서의존 · 반복학습으로 몰아간다. 정치권력은 이런 비교육적 만행을 자행하고 있다. 이제 성적 · 석차 시스템과 일제고사에 대한 지성적 대응으로써 교사가 주체적 교육활동 기획의 전문성 역량(주관)을 키워 현장우위의 과정관리 교육체제로 전환해야 한다.

지금 한국사회는 일제고사 시행을 멈추고, 교육과정 논쟁과 평가 논쟁을 전개해야 한다. 일제고사 시행 계획을 멈추고. 현장교사에 의한 교육과정 기획과 평가기획을 꾀하고자 해야 한다.

우리 사회에는 교육과정 논쟁이 일어나야 한다. 학교 교과협의회에서, 교사단체에서, 교과교육학회에서, 국가 교육과정위원회에서 교육과정 논쟁이 일어나야 한다. 진정 교육경쟁력과 국가경쟁력을 염두에 둔다면, 이 지점에서 새로 눈을 돌려 시대에 적합한 교육과정은 무엇인가에 대한 논쟁에 집중해야 한다. 마찬가지로 평가에 대한 논쟁이 일어나야 한다. 평가실제, 평가제도, 평가체제에 대한 이론적 실천적 논쟁이 학계에서, 교직단체에서, 성격을 달리하는 학교마다, 서로 다른 교과마다, 학교급별 교사마다 새롭게 일어나야 한다. 누가 평가하는 것이 옳은지, 어떻게 평가하는 것이 '교육적인 것'인지, 무엇을 어떻게 기록하는 것이 교육적인 것인지에 대해 풍부한 논의를 불러일으켜야 한다.

평가가 교육의 과정 속에 있어야 하고, '교육목적과 과정' 개념과의 연관 속에서 평가가 이해되어야 한다. 시스템 자체를 성취도 우위 시스템에서 목적과 과정 중심의 시스템으로 전환해야 한다. 교육은 끝없이 목적과 과정을 염두에 두고 이것을 시스템 속에 넣어두고 보는 활동이다. 그러나 현실에서는, 평가가 교육목적과 과정을 소외(외재화)시키고 있다.

교육목적과 과정을 내재화하는 평가방식은 무엇일까? 가르치는 교사가 평가하는 것이 합리이다. 가르치는 교사가 학습과정을 평가하는 데 눈을 돌린다. 그런 점에서 교과별평가가 아니라 교사별평가를 실행한다. 수행평가를 확대하되, 질적인 것은 기록하는 것을 주로 한다. 평가는 아이들의 재능을 발굴하는 행위이다. 교육의 과정상의 평가 국면에서 학생의 재능을 발굴한다. 발굴한 것을 기록한다. 교사에 의한 학생의 발견은 절대평가이다. 학력의 평가기준은 가르치는 교사에 의해 객관적으로 제시되어야 한다. 그 평가기준은 코스워크 기획에 들어 있는 규준을 밖으로 드러내 놓는 것에 다름 아니다. 평가기준은 교사의 교육활동에 중심을 잡아주고 학생의 학습활동에 방향감과 성취의욕을 불러일으킨다. 상급학교나 교육평가기관은 학교와 교사가 설정한 그 평가기준을 확인하고, 그 기준에 의해 획득한 학생의 능력을 가늠해 평가한다. 이것이 교육학적으로 올바르고 알맞다. 이것이 정통이다.

국가 개입과 사적 개입을 불러들이기 쉬운 교육체제를 가지고는 교사가 기록가능한 교육활동을 하기 어렵다. 우리는 전문가 개입을 강화하는 쪽으로 체제 변화를 의도해야 한다. 어느 지역에도 어느 아이에게도 허용될 수 있는 교육은 '가르치는 자가 자신의 교육목적과 교육내용과 교육평가를 기획(교육이론적 수고)하는 데서 성립한다.' 교사 전문성 개입을 강화함으로써 국가 개입과 사적 개입을 약화시켜야 한다. 공교육은 논리적으로 교사 전문성 개입을 요청한다. 전문성 개입은 교사 스스로 그 적절성에 대해 평가를 자임하는 데서 성립한다. '그' 학교, '그' 교사, '그' 아이들 간의 관계에서 전문성이 성립한다. 전문성은 학교를 교육기관(교육단위)으로 만드는 데 발휘된다. 이는 존재론적 삶의 방식에 대해 헌신하는 교사이기에 가능하다. 이는 우리 모두에게 '좋은 교육'에 대한 실천이성을 요청하고 있다.

5장 교육과정 운영 실태 분석과 진단: '무규범적 성과주의'의 실재성[1]

가. 문제제기

이 연구의 목적은 한국사회에 '교육의 바탕'이 무너졌다고 진단하는 가운데서 '무규범적 성과주의'가 한국교육의 사회적 실재임을 확인하고자 하는 것이다. 이 연구는 이러한 실재성을 고등학교 교육과정 운영의 파행성에서 찾고자 한다.

주지하듯이, 교육활동을 매개하는 핵심 내용이 교육과정(curriculum)이다. 교육과정은 학교교육의 방향을 제시하고, 교육의 과정을 인도하며, 교육의 결과에 대한 질을 담보하고, 평가를 위한 기준 역할을 한다. 교육과정에는 한 사회가 학습자를 교육하여 길러내고자 하는 인간상, 학교급별 교육목표, 학교급별 편제의 내용과 이를 제대로 가르치고 배우도록 하기 위한 중점이 담겨 있다(민부자 · 홍후조, 2011). 이런 점에서 학교에서 교사가 교육과정을 운영하여 교육의 목적을 달성하는 것은 교육원리에 해당한다. 그러기에 교육과정 정상 운영은 정언적 요청임에 틀림없다.

그런데 우리 사회는 교육과정을 공공연히 파행 운영하고 있다. 파행 운영을 오히려 당연시하는 풍조가 만연해 있다. 학부모가 부추기고, 학교장(교사)이 주도하고, 교육부(교육청)가 묵인하고 있다. '교육과정을 중심으로 교육활동을 한다'는 기본원리를 교육부, 교육청, 학교, 교사, 학부모가 예사롭게 깨트리고 있다. 이처럼 교육과

1) 한국열린교육학회 《열린교육연구》 제23권 제1호(2015)에 게재된 논문으로서, 필자와 조용개가 공동 연구한 〈교육과정 운영 실태에 관한 FGI 분석과 진단: '무규범적 성과주의'〉를 수정한 글이다.

정 정상 운영에 대한 사회적 합의가 깨져 있다. 파행 운영을 할수록 '고마운 학교', '일류학교'로 대접받는 기막힌 교육현실을 만들어 내고 있다(조용개 · 손종현 외, 2014).

이 현상은 어디에서 유래하는 것인가? 필자는 이 현상이 한국사회 교육현장에 '교육의 바탕'이 허물어졌다는 데서 찾는다. 교육의 바탕이 허물어진 그곳에 '무규범적 성과주의'가 자리 잡고 있다고 판단한다. 필자는 이러한 '무규범적 성과주의'가 한국교육의 사회적 실재이며, 이것이 사회적 실재인 만큼 '교육의 바탕'이 무너졌다고 진단한다.

따라서 본 연구는 '무규범적 성과주의'가 한국교육의 사회적 실재임을 확인하기 위해 학교현장의 교육과정 운영 실태와 그것에 대한 교사의 인식을 조사 · 분석하고자 하였다. 과연 학교에서 교육과정이 어떻게 운영되고 있는지, 교사의 관념 속에 '교육과정' 개념이 있기는 한지, 그리고 그 개념이 어떻게 기능하고 있는지 등에 대해 근본적 질문을 제기한다. 이 분석과 진단을 통해 '교육의 바탕'을 복원하려면 어떻게 해야 하는지에 대한 정책적 방향과 제도적 대안을 제안하고자 한다.

여기서 몇 가지 주요 개념에 대해 정의하고자 한다. '교육과정'이란 초중등교육법 제23조 제2항에 의거하여 고시한 것으로, 초 · 중등학교의 교육목적과 교육목표를 달성하기 위한 국가수준의 교육과정을 말한다. 작게는 학교에서 학생을 대상으로 교육목표 달성을 위한 과정으로, 이것의 실천을 위한 교육내용, 교육방법 및 결과의 평가기준 등을 의미한다.

'교육과정 정상 운영'이란 첫째, 교과편제(교과목과 이수단위)대로 교과를 이수하는 것, 예컨대 국민공통기본교과와 심화교과(선택교과) 및 예체능교과의 배당시간 정상 이수, 둘째, 1, 2, 3학년의 계통이 있는 교육과정 운영, 셋째, 교육과정목표에 정합하는 교육내용과 교육방법을 통하여 교육과정목표를 달성하는 것, 이를테면 실험을 해야 할 때 실험을 하고 그 결과로 탐구와 발견을 생성하는 것을 포함한다. 이렇게 보면 예체능교과를 등한시하거나, 2학년 말에 진도를 다 끝내거나, 입시준비에 매몰되어 입시가 학교의 잠재적 목표가 되어 있거나, 문제풀이식 수업 등을 하는 것은 교육과정 정상 운영에 역행하는 것이다(조용개 · 손종현 외, 2014).

한편 '교육과정 파행 운영'의 범주를 다음과 같이 규정한다. 첫째, 편제상의 기준 위반이 대표적인 것이다. 주요 교과와 기타 교과로 교과비중을 차별적으로 부여하거나, 이 맥락에서 재량활동과 특별활동을 도외시하는 것이다. 고등학교 선택중심 교육과정을 위반하거나 계열별 전문교육 교과목을 왜곡 운영하는 것도 여기에 해당된다. 둘째, 교과 시수(단위) 배당 기준을 위반하는 것이다. 과목별 시수(단위)를 위반하고, 특정교과(예체능 등)를 배제하는 것을 말한다. 셋째, 교육과정에 정합하지 않는 교육방법을 적용하는 것을 포함한다. 앎에 이르는 과정적 준거를 위반하는 것으로서, 실험을 해야 할 때 강의 중심 수업을 하거나, 참고서 · 문제집 중심 수업 활동으로 일관하는 것 등을 포함한다. 넷째, 편성 · 운영 지침의 적용을 위반하는 것을 말한다. 국가기준의 기본 지침을 위반하거나 지역 및 학교에서의 편성 · 운영 지침을 위반하는 것이다. 다섯째, 교육과정에 대한 교사의 개념적 인식의 결여이다. 교육은 교육과정에 근거하여 학력을 키우는 것임을 인식하지 못한 채 교육활동을 하는 것을 말한다. 교장, 교육청, 교육부의 교육과정 준법에 대한 인식의 정도가 매우 낮은 것도 그 한 범주이다.

나. 이론적 배경

1) '교육의 바탕'의 파손

한국인과 한국사회는 지금껏 교육의 바탕에 대해 무심한 채 교육체제를 운영해 왔다. 여기서 '교육의 바탕'이란 교육적 관점에 근거하여 교육활동을 한다는 것의 다른 이름이다. '교육적 관점'이란 교육논리에 근거하여 교육에 대해 문제제기하고 거기서 해법을 구하는 방식을 말한다. 이는 교육문제를 교육논리로 풀어내려는 교육인식론적 숙고와 맞먹는다(손종현, 2014b). 교육적 관점에 비추어 볼 때, '교육의 바탕'이란 구체적으로 무엇을 말하는 것인가?

첫째, 스스로 정한 주제몰입의 경험을 통해 인간은 발달한다는 믿음이다. 주제몰입의 경험은 인간의 삶과 관련된 주제를 학습대상으로 만들고, 몰입의 형식을 취하여 이를 탐구하고 발견하는 교육적 경험을 말한다. 누구나 이 경험을 확장하는 교육기회를 거쳐 탐구와 발견의 능력을 키운 인재로 성장한다. 이 경험을 제도적으로 허용하는 것이 '교육의 바탕'을 이루는 핵심 사안이다.

둘째, 교육현장의 참여자에게 자율을 허용하는 태도를 취하는 것이다. 교육은 자율 위에서 성립한다. 교육방식의 자율과 교육과정의 자율을 통하여 다양한 형태의 학습능력을 키울 수 있다. 국가기준 시험으로부터, 기업의 요구로부터 자유로울 수 있어야 학교(교사)와 학생은 다양한 형태의 학력을 키울 수 있다. 우리는 자율 속에서 선의의 경쟁과 보완을 통하여 교육의 질을 향상시킬 수 있다(KAIST 미래전략대학원, 2014).

셋째, 삶의 경험을 앎으로 갈무리하는 인간의 능력에 대한 존중심이다. "인간은 누구나 경험을 하고, 자신의 경험을 반추한다. 그리하여 인간은 자신의 경험을 앎으로 갈무리한다. 마찬가지로 인간은 이성적 사고를 통해 앎을 정돈하여 간수한다. 인간의 삶은 원래 그런 것이다. 인간만이 그렇게 한다는 점에서, 이것은 인간의 조건에 해당한다(손종현, 2014a). 이 명제의 참값을 존중하는 것이 교육의 바탕이다.

필자는 한국사회 교육현장에는 '교육의 바탕' 개념이 파손되어 있다고 진단한다. 교육의 바탕이 허물어진 그곳에 '무규범적 성과주의'가 자리 잡고 있고, 이 '무규범적 성과주의'가 한국교육의 사회적 실재라고 인식한다. 학교와 교사, 학생과 학부모도 이 왜곡된 성과주의 가치에 매몰되어 있고, 정부와 교육청도 마찬가지라고 판단한다. 여기서 '무규범적'이란 영어로 옮기면 anormal이며, 규범 혹은 규준이 없다는 것이다. '무규범적'이란 교육적인가 그렇지 않는가와 같은 교육에 대한 개념적 인식이 상실된 상태에서 교육활동을 한다는 것을 의미한다. 무규범적이기 때문에 상황에 따라 판단이 쉽게 흔들리게 되며, 그렇기 때문에 가치상대주의 입장을 취할 가능성이 많다. '성과주의'란 교육의 과정(process)에 대한 인식이 결여된 채 성과 혹은 결과 혹은 업적에 대한 관심에 매몰되는 것을 말한다. 교육방법적 원리를 무시한 채 이루어지는 다양한 비교육적 수업현실, 예컨대 진도 나가기, 문제풀이, 교사 중심 설명식 수업, EBS 교재 수업 등이 이를 잘 반영하고 있다.

'성과주의'가 지배하는 사회문화적 환경에서 한국사회는 학교(교사)의 교육력을 문제 삼지 않고 아이들의 개인적 자질(일반지능, 도구교과 성적, 성실성 등)을 추궁하여 교육성과를 올리고자 한다. 교육성과는 교사와 학교의 실적으로 나타나며, 그 실적은 학교 내부 및 외부 시험성적으로 표상되며, 최종적으로는 일류 대학 입학 숫자와 일류 직장 입직 숫자로 계산된다. 그 귀결로서 교육의 과정은 문제풀이로 획일화되고 있다. 한국사회가 처한 난관은 시험제도와 교육제도의 난맥에서 나오는 것이지만, 동시에 '교육의 바탕'의 파손, 즉 잘못된 교육인식과 왜곡된 교육개념에서 기인한다.

'교육의 바탕'에 대해 무관심한 채 교육을 말하는 것은 결국 아이들을 들볶는 것 이외에 아무것도 아니다. 주제몰입의 경험에 소홀한 채 교육성과를 말하는 것은 결국 아이들의 개인적 자질을 추궁하여 교육의 동력을 끌어낸다는 관료주의적 발상에 다름 아니다. 자기 삶의 경험을 앎으로 갈무리하여 지식과 정보를 생산할 수 있는 인간능력을 신뢰하지 않은 채 지식을 주입하고 전달하는 방식에 매몰되는 획일적 교육을 지속하는 것은 어디에 써먹을 人才(동원되는 자아)를 키운다는 정치경제적 발상에 진배없다. 주제몰입의 경험, 교육의 자율, 삶의 경험을 앎으로 갈무리하는 인간능력을 중심에 놓고 교육활동을 설계하고 교육과정을 운영해야 한다. 교사와 학생이 교육과정 자율의 공간에서 탐구의 자유를 누릴 때, 교육체제가 교사와 학생에게 자율의 공간을 제도적으로 허용할 때, 학교가 교육기관으로 성립하게 된다.

'교육의 바탕'을 복원하기 위해서는 왜곡된 시험제도와 교육제도를 개혁해야 하지만, 그것보다 먼저 가르치는 교사의 교육과정에 대한 인식과 실천이 더 긴급하게 짚어져야 하는 문제이다. 제도에 규정을 받지만 그 제도를 초월하는 것은 역시 제도를 운영하는 교사의 정신적 기개이기 때문이다.

2) 교사의 교육과정 기획

교육활동은 교육과정을 가지고 하는 것이다. 교사와 학생은 교육과정을 매개로 하여 지식과 물음을 교류하는 교육적 관계를 형성한다. 그 교육적 관계를 기제로 삼아 앎과 탐구가 숙성된다. 따라서 교사가 교육과정을 정상 운영하여 학생과 밀착의 교육적 관계를 형성할 수 있도록 하는 조건으로서 교사에게 교육과정 기획의 권한을 부여하는 것은 '교육의 바탕'을 복원하는 데에 필수적인 조건이다. 교사가 교육과정을 숙고하도록 하는 제도를 구안하고 관련 정책을 펴야 한다.

사실 교사의 교육과정에 대한 숙고의 역사가 교육의 역사이고 교사의 지성사이다. 현대 교육과정론은 교사의 지성, 즉 가르치는 자가 교재를 만들고 수업을 관리하는 것을 가정한다. 교육과정을 숙고하고 그것을 규범으로 삼아 교육활동을 하는 것은 교육의 합리를 구하는 방식이다. 그렇다면 교육과정을 기획하는 교사의 이론적 · 실천적 활동을 먼저 쟁점화해야 한다. 이를 구체적으로 논의하면 다음과 같다.

첫째, 교재의 구성에 관한 것이다. 가르치는 교사가 가르칠 내용을 구성하고 조직한다. 교재 구성의 권한은 교사에게 있다. 물론 국가수준 교육과정이 주어지지만, 교사는 그것에 근거하여 가르칠 교재를 자신이 만든다. 교사는 교육과정목표에 비추어 자신의 교재를 다양한 방식으로 독창적으로 구성하여 실행한다. '교육의 질은 교사의 질을 넘지 못한다'는 명제는 이런 점에서 참(진실)이다. 교사의 질은 교재를 만들어 교실을 운영하는 경험에 의존한다. 교재 구성자로서의 교사는 자신의 교육활동, 즉 목표를 결정하고 교재(프로그램)를 만들고 수업을 전개하는 인지적 불안을 안고 산다.

둘째, 교육과정의 기획에 관한 것이다. 가르치는 교사가 교육과정을 기획한다. 앞서 말한 인지적 불안이 교사들로 하여금 교육과정을 기획하도록 이끈다. 교육과정 기획은 교육활동에 대한 무한책임을 지는 교사의 핵심적인 과업이다. 교사의 교육과정 기획은 재직하는 학교의 교육기획과 자신의 코스워크 기획으로 구성된다. 코스워크 기획은 교사가 자신이 가르치는 교과의 목적에 따라 교재 구성과 수업 실행과 평가 · 기록의 전 과정을 설계하는 것을 말한다. 교사는 실행하는 바의 목적과 수단을 연관 지우면서, 교육활동의 목표 · 내용 · 방법 · 평가의 다양화를 통해 교육활동을 다양화하고 특색화 한다. 그 과정에서 교사는 코스워크를 공개하는 바, 그 코스워크 공개는 비판 가능한 교육활동임을 공개하는 것이다. 교사는 교육과정을 기획하고 이것을 공개함으로써 학생과 학부모에게 책임을 진다. 학생과 학부모는 다양한 형태의 학력을 신장할 것을 요구하는 바, 교육과정 기획과 공개는 그 요구에 부응하는 방식으로 전개된다. 이는 학생과 학부모에 대한 관계의 핵심이며, 그렇게 대응하는 독특한 방식이 그의 전인격적 교육활동으로 나타난다. 교육과정 기획은 가르치는 자의, 브루너의 용어인, '구조감'에 의존한다. 구조감은 교육과정을 기획해 본 경험의 역사성과 맞먹는다. 그 수준에서 '교육은 교사의 질을 넘지 못한다'는 명제가 참인 것으로 승인된다.

셋째, 교육과정의 자율에 관한 것이다. 교육과정의 기획은 교사와 학교의 책임이며, 교사와 학교는 그 책임에 따라 자율을 행위한다. 교육과정 기획은 자율을 필연적으로 요구한다. 교육과정 편성과 운영은 명백히 교육과정 자율을 인정할 때 지속 가능하다. 교육과정 자율은 두 가지 이유에서 요청적인 것이다. 일차적 이유로서, 교사의 교육과정 자율은 교사의 지적 수고와 열정을 매개하여 학교와 교실을 학습상황이 되도록 만든다. 학교와 교실을 학습상황으로 구성하는 것이 교육과정 자율의 근거이다. 학습상황은 소수의 아이들을 위한 닫힌 공간이 아니라, 모든 아이들에게 배움을 주는 열린 공간을 말한다. 이차적 이유로서, 교육과정의 자율은 다양한 형태의 학력의 신장으로 귀결되는 교실수업 프로그램을 성립시킨다. 교육과정 자율이 허용될 때 다양한 형태의 학력을 키우는 창의적인 교육활동을 가능하게 만든다. 이 교실수업 프로그램의 유효성이 교육과정 자율의 근거가 된다.

넷째, 교육과정목표에 따른 교육활동에 관한 것이다. 물론 교육과정의 기획도, 교육과정의 자율도 '교육과정 목표에 따른다'는 인지체계에서 출발한다. 교육과정 자율은 교육과정목표에 따른 교사의 교육활동을 논리적으로 전제한다. 교사는 교육과정목표에 따른 교육활동의 합리와 윤리를 고민한다. 이는 구호가 아니며, 교육학의 중심 주제에 해당하는 중요한 사안이다. 교사는 교육과정목표에 충실하게 교육과정을 펼쳐 모든 학생이 참가하는 학습상황을 구성하고 탐구와 발견의 인식론적 환경을 제공한다. 거기에 지식과 인성이 따로 나누어지지 않는다. 최종적으로는 교사 자체가 교육과정이 된다. 이런 점에서 교사는 결정적으로 중요한 교육환경적 요소이다. 프레이리, 헤르바르트가 '교육자 교사'라고 말한 이유가 여기에 있다.

다섯째, 교사 전문성 개입의 교육체제 운용에 관한 것이다. 교육은 '교사를 통해서', '교사의 전문성을 통해서', 더 구체적으로는 '교사의 교육과정 기획의 전문성을 통해서' 이루어지는 것이다. 동기, 과정, 결과에 있어서 교육과정 기획의 전문가로서의 교사가 주도하는 교육활동으로 학교교육이 성립한다. 전문가인 교사의 교육과정 기획이 '교육의 과정'을 채우는 방식이라야 비로소 학교가 교육기관이 될 수 있다. 전문가 교사에 의한 교육통제는 교사의 교육전문성의 개입, 요컨대 교사의 지적 수고에 의한 교육과정 기획을 요구한다. 전문가 교사가 저마다 '왜 그것을 가르치고 어떻게 평가 · 기록할 것인지'를 묻는다. 이 물음을 통해 비로소 교육한다는 것이 무엇을 하는 것인지를 개념화한다. 교사는 이러한 지적 수고를 통해 자신의 코스워크를 개발한다. 그 코스워크는 다양한 형태의 학력으로 귀결될 만큼 실제적인 것이어야 함은 물론이다. 이와 같이 교사가 교육과정 기획의 전문성을 발휘하여 교육체제를 운영한다는 개념이 논리적으로 성립하며, 이 지점에서 국가 개입과 가족 개입의 교육체제를 대체할 수 있는 여지가 생긴다.

교사는 교재의 구성, 교육과정의 기획, 교육과정의 자율을 행위할 수 있어야 한다. 또 교사는 교육과정목표에 따른 교육활동을 실행해야 한다. 이것이 학교와 교사의 교육활동의 일상이 되게 하고 시스템이 되게 한다. 그리하여 교사의 교육전문성이 개입하는 교육체제를 성립시킨다. 이것이 주제몰입 경험의 제공, 교육현장 참여자의 자율 허용, 앎을 갈무리하는 인간능력의 존중심을 그 자체로 성립시킨다. 이것이 '교육의 바탕'의 복원을 가능하도록 만든다. '교육의 바탕'을 복원하는 정책적 집중, 여기에 크게는 교육정책, 작게는 교육과정정책의 핵심과제가 놓여 있다.

3) 선행연구 분석

여기서 교육과정에 대한 최근의 선행연구를 고찰해 보자. 최근 10여 년 간 교육과정과 관련된 선행연구는 주로 교육과정 전반에 대한 운영 실태, 학교단위별 교육과정 편성 · 운영 실태, 교과별 교육과정 운영 실태에 관한 분석 연구가 주류를 이루고 있다.

교육과정 전반에 대한 연구에는 주로 특정 시기의 특정 교육과정에 대한 분석이 주류를 이루고 있으며, 중립적 입장에서 객관적 현황에 대한 분석에 주안을 두고 있다. 이 가운데 김민환(2010)의 연구는 우리나라 초 · 중등학교 학교교육과정 편성 · 운영에 관한 실태를 실증적으로 파악하고 개선 방안을 탐색하였다. 백경선 · 한혜정 외(2011)의 연구에서는 고등학교 교육과정의 주요 변화 사안들을 중심으로 교원들의 인식과 교육과정 편성 · 운영의 실태 분석을 통해 교육과정이 추구하는 바가 단위학교에서 안착되기 위한 정책적 제언을 도출하였다. 한혜정 · 민용성 외(2011)의 연구는 자율학교 비지정 일반계 고등학교의 경우 학교자율과정에 해당하는 64단위의 90% 이상을 주요 교과, 즉 국어, 수학, 영어, 사회, 과학에 배정하고, 그중에서도 국어, 수학, 영어에 집중 배정하고 있으며, 학교의 자율과정의 폭이 큰 학교일수록 교과 총 이수단위 중 기초 교과 영역의 단위 비율이 높게 나타났다고 보고하고 있다. 이광우 · 오은순(2012)의 연구는 현재 중등학교 창의적 인재교육을 저해하는 교육과정 요인들을 중요도와 심각도로 나누어 제시하고 있는데, 입시제도의 문제가 가장 중요한 요인으로 나타났다. 입시제도의 구체적인 문제로 대학입시 중심의 교육, 학생진로와 관심분야를 고려한 다양한 교과목 이수 체제 구축의 어려움, 입시위주의 교육과정 편성은 특정교과에 대한 중요성을 강조하여 전인교육의 실천을 어렵게 한다는 문제점들이 제시되었다.

학교단위별에 대한 선행연구(류방란 · 박상철 외, 2004; 김재춘 · 박소영 외, 2004; 고채영 · 손민호, 2008; 이미숙, 2008; 손충기, 2009)는 주로 일반계 고교의 교육과정 운영 현황과 실태를 '중립적 입장에서 객관적으로' 분석하였으며, 선택중심 교육과정을 주 대상으로 하는 경향을 보이고 있다. 교과단위별 연구에 있어서는 미술, 수학, 영어, 과학, 사회, 국어 등 교과 교육과정 운영 실태를 조사하고 그것에 대한 개선 방안을 모색하고 있다. 이외에 특별활동과 재량활동에 대한 연구, 수준별 교육과정에 대한 연구가 이루어지고 있음을 알 수 있다. 이러한 선행연구를 전체적으로 검토해 보면, 교육과정의 파행 운영과 관련된 사례를 분석한 연구는 쉽게 찾아볼 수 없다. 다만 오수현(1991)의 "교육과정 편성과 운영의 파행을 진단한다", 김영재 · 조용진(2006)의 "교육과정 파행 운영 사례" 등의 연구가 있는데, 이들은 교육전문지를 통해 우리나라 교육과정 운영의 파행 문제를 지적한 바 있다.[2)]

선행연구들은 크게는 한국사회의 교육모순의 리얼리티, 더 구체적으로는 교육과정 파행 운영의 리얼리티를 제대로 파악하지 못하고 있으며, 그것에 대한 심각성 인식이 부족하며, 연구 자체가 탈맥락적 양태를 보이고 있다. 따라서 본 연구에서는 선행연구에 대한 비판적 분석을 토대로, 교육과정 연구가 진정 '교육적 관점'에서 '분석할 것을 분석한다'는 입장을 견지하면서 한국사회의 교육적 모순의 리얼리티에 대해 본격적으로 심각하게 탐구해야 한다고 주장한다.

다. 연구 방법

본 연구는 교육과정 운영 실태에 관한 정량적 연구(조용개 외, 2014)의 후속연구로, 교육과정 파행 운영의 정도가 상대적으로 심각한 일반계 고등학교를 대상으로 보다 심층적인 분석을 하기 위하여 FGI(Focus Group Interview) 방법을 활용하였다.

1) 면담대상

본 연구는 D광역시 일반계 고등학교 교사 8명을 대상으로 FGI를 실시하였다.[3)]

2) 연구자들은 이 연구에 앞서 지난 2013년 4-5월 대구 및 경북지역 초 · 중 · 고 교사 419명을 대상으로 교육과정 운영 실태 인식에 관한 설문조사를 수행한 바 있다(조용개 · 손종현 외, 2014). 설문조사 결과, 전체 응답자의 약 86%가 교육과정의 내용과 운영에 문제가 있다고 응답하였다. 교육과정 운영의 참여도에 대해서는 약 72%가 교육과정을 따르면서도 부분적으로 변형 운영하고 있는 것으로 인식하고 있었다. 특히 고등학교의 경우, 특성화고가 일반계고, 특수목적고, 자율고에 비해 교육과정을 충실히 운영하는 것으로 나타났다. 전반적으로 초등학교와 중학교에 비해 고등학교에서 제도적 차원과 개별적 차원에서 교육과정이 파행 운영되고 있음을 확인할 수 있었다.

면담 대상자를 선정할 때 두 가지 원칙을 적용하였다. 첫째, 각 교과별 교사를 연구에 참여케 하여 운영 실태를 분석하였다. 둘째, 소속 학교에서 학교 교육과정 운영에 관여하고 있거나 평소 교육과정 운영에 관심을 가지고 있는 비교적 교육경력이 많은 교사들을 대상으로 하였다. 연령대는 40-50대이며, 평균 교육경력은 10년 이상으로 하였다. 이를 표로 나타내면 〈표 5-1〉과 같다.

표 5-1 면담 대상자 인적 사항

학교유형	성별	교과명	직책	연령대	교육경력
일반고	남	국어	평교사	40대	14년
	남	수학	교무부장	40대	21년
	남	물리	연구부장	40대	18년
	남	진로	진로진학부장	50대	29년
	남	윤리	평교사	50대	22년
	여	화학	평교사	40대	16년
	여	영어	평교사	40대	17년
	여	사회	평교사	40대	14년

2) 자료수집

본 연구의 목적인 일반계 고등학교 교육과정 운영 실태에 대한 교사의 인식을 분석하기 위하여 [그림 5-1]과 같이 4단계에 걸친 자료수집의 과정을 거쳐 연구를 수행하였다.

3) 본 연구를 위해 일반고 8명, 특성화고 3명, 자율고 3명, 특수목적고 4명(과학고 2명, 외국어고 2명) 등 총 18명의 교사를 대상으로 1차 질문지를 배부하여 내용을 검토한 결과, 본 연구에서 파악하고자 하는 목적(교육과정 파행 운영 실태 분석)에 부합되는 일반계 고등학교 교사 8명을 대상으로 FGI를 진행하였다.

그림 5-1 연구절차 및 방법

단계	자료수집방법	
1	질문지 개발	국가수준 교육과정 편성 및 운영 지침에 따른 교육과정 운영 실태 분석틀 마련
2	1차 일반계 고등학교 교육과정 운영실태 조사	1차 사전질문조사 및 FGI
3	2차 일반계 고등학교 교육과정 운영실태 조사	2차 사전설문조사 및 FGI
4	자료처리 및 결과분석	
5	공동연구자 검토 및 연구참여자 Follow-up	

FGI은 2013년 3월 22일과 25일 양일간에 걸쳐 4명씩 1, 2차로 나누어 진행되었다. 면담 전에 미리 질문지를 배부하여 간략히 기재한 후 이를 토대로 면담을 진행하였다. 면담은 약 2시간 정도 소요되었다. 질문지는 면담 후 회수하여 면담 기록 보충 자료로 활용하였다. 면담은 인터뷰 형식을 취하였으며, 면담내용은 면담 대상자들의 동의를 받아 녹취하였다.

3) 자료분석

FGI을 실시한 후 면담 내용을 전사하였다. 전사한 녹취자료는 면담 전에 작성한 내용과 비교하면서 면담 대상자의 의견을 정리하였다. 이 과정에서 수집한 자료를 정독하면서 중요하고 의미 있는 내용과 상호 관련 있거나 중복되는 내용은 대표성이 있는 내용을 중심으로 통합, 정리하였다. 이러한 과정을 거쳐 정리된 내용을 연구의 타당성과 신뢰도를 확보하기 위하여 공동 연구자들의 검토와 면담 대상자들의 팔로우 업(follow-up) 과정을 거쳤다.

4) 교육과정 운영 실태 분석틀

교육과정 운영 실태를 분석하기 위하여 국가수준 교육과정 편성 및 운영 지침에 근거하여 분석영역별 분석내용과 지표를 마련하였다. 주요 내용은 교육과정 운영 실태에 관한 7개 영역(교육목표, 편제, 시간배당, 교육과정 편성 · 운영, 수업운영, 교육과정 재구성권, 평가 등)에 따라 총 17개 질문으로 구성되었다. 이를 표로 나타내면 〈표 5-2〉와 같다.

표 5-2 교육과정 운영 실태 분석틀

구분	분석내용		분석지표
분석영역	1. 교육목표	1-1. 국가수준 교육목표에 따른 교육과정 운영	1-1-1. 국가수준 고등학교 교육목표 인지 1-1-2. 국가수준 고등학교 교육목표 기능
		1-2. 교과교육목표에 따른 교육과정 운영	1-2-1. 교과교육목표 인지 1-2-2. 교과교육목표 기능
	2. 편제	2-1. 교과(군) 필수 이수단위 준수	2-1-1. 교과(군) 필수 이수단위 준수
		2-2. 비교과(창의적 체험활동) 최소 이수단위 준수 및 운영	2-2-1. 창의적 체험활동 최소 이수단위 준수 2-2-2. 창의적 체험활동 운영
	3. 시간배당	3-1. 교과별 기준 시수	3-1-1. 교과별 기준 시수 적용
	4. 교육과정 편성 · 운영	4-1. 교육과정 편성 및 운영 공통 지침	4-1-1. 국가수준의 교육과정에 따른 교육과정 편성 · 운영 4-1-2. 교육청단위 교육과정 편성 · 운영 4-1-3. 학교단위 교육과정 편성 · 운영
	5. 수업운영	5-1. 교육과정 편성에 따른 수업 운영	5-1-1. 교육과정 편성에 따른 수업운영 5-1-2. 교육과정 편성에 따른 수업방법
	6. 교육과정 재구성권	6-1. 교육과정 재구성권	6-1-1. 학교의 교육과정 편성 · 운영의 자율권 6-1-2. 교사의 교육과정 편성 · 운영의 자율권
	7. 평가	7-1. 교과목표에 따른 평가	7-1-1. 교과목표와 평가 간의 일관성 7-1-2. 교과목표에 따른 정성평가의 적합성

라. 무규범적 성과주의의 일상화

교육과정 운영 실태 분석틀에 따른 분석지표를 중심으로 사전설문조사와 FGI의 내용을 분석하였다. 이를 정리하면 다음과 같다.

1) 국가수준 교육목표에 따른 교육과정 운영의 현황

가) 국가수준 교육목표에 대한 인지의 결여

"선생님께서는 국가수준의 고등학교 교육목표를 인지하고 교육활동을 하고 계십니까?"라는 질문에 다수의 교사들은 국가수준의 고등학교 교육목표가 무엇인지 분명하게 인지하지 못하고 있다고 대답하였다. 교사들은 국가수준의 목표를 인지하면서 교육활동을 해야 하는 것은 알고는 있지만 수능시험에 목표를 두고 수업하기 때문에 교육과정이나 교육목표에 대해 관심이 없다는 경향을 보이고 있으며, 교육목표가 실제 수업에 별로 중요하지 않다고 여기는 경향이 있었다.

> 실제 수업에 별로 중요하지 않기 때문에 교육목표를 인지하고 교육활동을 하지 않는 편이며, 교육 과정에 대한 관심이 없다고 보편 편이 맞다.(교사 1)
> 이상적으로는 국가수준의 목표를 인지해야 하나 수업목표에 녹아 있다고 생각하며, 국가수준을 분명하게 인지하지 않아도 교육활동을 전개하는 데 별 문제가 없다고 생각한다.(교사 2)
> 인문고에 근무하다 보니 주로 수능에 목표를 두고 수업을 하게 된다.(교사 3)
> 교육과정을 잘 보지 않는다.(교사 4)
> 교육목표를 읽어본다고 늘 인지되는 것은 아니다.(교사 5)
> 수석교사, 교무부장, 일부 교육과정에 관심 있는 교사만 인지하고 있으며, 일반 교사들은 전년도 교육과정을 중심으로 관례적으로 하고 있다.(교사 6)
> 교육과정에 대한 관심과 이해도가 떨어지는 편이다.(교사 7)

> 국가수준의 고등학교 교육목표를 인지하지 못하기 때문에 별로 의식하지 않고 가르치는 편이다.(교사 7)

교사에게 교육과정상의 교육목표가 인지되고 있지 않으며, 교육목표와 무관한 교육활동을 하고 있다는 것이다. 교육과정은 교과서로 환원되고, 교과서를 교육과정으로 삼아 가르치는데 익숙하다. 교육과정 숙고는 물론 교육과정 자체에 대한 개념적 인식이 미흡하다는 것이다. 이런 점에서 '교육과정 무용론'이 확산되고 있다.

나) 국가수준 교육목표 기능의 무력화

"교육활동 속에 국가수준의 고등학교 교육목표가 기능(혹은 작동)하고 있다고 생각하십니까?"라는 질문에 대부분의 교사들은 교육활동 속에 국가수준의 고등학교 교육목표가 기능(작동)하지 않고 있다고 반응하였다. 다수 교사들은 교육목표가 수업에 반영은 되지만 기능하지 않거나 이를 평가하는데 어려움이 있음을 토로하였다.

> 수업에 반영되어 있다고 생각하기는 하나, 가시적인 어떤 기능을 한다고는 보지 않는다.(교사 1)
>
> 어느 정도는 의식하면서 가르치지만 고교의 경우는 대입과 관련하여 가르칠 수밖에 없는 것이 현실인 것 같다.(교사 2)
>
> 입시 중심의 교육이 이루어지기 때문에 교육목표를 인지하고 이를 반영하려고 의식하지 않는다. 기능하지 않는다고 보는 편이 현실에 더 가깝다.(교사 3)
>
> 평가방법이 교육목표의 성취를 확인하기 힘들고, 아예 교육목표를 의식하지 않고 가르친다.(교사 4)
>
> 교육목표에 대해 교사들이 별로 관심이 없다.(교사 5)
>
> 수업 활동 속에 반영되어 있다고 생각하지만 그것이 가시적인 어떤 기능을 한다고는 생각하지 않는다.(교사 6)

교사들에게 국가수준의 고등학교 교육목표가 기능하지 않는다. 교육목표는 언제나 장식품처럼 인지된다. 거의 박제화 된 표어에 불과하다는 것이다. 목적 개념이 사라진 곳에 성과 개념만 남아 있다. 그만큼 교사에게 인지부조화가 심각하며, 그것이 학교의 분위기를 형성하고 있다.

2) 교과교육목표에 따른 교육과정 운영의 현황

가) 교육목표 인지의 결여

"선생님께서는 교과를 담당하면서 교과교육목표를 인지하고 있습니까?"라는 질문에 대해 일부 교사들은 교과를 담당하면서 교과교육목표를 인지하고 있다고 대답하였다. 몇몇 일반고 교사들은 수능 위주의 문제풀이식 수업, 학생들의 수준별 차이로 인해 교과교육목표를 인지하지 않고 가르친다고 반응하였다. 대개 다음과 같은 어법을 사용한다. "수능 위주의 문제풀이식 수업을 하기 때문에 교과교육목표를 의식하지 않고 가르치는 편이다"(일반고 5).

> EBS 교재를 주로 가르치고 있는데 거기에 무슨 교과교육목표를 인지할 수 있겠습니까?(교사 1)
> 교육과정을 잘 보지 않는 편이다.(교사 2)
> 교과교육목표를 인지하지 못하기 때문에 별로 의식하며 가르치지는 않는다.(교사 3)
> 교과교육 내에 교과교육목표가 내재되어 있으니까 굳이 인지하면서 가르친다고는 할 수 없을 것이다.(교사 4)
> 인지하며 가르치려고 노력하지만 대입에 방향을 맞추어가게 되어 있어 한계가 있다.(교사 5)
> 특별히 공개수업을 할 때는 교과교육목표를 의식하고 수업목표를 진술하면서 수업을 진행한다.(교사 6)

교사들은 대체적으로 교과교육목표를 의식하지 않고 가르치고 있는 것으로 응답하였다. 평소에는 교과교육목표를 인지하지 않고 진도에 맞추어 가르치면서, 특별히 공개수업 때는 교과교육목표를 분명히 설정하고 가르친다고 반응한 교사도 있다. 교육목표 제시가 보여주기식 수업에서 겨우 이루어진다는 것이다. 교사의 인지체계에도 교과 성적을 올리는 것이 교육목표가 되었다. 교과교육목표가 인지되지 않고 있으며, 성적 올리기가 목표로 인지되고 있는 것이다.

나) 교육목표 기능의 무력화

"교과지도 활동 속에 교과교육목표가 기능(혹은 작동)하고 있다고 생각하십니까?"라는 질문에 대해 몇몇 교사들은 어느 정도 혹은 부분적으로 기능하고 있기는 하였지만 여전히 입시 중심의 교육과 수능 위주의 문제풀이식 수업으로 인해 교과교육목표가 제대로 기능하지 못하고 있다고 반응하였다.

> 어느 정도는 기능하고 있다고는 보지만 고등학교에서는 별 의미가 없는 편이다.(교사 1)
> 입시 중심의 교육이 이루어지기 때문에 교과활동 속에 교과교육목표가 기능하지 못하고 있다고 생각한다.(교사 2)
> 부분적으로 작동하고 있다고 본다.(교사 3)
> 수능 위주의 문제풀이식 수업이 이루어지기 때문에 교과교육목표가 제대로 기능하지 못하고 있다.(교사 4)
> EBS 교재가 곧 교과교육목표를 잠식하고 있다. EBS 교재가 주 교과서이고, EBS 문제집 중심으로 수업을 하는데, 거기에 교과교육목표가 기능하겠습니까?(교사 5)
> 평소에는 교과교육목표를 의식하지 않고 그냥 진도에 맞추어 가르친다.(교사 6)

교사들은 교육활동 속에 교과 교육목표가 기능하지 않고 있다고 반응하였다. 특히 대입을 위한 수능 위주의 문제풀이식 수업으로 전개되고 있어서, 교과교육목표가 제대로 기능하지 못하고 있는 것으로 파악되었다. 국가가 고시한 교과교육과정을 사실상 EBS 교재가 대체하게 되면서, 교과교육목표 등 국가가 실현하고자 하는 교과교육과정이 무의미해지는 상황이 전개되고 있다. 교과교육목표가 상실된 교육활동을 하는 것이 현금의 학교의 교육문화를 이루고 있다.

3) 교과(군) 필수 이수단위 준수 현황

"교과(군) 필수(최소) 이수 단위가 준수되고 있다고 보십니까?"라는 질문에 대해 대다수의 교사들은 교과군 필수 이수단위가 준수되고 있다고 대답하였다. 교과(군) 필수 이수단위와 기준 시수, 그리고 비교과 최소 이수단위, 교과별 기준 시수 적용 등은 대체로 잘 준수하고 있다고 하였다. 이는 규정상의 규칙을 준수하지 않으면 법적인 문제가 되기 때문에 필수 이수단위는 준수한다는 것을 보여준다. 교과군 필수 이수단위는 준수해야 마땅하지만, 이는 규정에 따르는 것이 교육이라는 관념을 형성하고 있다는 것과, 형식적 규정 준수에 집착하고 있다는 것을 반영한다.

4) 창의적 체험활동 운영 현황

가) 이수단위의 준수

"창의적 체험활동의 최소 이수단위가 준수되고 있다고 보십니까?"라는 질문에 대해서 대다수의 교사들은 창의적 체험활동의 최소 이수단위가 준수되고 있다고 대답하였다. 그러나 특히 고3에서 형식적으로 운영되는 경우가 많다고 응답하였다. 그리고 행정적으로는 이수단위에 맞춰 운영되지만 실제로는 체험활동영역에 따른 목표와 운영 면에서 차이가 있다고 지적하였다. 또 자율활동의 경우 일부 학교에서는 교과 수업시간처럼 편성하여 운영하는 경우가 있다고 응답하였다.

나) 체험활동 방식의 부분적 왜곡

"창의적 체험활동이 정상적으로 운영되고 있다고 보십니까?"라는 질문에 대해 일부 교사들은 창의적 체험활동이 정상적으로 운영되고 있다고 대답하였다. 반면에 일부 교사들은 창의적 체험활동이 편성 · 운영 기준에 따라 진행되지만 현실적으로는 여건이나 환경이 갖추어져 있지 않으며, 크게 관심도 없고, 입시와 관련하여 보여주기식 활동이 많음을 지적하였다.

> 편성 · 운영은 기준에 의해 진행되나 현실적인 여건상 이상적인 모습으로 진행되지는 못하고 있다. 일부 학교에서 교사의 수업시간 조절용으로 운영되고 있다.(교사 1)
> 인적, 물적, 시간적 환경 등이 갖춰지지 않은 경우가 많다.(교사 2)
> 창의적 체험활동이 입시의 중요한 자료로 보여주기식 활동이 많다.(교사 3)
> 입시 중심의 교육과 교사와 관리자의 관심이 부족하여 형식적으로 이루어지고 있다.(교사 4)
> 동아리 활동은 학생들을 지도할 전문교사가 한정되어 있고, 고3의 경우에는 동아리 활동을 활발하게 하는 경우가 많지 않다.(교사 5)
> 일부분(동아리활동, 봉사활동)은 정상적으로, 일부분(자율활동)은 그렇지 못한 경우도 있다. 특히, 학급활동의 경우 자율학습으로 대체되는 경우가 많다.(교사 6)
> 교과의 시수 배분으로 작용하고 있다.(교사 7)

창의적 체험활동 운영에 있어서는 현실적으로는 여건이나 환경이 갖추어져 있지 않는 편이며, 입시와 관련하여 보여주기식 활동이 많다고 지적하였다. 창의적 체험활동조차 입시에 대비하는 방식으로 운영되고 있음이 확인되고 있다. 이 시간을 대학입시 준비를 위한 자율학습을 하는 형태로 운영하는 경우가 많다는 것이다. 이런 점에서 창의적 체험활동이 소기의 목적을 달성하고 있다고 보기 어려운 실정이다.

5) 교과별 기준 시수 적용 현황

"교과별 기준 시수가 적용되고 있다고 보십니까?"라는 질문에 대해 대다수의 교사들은 교과별 기준 시수가 적용되고 있다고 대답하였다. 하지만 교원수급 상황에 따라 기준 시수 적용이 어려운 경우가 있다는 반응을 보이는 경우도 있었다. 국가수준 교육과정에서 규정하는 교과별 기준 시수가 교원수급을 결정하는 중요한 요인이 되기 때문에 교과목 편제와 기준 시수가 곧 교육과정의 전부인 양 인식하는 경향이 있다고 응답한 교사도 있었다.

6) 교육과정 편성 및 운영 현황

"국가수준, 교육청단위, 학교단위의 교육과정에 따라 교육과정이 충실히 편성 · 운영되고 있다고 보십니까?"라는 질문에 대해 대부분의 교사들은 국가수준, 교육청단위, 학교단위의 교육과정에 따라 교육과정이 편성 · 운영되고 있다고 대답하였다. 그러나 일부 학교의 경우에는 편성은 충실하나 제대로 운영되지 않거나 형식적으로 운영되는 경우가 있음을 지적하였다.

> 우리 학교는 자율학교 비지정고인데, 학교자율과정에 교과 편성이 국어, 영어, 수학에 집중되어 있다.(교사 1)
> 편성은 충실하나 일부는 제대로 운영되지 않고 있다.(교사 2)
> 일부 형식적으로 운영되는 경우가 있다.(교사 3)
> 대입 준비를 위한 교육과정 편성과 운영이 이루어지고 있다. 이는 아마 전국적 상황일 것이다.(교사 4)
> 국가수준의 교육과정 진도를 무시한 채 2학년 말에 3학년 과정까지 다 마친다. 이것이 규칙이 되어 있다. 이른바 속진 교육과정을 운영하는 것이다. 이는 전국적 현상이다.(교사 5)
> 인성교육을 강조하면서도 도덕, 윤리가 지나치게 적게 편성되어 있고, 특정 학년과 학기에 집중 이수토록 되어 있다.(교사 6)

실제 편성하여 운영하는 교육과정이 교육적 취지보다는 대입을 위한 수능시험에 맞추어져서 이루어진다. '교육의 바탕'이 소외된 채 입시 성적을 겨냥해서 편성 운영되는 경향이 농후하다는 것을 보여준다. 여러 선행연구들이 한결같이 보고하는 바로서, 입시 위주의 교육과정을 운영하면서 교육과정에 충실하지 못한 학교교육이 이루어지고 있음을 지적하고 있다.

7) 수업운영 현황

가) 입시대비 수업운영 : 문제풀이식, EBS 교재 중심 수업

"편성된 교육과정에 따라 수업이 운영되고 있다고 보십니까?"라는 질문에 대해 일부 교사들은 편성된 교육과정에 따라 교과목 특성에 부합하는 수업을 운영하고 있지만 대학입시에 초점을 맞춰 수업을 운영한다고 대답하였다. 정규교과 이외 특별활동은 거의 자율학습으로 이루어지고 있으며, 3학년은 문제풀이식 수능위주 수업으로 진행되거나, EBS와 연계된 입시 중심의 수업이 이루어지고 있음을 지적하였다.

> 교육과정 편성은 충실하나 일부는 제대로 운영되고 있지 않고 있다. 대입 중심으로 운영이 이루어지는 경우가 대부분이다.(교사 1)
> 정규교과 이외의 특별활동은 거의 자율학습으로 이루어지고 있다.(교사 2)
> 1, 2학년의 경우 교육과정에 따라 운영되지만 3학년은 거의 대부분 교육과정과 별개로 수업이 진행되고 있다.(교사 3)
> 교과별 최소 이수단위는 지키고 있지만 3학년은 입시용 수업으로 돌아가고 있다. 일부 과목에서는 EBS에 중점을 두는 경향이 있다. EBS가 연계된 이후 전국적인 현상인 듯하다.(교사 4)
> 교원 수급의 불균형으로 일부 과목, 예를 들면 사회, 과학 과목은 서로 상치되는 경우가 생기고 있다.(교사 5)
> 기자재 수량이 한정되어 있어 실험실습이 제대로 이루어지지 않고 있다.(교사 6)
> 특히 3학년은 문제풀이식 수능위주 수업으로 진행된다.(교사 7)
> 국영수 과목은 수업이 운영되지만 탐구 영역은 제대로 이루어지지 않는 경우가 많다.(교사 8)

2011학년도 이후에 대입수능시험에 맞추어 EBS 교재의 수업시간 활용이 눈에 띄게 증가하고 있다. 고등학교의 50%가량은 3학년 정규수업 시간에 EBS 교재를 사용하는 것으로 나타나고 있다. EBS 교재가 큰 저항 없이 정규수업 시간에 사용된다는 것은 그만큼 교육과정 파행 운영이 심각하다는 것을 반증한다. 이는 동시에 그만큼 '교육의 바탕'이 무너졌음을 보여주는 것이다.

나) 입시대비 수업방법 : 교과서 진도 나가기, 수능위주 문제풀이, EBS 교재 문제풀이, 교사중심 설명식 수업

"교육과정 편성에 따른 수업방법은 어떻게 이루어지고 있다고 보십니까?"라는 질문에 대해 대부분 교사들은 교과목에 따라 부분적으로 서로 다른 수업방법을 적용하지만, 여전히 획일화된 지식 전달 위주로 이루어지고 있다고 응답하였다. 예컨대 교과서 진도 나가기, 문제풀이, 교사중심의 설명식 수업이 주를 이루고 있다는 것이다. 실험실습 교과의 경우에도 강의식 수업이 일반적이라고 대답하였다. 실험실습이 제대로 이루어지지 않거나, 3학년은 문제풀이식 수능위주 수업으로 진행되거나, EBS와 연계된 입시 중심의 수업이 이루어지고 있음을 지적하였다.

> 실험실습의 교과의 경우에도 강의식 수업이 일반적이다. 탐구영역의 경우 실험실습이 제대로 이루어지지 않고 있다.(교사 1)
> 실험실습을 하고 싶어도 실습준비 시간, 기자재의 상태, 시험대비 등으로 교사중심의 설명식 수업을 하는 경우가 많다.(교사 2)
> 3학년은 주로 문제풀이식 수능위주 수업으로 진행한다.(교사 3)
> EBS 교재 문제풀이 수업이 대부분을 차지한다.(교사 4)
> 일부 과목에서는 EBS에 중점을 두는 경향이 많다.(교사 5)

교사들은 성적올리기 성과주의로 축소된 교육활동을 하는 데에 친숙해 있다. 성적올리기가 모든 교육활동의 원리가 되어 있음을 확인할 수 있다. 교사 중심의 설명식 수업이 주를 이루고 있는 바, 이미숙 외(2008)는 이를 "타율적 강제에 적응시키는 교육방식"이라고 명명하였다.

8) 교육과정 재구성권 현황

가) 학교의 재구성권의 최소화

"학교가 교육과정 재구성권(편성 · 운영의 자율권)을 발휘하고 있다고 보십니까?" 라는 질문에 대해 대체적으로 학교가 교육과정을 자율적으로 편성 · 운영하지 못하고 있다고 대답하였다. 일부 교사들은 자율권을 발휘하는데 교육과정 자체에 강제성이 많고 한계가 많다는 의견을 보였다.

> 학교수준에서 교육과정을 일정 부분 자율적으로 편성할 수 있지만, 교사수급 문제와 입시 여건에 따른 제약이 많기 때문에 쉽게 자율적으로 편성하지 못한다. (교사 1)
>
> 학교 자체가 가지고 있는 교육과정 자율의 프로그램 내용이 너무 빈약하다. (교사 2)
>
> 자율권이라 해도 입시에 유리하도록 하기 위해 주요 교과 중심으로 편성하는 방법을 쓰고 있다.(교사 3)
>
> 자율권이라고 하기에는 너무 교육과정 자체에 강제성이 많고 따라서 한계가 많다. 우리 학교의 경우는 교무부장, 교감 중심으로 교육과정이 편성되고 있다. (교사 4)
>
> 교육과정 재구성에 대한 관심이 없는 편이다.(교사 5)
>
> 학교교육과정의 편성 · 운영의 자율권이 제대로 발휘되지 못하고 있다.(교사 6)

나) 교사의 재구성권의 형해화(形骸化)

"교사가 교육과정 재구성권(편성 · 운영의 자율권)을 발휘하고 있다고 보십니까?" 라는 질문에 대해 대부분 교사들은 교육과정 재구성권을 자율적으로 발휘하지 못하고 있다고 반응하였다. 일부 교사들은 교육과정 자율의 의욕이 강한 소수 교사가 교육과정 재구성권을 발휘한다는 의견을 보였다.

> 원칙적으로는 재구성할 수 있지만, 제대로 행사하지 못하고 있다.(교사 1)
> 제시된 교과서에 따라 취사선택을 하여 수업을 진행한다.(교사 2)
> 교사들에게 교육과정 재구성에 대한 관심이나 관련 지식이 별로 없다.(교사 4)
> 재구성이 필요하지만, 현실적으로 재구성하기엔 많은 시간과 노력이 필요하므로 일부 교사의 경우 소수 재구성된다고 보면 될 것 같다.(교사 5)
> 자율권이라고 하기에는 너무 강제성이 많다.(교사 6)
> 교과에 따라 재구성이 가능하나 대부분은 불가능하다.(교사 7)

교사들은 자율적으로 교육과정을 편성하거나 필요에 따라 재구성하여 적절히 활용하는 경우가 적으며, 교육과정 재구성에 대한 관심이나 관련 지식이 없는 경우가 많다고 응답하였다. 교사에게 교육과정에 대한 자율 개념이 박약하다는 것을 확인할 수 있다. 교육과정의 자율권에 대한 의욕이 미약함을 확인할 수 있다. 교사 스스로 교육과정 기획의 전문성을 왜소하게 인식하고 있다.

9) 교과목표에 따른 평가의 현황

가) 교과목표와 평가 간의 비일관성

"교과목표와 평가 간에 일관성이 있다고 보십니까?"라는 질문에 대해 일부 교사들은 교과목표에 따라 평가한다고 대답하였다. 그러나 대부분 교사의 경우 수능시험과 대학의 요구에 맞는 평가를 할 수밖에 없으며, 교과목표를 특별히 의식하지 않고 가르친 내용을 중심으로 평가한다고 하였다. 그리고 대부분의 평가는 교과목표로 수렴된다고 보는 경우도 있으며, 평가의 전문성 부족과 교사의 평가에 대한 불신 등을 지적하기도 하였다.

> 대학수능시험과 대학의 요구에 맞는 평가를 할 수밖에 없다.(교사 1)
> 교과목표를 염두에 두고 평가를 하지는 않으나 대부분의 평가는 교과목표로 수렴된다고 생각한다.(교사 2)
> 평가의 전문성 부족과 교사의 평가에 대한 불신이 있다.(교사 3)

> 상대평가를 해야 하기 때문에 교과목표에 따라 평가하기가 힘들다. 상대평가 내신 제도가 적용되기 때문에 획일적인 평가를 할 수밖에 없다.(교사 4)
> 평가 시 교과목표를 특별히 의식하지 않고 가르친 내용을 중심으로 평가한다. 교과목표에 따른 평가라기보다는 수능시험 대비에 따른 평가가 이루어지고 있다고 보는 편이 맞다.(교사 5)
> 평가를 위한 시험문제의 난이도나 수준이 높은 편이다.(교사 6)

교육목표에 따른 평가가 이루어지는 것이 아니라 대입수능시험 출제경향에 따른 평가가 이루어지고 있다. 교사의 삶과 학생의 삶이 수능시험의 평가방식에 종속되는 경향을 보이고 있다. 시험의 성격에 따라 교사의 수업과 평가도, 학생의 공부 방법도 좌우되는 현상을 보이고 있다. 평가의 원리가 성적올리기 성과주의에 좌우되어 있다.

나) 정성평가의 최소화

"평가를 할 때 정성평가를 적절하게 합니까?"라는 질문에 대해 대부분 교사들은 평가를 할 때 정성적 평가를 도외시하고, 가급적 기록하는 평가를 꺼려한다고 하였다. 소수 '의식 있는' 교사들은 자기 나름의 방식으로 기록하는 평가를 시도한다고 응답하였다.

> 교과능력을 평가할 때 가급적 정성적 평가 혹은 기록을 하지 않으려고 한다. 수능시험과 대학의 요구에 맞게 평가할 수밖에 없기 때문이다.(교사 1)
> 정성적 기록을 염두에 두고 평가를 하지는 않으며, 정량적 평가만으로 교과목표에 따른 평가가 가능하다고 생각한다.(교사 2)
> 교과능력에 있어서 학생들 간의 차이를 발견하기가 쉽지 않고, 그래서 정성적 평가를 최소화한다. 소수 '의식 있는' 교사들은 부분적으로 정성적 평가를 하는 경우도 있다고 한다.(교사 3)
> 정성평가의 내용이 거의 대동소이하다. 샘플이 있어서 그것을 갖다 붙이는 수준이다.(교사 4)

현장 교사들은 학력평가에 있어서 주로 선택형 문항 출제를 통한 정량적 상대평가를 선택하고 있다. 정성평가는 최소화하거나 대동소이한 내용의 정성평가 기록을 하는 경우가 많다고 하였다. 교육의 '결과'에 대한 평가 개념에 익숙하고, 교육의 '과정'에 대한 평가의 개념과 기록에 의한 평가의 개념을 가지고 있지 않은 것으로 보인다.

마. 마무리

이 연구는 교육현장에 '교육의 바탕'이라는 건강한 생태계가 파손되어 있다고 전제하고, '무규범적 성과주의'가 한국사회 교육의 사회적 실재임을 확인하고자 하였다. 이를 위해 인문계 고등학교의 교육과정의 운영 실태를 분석대상으로 삼았고, 그 방법론으로 FGI 분석을 시도하였다.

1) 진단

인문계 고등학교 교육과정 운영 실태와 교육과정에 관한 교사의 인식에 대한 FGI 분석을 통해 그 경향성을 진단하면 다음과 같은 특성을 확인할 수 있다.

첫째, 교사의 교육활동은 무목적적 기능주의 경향을 보인다. 교사들은 학교급별 교육목표에 대한 인지가 대체적으로 낮은 편이며, 학교급별 교육목표가 교육활동에 중요하게 기능하지 않는 것으로 나타났다. 한편 교과교육목표에 대해서는 어느 정도 인지하고 있으며, 교과교육목표가 교육활동에 제한적으로 기능하고 있다고 응답하였다. 여기서 교사는 스스로 '인지부조화'를 경험하고 있음을 알 수 있다. 다시 말하면 교사는 '교육목적에 따름'이라는 원리적 방식을 유보하고 있다고 할 수 있다. 교사가 스스로 자리매김하는 방식은 교실에서 수업방법상이 기능을 발휘하어

학습의 효과를 높이는 기능적인 지식인 정도에 머물고 있다. 교사의 교육 전문성은 언제나 기능 발휘로 귀결되고 교사 자신들도 효과적인 기능 익히기에 여념이 없다. 이것 때문에 연수를 받고 교사로서의 자질을 검증받는다. 학생의 성취동기를 자극하고 성취결과를 극대화하는 데 동원하는 방법 배양이 주요 교육가치가 되어 있고, 어느새 그것에 따르는 것이 행동정식(praxis)으로 고착되어 있다고 할 수 있다.

둘째, 교육과정 운영에 있어서 교사들은 형식적 규정주의 경향을 띤다. 교사들은 교육과정과 관련하여 각종 규정을 형식적으로는 준수하고 있다. 이를테면 교사와 학교는 국가수준 교육과정상의 편제와 이수단위, 교육과정 편성 · 운영의 중점 등의 규정은 충실하게 지키며, 국가 수준, 교육청 수준, 단위학교 수준의 교육과정 편성 · 운영 지침, 즉 교과 및 비교과의 편제와 이수단위는 비교적 잘 준수하는 것으로 나타난다. 물론 비교과의 경우에는 운영 면에서 제대로 규정이 지켜지지 않는 경우도 있다. 이는 교육부 고시를 통해 하달되는 규정이기 때문에 따를 수밖에 없다는 것을 보여준다.

셋째, 교육과정 실행상의 교육방법이 수능시험 대비 성적올리기 방법주의에 경도되어 있다. EBS 교재 중심, 문제풀이, 진도 나가기, 정답 가르치기 등의 경향이 반교육적인 상황을 만들어내고 있다. 면담자들의 응답 경향을 보면, EBS 교재 중심의 수업과 문제풀이 중심의 수업이 수업의 전형으로 고착화되어 있음을 알 수 있다. 성적올리기 중심의 '성과주의'에 경도되어 있음을 보여주는 것이다. 그 한 예로 학교와 교사는 고교 2학년에서 '진도 다 끝내기'의 전술을 구사하는 바, 이는 전국의 고등학교의 일반적인 현상으로, 교육과정을 실행하는 교육방법상의 파행 운영이 일반화되어 있음을 보여주고 있다.

넷째, 교육과정과 관련하여 교사의 탈전문주의(despecialization)가 진척되고 있다. 이는 국가주의 교육과정 정책을 반영하는 것이지만, 전국단위의 획일화된 수능시험제도와 비자발적 교과서제도가 이를 더욱 악화시키고 있다. 교사는 기존의 편찬내용을 그대로 수용하고, 이를 효율적으로 가르쳐 성적올리기 활동에 매진하는 기능인에 가깝다. 다시 말하면 교사는 교육과정 기획의 전문성을 발휘하여 교재구성에 몰두하기보다는 수능시험의 영향력에 밀려 문제풀이, 정답 가르치기, 성적올리기 기법에 익숙하다. 이로 인해 교육과정 기획이라는 교사의 존재방식은 허구화되고 있다고 할 수 있다.

이상과 같은 네 가지의 경향성에 비추어볼 때, 한국사회 교육현장은 '교육의 바탕'이 파손되어 있음을 반증한다. 교육과정을 운영해서 다양한 형태의 학력을 키운다는 인식이 결여되어 있고, 교육과정을 매개로 밀착의 교육적 관계를 형성한다는 원리적 인식도 결여되어 있고, 교사의 교육과정 자율이 허구화되어 있다는 점에 비추어볼 때, 한국사회의 '교육의 바탕'은 허물어져 있다고 할 수 있다. '교육의 바탕'을 고민하지 않고 눈앞의 성과(성적과 석차, 입시 경쟁과 사회적 성공)를 밀어붙이는 '무규범적 성과주의'가 사회적 실재로서 작용하고 있으며, 이것이 아이들 세대가 겪고 있는 불안의 심층에 자리 잡고 있음을 알 수 있다. '교육의 바탕'에 대해 무관심한 채 학교교육을 분석할 수 없고, 이것을 도외시한 채 교육정책을 구안할 수 없다. 한국사회의 교육개혁론은 이것에 대한 인식과 성찰에서부터 출발해야 한다.

2) 제안

연구자들은 직접 교육과정 운영의 파행성에 대해 문제를 제기하고 이들의 경향성에 대한 분석과 진단을 통해 정책적 방향을 제안하고자 한다. 여기서 연구자들은 '무규범적 성과주의'를 떨쳐내고 그래서 '교육의 바탕'을 복원하기 위해 우선적으로 교사의 대안적 존재방식에 대해 언급하고자 한다.

첫째, 학교 교육목표와 교과 교육목표에 따른 교육활동이 이루어져야 한다. 송진경(2005)의 언표대로, 교육은 교육목적을 추구하는 전문적 가치기획이다. 교사는 학교의 교육목표와 교과의 교육목표를 달성하기 위해 교사가 교육활동을 기획하고 실행한다. 이것이 교육의 합리다. 교사는 교육목적에 따른 교육활동을 기획하고 실행해야 한다.

둘째, 교사는 교재를 편찬해서 사용할 수 있어야 한다. 교재를 편찬하여 사용한다는 것은 당대의 문화적 자원을 '교육내용'으로 번역할 수 있다는 것을 의미한다. 교재는 교육활동을 매개한다. 교사는 교과서를 쓸 용의가 있어야 하고 이를 위한 지적 수고를 아끼지 않아야 한다. 이러한 지적 수고를 통해 교사는 더욱 수준 높은 교사로 양성되고 교사다워진다.

셋째, 교사는 교육과정 기획의 능력을 발휘해야 하며, 이를 위해 그 기획의 권한을 교사에게 부여해야 한다. 교사는 교육과정 기획을 통해 탐구와 발견이 생겨나는 교육방법을 구안할 수 있다. 학생들의 창의적 활동은 온전히 교사의 몫이다. 학생들의 창의적 활동은 교사만이 지도할 수 있다. 교사는 교육의 가능성을 이론화함으로써 자신의 교육과정 기획이 학생의 창의적 학습활동의 토대가 될 수 있도록 해야 할 것이다.

넷째, 교사는 학생들의 '교육의 과정'에서 보이는 성장과 발달을 기록할 수 있어야 한다. 교사의 교육활동은 교육과정의 구성을 넘어 자신이 가르친 학생의 학력을 평가함으로써 완성된다. 이 경우 교사는 시험과 평가를 동일시하면서 시험을 통해 성적과 석차를 내는 일을 평가라고 생각하는 종래의 방식을 떨쳐버려야 한다. 교사는 학생들의 성장과 발달을 제대로 평가하고 기록하는 평가관을 가져야 한다. 평가의 대상과 방법은 학습상황에서 체험을 통해 이루어진 학생의 행위양식(대상에 대한 이해, 태도 기능)에 관한 것이어야 한다. 이러한 평가관과 평가제도는 작금의 성적 경쟁을 완화시킬 수 있으며, 학교교육의 과정의 합리성을 갖도록 해 줄 것이다. 이렇게 될 때 평가가 교육의 과정의 한 국면이 되고, 교육적 평가의 제자리를 찾아가게 될 것이다.

여기서 한 가지 중요하게 판단할 것이 있다. 학력을 평가하는 권한을 누구가 가져야 하는가이다. 교육과정의 정상 운영을 담보하기 위해서는 교육과정을 운영하는 교사, 즉 가르치는 자가 평가권을 가져야 한다(김재춘 · 설현수 외, 2005). 교사와 학생의 교육적 관계의 충실성은 가르치는 자의 학생평가권 토대 위에서 비로소 성립 가능하다. 김민남(2014)은 가르치는 자의 평가권을 온전하게 부여하는 것에서 교육혁신정책이 출발해야 한다고 주장한다. "가르치는 자의 평가권을 제도적으로 구체화하여, 이를 교사에게 부여하고 그것에 대해 책임지게 한다. 그것을 '교사별

평가제'라고 명명했다. (중략) 국가와 대학으로부터 학력평가권을 회수하여 이를 교사에게 부여하는 데서 교육과정의 정상 운영은 가능해진다"(김민남, 2014, 26-29). 교사별평가제는 교사로 하여금 교육의 주체로 나서게 할 뿐만 아니라 교사로 하여금 교육목표의 설정, 교육과정의 기획, 교육 프로그램의 구성, 창의적 수업의 전개라는 교육활동을 체계적으로 구현하도록 합리적으로 강제하는 장치라고 할 수 있다. 이런 점에서 교사별평가제는 공교육의 충분조건을 성립시킨다고 할 수 있다. 교사(학교)가 학생을 평가하는 권한은 교사의 전문성을 요구하며 동시에 교사의 사회적 책임을 수반한다. 이런 점에서 교사별 평가는 공교육체제 운영의 기본원리가 될 수 있다.

교사별 평가는 가르치는 자의 책임의 문제, 신뢰의 문제를 동반한다. 그 책임은 그의 평가능력(전문성)을 공개함으로써 검증된다. 그의 평가능력은 의도한 학력신장이라는 목표 달성에 필요한 자원을 얼마나 집중했는지에 대한 기록에서 나타난다. 신뢰할 수 있는 평가권은 '가르치는 교사'가 가르침을 받은 학생을 평가하는 방식에서 성립한다. 즉 교사별평가 방식으로 평가권의 신뢰성은 확보된다.

요컨대 교사는 교육목적과 교육과정에 대해 끝없이 이론적으로 성찰함으로써 비로소 교직이 된다. 그 성찰이란 스스로의 교육과정 기획이 타당성을 갖는지에 대한 자기물음이며, 그것에 기초한 교육활동이 적합성을 갖는지에 대한 자기물음이다. 교육목적을 정립하려는 교사의 지적 수고, 교육과정 기획을 통해 교과지도와 생활지도의 적절성을 도모하려는 지적 수고, 그 교육적 타당성 물음에 수반되는 교사의 지성과 헌신성이 교사의 전문성을 구성하는 핵심요소가 된다. 그 교육과정 기획이 학교교육을 변모시키고, 학생을 발달시키고, 교사 자신을 발달시킨다. 이와 같은 교사의 대안적 존재방식이 일상의 시스템이 될 수 있도록 합리적으로 강제하는 제도적 기제로서, 법과 제도가 허용하는 범위 내에서 교사에게 교육과정 편성 · 운영의 자율성을 최대한 부여하는 것이다. 이를 체계화하기 위한 제도적 대응책으로서 교사별평가제를 도입하고, 이 맥락에서 교사에게 평가의 전문성에 대한 책임을 묻는 교사평가제를 도입하는 것이다. 여기서부터 교육과정 정상화의 단초가 열린다. 이 지점이 '교육의 바탕'을 복원하는 출발점이다.

III

'교육 현장성 위기'에 대한 제도적 대응

6장 전공단위 선발방식의 제도화[1)]

가. 문제제기

이 연구의 목적은 입학사정관전형이 지향해야 할 전형모형으로 '전공단위 선발'을 쟁점화 하는 바, 이것에 대해 이론적 탐색을 하고자 하는 것이다. 구체적으로 말해, '전공단위 선발제도' 도입의 전 단계로서, 이 제도에 대해 개념적 이론적 논의를 하면서 이를 정당화해 보고자 한다. 이 논의를 위해 먼저 전공단위 선발이 필요한 이유와 취지에 대해 논의한다. 또 이 제도와 연관하여 대학교육에 대해 그리고 대학의 학생선발에 대해 재개념화 하고자 한다. 이 연구는 전공단위 선발의 이론적 지향성을 분명히 하는데 논의의 초점을 두고 있다.

연구자는 처음 도입되었던 입학사정관전형이 '전공단위 선발제'로 이루어져야 한다고 주장할 참이다. 사실 참여정부 교육혁신위원회에서 입학사정관제를 도입하고자 했을 때 그 본래 취지는 이 연구에서 말하는 '전공단위 선발'을 실현하고자 하는 것이었다(교육혁신위원회, 2005 ; 김민남 · 손종현, 2006: 336-338).

연구자는 '전공단위 선발제'를 일반적으로 다음과 같이 개념화하고 있다. 첫째, 하나의 주요 전형경로로서 일반전형에 적용된다. 둘째, 전공단위가 전공교육목적을 설정 · 공포 · 선언하고 이것에 부합하는 학력(교육적 경험)을 가진 학생을 선발한

1) 《교육철학》, 제44집, 〈전공단위 선발제도의 철학적 탐색〉, 157-196쪽의 내용을 수정한 것과 일부 내용을 보충한 것이다.

다. 셋째, 자연스럽게 입학사정관(전임, 위촉, 교수 사정관)이 선발의 주체가 되어 사정과 선발을 주도한다. 넷째, 선발은 '사정'에 의해 이루어지며, 이 경우 '기본' 전형자료는 학생부이다. 여타의 자료들 예컨대, 수능성적, 자기소개서, 추천서 등은 '주요' 자료 혹은 '보조' 자료로 활용된다. 다섯째, 현 단계에서도 전공단위 선발을 하나의 선발유형 혹은 특별한 하나의 선발경로로 설정할 수 있다. 여섯째, 전형 시기는 일단 수시모집에 적용하지만, 연중 학생에 대한 스크리닝과 발굴이 이루어진다.

이 연구에서 사용하는 주요 개념을 정의해 둔다. '전공단위 선발제'란 입학사정관제에 기초하여 입학사정관과 전공학과 교수들이 학교생활기록부를 위시한 다양한 전형자료를 활용하여 전공단위의 교육목적에 부합하는 학생을 자율적으로 뽑을 수 있도록 보증하는 선발제도를 말한다. '전공단위'란 전공학과, 학부, 단과대학[2], 연계전공과정 등을 지칭한다. 이는 모집요강에서 단순히 정원을 제시하는데 그치고 선발의 주체로서 별로 기능을 하지 못하는 '모집단위' 개념과는 다르다.

이 논문에서 연구자는 '전공단위 선발제'를 대학의 학생선발에 필요한 하나의 보조장치가 아니며, 더구나 전형방법의 다양화 차원에서 하나의 전형방법을 개발한다는 의미가 더더욱 아니라, '수능 성적 · 석차 중심 입시제도'를 '학생부 이력사정 중심 입학제도'로 선발패러다임 자체를 전환할 수 있게 하는 제도적 기제라는 관점을 가지고 쟁점화하고 있다.

나. 반성적 탐색의 배경

먼저 '전공단위 선발'을 쟁점화 하는 배경에 대해 논의한다. 논의의 요소로서, 대학의 현행 선발관행에 대해 비판하고, 전공단위 선발의 취지에 대해 논의한다. 또

2) 예컨대 간호대학, 의과대학, 수의과대학 등 하나의 교육단위이면서 그것이 하나의 모집단위가 될 수 있는 단위를 말한다.

전공단위 선발과 관련하여, 입학사정관제를 시행하는 선진외국의 선발의 지향에 대해 논의한다.

1) 대학의 선발관행에 대한 비판

대학은 학생선발에서 많은 문제점을 노출하고 있다. 종래까지 대학의 선발관행은 다음과 같은 특징을 보여주고 있다.

첫째, 대학은 수능시험 성적 위주로 학생을 선발해 오고 있다. 대학은 수능시험 성적을 단일 척도로 사용하여 학생을 선발하는 제도를 운용하면서 전국을 전면적 성적 · 석차 경쟁으로 몰아가고 있다. 대학은 이미 선발의 잣대가 들어 있는 수능시험 점수를 행정적으로 처리하여 선발하면서, 시험성적 위주의 획일적 선발을 관행화하고 있는 것이다.

시험성적 위주 선발은 실제로 전공교육에 적합한 '우수인재'를 선발하는 데 부족하다. 왜냐하면 시험점수가 '우수인재'를 보증하지 못하기 때문이다. 또 점수위주 선발은 입학 후 전공교육의 효과성에 비추어 보아도 부적절하다. 왜냐하면 성적을 기준으로 학교 · 학과를 선택하고 학생을 선발했는데 그 성적이 대학 전공공부를 이끌지 못하기 때문이다. 이런 사실은 일상의 경험세계에서 확인되고 있고, 선행연구에서도 확인되고 있다(지은림, 1999; 박윤배 외, 2009; 이미경 외, 2011). 경북대, 건국대, 서울대 등 여러 대학교에서, 대학 재학성적(GPA)이 우수한 학생은 수능보다는 내신 성적이 우수한 학생이었음이 조사연구에서 밝혀지고 있다. 이런 점에서 보면 수능시험 위주 학생선발을 탈피할 필요가 있으며, 수능성적이 높은 학생을 많이 확보하는 것을 자기 학교의 위상으로 여기는 의식과 태도를 수정할 필요가 있다. 이제 대학은 학생들의 다양한 재능의 발견과 표현의 기회를 체제적으로 허용하면서, 재능과 소질과 관심과 포부를 적극적으로 반영하는 선발방식으로 전환해야 한다.

둘째, 대학은 지금껏 전공단위 교육목적과 무관한 선발을 계속해 왔다. 대학의 학생선발에서, 지금까지 자의든 타의든 전공교육 목적에 따른 선발이 이루어지지 않고 있다. 비록 전공학과의 교육목적이 있다고 하더라도 그 교육목적을 고려하지 않은 채, 대학과 학과의 인기 순위에다 학생의 도구교과 성적을 맞추는 식으로 학생 선발을 해 왔다(김회수 · 김철주, 2003: 20-21).

대학은 일반지능을 맹신하는 가운데, 도구교과 시험성적 중심으로 학생을 선발해 오고 있다. 그 귀결로서 입학 후에 전공부적응, 중도퇴학, 반수 등의 현상이 체계적으로 발생하고 있다. 예컨대, 서울대의 경우 대학입학 후에 전공적성이 맞지 않아 진로를 새로 고민하는 학생비율이 40%를 상회한다(2006, 대학생 설문조사). 경북대의 경우, 대학에 입학한 뒤 스스로 학교를 떠난 학생이 최근 3년간 1,700명에 이르는 것으로 나타났고(MBC, 2010.10.4), 최근 자퇴한 학생 가운데 40% 정도(대구캠퍼스 1,200명 중 490명)가 장학생인 것으로 나타났다(TBC, 2010.10.4). 이는 전공교육목적이나 전공학업의욕과 무관하게, 수능성적을 기준으로 삼아 학생을 선발한 것이 하나의 요인으로 작용한 것이라 할 수 있다. 이제 대학은 전공단위의 교육목적이 기능하여, 전공학과 학업과 관련된 재능, 소질, 관심과 의욕, 포부를 반영하는 선발방식을 기획하는 방향으로 나아가야 할 것이다.

2) 전공단위 선발의 필요성

연구자는 다음과 같은 이유에 비추어, '전공단위 선발'이 필요하다는 점을 분명히 한다.

첫째, 다원주의 시대의 흐름에 부응하는 방식으로 선발제도를 전환할 필요가 있다. 다원주의 시대는 다방면의 다양한 재능을 가진 '인재'를 필요로 한다. 이 시대는 직업세계에 적응하고 이를 선도하는 '세상 보는 눈을 가진' 전문적 실력을 필요로 한다. 세계화에 부응하는 인재란 어떤 곳의 어떤 요구에도 '모험하는 자아'의 상(像)을 충실하게 추구하는 자를 말한다. 시대가 변화하고 있는데도 불구하고 대학은 시험성적이 높은, '똑똑한 아이'를 골라 뽑으려는 것에 혈안(血眼)이 되어 있다. 이와 같은 대학의 '획일의 자세'가 다원주의 시대의 흐름을 가로막고 있다. 일반지능에 대한 맹신은 시대착오이다. 이른바 '대학수학능력'을 그 학생이 가진 '하나의 학습자원'의 문제로 이해하는 것이 시대적 흐름이다. 무엇보다 마땅히 시대를 앞서가야 하는 대학이 획일을 조장하는 선발방식을 고집하는 것은 공교육에 대한 무책임을 반증하는 것이다.

둘째, '전공적합성'이 뛰어난 학생을 선발해야 대학이 교육력을 제고할 수 있다. 대학은 전공단위 교육목적에 부합하는 '교육적 경험'을 지닌 학생을 선발할 필요가 있다. 전공단위에서 탐나는 다방면의 다양한 학력과 재능을 가진 학생들을 선발한다. 입학 후 전공학업에 대한 자부심을 가지고 그것에 매진할 학생을 뽑아야 전공학과가 활기를 띠게 된다.

대학은 다방면의 다양한 재능을 가진 학생을 '발굴'하는 방안으로, 시험점수 이외에 다양한 '학습자원'의 가치를 숙고할 필요가 있다. 이를테면 ① 교과에 대한 태도 · 흥미 · 의욕 · 관심 · 포부 같은 정신적 동력이 지닌 가치, ② 전공에 대한 적성 · 경험 · 소질 · 특기 등의 기능적 가치, ③ 직업세계의 변화와 요구에 따른 창의성 · 리더십 · 봉사성 등이 그것이다. 이것들은 놓칠 수 없는 '학습자원'이다. 이 학습자원도 학력(學力)을 구성하는 것으로서, 대학 GPA와 전문 진로직업능력에서 그 예언도가 수능성적에 버금갈 정도로 높은 요소이다.

셋째, 전공단위 선발은 선발의 자율성을 실질화한다. 대학은 글자 그대로 선발의 자율성을 실질화할 필요가 있다. 대학이 진정 선발의 자율성을 누리려면 어떻게 해야 할까? 성적에 의한 '선발'에서 전공목적에 따른 '발굴'로 전환할 때 그것이 가능하다. 전공단위 교육목적을 성취하기 위해 전공단위가 선발권을 행사하고, 오직 전공단위 '교육목적'에 적합한 인재를 '발굴'한다는 타당성 가치를 우선할 때 실제로 '선발의 자율성'을 향유할 수 있다. 학습자원을 발굴하고 그것을 선발의 기준으로 읽을 수 있도록 전형자료화하는 전문성에 의해 선발의 자율성은 확보된다.

엄밀히 따지고 보면, 수능시험성적 위주 선발은 사실상 선발의 자율성을 포기하는 것에 진배없다. 대학이 선발권을 스스로 포기하면서 선발의 자율을 요구하는 모순을 범해 왔다는 것이다. 그 이율배반은 학교 · 교사의 평가권을 부정한 채 국가가 전국단위 수능시험을 치게 하고, 대학이 따로 본고사형 (논술) 시험을 치는 역리(逆理)로 나타났다. 어느 나라도 어느 대학도 이런 무모한 짓을 하지 않는다.

넷째, '고교-대학 간 교육과정 연계'를 실질화하여, 고교 교육과정을 정상 운영하도록 이끈다. 현행의 입학사정관전형(학생부종합전형)으로는 제도 도입의 본래 취지인 '고교-대학 간 교육과정 연계'라는 가치를 실현하기가 매우 어렵다. 현행의 전형방식은 오히려 그 본래 취지를 추상화시키고 더 나아가 그것을 허구화하는 경향을 노출하고 있다. 대학 전공학과의 교육과정과 고교의 교육과정 이수 이력을 연계하는 방식은 '전공단위 선발'을 지향할 때 실질화될 수 있다.

'고교와 대학 간의 교육과정 연계'는 다음과 같은 교육제도와 선발제도를 비전으로 겨냥한다.

첫째, 고교는 교육과정을 운영하여 교육과정목표를 완성한다.

둘째, 대학 전공단위도 교육목적과 교육과정목표를 분명히 선언하고 이것을 완성한다.

셋째, 대학 전공단위는 선언한 교육목적과 교육과정목표에 근거하여 가장 적합한 고교 교육과정을 이수한 학생을 스크린하고, 사정하고, 선발한다.

넷째, 일반계 고교 이외에 전문계 고교, 특수목적고 등의 동일계 전형도 이와 같은 방식으로 선발한다.

다섯째, 고교-대학 간 교육과정 연계는 국가 공교육의 계통성을 복원한다. 교육과정 연계는 학교급별 교육과정을 정상 운영케 하며, 그것이 공교육을 살려낸다.

이런 선발시스템이 전제될 때, 고교가 수능시험에 절대적으로 종속되지 않고 자신의 교육과정을 정상 운영할 수 있고, 대학과 전공단위도 자신의 전공교육목적 혹은 교육과정목표를 완성할 수 있는 토대를 갖출 수 있다. '고교-대학 간 교육과정 연계'가 필요한 이유는 고교로 하여금 교육과정을 정상 운영하게 하고, 대학 전공단위도 교육과정을 정상 운영하도록 안내하기 때문이다.

왜곡된 채 도입된 초기의 상황처럼, 특별전형에 적용되는 수준의 입학사정관제로는 고등학교 교육체제가 바뀌지 않는다. 현행처럼, 수시전형에서 점차 그 비중이 축소되는 학생부종합전형으로는 고등학교 교육과정체제가 바뀌지 않는다. 입학사정관제가 전공단위 선발을 겨냥하여 본질적으로 선회할 때, 그것이 교과 교육과정과 비교과 교육과정의 온전한 이수를 합리적으로 강제하기 때문에 학교교육이 실질적으로 바뀔 수 있다. 왜냐하면 전공단위 선발제는 보편적인 교육적 기준에 따라 키워진 일반학생을 대상으로 일반전형을 통해 선발하게 되고, 그리하여 고교의 교육과정 정상 운영을 격려하는 선발방식으로 작용하기 때문이다.

전공단위 선발제는 반드시 고교 교육과정 이수 이력의 적합성과 충실성을 문제 삼도록 되어 있다. 국가기준 수능시험의 성적과 석차가 아닌, 고교 교육과정 이수의 과정과 결과의 기록을 읽어서 사정하도록 하는 방식이기 때문이다.

3) 전공단위 선발의 취지

앞에서 말한 필요성 논의에서 부분적으로 언급한 바 있지만, 전공단위 선발은 고교 교육과정 정상화의 계기가 되고 동시에 대학 전공교육 활성화의 토대가 된다. 여기서는 전공단위 선발이 고등학교에게 주는 의미를 중심으로 고찰한다.

무엇보다도, 전공단위 선발제는 고등학교(교사)에 대해 학교의 성격에 따른 독특한 교육활동의 기획과 실행을 유도한다. 전공단위 선발은 고등학교의 성격과 형태에 맞는 다양한 프로그램을 개발할 수 있도록 합리적으로 강제한다. 학교가 강조해 마지 않는바 그 교육목표를 실현하는 교육활동의 기획이 교육의 질을 관리하는 방책이 되게 하고, 이 교육활동 기획을 통해 교사 간에, 학교 간에 교육력을 경쟁하도록 유도한다. 그래서 학교(교사)가 다양하고 질 높은 프로그램 개발로 나타나도록, 학생들 간의 수능성적 경쟁에서 학교 간 교육력과 교사 간 교육프로그램의 경쟁으로 나아가게 한다. 이는 체험의 장이 되는 학교, 즉 대다수 아이들이 인간과 사회와 자연을 체험하고 그 체험을 조직화하도록 이끄는 학교를 성립시킨다. 이는 곧 진로 탐색이 가능한 학교생활을 합리적으로 강제한다.

또 전공단위 선발제는 모든 학생들로 하여금 교육의 과정의 균등을 통해 수월성을 추구할 수 있도록 이끈다. 전공단위 선발은 어떻게 선발에 대응할까의 문제에 국한된 것이 아니라 어떻게 교육과정의 실행 과정의 균등을 보증할까의 문제를 제기한다. 그 귀결로서 모든 아이들의 재능이 발휘되는 진로교육을 이끌어낸다. 전공단위 선발이야말로 고교로 하여금 교육의 과정의 질을 염두에 두고 그 질을 높이도록 만든다. 여기에는 (이론적으로는) 문화자본의 불평등에 의한 기록의 불평등을 끝없이 염려하고 이를 구조적으로 차단하는 교사의 지성이 요청된다. 대학은 전공 교육목적에 비추어 고교 교육과정 이력 기록을 해독·사정하여 선발한다. 이는 타당한 선발을 보증한다. 교육의 과정의 균등을 통해 형성된 아이들의 학력을 사정하여 선발하는 방식은 그 자체가 사회정의에 대응하는 방식이다.

4) 선진외국의 사례

연구자가 개념화하고 있는 전공단위 선발은 입학사정관제를 운용하는 선진외국의 대학에서 유사한 형태로 이미 시행되고 있다. 이를테면 선진외국의 입학전형은 전공단위 선발의 가치를 지향하고, 전공단위의 특성에 부합하는 학생을 선발하고 있다는 것이다.

물론 입학사정관제를 광범위하게 실시하고 있는 미국이 여기서 말하는 '전공단위 선발'을 그대로 적용하고 있는 것은 아니다. 미국의 주요 대학은 다소간 차이가 있으나 전공단위가 학생선발 단계에서 전공을 구분하여 선발하지는 않지만(김영섭, 2009: 19), 입학사정관이 중심이 되어 '고교-대학 간 교육과정 연계'를 염두에 두고 선발에 나서고 있다. 정진곤(2005)의 연구에서 잘 드러나듯이, 미국은 고등학교의 교과성적과 지적 능력을 비중 있게 다루고, 나아가 예체능분야의 특기와 활동사항과 봉사활동 실적, 그리고 향후 성장가능성을 중요시하고 있다. 또 미국은 큰 틀에서 입학사정관세를 하나의 주류의 선발경로로 운용하고 있나. 일반전형으로, 주류 전형방법론으로 적용하고 있는 것이다. 주지하듯이, 미국은 입학사정관제를 통해 잠재력, 창의성, 인성, 발전 가능성 등이 우수한 학생을 발굴하는 선발을 하고 있다.[3]

영국의 경우에는, 대학의 전공학과 교수가 교수(teaching)와 연구(research) 이외

3) 미국은 특히 성적위주(인지적 변인) 선발방식에서 탈피하여, 비인지적 변인을 중요시한다. 비인지적 변인으로 '긍정적 자아개념, 실제적 자기승인, 성공적으로 체제에 대응하는 능력, 장기목표에 대한 선호도, 후원자의 이용가능성, 지도성 경험, 지역사회 참여, 현장에서 획득한 지식' 등이 강조된다 (Sedlacek, 2004: 37).

에 관리(management)와 관련된 업무를 수행하고 있는 바, 특히 '관리' 분야에 속하는 선발 업무를 직접 담당하고 있다(김현철 외, 2006: 52). "옥스퍼드 대학의 사례에서도 볼 수 있듯이, 대학에서도 전공 학과에 따라 선발 방법 및 내용이 서로 다를 뿐 아니라 실제 전공 학과에 교수가 전적으로 선발에 책임을 지는 제도이기 때문에 전공 학과의 교육 목적에 맞는 학생을 선발할 수 있는 것이다"(김미란, 2010: 215).

일본이 도입하고 있는 AO전형은 사실상 그 성격으로 비춰보면 '전공단위 선발'을 추구하고 있다고 할 수 있다. 특히 일본은 미국의 제도와는 달리 입학사정관을 별도로 두지 않고 전공학과 소속 교수들이 입학사정관의 역할을 맡는다는 특징을 보이고 있다. 그러면서 전공학과 교수가 입학사정관이 되어, 학력검사에 편중됨이 없이 상세한 서류심사와 시간을 들인 세밀한 면접 등을 통해 수험생의 능력 · 적성 · 학습의욕 · 목적의식 등을 보다 다면적이고 종합적으로 판정하는 선발방식을 이끌고 있다(경북대학교 입학과, 2008: 6-7).

다. 대학 학생선발의 재개념화

전공단위 선발의 성립조건은, 입학사정관제와 마찬가지로, 고교는 기록가능한 교육활동을 하는 것이고 대학은 '졸업의 관점'에서 선발방침을 기획하는 것이다(손종현, 2010: 50). 이 성립조건과 관련하여, 대학의 '선발'과 '사정'에 대한 개념을 위시하여 선발제도, 평가관, 선발시스템이 바뀌어야 한다. 여기서 대학의 학생선발에 대한 개념적 인식이 어떻게 전환되어야 하는지에 대해 논의하고자 한다.

1) 선발 · 사정 개념의 전환

종래까지는 시험성적에 의한 줄세우기를 선발로 인식해 왔다. 그러나 선발은 수능시험 중심의 성적 · 석차(일반지능)에 의한 줄세우기가 아니다. 선발에 대한 관념이 근본적으로 바뀌어야 한다.

선발은 '발굴'하는 행위이다. 진미숙(2010)은 '성적 · 석차에 의한 선발'이 아닌, '교사의 교육활동 기획에 의한 발굴'로 선발을 개념화하고 있다. 이 경우 발굴은 적합한 능력을 끌어내 보여주는 일, 학생의 노력을 가치화하는 행위임을 분명히 하고 있다.

> 선발은 발굴하는 것이다. 선발은 아이의 성장 경험을 면밀히 읽어 현실 세계 속에서 꽃피우는 장치이다. 수능 성적이나 교과 성적 외에도 고교 생활 전반의 능동적인 학교활동을 통해 자신의 꿈을 키우면서, 이를 미래의 직업세계로 연결해내는 구체적인 노력을 가치화 하는 행위이다(진미숙, 2010: 234).

선발은 재능과 소질과 관심을 발굴하는 사회적 행위양식이다. 선발은 학교가 키운 다양한 종류의 '교육적 경험', 즉 재능, 소질, 관심을 발굴하는 일이다.[4] 학교와 교사의 교육활동 기획에 의해 형성된 것이라면 재능과 적성, 소질과 특기, 관심과 의욕, 포부와 몰입 경험 등은 놓칠 수 없는 '학력(학습자원)'이다. 이 '학력(학습자원)'은 학습능력을 구성하는 주요 요소이다.

선발은 '가능성을 읽는' 행위다. 교육은 앞으로 잘할 수 있는 가능성, 기반으로서의 능력을 발달시키는 것이다. 교육과 교육학은 가능성(the possible)을 보는 것, 이것을 인정하는 것이다. 이런 이론적 맥락에서, 대학의 학생선발은 여기서 말하는 가능성을 읽어주는 것이다. 그래서 선발은 척도를 가지고 뽑는 것이 아니고, 장차 교육시킬 학생의 가능성의 세계를 읽고 뽑는 것이다.

선발은 '사정에 의한 이해'이다. 사람에 관한 평가인 한, 평가는 판정보다는 이해이다. 이모저모를 살펴서 그 사람을 이해한다(김민남, 2009: 2). 이해는 단일 척도로

4) '재능과 소질과 관심을 발굴한다'는 개념은 모든 학생에게 적용되는 것으로서, 이는 '한 사람은 온 천하보다 더 귀하다, 모든 사람은 평등하다, 모든 사람은 다 천재이다'의 개념화와 같은 개념 군(群)을 이룬다. 이 개념에 의할 때, 비로소 모든 학생의 재능, 소질, 관심을 최대화할 수 있다. '모든 학생을 위한 진로교육' 개념이 정당성을 획득한다. 국가경쟁력은 여기서 성립한다. 국력의 최대화는 여기서 가능하다.

서는 불가하다.

선발은 성적 중심에서 '교육과정 이력' 중심으로 사정한다. 고교의 정상적 교육과정 운영, 즉 국가교육과정의 취지에 맞는 교육과정 지도로 획득된 '교육적 경험'에 대해서만 관심을 갖는다. 이것은 학교생활기록부에 고스란히 기록된다. 교사에 의해 평가된 교육과정 이력의 기록에 대해서만 사정의 대상으로 삼는다(김민남 · 손종현, 2006: 337).

선발은 '화려한 아이', '유별난 아이'를 골라내는 행위가 아니다. 선발은 잘 사는 아이, 잘난 아이를 뽑는 정치적 행위가 아니다. 선발은 교육과정을 충실하게 이수한 학생이면 누구나 대상으로 하는 사회적 행위이다. 이 행위는 '교육'의 관점에서, 교육원리에 대한 민감성에서 나오는 것이다. 이 행위는 대학이 최고교육기관으로서 중등교육과 초등교육의 교육과정 운영과 연관해서 져야 하는 책임이며, 동시에 대학에서 자신의 전문 진로직업능력을 키워서 졸업하려는 학생에 대한 책임이다.

선발은 '사정(assessment)'에 의한다. 이 경우 사정은 '종합적 전체주의적 접근(holistic approach)'에 의한 가치화 과정이다. 학력이라는 것은 요소주의적으로 해석해서는 안 되며, 전체적으로 이해해야 한다. 학교생활기록부 기록은 이런 맥락에서 '종합적 관점'에서 읽히고 평가되어야 한다. 양성관 · 정일환(2007)은 이를 '개별적 검토'라고 개념화하고 있다.[5] 평가를 할 때, 정량평가를 하고 정성평가도 한다. 측정할 수 있는 것은 정량적으로 평가하고, 측정할 수 없는 것은 정성적으로 평가한다. 그렇게 해놓고 이 둘을 종합적으로 검토한다. 정성평가의 경우에는 객관적인 정량평가 지표의 배후에 있는 정신적, 사회적, 심리적 역량과 품성을 파악하고자 한다.

사정의 대상은 '총체적 능력'에 대한 것이다. 학교교육은 학생 개개인의 전인적 성장을 겨냥하는 바, 학생을 전인격적 개체로서 지 · 정 · 의의 통합체로 이해함이 마땅하다. 사정은 그 전인(全人, whole-man)을 대상으로 하는 것이다. 평가는 원래 한 개인의 총체적 능력, 다시 말해서 특정 학습자의 인지적 · 정의적 · 심동적 측면

5) "개별적 검토란 지원자의 학업성취도뿐만 아니라 비인지적 차원의 다양한 능력과 개인이 처한 현실, 역사 등과 관련된 종합적이면서도 포괄적인 판단을 내리는 것을 말한다"(양성관 · 정일환, 2007: 186).

의 능력에 대한 정보를 포괄적으로 수집하여 그의 미래를 예견해 보는 노력을 가리킨다. 이런 점에서, 그 평가관은 총평관을 지지한다. 한 개인의 능력에 관한 파편적 정보만으로 그 개인의 가치를 결정하거나 이치를 배정하는 일은 위험한 일이다(강이철 · 손종현 외, 2009: 68). 그런 점에서 종래와 같은 객관주의 검사(표준화검사)를 중심으로 한 평가 관행은 그것의 본래적 무모성 때문에 새롭게 대체되어야 한다.

사정은 상호주관적(inter-subjective) 평가를 방법론적 원칙으로 삼는다.[6] 사정에 의한 선발이 일종의 주관적 평가이지만, 객관적 지표로서의 평가지표에 의해 평가하고 다수의 평가자가 참여함으로써 자의적이지 않은 평가가 가능하다. 발굴에 해당하는 선발에는 주관적 판단이 작용할 수밖에 없으며, 따라서 선발은 원래 주관적인 것임을 인정해야 한다. 사실 주관적이라야 '타당한' 선발을 할 수 있다. 문제는 주관이 개입할 때, 그 주관을 어떻게 객관화할 것인가가 관건이다. 그 객관화가 평가지표에 의해 구현되도록 한다. 근거를 갖춘 주관적 판단이라면 얼마든지 수용이 가능하다. 물론 상호주관성 개념처럼, 의사소통의 통로를 최대한 확보하여 '주관적인 것'이 객관타당성을 인정받을 수 있도록 하는 상호 소통의 지성적 과정이 요청된다.

사정은 미학적 접근을 용인한다. '미학적 접근'이란 '그 아이'의 독특한 면(unique)을 보고, 관련 자료를 검토하면서, '적합하다 · 적합하지 않다'를 따지는 접근법을 동원하는 방식을 말한다. 이 말은 사정이 맥락적 전체(contextual whole)[7]를 파악하는 예술행위라는 것을 의미한다(김경범, 2007: 3).

사정은 최종 국면에서 종합평가의견을 쓰는 것을 요한다. 왜 그렇게 평가했는지,

6) 상호주관적 평가는 주관적으로 평가하되 여러 명의 평가자가 합의하는 부분만큼은 객관적인 것이라는 원리에 근거한다. '객관성'이라고 불리는 것도 엄밀한 의미에서 보면 인간의 주관성이 포함된 '합의'에 의해 이루어지는 것이다. 특히 심리학자들은 간주관성의 개념을 "활동에 참여한 자들 사이의 공유된 이해"로서 정의하고 있다. 괜치(A. Göncü)는 "간주관성이 어머니와 유아의 커뮤니케이션 속에서 의도적 인식과 조정을 통해 이루어진다"라고 주장하면서, 간주관성의 '정서적 기원'을 강조하며, 공동체적 자아, 공유적 이해, 합의된 객관성 등으로 정의한다. 이런 점에서 상호주관적 평가는 입학사정관 각자의 주관적 판단을 피력하고 그 사이에 존재할 수 있는 이견을 타협과 협상을 통해 해소함으로써 '객관성'을 확보할 수 있다(강이철 · 손종현 외, 2009: 67 참조).

7) 듀이는 '상황'과 '맥락적 전체'의 개념을 다음과 같이 설명하고 있다. "상황은 하나의 단순한 대상 혹은 이벤트가 아니며, 대상물과 이벤트의 세트도 아니다. 상호 분리되어 있는 대상과 이벤트에 대해 우리는 경험할 수도 없고 판단할 수도 없다. 다만 맥락적 전체(contextual whole)와의 연관성 속에서 경험할 수 있다. 맥락적 전체가 바로 우리가 '상황(situation)'이라고 부르는 것이다"(Dewey, 1964: 66).

왜 선발하고자 하는지 그 이유를 적는다. 사회적으로, 왜 선발했는지 그 이유를 공개할 수 있다. 어떤 이유로 뽑는다 혹은 어떤 이유로 뽑았다는 것이 그 자체 사회적(유사) 계약이다. 대학이 이유를 가지고 뽑는 것이 합리(合理)이다. 이유에 합당하기 때문에 선발하는 것이다.

대학과 전공학과는 사정·평가의 참조체제를 능히 만들 수 있다. 교육과정을 정상 운영하는 나라는 입학사정관제 여부와 관계없이 기본적으로 '사정'에 의해 선발하는 방식을 채택하고 있다.

2) 적합성 판단과 전형자료 교차분석

대학의 학생선발은 '적합성을 판단하는 사정' 활동을 요한다. 물론 전공단위의 교육목적에 부합하는 학생을 선발하는 것이 '적합성' 개념의 핵심이다. 여기서 '적합성'에 대한 논의를 더 심화해보자.

우선, '우수하다' 혹은 '열등하다'의 개념적 준거는 무엇인가? 지금까지는 수능시험 성적이 높은 것이 '우수와 열등'의 기준이었다. 이제는 '무엇에 적합하다 혹은 적합하지 않다'는 차원의 우수와 열등 개념으로 전환되어야 한다. '유능과 무능'의 개념에서 '적합과 부적합'의 개념으로 전환해야 한다는 말이다. 특히 대학의 학생선발에서 이렇게 개념을 전환하는 것이 중요하다.

적합성을 사정하는 경우, '적합성'을 분류하는 방식으로 학생을 선발하는 것이 바람직한 방법이다. '분류하는 방식'이란 '실력의 종류'를 분류하는 방식을 말한다. 수학과 과학의 재능이 우수한 학생, 누구보다도 역사에 지적 호기심이 큰 학생, 리더십과 봉사정신이 남다른 학생 등의 관념을 가지고 분류하는 것이다. 재능과 소질과 관심의 관점에서, '이 아이는 훌륭하다. 그러나 이 대학 이 공간에는 맞지 않다. 훌륭하지만 여기에는 맞지 않다'와 같은 '적합성' 관념을 가지고 판단한다는 것이다. 그렇게 보면, 적합성 심사에는 선발만 있고 탈락은 없다. '이 시간, 이 공간에 적합하다'는 것이 판단의 준거이다. '지금, 우리 대학에 적합하다 혹은 적합하지 않다'는 판단을 해야 한다는 것이다. 그런 적합성 판단은 이를테면 '저 학생이면 우리 대학,

우리 전공학과에서 함께할 수 있어'라고 총체적으로 판정하고, 그러고 나서 감점 요인 혹은 가점 요인을 고려하여 최초의 판정을 수정해 가는 사정방식을 취한다.

적합성 판단은 '그 학생, 그 자체'를 뽑는 것을 요한다. 이 경우, 적합성을 판단할 때 적합자/보류자/부적합자의 코드(code)로 분류하는 것이 합당하다. '이 학생은 뽑고 이 학생은 보류한다'는 방식으로 선발하는 것이 옳다. 이것은 판단을 요구하는 법이다.[8) Dewey(1964)가 말하는 방식을 따르면, 이 학생을 받아들일까(affirmation), 보류해 놓을까(negation)의 판단을 해야 하는 것이다.

여기서 풀어야 할 과제는 적합성 지표를 어떻게 적절하게 도출할 수 있는가의 문제이다. 그래서 적합성 지표의 도출에 대해 진지하게 탐색할 필요가 있다. 그 적합성 지표는 학생의 학력을 효과적으로 사정 · 평가하는 가늠자가 되기에 충분해야 한다. 그 지표는 학생을 이해하는 참조 틀이고, 혹은 학생의 능력을 평가하는 참조 틀이다. 그 프레임(frame)은 전형의 목적과 전공단위의 교육목적에서 도출되어야 한다.

우리가 흔히 말하는 '전공적합성'을 어떻게 통제하고 평가할 것인가? 전공적합성을 '행동'의 문제로 진술하기 위해, 혹은 경험적 심사지표를 가능케 하기 위해, '조작적 정의'가 필요하다. 여기서 말하는 '전공적합성'이라는 개념을 기능적으로 그리고 조작적으로 정의하면, 전공학과의 학업을 수행하는 데에 필요한 지식(이해), 태도, 기능을 남다르게 가지고 있어서, 전공학과의 교육목적을 수월하게 달성할 수 있음을 의미한다. 이런 전공적합성 개념은 다음과 같은 개념(경험적 사실)을 내포한다.

① 고교 학교생활(교과, 비교과 영역)을 통해 얻은 다방면의 다양한 학력이 지원 전공학과에서 요구하는 능력과 일치함.
② 전공학과에 대한 지원 동기가 분명하고, 전공학과 학업에 대한 지적 관심이 많고, 그 학업수행에 대한 열정과 의욕이 높음.

8) 예컨대 고등학교 1학년 때 수학이 90점이고 과학이 95점으로 각각 1등급이었다고 하자. 이 '수학 · 과학 1등급'이 지금, 우리 대학, 이 전공학과에 진학해서 전공공부를 하려고 하는데 어떤 의미가 있는지, 다시 말해 적합한지를 판단해야 한다. 그리고 자기 대학교에서 가르칠 수 없다고 판단되면, 아무리 독특한 재능을 가지고 있더라도 입학시키지 않는 것이 옳은 일이다. 자기 대학교에 적합하지 않기 때문이다.

③ 전공학과의 학업수행에 대한 성취목표가 뚜렷하며, 그 목표의식에 비추어 학업계획과 진로계획이 분절적으로 잘 짜여져 있음.

④ 전공학과 관련 분야에서 기능적으로 남다른 소질과 특기를 획득하고 있으며, 이 분야에 대해 몰두해 본 경험을 가지고 있음.

⑤ 지원학과와 관련하여 남다른 문제해결능력과 창의성을 보인 바 있음(관련 증거를 제시할 수 있음).

적합성 판단은 전형자료에 대한 새로운 개념화를 요구한다. 가장 중요한 전형자료는 역시 학교생활기록부이다.[9] 여러 전형자료 중에서 한 가지만 활용해야 한다면 당연히 학교생활기록부여야 한다. '기본' 자료는 학교생활기록부이고, '주요' 자료는 수능과 면접 등이다. 기타의 다양한 자료는 '보조' 자료로 활용한다.

전공단위 선발의 경우에 전형자료에 대한 다음과 같은 개념적 인식이 필요하다.

첫째, 대학과 그 전공단위는 가르치는 교사(학교)가 평가해 놓은 학교생활기록부 기록을 기본 전형자료로 삼는다.

둘째, 학교와 교사의 교육활동 이력과 학생의 학습활동 이력에 대한 기록을 '기본' 전형자료로 삼는다.

셋째, 교과활동(교과지도, 교과기반 독서지도, 교과배경 진로지도)에 대한 기록, 비교과활동(리더십활동, 봉사활동, 창의적 재량활동 등)에 대한 기록, 소질과 특기에 대한 기록 등을 읽어서 평가한다.

넷째, 이것을 전공단위 교육목적과 교섭한다. 이를 통해 다방면의 다양한 재능을 가진 학생들을 발굴한다.

사실상 전공적합성은 학교생활기록부 기록으로 판단될 수 있다. 학교생활기록부

9) 입학사정관제 전형의 성격은 전공단위 교육목적에 부합하는 역량으로서 학교교육을 통해 길러낸 지·덕·체의 총체적인 역량을 겸비한 학생을 발굴하는 것을 기본가치로 한다는 것이다. 입학사정관은 전형의 목적 혹은 전공교육목적에서 도출된 전형요소를 기준으로 하여, 그 요소를 충족하는 근거를 학교생활기록부 전체를 통합적으로 고려하여 확인하는 과정을 수행해야 한다. 비유컨대, 포도주의 가치를 판단하는 과정에서 포도주를 구성하고 있는 성분을 하나씩 하나씩 분석하여 그 총합을 근거로 하는 일은 입학사정관제 전형이 지양해야 할 평가 관행이라고 할 수 있다. 특정 맥락에 가장 적합한 포도주를 선정하는 상황에서, 여러 포도주의 빛과 맛을 총체적으로 음미하면서 그 가치를 종합적으로 판단하는 것이 보다 타당하고 맥락에 맞는 평가 활동이라 할 수 있다(강이철·손종현 외, 2009: 71-72 참조).

기록은 그 학생이 살아온 학교생활(교과 및 비교과)의 이력을 담고 있다. 이력은 스펙이 아니고, 내력이다. 스펙은 정치적인 것이고, 내력은 존재론적인 것이다. 그 내력이란 교과활동과 비교과활동을 수행하면서 어떻게 재능과 소질과 관심을 키워 왔으며 그리고 어떤 진로능력을 키워왔는가의 학교생활의 일상을 말하는 것이다. 이력 혹은 내력이 경험의 역사성을 반영한다. 그 이력 혹은 내력을 담고 있는 학교생활기록부를 읽으면 전공적합성을 능히 가늠할 수 있다.

수능보다는 학생부 중심의 선발을 지향하는 것,[10)] 학교교육을 받은 과정과 결과(내력)에 대한 기록을 기본 전형자료로 삼아 선발하는 것이 학생선발의 보편적 원리이다.

대학은 수능시험의 결과치를 '주요' 전형자료로 사용한다. 수능점수를 거의 절대적인 선발척도로 삼는 데서 교육모순과 선발모순을 증폭시켜 왔음을 인지한다면, 대학은 수능시험의 영향력을 떨어뜨려야 하고, 따라서 대학은 전공단위별로 수능등급을 최저자격기준으로 적용할 수도 있다.[11)] 물론 수능성적을 적용하지 않는 것이 가장 바람직한 형태라고 할 수 있다.

한편, 심층면접도 주요 전형요소로 활용할 수 있다. 물론 이것이 필수적인 것은 아니다. 심층면접은 전공교육목적에 적합한 학생을 선발할 수 있게 하는 하나의 유효한 수단이다. 학생이 기록하고 교사(학교)가 기록한 것을 전형자료로 삼아 이를 '확인'하는 심층면접을 통해 학생의 발전가능성, 재능, 관심과 포부 등을 평가할 수 있다. 그 밖의 자료는 '보조' 자료로 활용한다. 자기소개서(자기추천서), 교사추

---

10) 여러 실증적 분석에 따르면, 수능성적이 대학 전공공부를 이끌지 못하고 대학 재학성적(GPA)을 예언하지 못한다. 오히려 학생부 내신이 3배 정도 예언력이 더 큰 것으로 분석되고 있다. 고교 내신성적이 대학 학업성취도와 상관관계가 더 높다는 것이다. 학생부 내신성적 상관관계는 0.205이고, 수능시험은 0.088로 나타난 바 있다(지은림, 2001 ; 교육부, 2004). 카이스트의 조사연구 분석 결과, 재학생의 입학성적과 재학성적의 상관관계가 미약한 것으로 나타났고, 재학성적이 높은 학생은 고교시절에 다양한 교육활동 실적을 가졌음이 발견되었다(카이스트, 2007.12). 수험생이 획득한 수능점수는 ±20점의 편차가 일반적인 것으로 조사되었다. 수능으로는 재능과 의욕과 포부를 가진 아이들을 발굴할 수 없다. 그런데도 수능점수 합산에 의해 0.001점 차이로 당락을 결정한다. 이것이 진정 공정하고 객관적인 것인가.

11) 수능시험에서 그 성적이 전공단위가 요구하는 최저기준을 만족시키는 것만으로도 이미 대학 전공공부를 충분히 할 수 있다고 판단한다. 수능최저기준을 적용하는 것만으로도 이미 선발의 '객관성'이 확보되었다고 할 수 있다. 수능을 최저기준으로 적용함으로써 학교 간 학력 차이를 상당 정도 보정할 수 있다.

천서(학교장추천서), 프레젠테이션, 교과프로젝트, 포트폴리오 · 에세이 · 소논문 · 실험실습보고서 등의 자료 제출을 요구하여 이를 활용할 수 있다. 물론 이런 자료는 최소한으로 요구하는 편이 더 합당하다.

적합성은 다양한 전형자료를 교차분석하여 판단한다. 기본은 교차분석이다. 먼저 비인칭적(impersonal) 요소를 가지고 개인별 선발의 가능성을 탐색해 들어간다. 수능의 요소를 가지고, 내신성적의 요소를 가지고, 특장의 요소를 가지고, 봉사활동의 요소를 가지고, 추천의 요소를 가지고, 자기보고의 요소를 가지고, 이 요소들을 교차 검색하여 결과를 종합한다(김민남, 2010: 70). 그러고 나서 인칭적(personal) 요소, 즉 학교의 성격과 학생의 삶의 내력을 해석한다. 임상적 · 총체적 안목이 먼저이고 이후 그 안목을 조정하는 절차를 밟는다. '그 아이라면 그 목표에 맞지 않을까', 이러한 심미적 판단을 여러 자료를 가지고 교정하고, 입학사정관들의 집단 결정에 의해 선발한다(김민남, 2010: 70).

3) 역동적인 전공교실 구성

전공단위 선발은 다방면의 다양한 '학력'(능력, 교육적 경험)을 가진 학생들을 선발하여 역동적인 전공교실을 구성하는 것을 가치화한다. 이때 먼저 '학력'이란 진정 무엇인가에 대해 개념적 논의를 확장할 필요가 있다.

학력은 학습능력을 말한다. 학습능력이란, 글자 그대로 학습상황에서 획득한 학습할 수 있는 능력을 말한다. '시험 쳐서 얻는 성적과 석차'를 가리키는 것이 아님이 분명하다.

학력이란 학교에서 교사의 교육활동 기획에 의해 키운 능력을 말한다. 학교에서 교사를 통해 '가르치고 배우고 익히는' 과정을 통해 형성된 능력을 말한다. 교사에 의하지 않고 개인적으로 얻은 능력은 엄밀한 의미에서 보면 학력이 아니다. 요컨대 학습능력이란 '교육 혹은 교육활동을 거쳐서' 비로소 형성되는 능력, 교사에 의한 능력, 학습상황에서 체험된 능력을 말한다.

학력은 이해와 태도와 기능이라는 행위양식으로 발휘된다. 학습상황에서 이해와 태도와 기능의 체험을 통해 쌓은 실력이라고 해도 된다. '전인(全人)'은 이 행위방식을 중히 여기고 실제로 발휘하는 사람을 말한다. 그리고 교과에 대한 태도와 기능도 학력을 구성하는 하위요소이기에 이것을 잴 수 있는 척도가 필요하고, 이것을 반영하는 것이 필요하다.

학력은 잠재능력도 아니고 일반능력도 아니다. 학력은 분명한 과정을 거쳐 형성된 능력이고, 특수한 대상을 실제로 처리할 수 있는 능력이다. 잠재태로서의 가능성이 아니라, 현실태로서의 현재 실력을 나타낸다.

사실상 학력은 실체가 없다. 학력을 실체화하면, 그것을 곧바로 재려고 한다. 재는 것으로 가고, 성적 · 석차로 환원한다. 학력을 실체화하면서 기능주의로 흘러가 버린 역사를 목격하고 있다.

여기서 학력 개념이 교과에 대한 것만으로 한정되지 않는다는 것이다. 비교과에 대한 것도 학력을 구성하는 요소이다. 재능과 소질과 관심은 실질적으로 학업을 뒷받침하는 인지적 정의적 요소를 포함하고 있다. 독서능력과 진로능력도 마찬가지다. 또 봉사정신, 리더십, 책임감 등도 전공인성과 관련하여 주요한 능력임에 틀림없다. 이것이 학교에서 교사의 교육활동 기획에 의해 키워진 것이라면 대학은 반드시 이것을 학력의 일종이라고 인식하고 이를 반영해야 하는 것이다.

여기서 '다방면의 다양한 학력' 개념과 관련하여, 선진외국은 어떤 태도를 가지고 있는지 확인할 필요가 있다. 특히 미국의 경우를 예로 들어보면, 다양한 학력을 확인하고 평가하기 위해 다양한 전형자료를 검토한다는 관점을 가지고 있음을 확인할 수 있다. 미국의 입학 전형자료는 학력과 관련하여 다음과 같이 나누고 있다.

- 학력과 관련된 중요요인 : 대학준비 교육과정의 성적, SAT Ⅰ, SAT Ⅱ, ACT성적, 고교 학교 전체 성적
- 학력과 관련된 보조요인 : 지원자의 학교 전체성적, 자기소개서 또는 에세이, 일반교사나 대학입학 상담교사의 추천서
- 학력과 관련 없는 보조요인 : 면접, 특별활동경력, 지원자의 전공분야에 대한 관심 정도, 각종 인성적 자질(양성관 · 정일환, 2007: 171~172).

미국의 경우에는 이러한 개념적 인식에 터하여, 학력과 관련된 다양한 전형자료가 입학 결정에 영향을 미치고 있는 것으로 확인되고 있다.

전공단위 선발은 다방면의 다양한 학력을 가진 학생들로 '전공교실을 구성한다'는 관념에서 선발을 기획하는 방식이다. 전공단위는 전공학과(부)에서 필요로 하는 '다방면의 다양한 학력' 혹은 다양한 교육적 경험을 쌓은 학생을 발굴하여, 그들로 하여금 전공교실을 구성한다. 수능시험 점수가 총점 상에서 100점 이상 차이 나는 학생들로 전공교실을 구성해야 그곳을 살아있게 만들 수 있다. 그만큼 다양한 종류의 학력과 재능을 가진 다양한 학생들이 모여든다는 것이다.

하나의 전공단위로서의 의과대학에 대해 생각해 보자. 의과대학은 의사만을 양성하는 곳은 아니다. 의과대학은 임상 의사뿐만 아니라 의학 관련 학자 혹은 연구자, 의학 잡지 편집인, 의학 관련 기자, 의료 행정가, 아프리카에서 인술을 펴는 의료 봉사자 등 다양한 분야에서 활동할 의료인재를 배출하는 곳이다. 그렇다면 다양한 직업세계에서 다양한 역량을 발휘하는 엘리트로 활동할 수 있는, 다방면의 다양한 학력과 재능을 가진 학생들을 선발할 수 있어야 한다. 의과대학은 다양한 학력을 가진 학생을 더 필요로 한다.

경험과 생각과 포부가 교류되는 전공교실을 구성하는 것이 대학 전공단위 교육력 제고의 실질적 토대이다. 대학과 전공단위는 학문세계와 직업세계에 도전할 학생들을 선발하되, 함께 토론하고 탐구하고 협력할 '교육단위'를 상정하고 학생들을 선발한다. 온갖 관심과 흥미, 욕구와 의지가 노출되는 곳이 전공교실이다. 서로간의 경험이 부딪치는 곳이 전공교실이다. 선발과정에서, 대학은 그런 역동적인 교실의 장을 구성해야 하는 것이다.

이런 점에서 보면, 전공단위 선발제는 개별 전공학과(부)가 주체적으로 교육력을 산출하도록 유도하는 선발방식이다.[12)] 전공단위 선발은 '선발－과정－졸업'의 교육체제를 전공목적에 따라 설계 · 운용함으로써 '전공단위 교육력'을 제고하기 위한

12) 대학이 창의성과 재능과 성장가능성을 지닌 학생을 '발굴'하는 선발방침을 기획 · 실행하는 제도화는 선발 국면에서 대학 전공단위가 교육력을 제고할 수 있는 토대를 갖추는 출발점 단서이다. 이를테면 대학은 전공단위로 하여금 학생들의 다방면의 다양한 학력(다양한 교육적 경험)을 평가하여 전공목적에 맞는 학생을 발굴함으로써 전공단위 교육력을 키우는 기반을 마련한다는 것이다.

'선순환의 기제'로 기능한다.

4) '졸업의 관점'에 따른 선발 방침

'졸업의 관점'에서 선발을 기획하는 것이 대학의 학생선발이 추구해야 하는 개념적 진실이자 기본 준칙이다. 김민남(2009: 28)에 의하면, 대학이 '졸업의 관점'에서 선발의 방침을 결정하는 것은 입학사정관제의 성패를 가늠하는 필요충분한 제도적 조건이다.

개념적으로나 실제적으로, 선발은 과정과 졸업과의 관계에서 분리된 실체가 아니다. 선발을 과정과 졸업과 연관 짓는 것이 합리이다. 대학교육은 졸업이 과정을 규정하고, 졸업과 과정이 선발을 규정하는 방식, 즉 졸업의 관점을 취한다. 졸업의 관점을 취한다는 말은 '전공단위 교육목적에 비추어 어떤 전문적 역량을 갖춘 졸업생을 어떻게 배출하겠다는 사회적 언약에 따라 교육프로그램을 운영한다'는 말이고, '교육프로그램 운영에 적합한 재능을 가진 학생을 선발한다'는 것을 의미한다.

'졸업의 관점'을 취하는 이유는 수능시험에 의한 선발의 위력을 떨어뜨리기 위해, 고교와 대학 간 교육과정 연계를 확장하기 위해, 졸업이 과정과 선발을 규정하는 방식으로 교육을 기획할 수 있도록 하기 위해서이다(손종현, 2010: 24).

'졸업의 관점'에 따른 선발은 그 자체가 '전공단위 교육목적에 따른 선발'을 내포한다. 대학의 전공단위는 교육목적을 설정 · 공표하여, 각 전공단위별로 교육활동을 통해 '어떤 결실을 얻어낼 것인지에 대한 명확한 도달점'을 천명한다. 대학은 전공단위 교육목적에 부합하는 '재능 발굴'에 눈을 돌려야 하며, 그래서 선발의 타당성을 획득한다. 대학은 일반지능에 의한 선발을 지양하고 전공학과의 존재이유에 어울리는 재능을 가진 학생을 발굴한다. 이런 형식의 '발굴'은 단순히 선발의 타당성 추구의 의미를 넘어 이제 교육사적 의미를 띠는 사회적 책임에 해당한다.

대학은 전공학과 교육목적에 따른 선발기준을 마련하고, 그 선발기준에 준거하여 선발하는 방식으로 그 패러다임을 전환한다. 이를 좀 더 구체화하면 다음과 같다.

첫째, 대학은 전공학과 교육목적에 따라 어떤 적성, 소질, 능력, 의지 등을 가진 학생을 선발하겠다는 방침을 전공단위별로 제시한다.

둘째, 학생은 그 분야를 지망하는 자신이 적격자임을 증명해 보인다. 전공학과의 교육목적에 비추어 자신이 적격자임을 서류를 통해 혹은 심층면접에서 시범해 보일 수 있어야 한다. 이때 학생은 전공학과에 어울리는 재능과 소질, 관심과 의욕을 나타낼 수 있는 자료, 예컨대 학교생활기록부와 학업계획서 등의 기본자료, 학교의 공식기록에 포함되지 않는 개인적 · 사회적 업적자료, 지망 전공학과에서 특별히 요구하는 자료 등을 제출할 수 있다.

셋째, 전공학과는 제출된 자료를 검토 · 확인 · 사정 · 평가하고, 이를 토대로 한 면접과 여타의 관찰 등을 통해 전공학과의 적합성 여부를 판단한다. 전공학과의 교육목적에 적합한가의 여부를, 전문성에 기초하여 엄중하게 사정 · 판단한다.

전공교육목적이 기능하여, 그 전공단위 교육목적에 따라 졸업과 과정과 선발을 기획할 때 전공학과의 존재의의가 살아난다. 교육목적에 따라, 어떤 능력을 가진 학생을 어떻게 키워서 졸업시킬까를 숙고하면서 과정을 기획해야 하고, 그 맥락에서 선발을 기획해야 한다(안상헌, 2010: 103-104). 그것이 교육기관으로서 대학과 전공학과가 추구해야 할 선발방식이다.

대학이 전공교육목적에 따른 선발을 실행할 때, 학생이 자신의 재능과 적성을 반성하고 숙고하여 전공학과를 선택하고, 전공학과도 자신의 선발기준에 따라 학생을 선발하는, 그런 상호선택의 과정을 거치는 선발방식을 정착시킬 수 있다. 대학이 전공단위 교육목적에 따른 '발굴하기'로 선발방침을 시행할 때, 고등학교로 하여금 교육과정을 정상 운영하도록 합리적으로 이끌어 갈 수 있고, 학생으로 하여금 자신의 학교생활(진로탐색)을 설계할 수 있도록 허용하게 된다.

5) 학제적 · 융복합적 학문 경향에 따른 선발 문제

전공단위 선발과 관련하여 몇 가지 검토해야 할 주요 쟁점이 있다. 오늘날의 학제적 탐구 경향과 융복합적 학문 경향이 전공단위 선발과 어떻게 연관하는가의 문제가 바로 그것이다.

먼저 학제적 탐구 경향과 관련된 쟁점이다. 학제 간 탐구는 개별학문 간, 개별학문 내 분과학문 간 협동연구를 말한다. 전공단위 선발이 그 자체 학제 간 탐구를 차단하거나 방해하지 않는다. 학제 간 탐구는 선발 후 얼마나 다양한 교육과정 이수를 격려하는가의 문제이고 동시에 대학에서 어떻게 전공이동의 기회를 더 많이 열어주는가의 문제와 연관된 것이다. 사실 전공학과 간의 학문의 성격이 분명할 때 학제적 탐구가 활성화될 것이라고 전제한다면, 이런 점에서 보면 전공단위 선발제가 오히려 학제 간 탐구를 더 촉발할 여지가 크다고 할 수 있다.

다음은 융복합 학문 경향과 관련된 쟁점이다. 융복합 탐구란 크게는 인문계와 자연계 간, 작게는 6-7개 지식의 형식 혹은 학문영역별 협동연구를 의미한다. 사실 전공단위가 교육력을 발휘했을 때 융복합적 탐구도 가능하다는 점을 인정한다면, 전공단위 선발이 융복합적 탐구와 서로 배척적인 것은 아님을 알 수 있다. 또 전공단위 선발이 그 자체로 융복합 학문 경향을 차단하는 것도 아니다. 무엇을 전공하는지가 모호한 상태보다는 차라리 전공학과 학문의 정체성이 뚜렷할 때 더 효과적인 융복합적 탐구가 가능할 것이 분명하다. 그런 점에서 볼 때도 전공단위 선발이 더 요청적이라고 할 수 있다. 요컨대 전공단위별 뚜렷한 교육목적과 평가기준에 따른, 전공단위별 '선발-과정-졸업'의 교육체제가 활성화될 때, 그것이 결국에는 융복합 학문 경향에 정합적으로 복무할 것이라고 사료된다. 여기서 한 가지 분명하게 지적할 것은, 융복합 학문 경향에 대응하여 대학은 전공단위들이 연합하여 다양한 전공을 개설할 필요가 있다는 점이다. 이를테면 인접 전공분야들의 복수전공, 학제 간 전공분야들의 연계전공과 융합전공, 필요에 따라 자유롭게 전공을 설계할 수 있는 자유전공 등의 다양한 전공을 개설할 필요가 있고(김영섭, 2009: 44), 대학 내에서 학생들의 전공 이동을 상대적으로 자유화하는 체제를 구성하고, 상시 전공 교실을 재조직하는 길을 열 필요가 있다(김민남 · 손종현, 2006: 337-338).

또 학부제 혹은 자율전공제와 연관된 쟁점이다. 예컨대 한동대와 같이 '무전공, 무학과 제도'를 실시하는 경우에도[13], 교양교육과 전공교육의 목적을 구현하기 위

13) 한동대의 경우, 학생들은 입학 후 글로벌리더십학부에 소속되어 교양과정을 이수한 뒤 전공을 자유롭게 선택한다. 전공선택 시에는 다양한 학부 조합을 학생 스스로 만들도록 하고 있다. 학부 전공

해 학부마다 해당 교육목적을 특화시켜 그 교육과정을 다양화할 필요가 있다. 거기에 비추어, 학부제와 자율전공제의 운영에 따른 모집단위 광역화 → 광역화된 모집단위의 교육목적 및 평가기준의 상세화 → 입학사정관과 교수사정관의 선발주체화가 가능하다. 여기서 한 가지 지적할 것은, 학부제와 자율전공제의 합리성을 충분히 살리되, 2학년 전공선택 시에 성적순으로 강제로 배치할 것이 아니라 가칭 '전공선정위원회'를 구성하고 학생의 종합적인 측면을 고려해 전공을 선정하는 방안을 도입하는 것이 바람직하다. 성적만이 아닌 전공학업 의욕이나 열정 등을 종합적으로 고려해 학생의 전공학과와 진로를 결정하도록 한다는 것이다. 다만, 이 부분에 대한 상세 내역은 모집요강에 명시할 필요가 있을 것이다.

마지막으로, 대학 특성화와 연관된 쟁점이다. 대학과 전공단위가 특성화를 지향할수록 전공단위 선발제가 그 취지를 구현할 가능성이 더 커진다. 한편 대학의 서열이 지금과 같이 고착되어 있으면 전공단위 선발제는 그 제도적 취지와 합리성을 구현하기가 어려워진다. 대학 서열화에 균열을 내는 방법은 대학과 전공단위가 교육과정 상에서 각각 특수목적형을 지향하는 것이다. '특정한 대학에 갈 만큼 특화된 재능을 가진 학생'은 특성화 대학으로, 일반적인(general) 학생들은 종합대학으로 진학하도록 한다. 예컨대 성공회대학의 성공 포인트는 NGO 관련 부문에서, 인하대는 아태 물류통상 부문에서, 부경대는 수산과 조선 분야에서, 경북대는 IT분야 전자공학 부분에서 특화되어 있다. 이러한 대학교별 특성화를 계속 유지하거나 확대·심화할 필요가 있다.

특성화는 시대 흐름이다. 그 흐름을 반영하여 '우리 대학의 어느 전공학과에 이런 교수가 있다'고 홍보하는, '교수를 홍보하는' 방식이어야 한다. 또 대학 전공학과의 커리큘럼에 대해 홍보하는 방식이어야 한다. 커리큘럼의 수월성을 홍보하는 방식이어야 한다. 학생과 학부모에게 전공학과의 커리큘럼에 대한 이해를 제공하는 기회가 필요하며, 그래서 '입시설명회'가 아니라 '교육과정설명회'를 하는 것이 긴요하다.

고교가 바뀌어야 하지만, 먼저 대학이 바뀌어야 한다. 그것도 종합대학이 먼저

가운데 하나를 선택해 경영-국제, 경영-어문, 국제-사회복지 등 다양한 조합을 만들어 졸업할 수 있다.

바뀌어야 한다. 대학이 자기 전공의 이름으로 특화되어야 한다. 전공단위 선발을 겨냥하고, 전공단위 교육과정 특성화를 지향하는 것이 요청된다.

라. 공교육의 계통성을 살리는 선발방침

1) 공교육의 계통성 복원

현재의 수능시험제도 하에서 교육의 계통성은 흔적도 없이 사라졌다. 그런데 교육의 계통성을 살려야 공교육을 살릴 수 있음은 불가지론이다. 주지하듯이, 근대사회로 넘어서면서 학교가 계통성을 지니게 되었다. 초등–중등–고등의 학교교육제도가 그것이다. 유럽의 공교육은 기본적으로 초등–중등–고등(primary-secondary-higher) 교육을 발명하여 운영해왔다. 독일의 단선형과 복선형 학제가 그렇고, 미국의 6-3-3-4 학제가 그렇다. 이런 개념에 터하여, 그 사회의 문화적 조건을 반영하여 초등, 중등, 고등 교육의 학교제도를 구성하고 그에 따른 교육과정의 계통을 마련하여 이를 살려왔다. 또 그 학제를 운영하는 양식이 계통성을 살리는 토대가 되었다. ① 교사의 교육과정 기획과 기록가능한 교육활동, ② 대학의 '졸업의 관점'에 따른 교육활동(선발–과정–졸업의 체계), 이 두 가지 양식은 능히 교육의 계통성을 살리는 제도적 장치가 될 수 있었고, 공교육 살리기의 충분조건에 해당하는 것이었다. 이제 우리 사회도 이것을 구현해야 하고, 이것에 복무하는 체제와 제도를 만들어내야 한다.

대학의 존재근거는 '최고 교육기관'이라는 위상에 대한 명확한 인식에 기초한다. 오늘 한국사회 대학이 과연 최고 교육기관이라고 자부할 수 있는가? 선진국의 소위 일류대학들은 대학이 초 · 중등학교와의 연계 위에 존립한다는 것을 확연하게 보여주고 있다. 그들은 결코 그들만의 '일류대학'이기를 고집하지 않는다. 모든 초 · 중등학교의 아이들의 재능발견이 대학의 다방면의 다양한 인재양성의 토대임을 분명히 명시하고, 그리고 역으로 대학의 인재양성에 대한 사회적 책임이 재능발견의 초·중등교육에서부터 시작된다는 것을 전제하고 있다. 그들은 초중등학교 교육을 보호하는 터전 위에 성립함으로써 그만큼 계통성을 그 자체로 살려내고 있다는 것이다. 그런데 한국사회에서는 이 개념의 '교육의 계통성'이 파손되었다. 무엇보다 입시준비교육에서는 교육의 계통성이 손상될 수밖에 없다. 지금의 교육체제와 선발체제 하의 각급 학교교육이 준비형 교육으로 경도되고 있다. 이제 준비형 교육으로 변질되는 것을 교사(학교)가 나서서 막아야 한다. 교육정책은 준비형 교육을 차단하고 교육과정 완성을 꾀하는 완성형 교육의 방향으로 바뀌어야 한다. 선발정책은 고교-대학 간 교육과정 연계를 이루는 방향으로 기획되어야 한다. 그때 개념적으로나 실천적으로 초중등교육과 대학교육은 계통성을 회복할 수 있다.

교육의 계통성을 회복하는 일은 공교육의 역사적 궤도에 진입하는 시급한 일이다. 어떤 처지의 어떤 아이들에게도 '하나의' 교육을 제공하는 공교육체계를 형성하고 구성하는 일은 역사적인 과업이다. 이 과업을 과제로 제출하고 문제를 풀어 사적 이해관계(교육의 私事化)로부터 해방된 공적 교육(교육의 합리성), 준비형에 머무르는 교육에서 완성형을 지향하는 공교육을 체계화해야 한다. 그 체계화는 교육의 계통성을 살리는 데서 가능하다. 준비형 교육에서 이루어지는 시험 과잉, 수능시험 성적으로 아이 가려내기, 수단을 가리지 않고 상대를 무너뜨리는 학력(學歷) 경쟁, 한 번 낙오하면 모두가 낙인찍는 정신적 사회문화적 폭력에서 아이들을 구출해내야 한다, 준비형 학교교육을 부정하고 완성형 학교교육을 진작한다. 칸트(Kant) 용어를 빌려, 이는 '범주적인' 것이다.

2) 입학사정관제의 활성화

시험성적으로 아이를 판정하는 선발방식으로는 계통성을 살리지 못한다. 어찌하여 선발의 사회적 활동이 사람을 판정하는 일이어야 하는가. 삶의 내력을 이해하고 학교생활의 이력을 이해한다. 아이에게 변명을 허락한다. 현 단계에서, 국가기준 시험의 성적을 행정적으로 처리해서 선발하는 방식에서 교사의 기록을 통해 아이를 발굴하는 방식으로 바꾸는 것만으로도 선발체제 개혁에 충분한 의미가 있다. 학교생활의 이력이 지닌 가치를 부각하는 것만으로도 변화를 촉발하는 계기가 된다.

대학과 고등학교를 교육과정의 계통으로 묶는다. 그러기 위해 수능시험 성적을 유보하고, 수능시험 성적에 의한 아이 판정을 유보한다. 교육과정 운영의 과정과 결과에 대한 기록을 읽어서 발굴하는 일에 나선다. 고교 교육과정과 대학 전공단위 교육과정 간의 연계에 눈을 돌린다. 입학사정관제 도입의 취지는 고교와 대학 간의 교육과정 연계에 의한 선발을 일반화하자는 것이다. 입학사정관제는 대학에 대해 '졸업의 관점'에서 선발방침을 확정하라고 다그치고, 고교에 대해 학습상황에 아이들을 초대하는 교육과정 운영에 투철하라고 요구하는 제도적 기제이다. 실제로 교육의 계통성과 교육과정의 계통성을 복원하기 위해 입학사정관제를 도입했다. 입학사정관제에 의한 선발이 보조적 방식에서 기본적 주류적 방식으로 전환되는 날이 선발에 의한 교육의 종속을 벗어나는 시점이고, 공교육의 계통성이 살아나는 시점이고, 입학사정관제가 완성되는 시점이다.

입학사정관제는 교육과정을 정상 운영하는 중등 교육의 기록을 참조하여 아이를 발굴 발견하는 기제로서, 학교생활기록부 기록의 교육적 가치를 승인하는 제도이다. 그것은 결과적으로 중등교육과 고등교육의 계통성을 살리게 되리라고 기대한다. 그때 입학사정관제는 교육체제 변화에 직접 연관하는 선발제도로 정착될 것이다.

3) 대학별고사의 폐지

대학은 대학별고사를 폐지해야 한다. 원리적으로 대학은 학생평가권을 행사하면 안 된다. 대학이 본고사를 치거나 논술고사를 치겠다는 것은 대학이 학생평가권을 가지겠다는 것이다. 대학이 고교 교육과정을 넘어서는 어려운 문항을 출제하거나 학생평가권을 행사하려고 나서는 한, 중등교육은 교육목적을 상실하게 되고 결국 교육과정을 온전하게 경험하지 못한 채 시험에 익숙한 자를 양산하게 된다. 이 논거에서 보면 대학 본고사형 논술고사와 구술고사를 폐지함이 마땅하다(손종현, 2017: 119).

학생평가권을 직접 행사하려는 대학이 OECD 국가(과거 제국주의적 관행을 벗지 못한 일본의 한두 대학을 제외하고)에는 없다. 선진국의 어느 대학도 선발과 관련하여 대학이 학생의 학력을 직접 평가하려고 하지 않는다. 어느 나라 어느 대학도 선발의 척도가 되는 시험을 직접 시행하지 않는다. 평가권과 선발권을 구분하는 것이 교육의 원칙에 맞고 학교의 교육과정을 정상화할 수 있는 지름길이다. 가르친 교사(학교)가 학생을 평가하는 권한을 인정하고, 대학은 전공교육목적에 맞는 학생을 자율적으로 선발 · 사정할 권한을 가져야 한다. 대학은 다만 학생선발의 자율성을 갖는다. 초 · 중 · 고등학교의 정상적 교육과정 운영을 방해하는 대학의 자율권 행사, 학생평가권을 주장하는 것은 자율권의 범위에 해당되지 않는다(손종현, 2017: 119-120).

마. 마무리

이 연구는 전공단위 선발제를 쟁점화하고 이것의 제도화에 대해 정당화하고자 하는 것이다. 연구자는 입학사정관제가 전공단위 선발로 수렴되는 방향으로 나아가야 한다고 말해 왔다. 입학사정관제의 취지가 허구화되고 있는 시점에서, 전공단위 선발은 입학사정관제의 본질을 실질화하는 계기(방편)가 된다. 전공단위 선발을 지향할 때 그것이 진정 입학사정관제가 제 위상에서 제 기능을 하게 된다. 전공단위 선발제는 고교-대학 간 교육과정 연계 확대, 전공단위 교육력 제고, 더 나아가 교육의 계통성 회복을 통한 공교육 정상화 등의 효과를 낼 것이다. 이런 점에서 유효한 선발제도로서 정당화된다.

공교육 붕괴의 일차적 원인은 국가단위 수능시험성적으로 줄세우기 선발을 고착화하는 대학의 선발관행이다. 다원주의 시대 흐름에 부응하고 '전공적합성'이 뛰어난 '우수학생'을 선발하기 위해, 전공단위 선발제를 도입할 필요가 있다.

우선, 개별 대학의 인식이 바뀌어야 한다. 대학교육에 대한 기본인식이 바뀌어야 한다. 대학은 전공단위 교육체제로서 완성형 전공교육을 담보하고 전문인재를 배출하는 사회적 책임을 완수해야 한다. 이를 위한 제도적 조처로서 전공단위 교육목적(교육과정목표)을 설정하고, 거기에 비추어 전공단위별 교육프로그램을 기획하고 운영해야 한다.

대학은 선발과 사정에 대한 개념적 인식을 바꾸고, 이 맥락에서 전공단위 선발방식으로 전환해야 한다. 재능발굴과 가능성을 읽는 방법으로서의 선발, 전인격에 대한 전체주의적 · 상호주관적 · 미학적 접근에 의한 사정, 적합성을 판단하는 사정과 그것을 위한 전형자료의 교차분석, 다방면의 다양한 재능을 가진 학생들로 역동적인 전공교실을 구성하는 선발, '졸업의 관점'에 따른 선발 방침, 전공교육목적에 따른 선발로 그 개념적 인식이 바뀌어야 한다.

대학은 고교 교육과정 이수와 대학 전공교육 이수를 연계하는 선발방안을 기획 · 실행한다. 고교의 정상적인 교과지도에 의한 학력을 대학 전공교육과정 이수와 연결할 수 있는 선발방식을 운영한다. 그럴 때 공교육의 계통성을 되살릴 수 있다.

이 글에서, 연구자는 선발방식의 전환을 통해, 혹은 이와 병행해서, '졸업(교육)의 관점'에서 대학교육체제를 아주 새롭게 구성해야 한다고 주장했다. 물론 선발제도의 세부 운영방식을 개선하자는 것이 아님을 분명히 했다.

거듭 강조하거니와, 대학(전공단위)은 전문역량 개발에 대해 어떻게 책임을 질 것인지를 명확하게 선언하는 가운데 과정과 선발을 기획해야 한다. 이는 '선발－과정－졸업'을 책임지는, '교육적' 선발을 학생선발의 원리로 삼는 대학 전공단위가 끝내 보여야 하는 사회적 책임이다. 전공단위 선발제는 대학교육 개혁에 전공단위가 주체적으로 나서도록 만드는 문화적 압력이 될 것이다. 이를 통해 대학은 전공단위 교육력 제고, 학생선발의 자율성 확대, 고교－대학 간 교육과정 연계를 통한 실질적인 교육과정 정상화를 이끌 것이다. 이것이 오늘날 극에 달한 '교육모순'과 '선발모순'에 대한 적합한 대응방식이다.

7장 입학사정관제도를 통한 전공단위 선발방법론[1]

가. 문제제기

연구자는 입학사정관제도의 원리적 · 실천적 프로그래밍으로서 전공단위 선발의 방법론에 대해 논의하고자 한다. 입학사정관제도가 허구화되고 있는 현실에서, 그것이 본래의 도입 취지를 획득하기 위해서는 전공단위 선발을 지향해야 하고, 이런 맥락에서 전공단위 선발 관련 전형방법론과 전형요소 평가방안이 구체적으로 구안되어야 한다.

이 연구의 목적은 전공단위 선발의 프로그래밍에 대해 논의하는 것이다. 그 맥락에서 고교-대학 간 교육과정 연계의 방법론을 제안하고자 한다. 대학입학전형 문제 해결에 대한 새로운 방안을 모색하는 차원에서, 그리고 결과적으로 공교육 정상화를 유도하는 새로운 대학입학전형제도를 설정하는 차원에서, '고교-대학 간 교육과정 연계'를 통한 선발의 가능성에 대해 새삼 논의하고자 한다.

전공단위 선발의 방법론은 기본적으로 '고교-대학 간 교육과정 연계'를 기본 토대조건으로 요구한다. 대학입학 문제 해결에 대한 새로운 방안을 모색하는 차원에서, 전공단위 선발을 실질화할 수 있는 '고교-대학 간 교육과정 연계'의 구체적 방안을 제시할 필요가 있다. '고교와 대학 간의 교육과정 연계'를 통한 교육 계통성

1) 대구가톨릭대학교 융합교양연구소 《융합교양연구》 제8집(2022)에 게재된 필자의 논문 〈입학사정관제도를 통한 전공단위 선발방법론〉을 부분적으로 수정한 글이다.

복원이 고교 교육과 대학교육의 정상화의 토대이고, 그 귀결로서 국가 공교육체계의 정상화를 이끌어낼 수 있기 때문이다.

이런 점에서 본 연구는 최근의 입학사정관제 전형의 문제점과 효과성을 공유하는 가운데, 전공단위 선발이 가능한 전형적(典型的) 선발방법론을 프로그래밍하는 것이 주목적이며, 그 맥락에서 고교 교육과정과 대학의 전공 교육과정 간의 연계의 구체적인 방법론을 탐색하는 것이 부차적 목적이다.

현행과 같은 입학사정관제도의 한계에 대해 따져보아야 한다. 대학교육의 질적 고도화(전공단위 교육력의 제고에 의한 전문인력 양성)를 선발제도의 목적으로 설정하고, (수능시험 성적을 단지 '하나의' 전형자료로 삼고) 전공단위의 교육목적에 부합하는 학력 · 실력의 종류(재능 · 직능의 종류)를 분류하는 방식의 전형방법론을 구안 · 실행하는 방식으로 선발패러다임을 본격적으로 전환해야 한다. 이를 가능케 하는 선발 패러다임으로서 입학사정관제도를 통한 전형적인 전공단위 선발방법론에 대해 논의한다. 구체적인 연구내용은 다음과 같다.

첫째, '고교-대학 간 교육과정 연계'의 의의와 그 방식을 논의한다.

둘째, 전형자료에 대한 가치판단, 전형자료화의 의미, 전형자료화의 방법, 선발사정모형, 전형절차에 대해 상론한다.

셋째, 전형요소별 평가의 실제에 대해 논의한다. 학교생활기록부, 심층면접에 대한 구체적 평가방안에 대해 논의한다.

본 연구는 선발모순에 대한 근본적인 해결방안을 탐색한다는 의도에서 접근하고자 한다. 본래 취지가 달성되지 않는 것은 그 원인이 있으며, 그 원인을 정책의 잘못에서 찾는 것이 실사구시의 태도이다. 그럼에도 불구하고 본 연구는 현행의 제도적 틀 안에서 정책방향을 틀어 그 개선방안을 도모하고자 한다는 점에서 진보적인 노선을 택하고 있다. 이 논의는 학생부종합전형으로 왜곡 · 축소되기 이전의, 입학사정관제도 도입 당시의 기본 인식을 담고 있음을 밝혀 둔다.

연구자는 선행연구에서 입학사정관제도의 도입 취지와 목표는 '고교-대학 간 교육과정 연계'를 확대하고, 그 귀결로서 교육체제의 계통성을 복원한다는 것이었음을 말해 왔다. 연구자는 선행연구에서 대학의 학생선발이 전공단위 선발방식으로 그 패러다임을 전환할 필요가 있음을 주장하고, 그것에 대한 철학적 탐색과 제도적 지향을 논의한 바 있다. 연구자는 "철학적 탐색"(2011)에서 고교 교육체제와 대학 선발체제를 전환하는 기제로서 뿐만 아니라 대학교육체제 전반에 대한 체제적 개혁을 이끄는 기제로서 전공단위 선발의 의의를 논의했다. 이 연구에서 연구자는 수능성적 중심 선발방식을 대체하여, 학교생활기록부를 위시한 다양한 전형자료를 활용하여 전공교육목적에 부합하는 '우수학생'을 선발하는 방식으로 그 패러다임을 바꿀 필요가 있음을 주장하였다. 또 연구자는 "입학사정관제도의 지향"(2012)에 대한 연구에서, 전공단위 선발 경로의 설정을 통해 입학사정관전형을 일반전형에 적용하고 그래서 주류의 선발제도가 되도록 하는 제도화 방안에 대해 논의하고, 전공단위 선발의 정책방향(정책목표, 정책실행 규준, 추진전략)에 대해 논의하였다.

나. '교육과정 연계'의 의의와 그 방식

전공단위 선발제와 연관하여, 본래 취지의 입학사정관제를 정착시키기 위해, '고교-대학 간 교육과정 연계'가 이루어져야 한다. 그런데 지금도 그것을 제도화하는 데는 난점이 크다. 여기서 교육과정 연계의 의의와 그 방식에 대해 논의한다.

1) '연계' 개념의 오해와 이해

가) 왜곡되고 무기력한 연계가 야기하는 현상

선발의 틀과 교육체제 운용의 틀을 개혁하는 기제로 기능하기를 희망했던 입학사정관제가 첫 시도부터 왜곡되고 무기력한 연계의 형태를 취하면서 도입되었다.

교육부가 선발의 다양화의 한 방편으로 적용함으로써, 이 제도는 기술적 처방에 한정된 기능으로 축소될 수밖에 없었다. 대학은 애초에 '선발의 자율성'이라는 기제로 그 목표를 수정하여 적용하였고, 우수아 모집 관행을 암묵적으로 허용하는 제도적 장치로 활용하였다. 최근에 올수록 대학 측에서는 입도선매(立稻先賣)의 '입학자원' 확보에 용이하기 때문에 이를 확대 운용하고 있다. 경우에 따라서는 '문화자본'이 좋은 아이 혹은 '화려한 아이'를 가려뽑는 전형으로 이용하고 있다. 그래서 자칫 이 제도가 교육기회 양극화, 더 나아가 계층계급 양극화를 부채질하기도 한다.

물론 고교 측에서는 이전보다 교육과정 정상 운영에 더 많은 관심을 보이는 측면이 있고, 수시전형(학생부교과전형, 학생부종합전형)에 매진하는 경향을 보인다. 지방소재 학교일수록 이 학생부전형(교과전형, 종합전형)에 정책적으로 집중하고 있고, 대도시소재 학교일수록 수능전형에 상대적으로 힘을 쏟고 있다. 학생 측에서는 학생부 기록의 내용을 채우는데 관심을 크게 보이고 있고, 학교의 교육과정 이수에 따르면서 연계의 매개물인 학생부 기록의 양과 질을 높이기 위해 애를 쓰고 있다. 상층부 학부모들은 대학 입학사정에 반영될 것 같은 학생부상의 기록 요항을 채우기 위한 스펙을 쌓는 데에 사회경제적 경비를 흔쾌히 투여하고 있다.

나) 연계의 본래 의미와 그 왜곡 현상

입학사정관제도의 도입 취지는 큰 틀에서 공교육의 계통성을 복원하자는 것이었다. 계통의 붕괴는 공교육의 붕괴이고 그것은 역사적으로 진행되어 왔기에, 계통성을 복원하는 제도적 기제로서 이 제도를 도입코자 하였다. 계통성을 복원하려면, 고교-대학 간 교육과정 연계가 이루어져야 한다. 그 연계가 교육과정 정상 운영의 원인이자 결과를 만들어낸다. 그 연계의 제도화는 선발의 틀과 교육체제 운영의 틀을 전환해야 가능한 것이다.

'선발의 틀'과 '교육체제 운용의 틀'을 문제 삼는 교육개혁론에서 입학사정관제가 정책적으로 제안되었다고 말했다. 이 경우 입학사정관제는 방법상으로는 '고교-대학 간 교육과정 연계'를 통한 선발을 의미하는 것이었고, 형식상으로는 입학사정관(교수사정관)이 사정 · 선발의 권한을 가지고 '전공단위 선발'을 이루어내는 방식을 의미하는 것이었다.[2)]

2) 전공단위 선발제는 입학사정관제의 제도적 취지와 직접 맞닿아 선발하는 방식으로서, '고교-대학 간

그러나 현행 학교현장의 왜곡된 인식이 교육과정 연계를 무기력하게 만들고 있다. 우선, 현행의 수능중심 선발 지침으로 인해 교육과정 연계를 등한히 하고 있다. 특히 수능시험제도가 적용되고 있고 원점수와 표준점수를 제공하는 방식을 채택하고 있기 때문에 교육과정 연계라는 것이 허구화되고 있다. 또 '연계' 개념 자체에 대해 오해하고 있는 경우가 많다. 대학이 대학–고교 간 자문교사협의회 운영, 대학 홍보프로그램 활동, 전공강의 사전 경험(수업프로그램 제공) 정도로 이해하고 있다.[3)]

또 잘못된 연계가 일상이 되고 있다. 대학은 자기 대학의 전형방법을 소개하는 데 그치고 있고, 대학이 고교와 교사에게 학생을 '구걸'하고 있다. 학교 · 교사가 대학에게 '대접'을 바라고 있고, 그것도 공공연히 요구하고 있다. 대학 서열에서 불리한 대학은 이것을 속절없이 감내하고 있다. 이런 내용의 연계는 더 나쁜 문제와 낭비를 만들어내고 있다.

다) 한국교육개발원(KEDI)과 교육혁신위원회 간의 연계 개념의 차이

여기서 한 가지 분명히 짚어야 할 것이 있다. 2004년부터 시작된 KEDI 8년연구에서 개념화하고 있는 '연계' 개념에 대한 것이다(정광희 외, 2004: 정광희 외, 2005: 김미숙 외, 2006). KEDI는 두 가지 방식으로 고교–대학 연계의 접근을 그리고 있다. '체계적인 접근'과 '고교와 대학 주체 간의 연계'가 그것이다.

KEDI는 '체계적인 접근'이라 해서, '고교 교육과정 운영 시스템과 대입전형 시스템과의 연계'를 그리고 있다. 그런데 이것이 무엇을 표상하고 있는지는 분명하지 않다. 또 KEDI는 '고교와 대학 주체 간 연계'라 해서, 단위 고교(군)와 대학(군) 간 연계와 지역단위에서의 고교와 대학 간 연계를 구상하고 있다. 그런데 이런 연대는 사실상 필요충분한 것이 아니다. 자칫 왜곡과 밀실과 불공정을 파생시킬 가능성이

교육과정 연계를 통해 교육체제의 계통성을 살리는 것'을 추구하는 제도적 기제이다(손종현, 2010: 23–24).

3) 이것은 필요한 것이지만 충분한 것은 아니다. 어쩌면 낭비적인 요소인지도 모른다. 왜냐하면 그 자체가 학교교육의 정상화를 이끌지는 못하기 때문이다. 서울대가 그렇고 경북대가 그렇다. 사립대는 더 하다.

있기 때문이다.

KEDI가 설정하고 있는 '고교－대학 간 연계'의 유형은 학습형 연계, 진로형 연계, 선발형 연계이고, 그리고 연합방식의 연계시스템 운영을 덧붙이고 있다. 언뜻 보기에 꽤 체계적이고 효과적인 것처럼 보이지만, 현재 한국교육의 모순구조와 그 실상에 견주어보면 그것이 현실성과 적합성을 의심케 한다. 그중에는 이전에 해오던 것을 달리 이름 붙인 것도 있는데, 낭비적으로 흐를 가능성이 크고, 불공정을 불러일으킬 공산이 크고, 현행 교육모순과 선발모순을 해소하는 데 도움이 되기는커녕 문제만 더 깊게 만들 가능성이 크다. 이와 같은 방안은 관료주의적 발상에서 나온 것이라 할 수 있다.4)

이에 비해, 애초에 교육혁신위원회가 말한 '고교－대학 간 연계' 개념은 정확히 말해 '고교와 대학 간의 교육과정 연계'를 의미하는 것이었다. 이는 다음과 같은 의미를 내포한다.

첫째, 고교가 교육과정을 (정상) 운영하여 교육과정목표를 완성한다. 완성한 결과와 과정을 평가하고 기록한다.

둘째, 대학 전공단위도 교육목적과 교육과정목표를 분명히 선언하고 이것을 완성한다.

셋째, 대학 전공단위는 선언한 교육목적과 교육과정목표에 근거하여 교사가 산출해 놓은 그 평가 기록을 읽고 사정한다. 그 사정 활동을 통해 고교 교육과정을 이수한 학생을 스크린하고 선발한다.

교육혁신위원회가 제안했던 경로별선발, 수능등급제, 교사별평가와 교육이력철 등의 개념이 모두 '교육과정 연계'를 염두에 두고 창안된 것이었다(김민남, 2004: 27-28). 이는 일반계 고교는 물론이고, 전문계 고교와 특수목적고 등의 동일계 전형

4) 외국 사례의 경우, 고교-대학 간 교육과정 연계의 대표적인 사례로 미국의 8년 연구를 꼽을 수 있다. 미국의 8년 연구는 1930년대 미국 진보주의교육협회가 중심이 되어 중등교육의 재구조화와 고교-대학의 관계 개선을 위해 1933년부터 8년간 수행된 연구이다. 현재의 미국 대입제도는 이들 연구 성과들을 바탕으로 이루어진 것이다(정광희, 2004). 사실상 영국과 독일, 프랑스 등의 선진외국은 정도의 차이는 있지만 그 성격상으로는 모두 교육과정 연계를 통한 선발을 지향하고 있다. 특히 우리나라와 교육풍토나 상황이 유사한 일본의 경우, 최근 '입시선발'에서 '교육연계'로 대입제도에 대한 관점을 전환하고, 시험점수 위주가 아닌 고교교육의 총체적 성과를 반영하는 방식으로 변화해 나가고 있다.

에도 마찬가지로 적용되는 것으로 기획되었다. 이렇게 보면, 교육혁신위원회의 연계 개념은, 현재 관행적으로 이루어지고 있는 KEDI의 그 전제와 취지가 출발점부터 다른, 원리적이고 타당한 것이었다.

라) 교육과정 연계의 재설계

여기서 말하는 '연계'는 추상적 상징적 개념 언어이면서 동시에 구체적 실체를 가진 행동방식을 지시한다. 그 '연계'는 아주 특별한 것(교육과정)을 내용 혹은 대상으로 삼고, 아주 특별한 것(교육과정의 상호 교섭)을 형식으로 이루어내는 행위양식을 말한다. 이를 실체화해서 말하면, 고교 교육과정을 이수한 이력을 대학 전공학과 교육목적(교육과정)과 상호 교섭을 하는 행위를 의미하는 것이다.

'교육과정 연계' 이외의 연계는 모두 부수적이고 비본질적인 것이며, 이것은 선발문제에 관한 한 차라리 위험한 일이고 낭비적인 일이다. 실제로 이런 비본질적인 연계를 하는 중에 학교현장에서 많은 '낭비'가 일어나고 있음을 목격하고 있다.

현행 교육현장에서 일어나고 있는 다양한 종류의 연계는 참여정부 당대의 교육혁신위원회가 내놓은 구상과는 기본적인 인식과 전제가 다르기 때문에, '말은 비슷한데, 추론되어 나온 방법론에 있어서 큰 차이를 만들어내고 있다. 이런 점에서 보면, KEDI에서 몇 년간 추구해 온 '고교－대학 간 연계' 개념과 그것에 기초한 일련의 연구활동은 '고교－대학 간 교육과정 연계' 개념으로 옮겨와야 하는 것이다. 현재 이루어지고 있는 선발과정상의 '연계' 개념도 이 개념에 충실한 방식으로 재설계되어야 하는 것이다.

2) '교육과정 연계'의 의의

입학사정관제를 통한 선발은 학생을 시험성적순으로 골라내는 방식이 아니라 학교(교사)의 교육과정 기획을 거쳐 형성된 학력(실질적 능력)을 이모저모 따지고 분류해 내는 '사정의 방식'에 따른 선발이다. '사정'의 방식에 따른 선발은 교사의 교육과정 활동과 대학의 전공교육 간의 연계를 가능케 하는 고리가 된다. 단언컨대 교육과정 연계가 '사정의 방식'을 허용한다. 이 연계는 고교-대학 간 교육과정의 상호 교섭을 의미하고, 이것이 교육과정 정상 운영을 담보하는 법이다.

교육과정 연계는 고교와 대학으로 하여금 교육과정 자기 조절을 합리적으로 유인한다는 데 그 의의가 있다. 대학의 학생선발이 교육과정 연계를 통한 방식으로 바뀌어야 자신의 교육과정뿐만 아니라 고교 교육과정 운영이 정상화될 수 있는 단초를 열어 주게 된다. 다시 말해 대학 전공단위가 교육목적에 따른 선발을 실행해야 대학이 교육과정을 정상 운영하는 '교육기관'으로 거듭나고 동시에 고교 교육과정이 정상적으로 운영될 수 있도록 만들어 준다. 그렇게 함으로써, 대학 전공학과의 그 교육과정이 탐이 나기에 그 전공학과(부)의 진학을 겨냥하게 되고, 고교(교사·학생)가 그런 학습자원을 키우려고 애쓰고, 그러기 위해 고교에서 교육과정에 대한 자기조절(기획)을 하도록 만들 수 있다. 물론 자기의 교육과정 준법 운영이 그 자체로 규범적인 것이다.

거듭 강조하거니와, 고교-대학 간 교육과정 연계가 필요한 이유는 고교도 교육과정을 정상 운영하고 대학 전공단위도 교육과정을 정상 운영하도록 안내하기 때문이다. 이와 같은 방식으로 선발방식을 전환할 때 '고교-대학 간 교육과정 연계'의 확대를 가능케 하고, 그 귀결로서 중등교육과 고등교육 간의 교육의 계통성을 살리고, 학교교육을 정상화하고 더 나아가 공교육을 정상화하는 데에 기여할 수 있다. (이 점에서 보면 입학사정관제는 교육사의 정통성을 회복하는 과제와 연관되어 있음을 알 수 있다.) 이 양자의 인프라가 갖추어지고 기능할 때 입학사정관제는 공교육 정상화에 복무하는 핵심기제가 될 수 있다. 물론 이 경우에 대학 전공단위는 사회적 현실 문제로서, 공정성에 대한 사회적 책임을 반드시 자임해야 한다.[5)]

---

5) 대학교와 각 전공단위는 자신의 선발정책과 고교 교육과정 운영 간을 상호 연관시킬 수 있도록 하기 위해 현장학교, 교사, 입학사정관협의회, 교육행정당국과의 네트워크를 형성할 필요가 있다.

3) 교육과정 연계의 수준과 선발방침

선발이 교육과정 연계를 성립시켜야 공교육의 계통성이 살아난다. 선발이 연계와 무관하게 이루어지기 때문에 계통성이 파손되어 왔고, 그리하여 공교육 정상화도 희망하기 어렵게 되었다. 그렇다면 어떻게 어느 수준에서 연계해야 하는가? 관념적으로나 실제적으로 네 가지 수준을 그려볼 수 있다.

1) 1차적 수준으로 느슨한 연계: 수능중심(정시) 선발을 최소화하고 고교 교육과정 이수 기록으로서의 학생부중심 선발의 비중을 늘리는 것
2) 2차적 수준으로 경로별선발이 가능한 연계: 학교 특성화 반영, 문·이과 계열 파악, 학생부중심 전형경로를 마련하는 것 (이 경우에 경로적격성 심사를 거치는데, 현재는 이 수준의 실행이 이루어지고 있음)
3) 3차적 수준으로 고교－대학 간 교육과정 교섭을 통한 연계: 학교성격별·문이과계열별 고교 교육과정 이수 기록의 사정, 반영 교과목의 교차 확인 등을 거치는 것
4) 4차적 수준으로 최고 단계의 연계: 명실상부한 전공단위 선발을 완성하는 방식임. 대학 전공단위 교육목적에 준거하여 고교 교육과정 이수와 기록을 읽어 선발함. 대학 전공교육목적과 고교 교육과정 이수 이력의 교차 분석을 통한 체계적 연계를 구현하는 것

연계에 의한 선발은 요컨대 이렇게 하는 것이다; 대학은 전공교육에서 각 전문영역의 개성적 가치와 목표를 무시하도록 만드는 일반지능에 대한 맹신을 청산한다. 이제 대학은 강덕식 외(1999: 28)의 주장처럼, 전공단위 존립목적과 임무에 학생의 욕구, 동기, 포부가 일치하는 선발을 지향한다. 그 이유에서 수능중심 전형의 비율을 낮추어야 한다. 고교는 교육과정 정상 운영에 매진하고, 정상 운영의 과정과 결과에 대해 평가하고 그것을 충실하게 기록한다.

이 경우 선발기준은 무엇인가? 전공단위 교육목적(교육과정목표)이 바로 그것이다. 대학 전공학과로 하여금 전공학과 교수가 참여하여 전공단위 교육목적을 설정

하고 공개하도록 만들 필요가 있다. 이렇게 설정 · 공개한 전공단위 교육목적(교육과정목표)이 선발기준이 된다. 선발기준이 선발척도로 기능하여 적합한 학생의 선발을 가능하게 한다.[6] 선발대상은 당연히 고교 교육과정을 충실하게 이수한 학생이다. 선발대상을 이렇게 진술하는 데는 학교생활을 충실하게 거친 학생이 대학생활(GPA 및 진로 · 직업탐색)에 효과적으로 적응하고 사회진출을 성공적으로 한다(손종현, 2008: 116-117)는 실증적 분석과 그것에 대한 믿음을 기초로 하고 있다. 그리하여 고교 시절에 자신의 학교생활을 설계함으로써 교육과정(학습활동과 진로활동)을 충실하게 이수한 학생으로서, 그것이 경험의 역사성으로 전화해 있는 학생을 선발한다.

강조컨대, 대학 전공단위는 설립 목적과 그것에 부합하는 교육목적을 설정하고, 그 교육목적에 정합하는 구체적인 교육과정목표를 설정한다. 대학 전공단위는 전문역량 개발에 대해 어떤 책임을 질 것인지를 분명히 하는 가운데 교육의 과정(process)을 실행하되, 그것에 바탕하여 선발을 기획한다. (고교－대학 간 교육과정 연계는 '4차적 수준'에서 최고 단계로 이렇게 하는 것이다.)

4) '교육과정 연계를 통한 선발'의 개념도식

'고교－대학 간 교육과정 연계'를 통한 선발이 지배적인 방식이 되도록 한다. 선발의 합리는 원래 '교육과정 연계'를 통해 선발하는 것이다. 이런 선발방식이 이른바 '고교－대학 간 교육과정 연계'를 통한 선발이다. 이 선발은 고등학교(교사)로 하여금 '기록가능한 교육활동'을 기획 · 실행하게 하는 것과, 대학으로 하여금 '졸업의 관점'에 따른 선발을 기획 · 실행하게 하는 것을 기본적인 토대조건으로 요구한다. 이 양자는 입학사정관제의 성립과 정착과 발전과 관련된 기본 조건에 해당하는

6) 전공학과의 교육목적을 분명하게 설정하면 어떤 학생을 선발해야 할지가 명확해진다. 종래까지는 전공교육목적을 고려하지 않은 채 학생을 선발했다. 즉, 대학이 학생 선발에 전공학과의 교육목적에서 도출되는 선발기준을 적용하지 않았다. 이제 입학사정관제에는 '전공단의 선발제' 도입을 진지하게 고려할 시점이 되었다. 그렇다면 기존의 '도구교과 성적 우수생'을 선발하기 위해 적용했던 수능중심 선발 정책을 내려놓아야 한다.

것이기도 하다.

'교육과정 연계'를 통한 선발의 기본골격을 도식화하면 다음 [그림 7-1]과 같다. 이 도식은 연구자가 주장하는 '전공단위 선발제'의 정책목표를 도식화한 것이다(손종현, 2012a: 108).

그림 7-1 '고교-대학 간 교육과정 연계'를 통한 선발방식의 기본골격

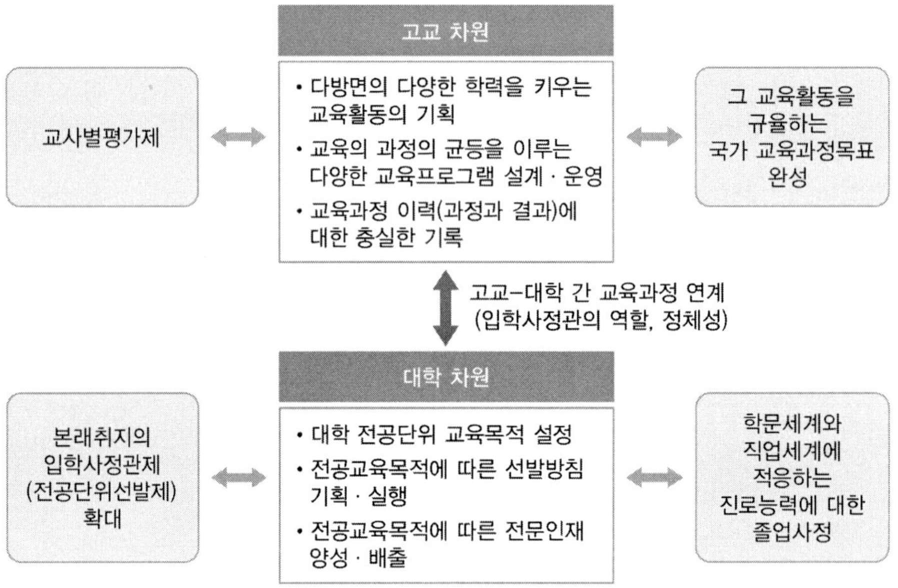

고교는 보통 · 보편 교육체제이고 대학은 특수 · 전문 교육체제이다. 고교는 교육과정을 정상 운영하여 학습능력을 키우는 교육력을 발휘하고, 대학은 그 학습능력을 바탕으로 전공 교육과정을 운영하여 전문역량을 키우는 교육력을 발휘한다. 대학은 고교로 하여금 교육과정을 정상 운영하도록 보호한다. 고교-대학 간 교육과정 연계를 통해, 보통 · 보편 교육을 잘 받은 학생을 대상으로, 대학은 전공단위별 전문역량을 키우는데 적합한 재능을 가진 학생을 선발할 수 있다. 고교-대학 간 교육과정 연계를 통한 선발이 일반화될 때, 최고교육기관으로서 대학이 중고등학교의 교육과정 정상 운영을 보호할 수 있고, 대학이 전공단위 교육력을 신장할 수 있다. 이 방식은 그 자체로 법칙적인 선발방식이다.

다. 입학사정관제 전형방법론

입학사정관제도는 전형방법론상에서 다양한 전형자료를 읽고 이것을 상호연관 지어서 새로운 의미의 전형자료를 만들고, 그래서 전인적 인재상을 종합적으로 판정하는 방식을 이끄는 제도이다. 따라서 '전형자료'에 대한 재인식이 요구된다. 여기서 '전형자료화'의 개념과 의의와 방법, 선발사정의 방법론, 전형절차와 관련된 몇 가지 쟁점을 검토해 본다.

1) 전형자료화

가) 전형자료에 대한 가치판단

전형자료에 대한 가치판단이 중요하다. 먼저 전형자료에 대해 재개념화 한다. '기본' 자료는 학교생활기록부이고, '주요' 자료는 수능과 면접 등이다. 그 밖의 다양한 자료들이 '보조' 자료로 활용한다.

(1) '기본' 전형자료 : 학교생활기록부

입학전형에서 학교생활기록부를 '기본' 전형자료로 활용하는 것은 '가르치는 자의 평가권'을 회복하게 하고 또 학교의 정상적인 교육과정 운영을 이끌게 한다는 측면에서 매우 긴요한 일이다. 이는 학교 안으로 교육의 중심축을 옮기도록 만드는 일에 진배없는 귀중한 일이다(강이철 · 손종현 외, 2009: 34 참조).

전형자료로서 학교생활기록부의 중요성을 세 가지로 정리할 수 있다. 첫째, 학교생활기록부를 기본 전형자료로 삼아 선발할 때 학교가 수능시험(선발)에 종속되지 않고 학교 성격에 맞는 교육활동을 자율적으로 운영 · 실행할 수 있도록 보증한다. 둘째, 3년간 36명의 '가르친 교사'가 지근거리에서 평가한 자료가 훨씬 신뢰로운 자료인이 분명하다. 수능성적이 대학 전공공부를 이끌지 못하고 재학 중의 성적

(GPA)을 예언하지 못한다. 학교생활기록부 내신이 수능보다 3배 정도 예언력이 높은 것으로 조사되고 있다. 이런 점에서 '우수학생'을 선발하고자 할 때 수능시험보다는 학교생활기록부를 '기본' 전형자료로 삼는 것이 더 바람직하다. 셋째, 학교교육을 받은 과정과 결과에 대한 기록을 참조체제로 삼아 학생을 선발하는 것이 보편적 원리이다. OECD국가에서, 대부분 대학들이 이렇게 하고 있다. 미국의 경우도 SAT(수능시험)는 '하나의' 전형자료일 뿐이다.

학교생활기록부는 크게 교과영역과 비교과영역으로 구성되어 있는데, 각 영역은 학생의 부분적인 요소 역량을 표상하고 있다. 문제는 그 학생을 기술하고 있는 부분적인 요소 역량들을 산술적으로 총합함으로써 그 학생의 능력(전인적 특성)을 확인할 수 있다는 생각은 무리가 있다는 것이다. 즉, 요소주의적으로는 안 되며, 총체적으로 읽고 이해해야 한다는 것이다. '전체가 표상하는 역량은 부분들의 단순한 합이 표상하는 역량 이상임'을 강조하는 것이 입학사정관제 전형의 기본 성격이라 할 수 있다.

학교생활기록부 교과영역의 경우에, 전공단위별로 교과영역에 대해 가중치를 달리 부여하는 것이 가능하다. 비교과영역의 경우 전공단위별로 다양하게 읽을 수 있다. 사정 주체는 학교생활기록부를 전공단위 교육목적에 적합한 다양한 활동을 확인하는 '기본' 전형자료로 삼는다. 이런 차원에서 창의적 체험활동, 진로활동, 사회봉사활동 등의 반영요소를 다르게 적용하고 반영비율을 적절하게 조정하는 것이 필요하다. 물론 교과영역이 주된 전형요소이어야 함은 당연한 것이다. 학교가 기획해서 실행한 교육활동에 대한 기록을 중심으로 해야 하고, 학교가 산출하지 않은 능력에 대한 것(예컨대 영어성적, 교외 수상실적 등)은 반영하지 않는 것이 일반적 규범이다.

(2) '주요' 전형자료 : 수능시험(등급 적용), 면접

수능시험의 성격은 이러하다: ① 대학수학에 기초가 되고 공통적으로 적용되는 보편적 학업능력을 측정하는 시험, ② 고등학교 특정 교과목 시험이 아니라 여러 교과의 공통적인 목표와 내용을 망라한 통합교과적 소재에서 출제되는 시험, ③

고등학교 교육과정의 수준에 준하여 출제하되 교과서 내외를 망라한 자료에서 출제, ④ 단순 지식암기나 이해를 넘어선 해석, 적용, 분석, 판단과 같은 사고력을 측정하는 시험이다(교육부, 1992). 그런데 이 수능시험은 이 기능을 하는 시험으로서의 한계를 가지고 있다. 또 학생과 대학을 서열화하여 선발하는 도구일 뿐이고, 정작 '대학수학능력'을 진작하는 학교교육을 유도하지 못한다.

가치판단이 개입된 방식으로 판단하면, 수능시험을 '주요' 전형요소로 활용함이 옳다. 수능시험을 기본 자료가 아니라 주요 자료로 보는 것은 수능시험 중시 경향이 오늘날과 같은 교육모순을 야기하는 데 중요한 원인으로 작용했다는 판단에서 나온 것이다. 또 수능시험이 대학에서의 학업능력을 예언할 것이라는 차원에서 그 유효성이 인정되지만, 실제로 수능시험으로 미래 성취도를 예측하는 데는 많은 한계가 있다는 것이 밝혀지고 있다. 우리 사회의 경우 수능시험의 표준오차는 ±20점 정도라고 알려지고 있다.

수능시험 과목의 반영과 관련하여, 반영영역에 있어서 인문사회계열은 언어 · 수리(나형) · 외국어 · 사회탐구로 하고, 자연계열은 언어 · 수리(가형) · 외국어 · 과학탐구로 하는 것이 일반적이다. 예체능계열은 탐구영역을 임의로 포함하여 2-4개 영역을 반영할 수 있다. 수능시험 성적의 반영과 관련하여, 등급을 반영할 것인가와 점수(표준점수)를 반영할 것인가는 주요 문제 중의 하나이다. 전공단위 선발에 있어서는 등급을 반영하는 것이 보다 일반적인 방법이다. 그리고 수능시험 성적은 언제나 최저기준으로 적용하는 것이 바람직하다. 대학별 전공단위별 학력의 최저기준을 만족하면 그것으로 '대학수학능력'이 있다고 인정할 수 있기 때문이다.

전공단위의 성격에 따라서는 수능시험 성적에 대해 최저학력기준을 적용하지 않을 수 있다. 원칙적으로 최저기준을 적용하지 않는 편이 입학사정관제도의 취지에 더 부합한다. 개별 대학교에 따라서는, 혹은 전공단위에 따라서는 수능시험 성적을 최저자격기준으로 적용할 수 있다. 이 경우, 필요에 따라 최소 2-3개 영역을 조합할 수 있다.

한 가지 분명한 것은, 수능시험 성적은 '하나의' 전형요소라는 점이다. OECD국가에서, 대부분 대학들이 이렇게 하고 있다. 미국의 명문 대학의 경우에 특히 그러하다. 미국의 이른바 '명문대학'은 SAT 1400-1600점을 얻은 학생을 동일능력군에 속하는 것으로 본다고 알려져 있다.

마찬가지로 면접을 '주요' 전형요소로 활용할 수 있다. 전공인성 평가에 적합한 전형요소는 면접이다. 면접을 통해 전공학업에 대한 관심과 포부, 학생의 발전가능성 등을 통합적으로 평가할 수 있기 때문이다. 면접은 대학학업(GPA)에 대한 예측타당도가 가장 높은 편이다. 지은림(2008: 3-4)의 연구에 의하면 GPA와 상관(r)이 1학년에 수능이 .18, 내신이 .13, 논술이 .06, 면접이 .14였고, 2학년에 수능이 .02, 내신은 .14, 논술은 .12, 면접은 .15이다.

수능시험만으로는 교과에 대한 태도(관심, 의욕, 포부, 몰두의 가치), 전공학업에 대한 관심과 의욕과 소질에 대해 확인할 길이 없다. 이것들도 '학력(學力)'을 구성하는 하위요소가 확실하다면, 반드시 이것도 어떤 방법으로든 평가하는 것이 합당하다.

> 수능시험의 성격상 아무리 출제를 잘한다 해도 교과에 대한 태도와 기능을 재지는 못한다. 전공에 대한 적성과 소질을 어디에서 잴 수 있는가. 이런 평가는 '심층면접'을 통하는 방법밖에 없다. 사회적으로 유효한 전문실력꾼을 발굴할 수 있도록 안내하는 심층면접이 요청된다. 물론 본고사형을 지양하고, 현행 면접구술고사를 심화시킨 '심층면접'을 실시한다. 전공학과의 성격 혹은 목적에 맞는 학생을 심층면접을 통해 찾아 나선다. 전공학과의 발전은 여기서 담보된다(손종현, 2008: 116).

면접(심층면접)은 현재적 조건 속에서 대학이 선발의 자율성을 구사할 수 있는 전형도구이자, 전형의 목적과 전공교육목적에 적합한 학생을 선발할 수 있게 하는 유효한 전형수단이라 할 수 있다. 물론 면접구술이 문제풀이형이 되어서는 안 된다.

(3) '보조' 전형자료

기본 전형자료와 주요 전형자료를 보완하는 자료로, 지원자의 지적 역량과 경험, 정의적 특성 등을 확인할 수 있는 모종의 자료를 '보조' 자료로 활용할 수 있다.

보조 전형자료로 자기소개서(자기추천서), 교사추천서, 프레젠테이션, 포트폴리오, 실험실습보고서, 학교 프로파일(school profile) 등이 활용될 수 있다.

자기소개서는 지원동기, 학업계획, 고교 재학시절의 학업성취, 역경 극복의 경험, 독서활동 등, 다른 전형자료에서 나타나지 않는 여러 가지 정보를 확인할 수 있는 보조 자료로 쓸 수 있다. 자기소개서의 내용 구성에서, 지원학과 진학에 관련된 '자기교육목표'를 분명히 설정하여 제시하게 할 필요가 있다. 구체적으로 말해, 지원학과에 진학해서 이루고자 하는 자기교육목표를 밝히고, 지원학과의 전공교육목적과 관련하여 고교에서 어떤 진로활동을 했는지 기술하고, 대학 전공교육에서 그것을 어떻게 실현할 것인지에 대한 학업계획과 진로계획을 제시하도록 요구할 수 있다(안상헌, 2010).

교사추천서(학교장추천서)는 전공학과의 교육목적과 관련하여 지원자의 특성을 이해하는 데 도움이 되도록 지원자의 적성과 재능, 관심과 의욕, 동기와 포부 등에 대해 자세하게 기록해 줄 것을 요청할 수 있다. 교사추천서의 기록은 "있는 그대로, 자세히, 써주세요"가 아니라, "쓰고 싶은 대로 쓰세요"라고 요청하는 것이 더 옳다. 그것의 진위를 확인하고 가치를 매기는 활동은 대학과 전공학과와 입학사정관의 몫이다.

한편, 학교생활기록부에 기록되어 있지 않은 교과 및 비교과의 활동에 대한 확인 서류가 있는 경우는 학교에서 활동한 것이면 이를 제출하게 한다. 예컨대 연구보고서, 학교 교육과정 관련 포트폴리오, 독후감 등이 그런 것이다. 학생이 제출하는 자료에는 고등학교의 교육의 과정에 대한 기록이 주종을 이루지만, 필요한 경우에는 중학교 때의 자료도 포함될 수 있다.[7]

---

7) 전형자료는 반드시 직전 자료에 한정되는가? 제도적으로는 '직전' 단계의 교육활동 이력과 그것을 기록한 학교생활기록부를 전형자료로 삼아야겠지만, 이론적으로는 듀이(Dewey)의 시간 개념에 비추어보면, 중학교 자료도 평가의 대상 자료로 쓸 수 있다. 듀이(Logic, 1964)에 의하면, 현재는 과거의 것이 응축되어 있다. 그렇다면 어디까지 과거인가 하는 점이다. 듀이에 따르면, '문제상황과의 상관성'의 정도에 의해 시간상의 거리가 정해진다. 과거 시간은 상대적이다. 과거는 지나간 시간상의 양의 문제가 아니다. 가까운 과거보다 먼 과거가 문제상황과 상관성이 높다면 상관성이 높은 과거를 더 주요하게 고려해야 한다. 가상적 과거 상황은 현재를 예측하지 못한다. 과거의 이력을 확인해서 현재의 실력을 평가해야 한다. 현재를 보면 미래도 보인다. 현재 학생이 지닌 실력을 제대로 평가해야 미래를 예측할 수 있다. 물론 그 예측은 확률적인 것이다. 그런 점에서 경험의 역사를 읽는다. 시간은 두께를 갖는다. 이 말은 경험의 역사성을 인정한다는 것이다. 연륜이란 양과 질을 동시에 함축한다.

학교 프로파일을 보조자료로 활용할 수 있다. 이는 지원자의 출신학교의 교육활동 기획을 확인할 수 있게 하고, 지원자의 학력의 성격을 가늠할 수 있게 해준다. 이는 자기 대학의 교육철학과 선발철학이 성립하는 계기가 된다. 모든 대학교가 그렇게 하면 그것이 한국사회의 평가관의 변화를 이끌어낼 것이다. 따지고 보면 그 사회의 교육의 성격은 평가관에 의해 결정된다.

나) '전형자료화'의 의미

전형자료화는 전공교육목적에 적합한지를 기준으로 전형자료를 해석하는 행위이다. 전형자료화는 입학사정과 연관하여 정리하면 기존과는 전혀 다른 새로운 개념이다.

지금까지 대학이 선발에 사용한 전형자료는 내부시험 성적(학교생활기록부)과 외부시험 성적(수능시험)이 주를 이루었다. 아니면 대학이 실시한 본고사에 버금가는 논술고사 성적이 그것이었다. 또 그 평가척도는 '한 줄 세우기' 표준에 의해 산출된 성적(총점)과 석차(순위)였다. 사실, 성적 · 석차로 구성되어 있는 평가척도는 판단의 기준이라기보다는 심판하는 것에 더 가까운 것이었다. 이제는 고등학교가 올려주는 학교생활기록부 교과성적 자료와 국가가 내려주는 수능시험 성적 자료를 기계적으로 행정처리 하지 않아야 한다. 명백히 입학사정관의 사정활동에 의해 산출되는 것이어야 한다.

전형자료화는 '교사에 의해 길러진 학력'을 대상으로 한다. 학교와 교사에 의해 형성된 학력을 상정 대상으로 한다.[8] 학교교육을 통해 삶의 기초에 해당하는 가치를 실현한 학생들이면 선발사정의 대상이 된다. 자기 재능을 발현하고 혹은 직업세계의 요구를 실현하고 있는 학생이면 선발사정의 대상이 된다. 그 선발사정은 전형자료화의 자율을 요구한다.

대학은 다양한 종류의 전형자료를 읽고 선발에 나선다고 했다. 입학사정관은 그

그래서 양과 질을 동시에 읽어야 한다.

8) 학교는 학력을 키우는 곳이다. 교육과정을 운영하여 학력을 키운다. 학교와 교사가 운영하는 교육과정을 통해서 학력을 키운다. '학력'이란 학교의 교육과정과 그에 따른 교실수업을 통해 얻은 능력을 말한다. 다시 말해 학력이란 교사의 교육과정 기획과 지도에 의해 길러진 능력을 일컫는다.

기록을 전형자료화한다는 것이다. '전형자료화', 즉 '전형자료로 만든다'는 말은 '어떤 것을 대상으로 삼아, 어떤 근거(이유)로 어떤 방법으로 평가할 것이다'를 분명히 한다는 것이다. 전형자료화는 대학 전공단위가 독자적으로 선발기준과 선발사정 척도를 개발하는 문제와 연관한다. 이 문제를 풀어가는 데에서 입학사정관제도가 교육제도로 정착된다. 유의미한 전형자료화, 이것이 선발패러다임 전환의 핵심 쟁점이다.

전형자료화는 재능을 '발굴'하는 행위이다. 선발이 수능시험 중심의 성적 · 석차('일반지능')에 의한 줄 세우기가 아니어야 한다. 선발은 다양한 종류의 학력과 학습자원과 재능을 발굴하는 사회적 행위이다. 발굴에 해당하는 선발에는 주관적 판단이 작용할 수밖에 없다. 근거를 갖춘 주관적 판단이라면 얼마든지 수용이 가능하다.

전형자료화에 있어서, 양화할 수 있는 것은 양화하고 양화할 수 없는 것은 질적으로 기술한다. 정량적 평가와 함께 정성적 평가도 한다. 성적이라는 '양'으로 승부하여 학생이라는 '질'을 분별해 버리는 평가방식은 어른이 아이를 향해 폭력을 휘두르는 방식에 다른 것이 아님을 인정한다.

전형자료화는 비판 가능한 평가기준을 세워 기록을 읽는 작업이다. (이 평가기준을 설정하는데 반드시 현장교사의 도움이 필요하다.) 교사의 기록에 대해 입학사정관이 그것을 읽어 해석한다. 누구나 학생의 현재 능력을 이해할 수 있도록, 학생이해의 참조체제로 읽을 수 있도록 전형자료화 한다(김민남, 2010).

전형자료화는 대학 전공단위의 필요(need)를 반영한다. 각 대학 각 전공단위가 처한 조건을 반영하는 전형자료화를 추구한다. 학생선발의 이유가 다양해야 하고, 그 이유를 반영하는 방법으로 그 기록을 읽어 사정하는 방법으로 전환한다.

전형자료화를 위시하여, 대학이 선발사정 기준을 개발하는 데 있어서 불가피하게 '주관적 요소'가 개입하게 된다. 물론 '주관성'은 '자의적인 것'과는 전혀 다른 의미이다. 고교의 교육이력철 기록에 교사의 '주관성'이 개입될 수밖에 없고, 그리고 대학의 전형자료 사정에 입학사정관의 '주관성'이 개입될 수밖에 없다. 오히려 주관성이 개입하는 것이 각 고교와 각 대학의 교육목적과 성격을 분명히 하는 계기가 된다. 이것을 인정하는 데서 입학사정관제도가 성립한다. 이에 대한 사회적 관용과 승인이 필요하다. 물론 전형자료화와 그것의 사정 · 선발에 대한 표준을 가지되, 그렇다고 해서 표준에 획일적으로 종속되지는 않아야 한다.

전형자료화와 사정은 지침이 아니라 읽는 문맥에 의존하는 활동이다. 예컨대, 학교가 수학동아리 활동을 통해 학생의 수학적 관심을 지속시키는 프로그램을 진행했다면 그것을 반영한다. 수능시험의 수학보다 수학동아리의 수학이 이후의 수학적 사고에 더 큰 도움이 될 수 있다고 판단한다.

전형자료화와 연관하여, 무엇보다도 대학이 초 · 중등교육 정상화에 대해 절실하게 사회적 책임을 다한다는 것을 의식해야 한다. 대학의 전형자료화는 상대적으로는 고등학교 교육의 변화를 이끌 수 있다. 고등학교 교육과정 운영을 정상화하는 원리감 하에서 이를 실행한다. 분명한 것은, 이 판단에 대해 교육주체(학생, 학부모, 교사)와 교육행정당국이 지지를 해야 하고, 언론이 이러한 평가방식에 시비를 걸지 않아야 한다. 대학과 학교가 협력하여 이 난제를 헤쳐 가는 해결책을 마련할 수 있느냐 하는 것에 입학사정관제도의 성패가 달려 있다. 입학사정관제도는 학생들의 학습활동 결과뿐만 아니라 학습활동 과정도 중요하게 고려하는 선발제도이다. 입학사정관제도를 통해 학습활동 과정을 유의미하게 전형자료화 하는 일이 뜨거운 사회적 · 교육적 쟁점이 되는 것, 이것이야말로 교육과정 정상화와 공교육 정상화의 단초를 여는 계기가 될 것이다.

다) 전형자료화의 방법

종래의 선발 관행, 즉 수능시험의 결과물, 학교생활기록부의 기록물을 기계적으로 행정 처리하여 학생들을 선발하는 관행을 대체함이 마땅하다. 성적과 석차를 컴퓨터로 줄 세우기 하여 학생을 선발할 수는 없는 노릇이다.

입학사정관은 학생부상의 다음과 같은 교육활동 내력을 전형자료화 한다(교육혁신위원회, 2004 자료 참조).

- 학생의 교육과정 이수 이력(교과과정 유형과 이수 현황, 교과의 학년별 성적 추이, 교과기반 독서활동 등)

- 학생의 진로활동 이력(관심사 추구, 동아리활동, 진로활동, 리더십활동 등)
- 학생의 특수재능 이력(소질과 특장, 교내 수상 포함)
- 학교 · 교사의 교육활동 프로그램 이력
- 대학 전공단위 교육목적(전공학과의 졸업 목표)
- 학교 내 교육기회 결손의 보충 활동

전형자료화와 관련하여, 입학사정관의 '전문가적 교육적 감식안을 필요로 한다. 여기서 '교육적 감식안(educational connoisseurship)'이란 복잡하고 미묘한 특징을 식별하는 능력으로 전문가적 안목을 가지고 관찰하고 보고 느끼고 구분하는 것을 말한다(Eisner, 1976). Eisner(1976)는 이 개념을 도입하면서 포도주 감별사가 와인을 감별하듯, 교육적 감식안을 가지고 학생을 '평가'할 수 있는 전문성을 가져야 한다고 말한다.

입학사정관제 시행과 관련하여 전형자료화의 일반적 과정을 대략적으로 설정할 수 있다. 이는 다음과 같다.

- 학교생활기록부 기록을 구성하고 있는 요소별로 분류 · 검색한다. 학교생활기록부 (교과 · 비교과) 기록을 비판적으로 읽는다. 교과에 대한 교사의 기록 언어를 읽는다. 교과적 사고력, 의욕과 관심, 태도와 기능 등에 대해 포인트별로 읽는다.
- 여러 전형자료를 교차 검색한다. 기본은 검색이다. 학교생활기록부상의 기록 항목을 교차 분석한다. 교과 요소, 비교과 요소(리더십, 봉사활동 등), 소질과 특장의 요소, 추천서의 요소, 자기소개서의 요소를 가지고 교차 분석을 하여 결과를 종합하여 선발의 가능성을 탐색한다. 학교생활기록부와 수능시험 성적 자료 등의 전형요소를 평가방침에 따라 다양하게 복합적으로 고려하면서 운용할 수도 있고, 어느 하나의 요소를 우세하게 적용하여 운용할 수도 있다.
- 사실상 대다수 학생들은 이런 비인칭적 요소들의 교차 검색에 의해 선발될

수 있고, 소수의 학생들이 인칭적 요소의 검색을 필요로 한다. '학교의 성격'과 '학생의 학교생활(삶)의 내력'을 살피고, 그것에 대해 주관적 해석을 내린다. 인칭적 요소, 즉 그 학생의 능력과 발전가능성을 해석한다. 어떤 경우에도 임상적 · 총체적 안목이 먼저이고 그리고 그 안목을 조정하는 과정을 밟는다. '그 학생이라면 전공단위 교육목적(혹은 전형목적)에 적합하지 않은가'를 판단한다. 이런 심미적 판단을 할 때, 개발한 전형자료를 가지고 하고, 이전의 판단을 교정하고, 판단근거를 보충한다(김민남, 2010).

- 평가사정표에 평가사정의 내용을 적고, 판단의 근거를 적는다. 판단근거에 비추어 입학사정관들의 집단 결정에 의해 선발한다.
- 필요하다고 판단하면 입학사정관은 현장을 방문하고 기록의 사실 여부를 확인한다. 기록과 현장을 교차 비교하여, 기록의 사실성을 따진다. 이 활동을 지속하고, 반복하고, 축적한다.

전형자료화의 방법과 관련한 위의 맥락과 준거가 모든 학교교육 관련 자료를 전형자료로 만들어내도록 이끄는 바탕이 된다.

2) 선발사정 방식

가) 선발사정의 주체 : 전공단위(교수 입학사정관, 전임 입학사정관)

선발사정의 주체는 전공단위(교수 입학사정관, 전임 입학사정관)이다. 학교와 교사가 키운 교육적 경험을, 직업세계의 요구를 담아낼 다변 · 다층의 능력으로 변환시킬 교육과정을 운영하는 전공단위가 선발의 주체가 되어야 한다. 다시 말해 교육과정 기획을 통해 교육과정 운영 능력을 보여 주는 모든 전공단위가 선발의 주체가 되어야 한다. 전공목적에 맞는 학생을 발굴하기 위해 전공교수가 선발사정과정에서 주도권을 행사하는 것이 마땅하다.

이제 대학 전공단위가 선발사정에 '수고'해야 한다. 수능시험 점수를 합산해서 선발하는 방식(행정처리와 컴퓨터 작업)을 그만두고, 이제 대학 전공단위가 선발의 주체가 되어 재능을 발굴하고 '사정'을 통해 선발하는 수고를 해야 한다. 선발문제를 앞에 놓고 대학이 인식론적 고통, 즉 어떻게 독해하고 어떻게 사정하여 누구를 선발할 것인가에 대한 이론적 고통을 자임할 때 학생의 고통, 학부모의 고통, 학교의 고통을 상당 부분 해소할 수 있다.

대학의 전공단위가 선발사정의 주체가 되는 것은 고등학교가 교육과정목표에 따라 교육활동을 수행하는 것만큼이나 중요하다. 고등학교의 교육과정 활동(과정과 결과)에 대한 기록을 읽고 이것을 전공학과 교육과정과 교섭하는 매개활동을 적합하게 수행할 수 있기 때문이다. 이때 입학사정관들은 전공단위 교육과정과 고등학교 교육과정 간을 교섭하는 다양한 형태의 매개활동에 집중적으로 참여한다. 이 경우 매개활동이란 대학 전공단위의 교육과정 운영에 대한 모니터링, 고등학교 교육과정 운영에 대한 모니터링, 학생 발굴을 위한 스크리닝, 전형자료 만들기와 사정 · 평가방안 개발과 사정 · 평가 · 선발활동 등의 과업을 말한다. 이 활동이 입학사정관의 전문성의 핵심이다. 그렇기 때문에 대학은 전공단위에 선발사정의 재량권을 대폭 이양할 필요가 있고, 그리하여 전공단위가 실질적인 선발사정 주체로 나설 수 있도록 조건과 여건을 최적화해야 한다.

나) 전공단위 교육목적 설정과 공표

선발사정 주체로서 전공단위는 전공학과(부) 설립목적에 부합하는 구체적인 교육목적을 명확히 설정할 필요가 있다. 전공단위는 이것에 힘써야 한다.

대학교육이야말로 선발과 졸업의 체계 속에서 교육목적을 생각하지 않으면 안 된다. 대학교육은 학문적 계승과 직업세계의 확장을 목적으로 성립하는 특수 전문교육이다. 그러므로 대학교육을 만족하기 위해 전공학과, 학부, 단과대학은 그 자신에게 고유한 교육목적을 세목화해야 한다(김민남 · 손종현, 2007).

- 대학 전공단위는 무엇보다도 먼저 전공교육목적을 설정한다. 대학 전공단위는 자신의 설립목적과 그것에 따른 가치를 교육목적에 반영한다.

- 전공단위는 전공교육목적에 정합하는 교육과정과 교육과정목표를 구체화한다. 이 교육과정과 교육과정목표를 가지고 학생을 초대하는 방식을 취한다. 이를 위해 먼저 자신의 현행의 전공단위 교육과정의 적절성에 대해 비판적으로 분석한다.
- 설정 · 선언 · 공개한 전공교육목적에 근거하여 그 교육목적을 달성하기 위해 교육과정을 충실하게 편성 · 운영하여 전공능력을 키우고, 그래서 전공능력이 뛰어난 엘리트를 직업세계에 배출한다.

전공단위 교육목적과 선발기준 간에는 반드시 일관성이 있어야 한다.[9] 무엇보다도 전공단위별 '전공교육목적－전형방법－평가사정' 간의 정합성이 확보되어야 한다. 대학은 전공단위별(혹은 교육단위별) 명료한 선발기준을 설정하여, 다양한 종류의 전형자료(학교생활기록부의 교육이력 기록 등)를 활용하여 교육목적과 교육과정목표 달성에 적합한 능력을 갖춘 학생을 선발한다. 이 경우 학생 간 학력 차이보다는 교육과정 이수 이력의 차이가 더 크게 반영되어야 할 것이고, 고등학교 간 학력 차이뿐만 아니라 고등학교 간 학교의 성격 차이가 보다 중요하게 반영되어야 할 것이다.

종래까지는 무개념으로, 전공교수의 전공학문(취향) 중심으로, 이리저리 휩쓸리면서 전공교육을 해 왔다. 전공단위가 교육목적이 없이 전공교육을 해 왔다는 것이다. 교육목적 없는 교육행위를 하는 곳이 과연 교육기관인가에 대해 반성해 볼 필요가 있다. 이제는 대학 전공단위는 자신의 설립목적과 교육목적을 선정하고 이를 공표해야 한다. 대학의 학생선발은 교육목적에 따르는 선발을 기획하는 것이 '선발의 합리'이다. 교육목적에 따르는 선발기준과 평가척도를 별도로 만들고 이를 이용하여 학생을 선발하는 것이 선발의 타당성을 담보하는 법이다. 이는 시대적 요구이기도 하다.

---

9) 학생의 자기교육목표와 전공교육목표의 일치, 전공단위별 전공목적에 부합하는 전형자료의 적절성과 다양화, 고교 교육과정과 대학 전공교육과의 연계 확대 등이 주요한 지향가치가 되어야 한다.

다) 선발모형 개발

원리적으로 초 · 중등의 보통 · 보편교육은 선발이 필요 없고, 대학의 특수 · 전문교육에는 선발이 필요하다. 또 교육하기 위해 선발하는데 그렇게 엄밀하고 객관적인 선발모형(선발기준과 평가척도)이 필요한가에 대해 의심해 볼 필요가 있다. 입학사정관제도 적용과 연관하여 이것에 대한 새로운 반성적 가치판단이 선행되어야 한다.

선발사정의 주체인 전공단위가 선발모형을 연구 · 개발하는 것이 자연스럽다. 대학 전공단위는 선발모형 연구개발팀을 상설기구로 운영한다. 이 상설기구는 교수 입학사정관이 주도하는 방식으로 운영한다. 전공단위는 전공적합성 혹은 전공적응능력과 상관관계가 높은 지적 · 정의적 능력을 검증하기 위해, 무엇보다도 전공목적에 부합하는 선발기준(평가방안, 평가기준, 평가지표)을 적합하게 개발해야 한다. 박정선(2010)에 의하면, 평가의 절차와 모형을 표준화하고, 평가자에 대한 교육 · 훈련을 강화함으로써 평가의 신뢰성을 높일 수 있음을 대학교육협의회 직무연수 프로그램의 예를 분석하여 제시한 바 있다. 그에 의하면, 정성적 평가도 평가와 모형을 표준화하고, 평가자에 대한 교육 · 훈련을 통해 충분히 공정하고 신뢰성 높은 평가방법이 될 수 있다고 말한다(박정선, 2010: 64).

대학 전공단위는 교육목적에 따른 선발모형을 개발하되, 전공단위 교육목적에 기초하여 선발방침과 선발기준과 평가척도를 개발해야 한다. 이 경우 전공단위는 자신의 교육목적(교육과정목표)이 선발기준이 되고 평가지표가 되는 선발모형을 개발해야 한다.

전공단위의 교육목적이 선발사정의 표준이 되어야 한다. 교육목적을 뒤집으면 그것이 선발사정 기준이 된다. 이제 대학 교육력을 살리기 위해 전공학과 교육목적에 따라 학생 선발사정 기준을 마련하고 그 기준에 따라 학생을 선발해야 한다.

선발모형에는 학교생활기록부를 위시하여 고등학교에서 제출한 전형자료에 대한 공정한 평가방안을 마련한다. 특히 전공교육목적에 입각하여 전공적합성을 확인할 수 있는 적절한 심층면접 방안을 포함하고 있어야 한다.

라) 평가지표 개발

평가지표는 그 학생의 '전공적합성'을 이해하는 참조체제가 어떤 것인지를 숙고하는 가운데서 개발되는 법이다. 평가지표와 대학 전공단위 교육목적 간의 거리를 좁히는 노력이 요구된다. 전공학과의 교육목적을 분명하게 설정하면 어떤 학생을 선발해야 할지가 명확해짐에도 불구하고, 종래까지 대학은 전공교육목적을 고려하지 않은 채 학생을 선발해 왔다. 즉, 대학이 학생 선발에 전공학과의 교육목적에서 도출될 수 있는 학생 선발기준을 적용하지 않았다는 것이다. 대학은 주로 도구교과 중심의 성적순으로 학생을 선발하는 데 혈안이었다. 이제 대학은 '도구교과 성적 우수생'만을 선발하는 기존의 관행을 내려놓아야 하고, 그것과 연관된 각종 정책을 내려놓아야 한다.

평가지표는 '고등학교 교육과정 이수 이력(학력)과 대학 전공단위 교육목적 간의 교차비교'를 지향해서 구안한다. 평가지표는 고등학교의 정상적 교육과정 운영을 격려하는 데에, 대학이 '능력과 적성과 재능과 포부'를 발굴하여 그것으로 전공교실(교육단위)을 구성하는 데에 필수적인 지침일 수 있어야 한다.

이런 이유에서, 다음과 같은 내용을 담보하는 평가지표를 개발한다. 이를테면 ① 고등학교로 하여금 하고자 하는 바(교육활동 기획)를 허용하는 평가지표, ② 학생들로 하여금 하고자 하는 바(학습활동 기획)를 허용하는 평가지표, ③ 대학의 전공단위로 하여금 인재양성의 목표를 명료하게 나타내는 평가지표가 그것이다. 이 삼자(三者)를 동시에 담보하는 참조체제를 구성한다.

아래에 예시하는 항목은 기본적으로 학교생활기록부(교육이력철) 기록을 '기본' 전형자료로 삼아 대학 전공단위 교육목적과 고교 학력 간을 교차 분석하여 '전공적합성'을 분류해낼 때 사용하는 평가지표의 기본 범주영역이다.

① 전공분야 인재 양성의 가능성이 되는 인지적 능력(창의성[10], 독서능력, 문제해결능력 등)

10) 창의성을 학력으로 인정할 수 있는 평가척도를 개발하는 것이 요청된다. 고교는 학생 개인의 다양한 교육적 욕구를 충족시켜 주는 교육 프로그램 개발과 더불어, 대학은 수능시험 고득점 위주로 학생을 '선발'하는 관행에서 벗어나 창의력을 지닌 학생을 '발굴'하는 체제를 마련해야 한다.

② 재능 발견의 토대가 되는 학생의 특장(소질과 특기)

③ 스스로 삶의 무대를 열 수 있는 수월한 진로활동

④ 지식기반사회를 이끌 리더십과 봉사성과 협동성 등의 인문적 역량(과거 업적, 현재 능력, 미래 설계)

전공단위 선발을 통해 전공교실을 구성한다. 선발은 수능시험 점수 순으로 줄을 세워서 뽑는 행위가 아니다. 다방면의 다양한 재능을 가진 학생을 뽑아 전공교실을 구성한다. 수능시험 점수가 100점 이상 차이 나는 아이들로 전공교실을 구성한다. 그만큼 다양한 종류의 재능을 가진 다양한 학생들이 모여든다. 경험과 생각과 포부가 교류되는 전공교실 구성이 대학 전공단위 경쟁력 제고의 실질적 토대이다.[11)] 대학은 직업세계와 학문세계에 도전할 학생들을 선발하되, 함께 토론하고 탐구하고 협력할 '교육단위(전공교실)'를 상정하고 학생들을 선발한다.

3) 전형절차 : 실력 분류의 단계적 과정

전공단위 선발에서도 전형절차는 다단계에 의한 단계별 사정을 실시하는 것을 원칙으로 한다. 다단계 교차검증을 실시함으로써 공정성과 신뢰성을 확보할 수 있다. 물론 단계상에서 일정한 조건만 충족하면 그것만으로 선발하는 것도 하나의 유효한 방법이 될 수 있다.

단계별 과정을 거치면서, 경계선에 있는 학생을 살핀다. 경쟁 선발인 한, 어떤 경우에도 경계선에 서 있는 지원자가 있다. 그 학생을 재평가하고 재발견한다. 경계선에 놓여 있는 지원자가 많다는 점에서 입학사정관의 전문적 판단능력이 중요하다.[12)] 그래서 최종당락을 판정하기 위한 기초자료 수집과 평정이 중요한 의미를

11) 비유컨대, 축구경기는 각 포지션별로 서로 다른 재능을 가진 11명의 선수를 필요로 한다. 전공단위 선발은 전공학과 관련 연구원, 교육자, 과학분야 언론기자가 될 사람을 뽑는 일이다. 과학분야 리더십을 가진 잠재적 엘리트를 뽑는 일이다. 과학영재를 뽑는다고 해서 아인슈타인과 같은 연구자를 지칭하는 것이 아니다. 리더십을 가진 자가 과학분야 관리자, 운영자, 교육자, 칼럼니스트, 과학전문기자가 될 사람을 뽑는 것이다. 각 분야를 이끌고 가는 정신, 이것이 리더십이다. 과학의 대중화를 위해 애쓰는 자가 필요하다. 과학의 대중화가 요청된다.

가진다.

전형절차와 관련하여 또 하나의 핵심 개념은 실력 분류, 재능 분류(창의성을 포함한 다양한 종류의 학력)의 과정을 거친다는 것이다. '실력을 분류한다'는 것은 '실력의 종류'를 스크린하고 분류한다는 것이다. 선발은 잣대로 뽑는 것이 아니며, 수능시험 점수 잣대로 뽑는 것이 아니다. 다양한 전형자료를 활용하여 스크린 하는 것이다. 선발은 척도(수능시험 성적 등)를 문제삼기 이전에 실력을 스크린하고 분류하는 활동이다. 교과능력과 비교과능력에 대해, 전공적성에 대해, 특별한 재능에 대해 스크린 한다. 수능시험 점수를 잣대로 삼아 뽑는 것이 아님을 분명히 한다.

실력을 분류하는 단계별 사정을 구안한다. 단계별 제로베이스에서 단계별에 따른 전형요소를 사정한다. 단계별 사정은 다양한 능력을 가진 학생을 선발케 함으로써 역동적인 전공교실의 구성을 유도한다. 수능시험 성적과 학교생활기록부 기록을 동일한 값으로 매길 수 있다. 수능시험으로 100명, 학교생활기록부 교과 기록으로 100명, 학교생활기록부 비교과 기록으로 100명을 뽑을 수도 있다. 또 학생이 제출한 자기추천자료(자기소개서, 포트폴리오, 프레젠테이션 등)로 100명을 뽑을 수도 있다. 필요하면 '기본적으로 부가할 것'과 '부차적으로 부가할 것'을 고려한다. 개인에게는 특별한 경험이 있다. 그래서 학교 변인과 학생 변인을 동시에 반영해야 한다. 이런 것을 몇 차례 점검을 하고 넣기도 하고 빼기도 한다. 전형자료 하나하나마다 질적 평가를 하고, 그러고 나서 전형요소별로 다시 재검토한다. 골라내기보다 배제한다는 접근방식을 도입한다. 다양한 방안을 창안해서 적용할 수 있지만, 후술하는 바와 같이 '실력 분류' 과정으로서의 4-5단계 사정 절차를 하나의 방안으로 예시할 수 있다.

가) 1단계 : 경로적격성 심사

1단계는 지원자격과 경로적격성을 심사하는 단계이다. 경로적격성은 출신학교(인문계, 전문계, 예체능계, 특수목적계 등)의 성격, 교육과정 이수 이력 등을 확인

12) 예컨대 논문심사위원 3명이 모두 '게재가'인 경우 게재하는 것이 당연하다. 편집위원의 역할은 경계선에 있는 논문에 대해 게재 가부를 결정하는 것이다. 경계선에 놓여 있는 지원자에 대해 입학사정관이 적극적으로 개입하여 사정활동을 하는 것이 그의 역할이다.

하면서 대학 전공단위 교육과정과의 적합성을 따진다.

나) 2단계 : 수능시험 최저기준 적용

수능시험 성적을 최저학력기준으로 적용하는 경우에 이 단계를 진행한다. 전공단위 선발은 수능시험 최저기준을 적용하지 않는 것을 일반적인 규준으로 삼을 수 있으며, 그럴 경우 이 단계는 생략할 수 있다.

다) 3단계 : 학교생활기록부 및 서류 심사

3단계는 학교생활기록부를 위시하여 자기소개서, 교사추천서, 포트폴리오, 자격인증 및 수상실적 등에 대한 심사를 말한다.

학교생활기록부와 관련 서류의 심사를 통해 교육과정 이수 적합성을 심사하여 일반적 유자격자를 선별한다. 학교생활기록부(교과, 비교과)를 중심으로 여러 제출서류를 교차분석하여 전공적합성을 인정할 수 있을지에 대해 판정한다. 특정한 심사기준을 만족시키고 전공적합성이 뛰어나다고 인정되는 지원자가 있으면 그를 1단계에서 바로 합격자로 선발할 수 있다. 1단계에서 5-6배수를 선발한다.

라) 4단계 : 프레젠테이션 평가

필요하다고 판단될 경우 자기교육목표와 관련된 주제로 프레젠테이션(3-5분)을 하게 한 후 질의와 응답을 진행하여 전공적합성과 학업의욕 등을 판정할 수 있다. 또 포트폴리오, 실험실습보고서, 집단토론, 교과프로젝트 등을 보조 전형자료로 사용할 수 있다. 필요하다고 인정될 경우, 이런 자료를 제출케 하여 심층면접 시에 활용함으로써 지원자의 목적의식, 의사소통능력, 그리고 지원학과에 대한 학업의욕 등을 확인하는 자료로 활용할 수 있다. 이 경우 프레젠테이션은 자신의 학교생활을 보여주는 활동이력, 포트폴리오, 수상경력 등을 통해 자신을 소개하고, 지원 전공학과와 관련된 관심과 의욕, 포부, 학업계획 등을 발표하여 전공적합성에 대해 자신이 적격자임을 직접 시범해 보이는 활동을 말한다.

프레젠테이션 평가의 과정을 진행하여 학교생활 기록의 사실관계를 확인하고 그 활동의 유의미성을 파악한다. 이때 지원자의 적극적 자기방어(변명)를 청취한다. 이 단계에서도 전공적합성이 뛰어나다고 인정되는 학생은 그것만으로 선발할 수 있다. 면접대상자 수를 줄이는 방편으로 심층면접 직전 단계에서 모집인원의 2-3배 수를 선발한다.

마) 5단계 : 심층면접을 통한 전공적합성 심사

심층면접 단계는 학교생활기록부, 자기소개서, 교사추천서 등의 전형자료에 대한 사실관계를 면접과정을 통해 확인하는 단계이다. 자기소개서를 평가할 때는 자기 교육목표와 연관하여 학교생활기록부를 읽고, 대학생활계획과 연관 짓고, 진로직업 능력을 전망한다. 심층면접을 통해 전공적합성에 대해 심사를 한다. 심층면접에서, '역동적인 전공교실을 구성한다'는 관점에서 공동작업(co-working)과 팀워크(team work)의 발휘의 가능성(용의와 자질)에 대해서도 고려한다. 질문과 대답으로 구성된 면담을 진행하되, 필요시 실연을 병행한다. 면담의 경우 '내용타당도'를 제고하기 위해 전공교육목적에 맞는 선발을 가능하게 하는 질문 문항을 구성하여 실시한다. 학습경험의 확장을 겨냥하는 학업계획(전공학업능력과 진로능력의 개발과 관련한 계획) 등에 대한 심사도 병행한다. 이 맥락에서 지원자의 학교생활 충실성과 전공적합성을 평가한다. 사실상 이 단계에서 적격자를 결정한다.

바) 6단계 : 판정 및 최종선발

마지막 단계는 최종 판정을 하고 당락과 순위를 최종 결정하는 단계이다. 종합적 사정 · 판정(holistic assessment)에 대한 피드백과 함께, 이른바 '전공단위선발사정위원회'에서 내부토론을 거쳐 최종선발을 한다.

이와 같은 단계별 전형 · 사정 절차를 진행하는 경우, 직전의 단계의 전형 성적을 제로베이스화 하여 적용함으로써 각 단계상에서 상호 경쟁하게 할 수 있다. 이것이 단계별 사정을 가치화하는 가장 유의미한 방식이다.

라. 입학사정관제 전형요소 평가방안

이제 전형요소 평가방안에 대해 논의할 시점이 되었다. 다양한 전형요소에 대한 각각의 평가방안에 대한 논의가 전형방법론 구안에서 핵심 분야이다. 여기서는 주로 대학 측에 해당하는 사항에 대해 다루는바, 개별 대학은 이 장에서 논의하는 내용을 준칙으로 삼아 전형모형을 설계할 수 있을 것이다. 물론 이 논의는 잠정적이고 예시적인 수준에서 전개된다.

1) 학교생활기록부

학교생활기록부 평가의 경우 전공단위가 요구하는 교과능력을 중요하게 반영하는 것이 일반적이고, 동시에 비교과(extra curriculum) 능력도 전공단위의 성격과 관련하여 그것을 반영하는 것이 바람직하다. 전공단위의 특수성을 고려하여 지원자의 학교생활기록부를 종합적으로 평가한다. 양화할 수 있는 것은 양화해서 판정하고, 양화할 수 없는 것은 질적으로 평가한다.

'교과학습발달상황'에 대한 기록은 가장 기초적인 자료이다. 교과성적에 대한 기존의 단순 합산 방식의 점수 부여보다는 지원 모집단위와 관련하여 특정 과목이나 과목군의 성적과 기록을 중심으로 분석하고, 또 3년간의 성적 추이에 주목할 수 있다. 소속 학교의 상대적 위치나 지역적 조건을 고려하여 불리한 처지와 조건 속에서도 지원자가 보인 학업성취에 주목할 필요가 있다(강이철 · 손종현 외, 2009: 54).

교과능력을 평가하고자 할 때 전공단위 관련 교과를 중심으로 반영한다. 서울대학교 특기자전형의 경우처럼 단과대학별로 평가교과를 달리 반영할 수도 있고, 경북대학교가 기획하고 있는 것처럼 전공학과별로 평가교과를 반영할 수도 있다. 전공단위별로 교과능력을 반영하는 방식을 예시하면 다음 〈표 7-1〉과 같다.

표 7-1 학교생활기록부 교과영역 반영 예시

전공단위	교과능력		
	국민공통기본교과	표준교과 (3과목)	선택교과 (2과목)
어문학, 사학, 철학, 고고인류학	10학년 교과	국어, 영어, 국사	한문, 제2외국어
정치외교학, 사회학, 사회복지학, 신문방송학, 문헌정보학, 심리학	10학년 교과	국어, 영어, 사회	국사
물리및에너지학부, 천문대기학	10학년 교과	물리, 수학, 영어	화학, 국어

'사교육걱정없는세상'에서 비판하는 사항으로서, 현재 대입전형은 모집단위(전공)별 특성에 따른 '전공적합성'을 중심으로 '적격자'를 발굴 · 선발하는 것이 아니라 '전 과목 성적 우수자'를 선발하여 대학의 서열을 유지하는 것에 초점을 맞추고 있다는 지적을 주목할 필요가 있다(사교육걱정없는세상, 2011).

여기서 한 가지 주요 쟁점은 국민공통기본교과 중에서 예체능교과는 어떻게 반영할 것인가에 대한 것이다. 고등학교에서 키워야 하는 기본능력이 언어(외국어), 수리, 과학적 조작력, 예술적 감수성이라는 판단에서 보면. 예체능과목을 포함시키는 것이 합당하다. 다만 음악, 미술, 체육 교과는 패스/패일(pass/fail)로 평가하되, 입학지원자는 반드시 패스를 선행조건으로 규정할 수 있다.

비교과능력에 대한 평가에 있어서는 다양한 평가 틀의 구성이 가능하다. 예컨대 전공적합성, 사회적 능력, 성장가능성을 평가영역으로 설정할 수 있다. 혹은 창조적 수월성, 사회적 지도성, 봉사성, 학습잠재력을 평가요소로 삼을 수 있다. 혹은 진실성, 일관성, 명료성, 성장가능성을 평가요소로 삼을 수 있다. 비교과영역의 경우 특히 전공학과와의 관련성에 주목해서 판정하되, 경험의 역사성에 높은 값을 매기는 방식으로 진행하는 것이 보다 타당할 것이다. 물론 정성적 · 종합적 · 맥락적 평가를 하는 것을 원칙으로 삼아야 한다. 여기서 비교과영역 평가방법으로서 하나의 방안을 예시하면 다음 〈표 7-2〉와 같다.

표 7-2 학교생활기록부 비교과영역 평가방법 예시

평가영역	하위 평가항목	평가기준	척도 및 배점
진로능력	• 동아리활동 • 진로활동 • 특별활동 • 교내외체험활동 등	• 지원 전공학과와의 관련성 • 진로활동의 다양성 • 진로활동의 질적 우수성	A B C D
전공인성	• 리더십 • 책임감 • 봉사성	• 교내외 임원활동 • 리더십활동 • 출결사항 • 봉사활동의 질과 양	A B C D
소질과 특기	• 수상 • 자격증(인증) • 기타 우수성 입증자료	• 교내 수상이력 • 자격증(인증)의 종류와 수 • 전공관련 교내수상 경력 · 기타 우수성 입증자료	A B C D

이 〈표 7-2〉에서 보듯이, 평가영역은 진로능력, 전공인성, 소질과 특기로 나뉘어질 수 있고, 각각 하위 평가항목을 3-4개 내포하고 있다. 특히 전공인성의 측면에서 리더십과 책임감과 봉사성을 주요 평가항목으로 설정하고 있다. 이는 지식기반사회에 일반적으로 요구되는 직업인성으로 중요한 요소라는 판단에서 나온 것이다. 지식기반사회는 단순히 시험성적이 높은 학생보다 창의력 · 특기 · 리더십 · 봉사성 등 다양한 능력을 갖춘 학생을 우수학생으로 인식하기 때문이다. 사실 지식기반사회에서 학생들도 단순히 성적과 석차를 높이기보다는 자신이 원하는 분야에서 전문성을 키워 차별화된 인생을 살고자 하는 욕구가 높다.

리더십은 지식기반사회의 전문가 엘리트에게 필수적으로 요구되는 것으로서, 지적 · 도덕적 · 사회적 리더십을 발휘할 수 있어야 한다. 오늘날 직업세계는 모두에게 지도자로서의 능력과 자질을 요구한다. 직업세계의 변화와 요구에 따른 헌신적 리더십이 인간 능력의 주요 요소임이 분명하다. 통합과 변화와 봉사의 리더십이 뛰어난 학생을 주목한다. 한 공동체(국가, 기업, 학교 등)의 생존과 발전이 구성원을 효율적으로 조직하고 진취직 사고와 올바른 판단을 통해 공동체 목표에 이르도록 통

솔 · 지도하는 능력에 달려 있는 경우가 허다하다. 리더로서 헌신에 가까운 활동을 했는가, 단순히 참여한 것이 아니라 전면에 나서 활동을 했는가, 책임감과 진취적 사고를 갖고 뚜렷한 성취를 이루어냈는가를 확인할 필요가 있다.

책임감의 평가지표는 자신의 주도하에 맡겨진 일을 처리할 수 있는가, 일의 처음과 끝을 예측하면서 주도적으로 일의 과정을 기획 · 실행하여 일정한 성과를 내고 있는가, 동료와 협동하여 공동보조를 취하면서 일의 목표를 추구하는가, 맡겨진 일을 완수하는 데에 남다른 의지를 가지고 자원(노력, 시간 등)을 투입하고 있는가 등이다.

봉사활동을 중요한 평가항목으로 평가하는 이유는 사회적 실천으로서의 봉사활동이 '인간의 존재론적 삶의 방식'을 표상하는 기본준칙에 해당되며 보편적으로 요구되는 기본가치이기 때문이다. 더불어 살아가는 세상은 나누고 섬기는 따뜻한 마인드(mind, 인성)를 요구하며, 이는 봉사활동을 통해 형성되는 법이다. 그 활동을 경험해 본 자가 더 큰 경험을 할 수 있으며, 이를 통해 그가 사회적 지도자로 성장해 가는 것이다. 한편 사회봉사활동의 전형자료화는 학교계획에 의한 봉사활동과 학생 개인계획에 의한 봉사활동을 더욱 확대하도록 문화적 압력을 가하는 계기로 작용한다. 봉사정신에 대한 평가기준은 몸과 마음을 움직여 자발적으로 참여하고 있는가, 지속성을 가지고 참여하는가, 인간에 대한 사랑에서 시작하여 타인에 대한 배려와 존중과 공동체의식으로 나아가고 있는가, 남을 위해 사는 삶이 그의 삶의 방식이 되고 있는가 등을 주요 지표로 삼을 수 있다. 여기서 강요된 봉사, 교사가 알아서 채워 넣어주는 허구화된 봉사로 인해 기만이 만성화되어 있음을 염두에 둘 필요가 있다.

소질과 특기에 대한 평가에 있어서, 수상에 대한 평가는 학교와 교사를 통해서 이루어진 것만 대상으로 한다. 특히 '주기 위한 수상', 그것도 '몰아주기 위한 수상'이 있음을 유념한다. 한편, 자격증(인증)과 우수성 입증자료를 평가항목에 포함해서 지원자의 특기능력을 가늠할 수 있다.

2) 심층면접

'심층'이라고 할 때의 심층은 지원자의 속을 드러내는 것이다. 심층면접이 필요한 경우에만 실시한다. 이 경우 전문성과 사회적 이유가 있어야 한다. 학교의 이유, 대학의 이유, 사회적 이유로 뽑아야 하는 사태에서, 합리적 준거를 가지고 뽑아야 한다.

가) 면접평가의 틀

대학은 전공단위 교육목적에 입각하여 '전공적합성'을 확인할 수 있는 면접평가 방안을 기획한다. 이 경우 '문제풀이식'의 논술 · 구술시험으로 흐르지 않도록 하는 것이 주요 관건이다.

전공단위 교육목적에 부합하는 학생을 발굴할 수 있게 하는 면접도구 개발이 요청된다. 전공교육목적에 부합하는 학생의 선발은 그것과 정합하는 심층면접의 평가 틀을 요청한다. 심층면접의 평가 틀을 다음과 같이 하나의 예시로서 구성할 수 있을 것이다.

(1) 평가항목 및 평가표 구성

'내용타당도'를 제고하기 위해 전공교육목적에 맞는 선발을 가능하게 하는 평가항목을 구성한다. 이 맥락에서 지원자의 학교생활(교육과정 이수) 충실성과 전공목적 적합성을 평가한다.

면접평가표가 구안되어야 한다. 면접평가를 할 때 사용하는 평가표의 구성에 있어서, 근거의 기록에 의한 종합판단이 가능하도록 양식을 구성하는 것이 필요하다. 종합평가와 전문적 판단을 가능케 하는 평가표 구성이 이루어져야 할 것이다. 종합평가란이 이와 같은 방식으로 설정되면 효과적이다.

(2) 면접위원 구성

입학사정관제도가 기존의 선발방식과 달리 학생의 전인격을 이해한 바탕 위에서 선발하는 방식이라고 할 때 서류평가를 하는 사정관과 심층면접을 하는 사정관이 가급적 동일인일 필요가 있다. 서류를 보고 학생을 이해하고 면접을 통해 더욱 깊이 이해한 상태에서 종합적 판단을 내리는 것이 가장 적절한 과정이고 방법이다. 이런 점에서 면접위원 구성은 서류평가를 했던 '동일인 배치'를 도모할 필요가 있다.

면접위원 수가 많을수록 신뢰도가 높지만 인력 풀(pool)을 고려하여 2-3인을 기준으로 한다. 2-3인의 면접위원이 참여하여 최소한 20분 내외의 시간을 사용하여 실시하되, 학교생활기록부 기록 및 자기소개서의 '사실' 확인을 포함하여 '전공적합성'을 검증한다.

면접위원 선정은 면접위원의 전문성과 경험(채점기준 이해수준)을 고려하여 모집단위 학(부)장, 전공학과 교수 등을 교수 입학사정관으로 위촉하여 참여하게 한다. 면접위원 사전교육을 통해, 문항내용과 채점기준에 대한 워크숍을 개최하고 모의면접의 경험을 제공한다.

(3) 면접방식

면접의 방법은 크게 지원자의 역량을 질의 · 응답을 통해 평가하는 개별면접과, 과제를 부여한 후 지원자가 과제를 수행하는 과정과 결과를 관찰하고 평가하는 시뮬레이션 면접으로 구분된다. 어떤 방식을 선택할 것인지는 전공단위의 성격에 달려 있다.

면접위원은 면접의 전 과정에 걸쳐 지원자를 정확하고 공정하게 평가하기 위해 노력해야 한다. 또 면접위원은 지원자의 행동을 관찰하고, 기록하며, 분류하고, 평가하는 기본 스킬을 구비해야 한다(오동근, 2009: 22-23).

어느 경우에라도, 면접방식과 채점지침에 대해 사전에 충분히 숙지해야 한다. 면접위원 간 협의 · 조정한 질문을 사용할 수 있다. 편안한 면접분위기를 조성하고, 충분한 면접시간(20분 이내)을 허용한다.

(4) 평점

면접위원 조별 점수차 문제를 해소하기 위해 모집단위별로 조를 편성한다. 면접자 간 신뢰도(객관도)를 확보하기 위해 동일한 모집단위는 동일한 면접자가 면접을 수행하는 것을 기본원칙으로 한다.

면접위원 조내 점수차 문제를 해결하기 위해 채점기준표에 준거하여 엄정한 평점이 이루어지도록 한다. 구조화된 형태의 분절적 평점이 가능하도록 4-5평정 체크리스트를 사용할 수 있다.

(5) 피드백

면접 실시 후에 반드시 면접문항 타당도를 확인하고, 면접자 간 신뢰도를 확인한다. 또 면접방식(절차, 과정 등)에 대해 재검토하고 피드백할 필요가 있다.

나) 면접평가의 방법(예시)

전공단위 선발에서 심층면접은 그 의의가 자못 크다. 면접은 다른 전형자료가 평가할 수 없는 특성을 평가한다는 데 의의가 있다. 면접은 인성평가를 하고자 할 때 종합적인 판단을 하는 데에 가장 적합한 방법이다. 묻고 답하기를 통해 학교생활기록부 내신과 수능시험 성적이 나타낼 수 없는 능력(태도, 기능, 소질과 특기, 몰두하는 가치 등)을 평가할 수 있는, 그러면서 동시에 대학생활에 필수적인 전공적합성을 평가할 수 있는 유효한 전형요소가 될 수 있다.

물론 대학은 기본적으로 본고사형의 문제풀이 면접구술고사를 지양하고, 다양한 전형자료를 활용하는 '심층면접'을 도입할 필요가 있다. 대학과 전공단위는 자신의 성격과 요구에 따라 다양한 면접모형을 개발할 수 있다. 종래 면접구술고사 관행에 대비하여 '심층적인' 면접평가가 가능하도록 하기 위해, 평가내용(평가항목과 평가지표)과 평가기준을 새롭게 구안할 필요가 있다. 물론 모형 개발에 앞서 중요하게 여기는 가치판단은, 교과능력에 대한 것은 '가르치는 교사'가 평가하는 것이므로 면접구술고사에서 또다시 본고사형의 교과능력 평가를 하지 않는다는 것이다.

대학은 사회적으로 유효한 전문실력꾼을 발굴할 만큼의 '심층적인' 면접평가를 기획할 필요가 있다. 전공별 학회를 구성할 수 있을 만큼 경험과 생각과 포부가 교류되는 전공강의실을 구성한다는 것을 겨냥해서, 전공 관련 진로능력과 창의적 사고력 등을 평가하기 위한 '심층면접'을 시행할 필요가 있다. 다양한 면접모형이 개발될 수 있다. 평가척도의 수와 평가항목의 배점비율은 임의적으로 정할 수 있다. 최종점수가 일정 점수 미만인 경우에는 불합격으로 처리할 수 있다. 여기서 심층면접 평가방안을 예시하면 아래 〈표 7-3〉과 같다.

표 7-3 심층면접 평가방안 예시

평가항목	하위 평가항목	평가기준	평가척도 및 배점
전공적합성 (진로능력)	• 지원동기와 성취목표	• 지원동기와 성취목표가 명료하다.	A B C D
	• 학업진로계획	• 학업 및 진로 계획이 구체적이다.	
	• 학업의욕과 열정	• 전공학업에 대한 의욕과 열정이 높다.	
창의적 사고력 (전공관련 독서이력)	• 객관적 이해	• 도서선택의 이유, 독서물에 대한 이해 수준	A B C D
	• 확산적 사고	• 독서를 통한 확산적 사고의 수준 (발견, 탐구, 해석의 지적 과정)	
면접태도	• 성실성	• 몸의 품위, 예의	A B C D
	• 표현력	• 말의 품위, 표현력	

※ 평가척도의 수와 배점 비율은 임의적으로 정할 수 있다. 최종점수가 총점의 60% 미만인 경우에는 불합격으로 처리하고, 미선발인원은 정시모집으로 이월할 수 있다.

여기서 한 가지 특정할 것은, 독서활동에 대한 심층면접 평가방안에 대한 것이다. 분명한 것은, 독서활동을 교과영역에 포함시키는 것이 더 합당하다는 것이다. 그래서 교과기반 개념으로 독서활동에 대한 기록을 반영할 필요가 있다. 독서활동과 진로활동을 교과자료로 전형자료화 할 수 있는 대학별 평가척도 개발이 요청된다. 지식기반사회는 누구나 자신의 전문분야에서 지식과 정보를 생산할 수 있는 능력을 요구하는 세상이라고 했다. 독서활동은 지식기반사회에 부응하는 주요 교육적 수단으로써 지식과 정보의 생산 경험을 제공한다. 독서활동은 모든 학생에게 해당되는 수월성 추구의 계기로서, 학력신장 및 창의성 개발은 (교과기반 진로관련) 독서활동을 통해 이루어지는 것이다. 독서활동을 전형자료로 삼음으로써 중등학교에서의 독서활동을 촉진하는 계기가 된다. 예컨대 독서활동의 일환으로 음악교과수업에서 '베토벤평전'을 읽는다. 낭만주의 음악에 대한 앎이 형성되어 있기에 낭만주의 철학과 낭만주의 역사에 대해 깊은 인식이 가능하다. 그렇다면 음악은 필수기본교과 아닐까? 예술적 감수성 없이 과학적 상상력이 생겨날 리 없다. 내용과 방법의 다양성 가운데서 창의성이 키워지는 법이다. 주변 환경과 그로부터 나오는 자극(선, 색깔, 모양)에 대한 반응에서, 현장을 가질 때 창의성이 발생한다.

마. 마무리

이 연구의 목적은 입학사정관제도를 통한 전공단위 선발방법론을 논의하는 것이었다. 전공단위 선발이 가능하기 위해 '고교－대학 간 교육과정 연계'를 어떤 방식으로 이루어야 하는지에 대해 논의했다.

전형자료에 대한 새로운 개념화가 필요하다. 대학 입학전형의 기본 자료는 학교생활기록부이고, 주요 자료는 수능시험(등급)과 면접이다. 그 밖의 보고자료는 자기추천서, 교사추천서, 프레젠테이션, 포트폴리오, 실험실습보고서, 학교 프로파일 등이다.

전공단위 선발은 다양한 전형요소에 대한 적합한 평가방안의 개발을 전제로 해서 성립한다. 전공단위와 입학사정관은 전형자료화에 힘써야 한다. 선발 · 사정의 주체는 전공단위이며, 전공단위 교육목적을 설정하고, 이것에 근거하여 선발모형을 개발해야 한다. 전형절차는 실력 분류의 6단계 과정을 거친다. 심층면접은 전공단위 선발에서 그 의의가 크다. 전공적합성, 창의적 사고력, 면접 태도 등이 평가항목에 해당한다.

전공단위 선발방법론은 전공학과(부)의 고유한 교육목적에 부합하는 다양한 재능을 가진 학생을 자율적으로 선발할 수 있게 하는 제도이다. 전공단위 인재(人材) 선발은 다원주의 시대의 흐름에 상응하여 다방면의 다양한 재능을 가진 인재를 선발하는 선발시스템으로 적합하다. 이런 시대 흐름과 요구에 대응하여 연구자는 대학교육체제 전반에 대한 체제적 개혁의 일환으로 입학사정관제도를 통한 전공단위 선발방법론을 도입하는 것을 제안하고 있다.

전공단위 선발방식은 고등학교가 다변 · 다층의 학교 성격을 살릴 수 있도록 그것을 이끌게 된다. 이 제도는 고등학교 체제의 다양화와 학교 교육과정의 특성화를 이끄는 기제로 작동한다. 이리하여 '선발 경쟁에서 교육력 경쟁으로'라는 표어가 빈말이 아니고 사실성을 갖도록 안내할 것이다. 그밖에 전공단위 선발은 수능시험 성적 경쟁 완화, 고등학교 진로교육 체제화 등을 가능케 한다. 요컨대, 전공단위 선발방식은 학교 현장의 다양하고 창의적인 교육활동을 촉진하는 하나의 계기가 될 것이 분명하다.

국가 차원에서 보면, 전공단위 선발방식은 전공단위별 인재 발굴과 전문인재 배출의 차별화 전략을 대학교육체제의 근간이 되도록 만드는 계기이다. 대학 차원에서 보면, 전공교육목적에 따른 선발방침을 기획하도록 하고, 다방면의 다양한 재능을 가진 인재로 전공교실을 구성하도록 하기 위해 성적위주 선발 경쟁에서 탈피하고 재능 발굴로 나아가도록 하며, 이것이 실질적으로 전공단위 교육력 제고의 계기가 된다. 대학은 전공단위 선발을 하나의 선발경로로 설정하고, 이 경로를 확장해 나갈 필요가 있다. 고등학교의 입장에서 보면, 학교의 성격을 반영하여 교육과정을 정상 운영하도록 하며, 학생의 재능과 적성을 고려하는 진로교육에 집중하도록 만든다. 학생의 입장에서 보면, 일찍부터 자기진로를 설계하고 자기교육목표를 설정하여 재능과 적성을 키우도록 한다.

연구자는 전형자료와 관련하여, 대학이 수능성적을 유일 · 절대의 척도로 사용하는 것이 이치에 맞지 않는 것임을 주장하였다. 국가가 학생평가의 유혹을 뿌리치지 못하고 수능시험을 쳐서 그 점수를 내려주더라도 그 시험점수를 어떻게 이용하는가는 대학의 판단과 선택의 문제이다. 이는 대학의 지성의 문제임을 분명히 한다.

이 연구에서 주장한 바에 의하면, 입학사정관제도에 가장 적합한 전형모형은 전공단위 선발방식이다. 전공단위 선발방식은 입학사정관제도의 정상화를 위한 내적 조건을 충족시키는바, 입학사정관제도의 본래 취지인 '고교-대학 간 교육과정 연계'를 통한 선발을 실질적으로 가능하도록 하기에 그렇다. 따라서 입학사정관제도가 전공단위 선발방법론을 겨냥하여 수렴되도록 하는 방향으로 나아가야 한다. 입학사정관제도의 취지가 허구화되고 있는 시점에서, 전공단위 선발은 입학사정관제도의 취지를 실질화하는 계기가 된다. 전공단위 선발을 지향할 때 그것이 진정 입학사정관제도가 제 자리에서 제 기능을 하게 될 것이다.

입학사정관제의 교육문화적 의도가 어떤 것이든, 공교육을 근심하는 모든 사회세력은 여기서 말하는 사회적 · 교육적 쟁점에 불을 붙이는 일에 나서기를 기대한다. 주요 쟁점은 '기록가능한 교육활동'. '졸업의 관점에 따른 선발', '고교-대학 간 교육과정 연계', '적합한 재능을 가진 학생의 발굴'에 대한 것이다. 할 수 있는 일은 다 해봤다. 이 쟁점에 부합하는 정책을 실천하는 것뿐이다.

8장

IB 교육과정의 이해와 도입 가능성[1]

가. 문제제기

이 연구는 '국제 바깔로레아(International Baccalaureate) 교육과정'에 대한 분석적 이해가 필요하다는 문제의식에서 출발한다. 이 연구는 교육과정에 대한 대안적 정책 방안으로서 IB 교육과정의 의의에 대해 논의하고, IB 교육과정을 과연 우리나라에도 도입할 수 있는 것인가에 대해 검토하고자 한다.

전형적인 교육과정의 프레임은 무엇인가? 그 프레임이 인재 양성의 제도적 계기가 되어야 함은 불문가지다. 국가 발전의 관점에서 글로벌 인재를 양성하는 것은 국가 경쟁력을 높이는 데 핵심적인 요소가 된다(임영구, 2015: 49). 그 인재 양성에 복무하는 하나의 교육과정으로서 IB 교육과정에 대해 주목할 필요가 있다.

IB 교육과정이 무엇인가? 이것을 어떻게 이해해야 하는가? 이 문제는 일련의 지적 호기심을 자아낸다. 여기서 몇 가지 질문을 하면서 이것을 논의하고자 한다. 이를테면 우리나라 교육과정과 관련하여, IB 교육과정의 도입과 연관된 기대와 우려, 도입에 대한 정책적 판단, 현 단계 교육과정 운영상의 문제해결 모색대해 논의하고자 한다.

굳이 논의의 '관점'이 있어야 한다면, 그것은 '교육적 타당성 물음'과 '바람직한

---

1) 대구가톨릭대학교 교양교육연구센터 《융합교육연구》 제7집(2020)에 게재된 필자의 논문 〈IB 교육과정의 이해와 도입가능성 탐색〉을 수정한 글이다.

대학입학시험제도와의 정합성 물음'이다. 여기서 '교육적 타당성 물음'이란 교육논리에 근거하여 교육에 대해 문제제기하고 거기서 해법을 구하는 방식을 말하고, 이 개념은 교육문제를 교육논리로 풀어내려는 인식론적 숙고와 맞먹는다(손종현, 2014c: 310). 한 마디로 그것이 교육적으로 타당한 것인가 하는 것이다. '대학입학시험제도와의 정합성 물음'이란 이 교육과정과 새로 도입하고자 하는 (이상적이면서도 현실적인) 대학입학시험제도가 서로 정합적으로 협응할 수 있는가 하는 것이다. 이 두 가지 물음을 만족시켜야 할 것이다.

나. IB 교육과정에 대한 이해

1) IB 교육과정에 대한 현실 대응

IB 교육과정은 국제 바깔로레아 교육과정으로 불린다. 이 교육과정은 스위스 제네바에 위치한 비영리 공적 교육재단인 IBO(International Baccalaureate Organization)에서 주관한다. 요컨대 IB 교육과정은 IBO에서 운영하는 교육과정 및 대입시험 체제를 말한다. 이 교육과정은 IBO가 제공하는 교육과정의 이수와 평가(시험)를 통해 학생들이 세계 각국의 대학에 지원할 수 있는 고등학교 국제 졸업 자격증을 제공하는 교육 프로그램이다.

IB 교육과정 개발은 1968년에 해외 주재 외교관 자녀들 및 해외상사 주재원 자녀들을 위한 표준화된 교육과정 및 공인된 평가의 필요성에서 출발했다(이혜정, 2018: 4). IB 교육과정은 줄곧 세계로 확산되고 있으며, 2019년 3월 기준으로 153국 5,288교에서 운영되고 있다. IB 교육과정은 학교급별로 초등과정, 중등과정, 고등과정이 있다.

우리나라에서는 지난 15년 동안 소수의 국제학교와 외국인학교, 외국어고등학교에 적용되고 있는 특수한 형태의 교육과정 수준에 머물렀다. 그러다가 2018년을 전후로 서울, 제주, 대구, 충남 등 전국 9개 교육청의 교육감들이 도입을 위한 검토와 연구를 추진하면서, 국가 공교육 차원의 쟁점이 되기에 이르렀다. 그동안 교육부는 일부 교육청의 움직임과 달리 IB 교육과정에 대해 무관심으로 일관해 왔다. 그러다가 IB 도입을 검토하는 교육청 수가 늘어나는 분위기를 보이자 2019년에 와서 IB 교육과정의 도입의 타당성을 검토하기 시작했다. 이에 비해 일본은 이미 1979년에 처음 도입하였으며 특히 2013년부터는 정부 정책적으로 IB 교육과정 운영의 확충을 도모하였고(정영근, 2018: 1), 2015년에 IB의 전면적 도입을 담고 있는 교육개혁안을 발표하였고, 2018년까지 IB 인증학교를 200개교로 증가시키겠다는 목표를 설정하였다(장신애, 2018: 1165).

IB 교육과정의 도입 및 연구와 관련하여, 지근거리에 있는 대구시교육청의 관내 현황은 이러하다; 강은희 교육감은 IB 교육과정에 대해 큰 관심을 가지고 있다. 대구시교육청은 2019년 8월 현재 교육청 자체로 9개의 후보학교와 35개의 관심학교 등 총 44개의 IB 학교를 운영 중이다. 대구시교육청 산하의 IB 후보학교는 경북대사대부초, 삼영초, 영선초, 경북대사대부중, 서동중, 대구중앙중, 경북대사대부고, 포산고, 대구외고로, 초등학교 3개교와 중학교 3개교, 고등학교 3개교 등 모두 9개교다(대구시 교육청 보도자료). 또 시교육청 차원에서 교원 연수를 위한 강사요원 양성, 수업과 평가 방법의 전환 방안 등에 대해 정책적으로 집중하고 있다. 또 시교육청은 IB 본부와 '국제 바칼로레아 한국어화 협력각서'를 체결했다. 협력각서 체결 이후 대구시교육청이 중점적으로 추진하고 있는 일은 IB 프로그램의 한국어 번역, 채점관 및 IB 수업담당 전문교원 양성, IB 프로그램 후보학교에 대한 지원 등이다.

2) IB 교육과정의 종류와 의의

IB 교육과정은 세 종류의 프로그램으로 구성되어 있다. 초등학교 과정에 상응하는 Primary Years Program(PYP), 중학교 과정에 상응하는 Middle Years Program(MYP), 고등학교 2-3학년의 선택과정에 상응하는 Diploma Program(DP)이 있다. 그것의 계열은 이러하다.

그림 8-1 IB 교육과정의 종류

PYP (Primary Years Programme)	MYP (Middle Years Programme)	DP (Diploma Programme)
초등학교	중학교	고등학교
6개 교과군 및 프로젝트	8개 교과군 및 프로젝트	6개 교과군 및 프로젝트
전인적 성장, 자신과 타인의 존중 추구 (시작연도: 1997년)	학습과 실생활과의 연계 위한 도전적 과제 해결 추구 (시작연도: 1994년)	신체적·지적·정서적·윤리적 성장 및 학문적 성장 추구 (시작연도: 1968년)

※ CP(Career Programme, 직업교육) 시작연도: 2012년

여기 이 논의에서는 주로 고등학교 2-3학년을 대상으로 하는 Diploma Program을 대상으로 하고자 한다. 고교의 디플로마 프로그램(IB Diploma Program)인 DP는 16-19세를 대상으로 하고 있으며, 2년 동안(고2, 고3 과정) 교육과정을 이수해야 한다.

전체적으로 볼 때, IB 교육과정은 국제적 시각에 초점을 맞추어 교과 간의 경계를 초월한 융합 및 화합을 지향하고 있으며, 함께 다른 사람들과 협력하여 살아갈 수 있는 배려를 중심으로 문제를 해결할 수 있는 창의적이고 실질적인 역량을 강조하고 있다(이지현, 2019: 3). IB DP 교육과정은 교육목표, 교육과정, 수업 그리고 평가에 있어서 일반 능력과 진로 관련 학습능력을 키우는 교육과정으로 짜여 있다. IB 교육과정은 교과 또는 지식의 융합을 교과 차원이 아닌 학습자의 학습과정 차원에서 구현하고자 하였다. 또 교육과정-수업-평가의 일체화를 교육과정 상에서 구현할 수 있도록 설계하고 있고, 현장에서 용이하게 과정형 평가가 이루어질 수 있도록 설계하였다.

3) IBDP 교육과정의 구성체계

IBDP 교육과정을 개관하면, 크게 필수 영역, 선택 영역, 추가 개설 가능 과목으로 편성되어 있다. 필수 영역에는 지식이론(TOK: theory of knowledge), 창의성 · 실천 · 봉사(CAS: creativity · action · service), 4,000자 에세이(EE: extended essay)라는 3개의 과목이 개설된다. IB 교육과정의 선택영역은 6개 중위 영역으로 구분되어

각각 관련 과목이 개설되어 있다. 학생들은 선택과목의 6개 영역에서 최소 1과목을 이수하되, 3개(혹은 4개)는 심화과목(IBH)을 이수하고, 나머지 3개는 일반과목(IBS)을 이수해야 한다. 심화과목은 2년간 240시간을 이수해야 하며, 일반과목은 1-2년간 150시간을 이수해야 한다. 사용 언어는 영어, 프랑스. 스페인어이다.

추가 개설 가능 과목의 경우로서, IB 교육과정에는 필수과목과 선택과목 이외에 단위학교 차원에서 추가 개설할 수 있는 과목이 있다. 선택과목 영역의 2, 3, 4, 6군에서 단위학교는 IBO의 승인을 받아 일반과목(IBS)을 개설할 수 있다. 단위학교의 추가 개설 과목은 학교 기반(school-based) 실러버스(syllabus)와 탈학문적 교과의 두 가지 형태가 존재한다. IB 교육과정의 개설 교과목을 구체화하면 다음과 같다.

표 8-1 IB 교육과정의 개설 교과목(김재춘, 2008: 24).

영역	과목	
필수 영역	지식이론(TOK), 창의성 · 실천 · 봉사(CAS), 4,000자 에세이(The Extended Essay)	
선택 영역	1군: 국어 A1	English A1, French A1, Spanish A1, Other languages A1
	2군: 외국어 (과목별 3종류)	French ab initio, Spanish ab initio, Other languages ab initio
		English B, French B, Spanish B, Other languages B
		English A2, French A2, Spanish A2, Other languages A2
		Classical languages
	3군: 개인과 사회 (9개 과목)	비즈니스와 매니지먼트, 경제학, 지리, 역사, 국게 사회에서의 정보 기술, 이슬람 역사, 철학, 심리학, 사회와 문화 인류학
	4군: 실험과학 (5개 과목)	생물학, 화학, 설계 공학, 환경 체계, 물리학
	5군: 수학과 컴퓨터 (5개 과목)	일반 수학 연구, 일반 수학 방법론, 일반 심화 수학, 심화 수학, 컴퓨터 과학
	6군: 예술 (3개 과목)	음악, 연극, 시각 미술
추가 개설 가능 과목	학교 기반 실러버스	인권, 평화와 갈등 연구, 터키의 사회, 세계 정치학과 국제 관계, 칠레와 태평양 만
	탈학문적 교과	텍스트와 수행(q, 6 영역), 생태계와 사회(3, 4 영역), 세계 문화(3, 6 영역)

여기서, 하나의 시험 사례로서 IB 역사과목의 시험문항을 예시한다(이혜정, 2018: 7).

- "전쟁 후의 평화 합의는 새로운 갈등을 야기한다."라는 주장에 대하여 얼마나 동의하는지, 최소 2개 이상의 합의 사례를 들고 논하시오.
- 한 국가를 예로 들어 산업화가 삶의 수준과 근로 조건에 미친 영향을 분석하십시오.
- 전쟁이 사회변화를 가속화시킨다는 관점에 대해 얼마나 동의하는가?
- "민주주의 국가의 정부 정책들은 부의 분배에 거의 영향을 미치지 않는다." 이 말에 얼마나 동의하는지 논하시오,
- 사회 경제적 변화의 원인으로서 기근과 질병이 가진 중요성을 평가하십시오.

역사과목의 문제는 하나의 정답을 요구하는 것이 아니다. 반드시 자신의 관점과 그것에 대한 논거를 제시해야 좋은 평가를 받는다. 시험문제 자체가 스스로 사고하게 만들고 있다.

또 하나의 시험 사례로서 IB 생물과목 시험문항을 예시한다(이혜정, 2018: 8).

- 새의 노랫소리가 발달하는 과정을 서술하시오.
- 이스라엘의 카멜산 근처 협곡에 북향비탈과 남향비탈의 노랑초파리 분포 그래프를 보고 답하시오.
  1) 유전적 요인들이 노랑초파리가 건조함을 버티는 내성에 영향을 미친다면, 어느 쪽 비탈이 더 건조한 기후인지 근거를 제시하여 추론하시오.
  2) 두 비탈의 개체집단이 두 종으로 진화할 수 있는지 논하시오.

생물과목도 정답을 암기하는 대신 스스로 생각하는 힘을 기르는 교육활동을 요

구하고 있다. 무릇 평가기준은 '스스로 생각하는 힘'을 가지고 있는가이다. 가르칠 때도 이것을 문제 삼고 평가할 때도 이것을 문제 삼는다. 위의 시험문제에 대해 이혜정은 이렇게 논평한다(2018: 9).

> 과학 시험 문제들의 출제 의도는 학생들이 실제로 과학자처럼 분석적으로 사고하고 데이터를 해석할 수 있는지 판단하려는 것이다. 그래서 이런 종류의 시험을 준비하기 위해 과학 수업도 그에 맞는 방향으로 이루어진다. 학생들은 실험과 현장학습을 하며 과학을 체험하고, 스스로 주제를 정해 과학 프로젝트를 수행한다. 이 과정에서 학생들은 끊임없이 생각하고 토론한다. 비교적 정답이 분명한 이론을 배울 때도, 교사는 학생들에게 정답을 알려 주고 외우게 하는 것이 아니라 학생들이 스스로 생각해 정답을 찾아가게 하는 안내자 역할을 한다.

과학은 탐구하는 방법의 탐구를 가르친다. 미지의 세계는 넓다. 그 세계를 탐구하는 능력은 바로 그 세계에 대해 스스로 생각하는 힘이다. 창의적 사고, 비판적 사고라고 해도 된다. IB 교육과정은 이 사고의 힘을 키우고자 한다.

4) IBDP 교육과정의 특징

IBDP 교육과정은 몇 가지 특징을 가지고 있다. 첫째, IB 교육과정은 융합적 교과 교육체제의 국제화 추세에 부응하는 교육과정이다. 필수영역과 선택영역에서 융합의 가치를 추구하도록 설계되었다. 요컨대 IB 교육과정은 지식의 통합적인 이해, 활용 및 사회적 적용을 강조하는 통합적 적용활동을 모든 학생이 필수로 이수해야 하는 필수과목으로 제시하고 있다.

둘째, IB 교육과정은 전인(全人)과 진로를 동시에 만족시키고자 하는 교육과정이다. 비교과활동인 창의성 · 실천 · 봉사 과목을 필수로 이수함으로써 전인적 인격을 가진 사람으로 성장하고, 타인에 대한 관심과 배려 능력을 기를 수 있다. 이 과목은 학문적 연구와 학문 세계 밖의 생활 사이의 균형을 이루지 위하여 마련된 것이다.

셋째, IB 교육과정은 학습자 중심 교육과정을 구현하고 있다. 학습자 중심의 선택형 교육과정으로서, 한편으로 학생들에게 균형 있는 과목이수를 요구하고, 또 다른 한편 학생의 관심이나 진로를 고려하여 선택과 집중에 따른 심도 있는 과목 이수를 요구하고 있다. 3개의 핵심필수과목(TOK, Extended Essay, CAS)과 6개의 선택과목군에 대한 배분이수제의 형태로 구성되어 있으며, 과목별로 상이한 수준(HL, SL)의 학습이 가능하다는 점에서 진로별 · 수준별 이수가 가능하다.

넷째, IB 교육과정은 수업과정에서 프로젝트 수행을 통한 토론논술형 교육과정을 그 특징으로 한다. 단순한 지식 암기 차원의 교육이 아니라 토론과 논술, 심화 주제 탐구 등 다양한 교수 · 학습 방법을 활용함으로써 비판적 사고력 함양을 중시한다(김재춘, 2008: 27).

다섯째, 이 교육과정은 '생각하는 힘'을 기르는 시험을 겨냥하고 있으며, 그런 이유에서 논술형 평가와 절대평가를 준칙으로 하고, 그럼에도 공정성과 신뢰성을 확보할 수 있는 평가시스템을 갖추고 있다. 과목별 상정된 평가기준에 따라 수행되는 내부 평가(IA)와 IB 채점관에 의한 외부 평가(EA)라는 평가 체계를 통해 평가의 공정성과 신뢰성을 확보하고 있다(김선은, 2019, 1-2).

이 특징들은 대개 장점으로 기능하는 것으로 보인다. 그 외에 또 어떤 장점을 지니고 있다. 우선 보기에, 이 교육과정은 한편으로 필수과목과 영역별 선택과목으로 편성된, 매우 구조화된 교육과정의 성격을 지니면서, 다른 한편으로 교육과정 운영의 유연성을 최대한 보장하고 있다. 또 IB 교육과정은 심화학습이 필요한 교과 영역에서는 일반과목과 심화과목을 구분하여 편성하고 있다. 학생들은 자신의 성취 정도나 관심 · 진로 영역에 따라 일반과목이나 심화과목을 선택하여 이수할 수 있다. 이런 점에서 교과별로, 수준별로, 학습자의 선택권을 넓히고 있다. 그리고 IB 교육과정은 통합교과적 또는 탈학문적 과목의 개설을 허용하고 있다. 또 단위학교가 추가로 개설할 수 있도록 허용하고 있다. 그리하여 이를테면 '단위학교 교육과정정책'을 허용하고 있다.

다. IB 교육과정의 도입 가능성

1) IB 교육과정에 대한 기대와 우려

IB 교육과정의 국내 도입에 대하여 기대와 우려가 공존하고 있다. 가장 큰 우려는, 우리나라처럼 국가수준 교육과정을 운영하는 경우 그 교육과정 체제가 공고하기 때문에 이를 우리 공교육에 도입하기 위해서는 초중등교육법을 개정해야 하는 등 제반 법적 제도적 조건을 마련해야 한다는 점이다. 또 하나의 우려는 IBDP의 경우 성취수준이 높은 학생들에게 적합한 엘리트 교육이라는 평을 받고 있으며 그래서 국내 대학입시에 불리할 수 있다는 점이다.

직접 도입한다고 할 때 가장 먼저 떠오르는 우려는 이런 것이다. 첫째, 영어, 프랑스어, 스페인어로만 제공되고 있는 IB를 국내 공교육에 도입하기 위해서는, IB 교육과정을 자국어로 번역하여 도입한 일본의 사례처럼 IB를 한국어로 번역해야 한다는 어려움이 뒤따른다. 둘째, IB 교육과정을 인증 받고 이를 유지함에 있어 추가적인 비용과 교사 연수를 필요로 하므로, 개별 학교와 교사, 학부모 차원에서 부담을 느낄 수 있다는 것 또한 문제점으로 지적되고 있다. 셋째, IB 운영 학교로 인증 받기 위해서는 오랜 준비 과정과 ① 고려 단계, ② 후보학교 신청 단계, ③ 후보학교 결정 단계, ④ 컨설팅 단계, ⑤ 인증 요청 단계, ⑥ 검증을 위한 학교 방문 단계, ⑦ 인증 결정 단계 등 7단계의 승인 절차를 거쳐야 하는 난점이 있다(김선은, 2019, 2-4).

물론 이 교육과정에 대한 기대도 있다. 첫째, 선행연구의 결과에 의하면, 우리가 도입하고자 하는 고교학점제와 충돌하지 않는다는 점(강현석 · 이지은 · 유인영, 2019)과 현행 2015 개정 교육과정과 연합할 수 있는 여지가 크다는 점(김재춘, 2008)은 우리로 하여금 일말의 기대를 갖게 한다.

둘째, 주지하듯이, 이 교육과정은 토론형 프로젝트형 수업모형에 적합하다. IB

내신(Internal assessment) 과제는 모두 깊이 있는 프로젝트형 수행평가이고, 지식이론(TOK)·소논문(EE)·창의체험활동(CAS) 등의 다양한 활동들도 프로젝트형 수행평가이다. 그렇기 때문에, 교육과정－수업－평가－기록의 일체화를 추구하는 현행 교육과정 체제에서 교수·학습방법 상에서 능히 접합할 수 있다.

셋째, IB 교육과정이 현재의 대학입시전형에도 적용할 수 있다는 점이다. 물론 전면적인 방식으로 적용할 수 있다는 것은 아니며, 다만 수시전형에 능히 적용할 수 있다. IB의 시범도입 수준에서는 수험생의 수가 적기 때문에 IB 전형을 따로 만들지 않더라도, 현재의 수능 최저등급을 요구하지 않는 수시 일반전형을 통해 IB 학생들도 대학진학 기회를 얻을 수 있다. 현재 국내 서울대, 연세대, 고려대, 성균관대, 한양대, 서강대, 이화여대, 카이스트 등 주요 명문대에서 IB 이수 학생들을 수능 최저기준의 요구가 없는 수시전형으로 합격시켜 왔다. 우리나라는 이미 수능 최저등급을 요구하지 않는 수시전형이 있기 때문에, 제도적으로 IB 이수 학생의 대학입학은 열려 있다.

2) IB 교육과정의 도입에 대한 판단

IB 교육과정은 '좋은 것'이다. 그것은 교육적으로 타당하며, 그래서 바람직한 것이다. 이 교육과정의 기본 정신과 교육과정 구성체계를 벤치마킹할 필요가 있다. 그렇다고 해서 그대로 도입할 수는 없다. 우리의 공교육체제와 접합점(공통분모)이 적으며, 우리의 준비 태세가 잘 갖추어져 있지 않기 때문이다. 특히 교사의 전문성과 관련한 문제가 제일 큰 문제이다. IB 교육과정의 핵심은 교사교육이지만, 짧은 시간의 교원연수로 주입식 암기교육에 익숙한 교사들의 사고를 바꾸는 것이 쉽지 않으므로 총체적 교사 교육기획력의 변화를 이끌어 낼 새 전략이 필요하다(사교육걱정없는세상, 2019.5.28.) 그렇다면 도입의 선결과제는 무엇이며 이것을 어떻게 해소할 것인가가 중요하다.

IB 교육과 우리의 공교육 간의 가장 큰 차이점은 정해진 교재가 없다는 것이다. 국정교과서를 위시해서 검인정 교과서도 없다. 교사가 교재를 만든다. 교육과정 운영, 코스웍 운영, 평가방식은 모두 교사의 자율성과 전문성에 의존한다. 종류가 다른 공부를 하고 있고, 성격이 다른 평가기준을 가지고 있는 것이다. 이런 점에 비추어보면, 우리나라의 경우 무엇보다도 먼저 국가수준 교육과정 대강화와 대학입학시험제도의 전면적 개혁이 요청된다. 이와 더불어 단위학교 교육과정정책의 자율이 허용되어야 헌다.

첫 번째 문제는 교육과정 대강화와 관련된 것이다. 국가수준의 교육과정목표를 대강화하고, 세부적인 교육과정은 지역단위에서 자율적으로 구성하며, 교육과정 운영은 단위학교에서 자율적으로 실시하는 것을 말한다.

교육과정 대강화에 효과적으로 대응하기 위해, 국가교육과정의 핵심(National Minimum 혹은 National Core)의 개발과 관련된 법적 근거를 마련해야 한다. 교육부의 권한을 국가교육과정의 핵심을 작성하고 감독하는 권한으로 최소화하고, 교육과정 운영관리권은 지역교육청 혹은 학교단위로 이양한다. 그리하여 단위학교 및 교사의 교육과정 편성 · 운영에 관한 실질적인 권한을 확대해야 한다. 교육과정 운영에 필요한 교재는 지역단위, 학교단위 및 교사가 자율적으로 개발하여 사용하거나 선택하여 사용하게 한다. 학과, 계열, 과정이 교재 개발의 중심적 역할을 할 수 있도록 교재개발체제를 재구조화 한다. 단기적으로는 교사에게 교과서의 재구성 및 채택 권한을 부여하여 교과 교육과정의 자율 운영을 권장하고, 중기적으로는 국정교과서의 검인정화, 검인정 교과서의 느슨한 인정제로의 변화, 장기적으로는 자유발행제로 전환할 필요가 있다(교육혁신위원회, 2005: 57-58).

두 번째 문제는 대학입학시험제도와의 불협화음의 문제이다. 근본적으로 그 시험체제와 우리의 대학입학 시험체제는 그 성격과 그 구조, 그 활용처가 다르다. 이 부분에 대한 전면적 개혁을 통한 정합성 확보가 요청된다.

주지하듯이, 선발의 합리는 원래 '교육과정 연계'를 통해 선발하는 것이다. 따라서 대학은 고교 교육과정 이수와 대학 전공교육 이수를 연계하는 선발방안을 기획·실행해야 하는 법이다. 고교의 정상적인 교과지도에 의한 학력을 대학 전공교육과정 이수와 연결할 수 있는 선발방식에 대해 고려한다. 이런 선발방식이 이른바 '고교-대학 간 교육과정 연계'를 통한 선발이다. 이 선발은 고등학교(교사)로 하여금 '기록가능한 교육활동'을 기획·실행하게 하는 것과, 대학으로 하여금 '졸업의 관점'에 따른 선발을 기획·실행하게 하는 것을 기본적인 토대조건으로 요구한다. 이 양자는 입학사정관제의 성립과 정착과 발전과 관련된 기본 조건에 해당하는 것이기도 하다.

이 문제를 해소한다 하더라도, 현행 수능시험체제를 전환하는 과제는 더 직접적인 난제이다. 사교육걱정없는세상(2019.5.28)이 지적하듯이, 현행 수능시험체제를 논술형 국가시험(KB)으로 대체해야 여러 부작용을 줄이며 IB의 교육적 의미를 얻을 수 있으나 그 과정이 현재로서는 불투명하다는 것이다. 정부가 논술형 국가시험 도입 계획을 서둘지 않는다면 IB 교육과정 적용 학교가 늘어나는 것은 새로운 교육 양극화를 가져올 것이다. 따라서 정부가 속히 현 수능시험체제를 극복할 새로운 논술형 국가시험(KB) 체제의 전환에 대한 논의를 서둘러야 할 것이다(사교육걱정없는세상(2019.5.28). 이는 난제 중의 난제에 해당한다.

3) 현 단계 교육과정 운영상의 문제해결 모색

현재 우리 사회의 중·고교의 교육과정은 IB 교육과정의 취지와는 정반대로 가고 있다. 미래학자 앨빈 토플러가 비판하고 있듯이, 우리 사회는 '학교와 학원에서, 미래에 필요하지 않은 지식과 존재하지도 않을 직업을 위해 하루 15시간 낭비하고 있다.' 한국의 미래는 교육과정의 혁신적 변화에 달려있다. 현재의 교육과정체계를 혁신해야 할 이유가 여기에 있다. 여기서 현 단계 교육과정 운영상의 문제해결을 무색해 본다.

첫째, 다교과 분산 피상 학습에서 소교과 집중 심층 학습으로 전환해야 한다. 그러기 위해 'The more the better' 개념에서 'Less is more' 개념으로 전환할 필요가 있다. '더 많은 과목을 많은 시간을 들여 가르칠수록 더 많이 배운다'가 아니라 '교사는 핵심을 중심으로 적게 가르치고 학생은 스스로 궁리하면서 공부하여 오히려 더 많이 배운다'로 변화해야 한다. 또 'Study hard' 개념에서 'Study smart' 개념으로 전환할 필요가 있다. '교사의 설명을 잘 듣고 객관식 문제를 틀리지 않게 많이 풀어보는 식으로 무조건 열심히 많이 공부하라'고 하기보다 '온몸으로 체득하면서 지혜롭게 공부하라'로 변경해야 할 것이다. 수업, 학습 방법에서 강의 설명식 위주보다 교과 특성에 맞게 실험, 실습, 실기, 관찰 등을 통해 온 몸으로 공부하는 시간을 늘려야 할 것이다.

둘째, 현 단계 수준에서 교육법이 권하는 교육과 교육과정의 취지를 적극적으로 살려내야 한다. 관련 교육법을 예시하면 다음과 같다.

- 교육기본법 제3조(학습권) 모든 국민은 평생에 걸쳐 학습하고, 능력과 적성에 따라 교육받을 권리를 가진다.
- 교육기본법 9조(학교교육) 학교교육은 학생의 창의력 계발 및 인성 함양을 포함한 전인적 교육을 중시하여 이루어져야 한다.
- 교육기본법 제12조(학습자) 교육 내용 · 교육방법 · 교재 및 교육 시설은 학습자의 인격을 존중하고 개성을 중시하여 학습자의 능력이 최대한으로 발휘될 수 있도록 마련되어야 한다.
- 초 · 중등교육법 제48조(학과 등) 고등학교에 학과를 둘 수 있다. 고등학교의 교과 및 교육과정은 학생이 개인적 필요 · 적성 및 능력에 따라 진로를 선택할 수 있도록 정하여져야 한다.
- 초 · 중등교육법 제49조(과정) 고등학교에 관할청의 인가를 받아 전일제의 과정 외에 시간제 또는 통신제의 과정을 둘 수 있다.
- 2015 개정 교육과정 상의 교육과정 구성의 중점: 인문 · 사회 · 과학기술 기

초 소양을 균형 있게 함양하고, 학생의 적성과 진로에 따른 선택학습을 강화한다.

- 2015 개정 교육과정 상의 고등학교 교육과정 편성 · 운영 기준: (바) ~ (카)의 규정

위에서 예시한 것처럼, 현재의 교육관련 법령과 고시 수준에서도 그 교육기본법과 초 · 중등교육법, 그리고 교육과정 고시의 정신과 취지를 살리는 바탕 위에서 IB 교육과정에 대한 도입을 시도해 볼 수 있다.

셋째, 단위학교 교육과정 정책의 자율을 허용하는 것을 제도화한다. 이 문제는 근본적인 것으로서, 새로운 교육질서의 지향으로서 "교육과정 정책의 혁신"을 합리적으로 강제하는 방안이다. 이 방안은 고교 교육과정의 다양한 분화 가능성을 열어 놓고 있다.

'교육의 바탕'과 '교육과정 자율'이 취약한 곳에서는, 새로운 질서를 구축하려는 어떤 교육개혁 정책도 오히려 기존 질서를 강화하는 쪽으로 귀결되어 버렸다는 것을 내내 확인해 왔다. 새로운 교육질서를 소망한다면 이제 '교육의 바탕' 문제부터 다시 질문하고 답을 구해야 한다. 여기서 교육과정과 관련한 '교육의 바탕'이란 교육현장 중심의 질서, 즉 단위학교에 교육과정 정책 수립과 이행 권한을 부여하는 것, 그것이다. '단위학교 교육과정 정책'의 실행에 대해 연구자는 이렇게 개념화한다.

> 단위학교 교육과정 자율 구조에서, '그' 학교는 '그' 아이의 경험(앎)을 학습의 자원으로 만든다. 학습의 자원으로 만든다는 것은 곧 '서로 의지하여 배우는' 교실을 만든다는 것을 내포한다. 그 학교와 교실은 공개적이고 개방적이다. 학교와 교사는 사회적 비판을 받아들이고 더 진전된 교실을 만들 용의를 표명한다.

이 논의는 교육의 생태계(생태적 환경)에 대한 기본 전제로서, '단위학교 교육과정 정책'에 대한 숙고를 요청하고 있다. '단위학교 교육과정 정책'은 긴 시간을 요하

고 어려운 과제이지만, 이론적 단초나마 시급히 열어야 한다는 것을 주창한다.

우리 사회는 지난 50년 간 문과와 이과로 양분된 교육과정을 운영해오고 있다. 2015 개정 교육과정에서 이를 해소하려고 애쓰고 있다. 그럼에도 소규모학교는 무과정 교육과정을 운영하고 있고, 그래서 학교 교육과정의 최소화, 획일화, 빈곤성을 보이고 있다. 대다수 학교는 문이과식으로 양분된 교육과정을 운영하고 있고, 그래서 대다수 학교는 교육과정의 획일화를, 개별 학교는 교육과정의 최소화를 추구하고 있다.

넷째, 창의성을 학력으로 산출하는 교육체제를 재형성하는 문제이다. 이 문제와 연관해서 볼 때, 교사의 교육 전문성 축적은 여전히 문제가 된다. 교육과정 편성 · 운영의 자율성, 코스웍 기획의 전문성, 학력평가와 기록의 전문성의 제고가 요청되며, 교과별평가제에서 교사별평가제로 전환되어야 하며, 그것을 가능케 하는 연수체제가 구축되어야 한다.

교사의 코스웍 기획과 학교의 교육기획이 창의성 계발과 연관하여 이루어지도록 한다. 특히 국가수준의 교육정책 기획에 있어서 관련 정책이 창의성 계발과 연관하여 입안되고 실행되어야 한다. 특히 교사의 자율적 교육기획권의 보장과 함께 다양한 형태의 학력의 신장, 창의성 지도와 이것의 충실한 기록, 창의성을 학력으로 인정하는 학력평가, 학교생활기록부 중심 입학전형방식의 일반화 등이 가능한 교육체제와 선발체제로 재구성해야 한다. 이는 모든 아이들을 각자의 재능분야에서 수월하게 만드는 기회체제가 된다.

라. 마무리

이 연구는 국제 바깔로레아(International Baccalaureate) 교육과정에 대한 분석적 이해가 필요하다는 문제의식에서 출발한다. IB 교육과정이 무엇인가, 이것의 도입

가능성은 어떠한가에 대해 답하고자 했다. 우리나라 교육과정과 관련하여, 주로 IB의 교육과정적 지향점, 교육적 의의, 도입 가능성에 대해 논의하고자 한다.

IB 교육과정은 교육적으로 타당한 것이다. 역사적으로 그렇고 사회적으로 그렇다. IB는 국제적으로 검증되었고 시대적으로 적합한 교육과정임에 틀림없다. 한국교육은 분명히 IB 교육과정을 벤치마킹할 수 있다. 그러나 다만 국가 교육과정 패러다임 차원에서 비판적으로 검토·분석할 것을 권한다.

IB 교육과정의 취지에 비추어 볼 때, 향후에는 어떻게 바뀌어야 하는가? 먼저 진로별 교육과정으로 전환해야 한다. 개별 학교 교육과정의 특성화와, 여러 학교 교육과정의 다양화로 그 성격을 전환해야 한다. 또 개인맞춤형 교육과정으로 전환해야 한다. 개별 학교 교육과정의 특성화와 다양화, 여러 학교 교육과정의 다양화로 그 성격을 전환해야 한다. 이렇게 전환할 때, 앞에서 언급한 교육법령과 교육과정 고시의 취지를 살려낼 수 있다.

무엇보다 그 선결조건으로서 국가수준 교육과정 대강화, 단위학교 교육과정 자율과 교사수준 교육과정 자율의 확대가 제도적으로 전제되어야 한다. 현장학교에서 '자율장학'을 강조하는 만큼 '교육과정 자율'을 허용하지 않을 수 없다. 또 현행 수능시험제도가 전면 개편되는 것을 전제로 한다.

이참에 "교육과정 논쟁"이 우리 사회에 일어났으면 좋겠다. 한국 교육체제의 패러다임 전환을 가능케 하는 새로운 교육과정 논리, 관점, 방법론에 대한 논쟁이 일어나기를 희망한다. 그리고 "평가, (학생부) 기록, 시험 논쟁"이 일어날 필요가 있다. 교육과정 운영의 성과를 측정하는 평가와 기록의 방식 및 대학입학선발제도로서의 시험체제에 대한 논쟁이 일어나기를 희망한다.

한편, IB 교육과정과 국내 공교육 간의 상호 연관을 앞에 놓고 다음과 같은 후속 연구를 진행할 필요가 있는데, 이를 제언하면 다음과 같다.

첫째, 교과별 내용요소와 성취수준, 그리고 생각하는 힘을 가지고 있는가를 평가하는 시험체제 구축에 대한 연구

둘째, 교육과정 대강화의 가능성, 단위학교 교육과정 정책의 가능성, 이것을 IB

교육과정 체제에서 그 시사점을 찾는 연구

셋째, 학생중심 탐구중심 프로젝트 수업, 논술형 평가방식, (학생부) 기록하는 평가방식이 그 특성상 엘리트주의나 계층주의를 반영하는지에 관한 심층적 연구

넷째, IB 교육과정 운영에 대응하여, 교사의 교육전문성 제고를 어떻게 제도적으로 보증할 것인가와 관련한 연구.

향후 교육과정 개혁에 대한 논의는 IB 교육과정 담론과 연계될 필요가 있고, 교사의 전문성 발달과 연관하여 '교육과정 자율'이 확대될 필요가 있으며, 고교선택제에 대한 논의도 IB 교육과정 담론에서 그 지향점을 찾아야 할 것이다.

IB 교육과정의 한국적 실현과 연관하여, 모름지기 탐구와 발견과 기록을 이끄는 교육과정, 표현과 경청의 공동의 장을 이끄는 교육과정, 교사 자신의 교육현장을 구성하는 교육과정 개념을 만족하는 개혁이 이루어져야 한다. 요컨대, '교사는 교육과정 작업을 통해 교실을 학습의 공간으로 만들어내고 있다고 증언해야 한다'(김민남, 2022: 230).

9장

교사별평가의 제도화1)

가. 문제제기

이 연구는 오늘날 학교현장에서 쉽게 목격할 수 있는 교육모순의 리얼리티에 대한 이론적 분석의 일환이다. 그것은 학생평가권의 주체에 대한 것이다. 이 연구에서는 관치교육에 대한 반명제(anti-these)로서 교사 책임교육의 생태적 환경 조성의 단초를 숙고하고 있다.

학생평가권을 누가 가져야 하는가? 정확히 말해, 평가주체는 누구인가? 이는 근본적인 질문으로서, 평가원리 문제와 교육체제 문제이다. 교과별평가를 유지하고 이를 고집해야 하는가, 아니면 교사별평가로 전환해야 하는가? 이는 교사가 제대로 평가권을 행사하고 있는가 하는 문제와 관련되어 있다. 실제로 가르치는 자가 학생을 평가한다는 자명한 이치가 훼손되어 왔다. 형식상으로는 교사가 그 권한을 가지고 있지만, 내용상으로는 가르친 교사의 손을 떠나 있다. 이 말은 교육활동을 기획할 수 있는 권한이 '그' 교사의 손을 벗어났다는 것이다. 그러면서도 교사가 전문가라고 하는 것은 정신적 착오현상이다. 이것이 오늘 우리의 교육현실이다.

현재 우리 사회는 '교사별평가'가 아닌 '교과별평가'가 이루어지고 있다. 과정 중

1) 이 글은 필자가 김민남 · 김부태와 공저한 교육인적자원부 정책연구(2004-지정-35) 《학교교육체제 혁심을 위한 교육이력철 도입 · 활동방안 연구》와, 필자가 《열린교육연구》에 2017년도 제25권 제4호에 투고한 〈교사 책임교육을 지속가능케 하는 교육정책〉의 일부 내용을 참고하여 교사별평가제에 대해 구체적으로 논의한 것이다.

심 평가와 정성적 기록의 학력평가에 대해 우왕좌왕하고 있으며, 그래서 인식론적 제도적 낭비가 심각하다. 또 적절하고 타당한 평가 모형이 미비하기에, 학력평가의 모형을 개발하는 일이 필요하다. 교과별평가의 문제점을 해소하고, 교사의 코스워크 기획을 촉진하고, 평가의 원리에도 부합하는 평가방식으로 전환하는 것이 긴요하다. 무엇보다 창의성과 의욕을 가진 교사들로 하여금 교육의 전문성을 발휘할 수 있도록 학생평가방식을 전환하는 정책적 조치가 필요하다.

선진국을 포함해서 대부분의 나라는 '교사별평가'를 하고 있는데 반해, 우리나라를 포함해서 일본 등 극소수 동양권 국가가 '교과별평가'를 시행하고 있다. 한국사회는 학급 간 성적 산출의 '공정성'을 꾀한다는 이유에서 교과별평가를 고수하고 있다. 이는 가르친 교사에게 실질적인 학생평가권이 제한되어 있다는 것을 반증한다.

'교사별평가'는 참여정부 교육혁신위원회에 의해 처음 구안되었다. 교육혁신위원회에서 '교육이력철' 도입 방안의 일환으로 '교사별 학생평가' 아이디어를 제안하였다. 교육이력철은 교사가 가르치고 지도한 학생들의 교과이력, 독서이력, 진로지도 이력을 직접 관찰하고 기록하는 방안을 의미하기 때문에, 교육이력철의 도입은 교사별 학생평가를 수반하게 된다(김재춘 · 설현수 외, 2005: 1). 교사별평가는 현행 '교과별평가'의 대안적 평가방식으로서, 한 과목을 여러 교사가 가르친다 하더라도 개별 교사는 자신의 수업에 대해서 독자적인 교육과정 편성권과 평가권을 갖는 체계이다. 물론 큰 틀에서 국가 교육과정목표를 따르지만, 이 틀 내에서 수업을 어떤 내용으로 구성하며, 어떤 다양한 자료를 사용할 것인지, 어떤 수업방법을 사용할 것인지, 그리고 수업한 내용을 어떻게 평가할 것인지에 대해 교사가 자율권을 갖는 체계를 말한다(좋은교사 편집부, 2004: 48-49쪽 참조). 물론 내가 가르친 학생들만 모집단으로 삼아 평가 결과를 산출하는 방식이다. 당시 교육인적자원부는 2008학년도 대학입시안을 발표할 때 2010년에 중학교부터 도입하겠다고 발표하였다. 그러나 아직까지 이를 도입하지 않고 있다. 이 문제에 대해 어떻게 인식해야 하는가?

김재춘 · 설현수 외(2005)의 정책연구는 교사별평가의 시행과 관련하여 교사 간 평가결과의 격차를 조정하는 문제를 다루었다. 오태희(2005)는 그의 석사학위논문에서 '교사별평가'를 직접 실행해 본 결과를 보고하고 있다. 그는 이 논문에서 교사별평가의 과정과 기준을 상세하게 보고하고 있는바, 교사별평가의 필요성과 그 의의에 대해 인정하고 있다. 그는 아이들의 경험과 활동이 교실수업의 중요한 재료가 되며, 이 재료를 매개하지 않은 채 교과를 가르치는 것은 욱여넣는 것 이외의 다른 것이 아님을 보고하고 있다. 이 연구는 오태희의 발견을 참고하여, 교사별평가가 일상의 교직 삶의 방식이 될 수 있게 하는 제도적 기제를 찾으려고 한다. 이근식 · 김종민(2015)의 연구는 초 · 중등학교에서 처음으로 교사별평가를 적용한 현장연구로 그 시행에 긍정적인 결과가 있었음을 보고한 바 있다. 교사별평가제는 아직 초등학교 단계에서의 시범운영 상황에 있고 중학교에 도입하자는 정책 제안이 이루어지고 있는 상황인 바, 이후 고등학교에서의 실질적 시행과 체계적인 운영을 위한 연구를 필요로 하는 시점에 이르고 있다. 김민남 · 손종현 · 김부태(2004)의 정책연구는 학생부를 대신할 '교육이력철'의 개념적 · 이론적 개요와 함께 교사별평가제의 도입과 활용 방안을 다루고 있다.

한편, 현장교사 중심의 '교육기획력 실천모임'이 만들어져 여기서 교사별평가와 관련한 담론과 실천이 이루어지고 있다. '사단법인 지역문화연구 사람대사람' 연구소 내부에 현장교사 중심의 '교육기획력 실천모임'이 활동하고 있는 바, 그들이 새로운 교육담론과 진행하고 있다. 현장교사 출신인 장애숙 · 임전수 · 김형섭 등(2007)은 수업을 아이들과 교사의 관계라고 믿으면서 교사들의 실천적 연구모임을 꾸린 바 있다. 이후 그들은 이 모임 운영의 주축이 되어 교사별평가, 교육기획력, 학교교육 개혁론을 어법화 하고 이를 교육담론으로 구성해 가고 있다.

현재 수준에서는 그것에 대한 근본적인 실천적 방안을 마련해야 하는 상황에 있다. 현재 인습적으로 이루어지고 있는 학생부 기록과 연관하여, 교사별평가의 실천적 방법론을 고찰하는 과제를 남겨두고 있다.

나. 기존 교과별평가의 문제점

현재 학교 현장에서 이루어지고 있는 평가체계는 '교과별평가'이다. 교과별평가는 '교사' 단위가 아니라 '교과' 단위로 평가가 이루어지는 방식이다. 기존의 교과별평가는 동료교사들의 눈치를 보면서 보조를 맞추기 위해 교과서의 한계 내에서만 가르치고, 동료교사들과 공동출제를 하여 학생을 평가하는 방식으로 진행되어 왔다. 즉 한 교과를 두 명 혹은 세 명의 교사가 가르쳤을 경우, 같은 학년 내에서는 똑같은 시험을 보고 학년 단위로 평가를 하는 방식이다. 교과협의회에서 교수 · 학습 · 평가에 대해 계획을 수립하고 공동출제 · 공동평가 하는 방식은 수업의 질과 진도에 상호 보완하는 기능도 있다는 점에서 부분적으로 장점도 있지만, 교과별평가는 그 자체 다음과 같은 문제점을 노출시키고 있는 것도 사실이다.

첫째, 가르친 교사의 평가권을 부정한다. 평가는 원리적으로 가르친 교사가 하는 것인데, 그 원리를 위반한다. 다시 말해, 평가주체가 '가르친 교사'라는 원리를 배반하는 것이다. 이는 가르치는 교사에게 교육과정 자율의 권한을 허용하지 않겠다는 관점의 연장선상에서 나온 것이다.

둘째, 교과별평가는 '수준 높은 수업활동'을 하려는 교사의 코스워크 기획을 방해하고, 동료교사의 수준에 맞추어 수업하다 보니 수업의 수준을 하향평준화하는 경향을 만들어낸다. 교과별평가는 같은 교과의 교사들이 평가를 함께하기 때문에 교수 · 학습 · 평가에 공동보조를 맞추게 하고, 결국 창의적인 수업이 장려될 수 없는 계기로 작용한다. 한 교사가 자신의 교육목적(수업목표)을 설정하고 나름대로 교육과정을 편성해서 창의적인 수업을 하려고 의욕하더라도, 내용을 최소한으로 가르친 동료교사들과 보조를 맞추어 평가를 해야 하기 때문에, 교과서 틀 내에서만 가르치면 족하도록 만들어 버린다. 따라서 자신이 수업한 내용이나 방법을 그대로 평가에 적용할 수가 없기 때문에, 수업도 자연스럽게 교과서 틀 내에 갇히게 되고 창의적인 노력을 하지 않게 된다. 이것이 정신적 기개를 의욕하는 교사들로 하여금 교과서 중심, 참고서 문제풀이형 교사로 안주하게 만드는 기제가 되고 있는 것이다.

셋째, 교과별평가는 교사의 다양한 평가방식을 방해하고, 시험문제 출제에 있어서도 창의적인 문항 개발을 어렵게 만든다. 교과별로 진행된 공동출제 · 공동평가 방식은 현장에서 교사의 독창적인 교실수업과 다양한 평가방식을 가로막는 장애요소로 작용해 왔다. 비록 같은 교육내용을 가르치더라도 교사의 개성과 특성에 따라 독창적인 수업방식이 있게 마련인데, 교과별평가는 이것을 불가능하게 만들어 버린다는 것이다. 이는 현행 교육과정에서 추구하는 다양한 수업방법상의 개혁과 다양한 평가방식의 도입을 힘들게 하는 요인으로 작용한다. 7차 교육과정이 도입된 이후 교사에게 다양한 교육과정 편성권이 주어졌음에도 불구하고 학교에서 수업방법과 교육과정 편성의 혁신이 일어나지 않는 것은 교과별 공동평가라는 일련의 제약이 작용해 왔기 때문이다.

넷째, 교과별평가는 학생들로 하여금 또 다른 비교육적 상황을 만들어낸다. 동교과 교사가 가르친 전체 학생을 모집단으로 함께 석차 산출이 이루어짐으로써, 학생들은 교사의 개성을 존중하기보다는 성적을 잘 받게 해주는 교사에게 수업받기를 원하는 일이 허다하게 벌어지고 있다. (한 과목을 여러 명의 교사가 가르칠 때 학생들은 필연적으로 교사 간 수업의 질 차이로 인해 교사에 대해 불만을 갖게 된다.) 또 학생들은 교사의 독창적인 수업에 대해 내신성적을 올리는데 관계가 없다는 이유로 공동평가 수준에서의 수업을 요구하기도 한다. 또 공동석차 산출의 경우, 교사들은 자신이 가르친 학생들의 성적이 타교사가 가르친 학생들에 비해 성적이 떨어지지 않도록 하기 위해 음성적인 문제유출 등의 비교육적 행위를 하게 된다(김민남 · 손종현, 2006: 364).

교사의 교육기획력을 온전하게 보증하기 위해서는 먼저 '가르친' 교사가 평가의 권한을 가져야 하고 또 평가의 자율성을 확보해야 한다. 따라서 교사의 학생평가권을 행사하는 방식의 전환이 필요하다. 어떻게 할 것인가? 교과별평가에서 교사별평가로 전환하는 것이 바로 그것이다. 종래에 관행적으로 이루어지던 교과별평가 방식이 교사별평가 방식으로 전환되어야 한다. 개별 교과교사들이 평가권과 자율성을 가지고 자기방식으로 수업을 하고 그 수업의 질에 대해 책임을 지는 '교사별평가'를 도입해야 한다는 것이다. 창의성과 의욕을 가진 교사들로 하여금 교육의 전문성을 내팽개치도록 하는 원인이 되고 있는 교과별평가를 교사별평가가 보증되는 방식으로 전환할 필요가 있다. 교사가 자신이 가르친 학생을 자신이 평가할 때, 오히려 교사는 독창적인 교수학습계획을 세울 수 있고 독창적인 평가방식을 개발할 수 있는 것이다.

다. 교사별평가의 필요, 목적, 기능

1) 정의

원리적 의미에서 교사별평가는 가르치는 교사가 평가주체로서 가르친 학생의 학력에 대해 평가한다는 것이다. 이는 평가원리에서 보면 당위에 해당한다. 서술적 의미에서 기능적으로 정의하면, 교사별평가는 동일 학년에서 1인 이상의 교사가 동일 교과를 담당할 경우 평가대상 범위를 어떻게 할 것인가와 관련된 사항이다. 학생평가의 단위, 이를테면 교사별로 평가를 할 것인가, 교과별로 평가를 할 것인가의 문제이다(손종현, 2005a: 278).[2] 성적 산출의 모집단도 직접 가르친 교사의 대상 학생만으로 한정한다. 이를 통해 교사는 자신이 가르치는 학생만을 대상으로 평가하고, 그 평가에 의해 책임지는 방식이다.

교육사적 의미에서 '교사별평가'는 교사의 평가권 회복, 교재구성권 회복, 가르치는 일과 잘 가르치는 일에 대한 헌신, 전문성 발휘에 대한 사회적 책임의 의미를

2) 서술적 의미에서 '교사별 학생평가'란 교사들의 교육기획권을 확대시켜 주기 위하여 개별 교사들이 자신들이 가르친 내용을 중심으로 개별적으로 문항을 출제하여 학생들을 평가하고, 자신이 가르친 학생만을 모집단으로 하여 석차를 부여하는 방식을 의미한다. 이는 지금까지 우리나라의 주된 평가 방식인 '교과별 학생평가', 즉 동일 학년의 동일 교과를 여러 명의 교사가 가르치더라도 평가(특히 중간고사 및 기말고사)만은 공동 출제하여 관리하고 학생들의 성적도 학년 전체를 대상으로 석차와 등급을 매기는 평가 방식이 지닌 문제점을 보완하기 위해 제안된 것이라 할 수 있다(김재춘 · 설현수 외, 2005: 9).

지닌다. 또 '교육의 합리'로서의 의미도 지닌다. 교사들로 하여금 '교육의 과정' 기획의 전문성을 스스로 키우도록 허용한다. 이는 행정우위(교육부, 교육청) 교육체제를 학교중심 · 현장중심 교육체제로 전환하는 것을 의미한다. 이것은 교사에게 교육기획권을 부여함으로써 학교교육을 정상화하려는 혁신정책의 출발지점이자 완결지점이라 할 수 있다(김재춘 · 설현수 외, 2005: 14-15).

요컨대 '교사별평가'란 가르치는 교사의 학생평가권을 일컫는다. '학생평가권'은 가르치는 교사의 몫임을 천명하는 개념적 실천적 언어이다. '내가 가르친 학생은 내가 평가한다'는 원리에 따라 지도 담당교사가 자신이 가르친 학생의 학력을 평가하는 것을 의미한다. 이는 '교과별평가'와 대비된다(김민남 · 손종현, 2004: 6).

2) 필요

한국사회는 부지불식간에 '평가의 원리'를 침식하고 있다. 누가 평가해야 하는가? 가르친 바로 그 사람이 평가하는 것이 타당하다. 그 평가대상의 모집단도 가르친 교사가 담당한 학생 수의 합계이어야 한다.

학교에 교육이 있게 하는 방안으로, 교사가 책임 있는 교육활동을 할 수 있게 하는 직접적이고 강력한 제도적 방안이 무엇인가? 책임 있는 교육활동을 합리적으로 강제하는 제도적 기제가 필요하다. 또 '교사 · 학생의 탐구와 발견의 교육적 관계를 일상화하고 이를 합리적으로 강제하는 제도적 장치가 필요하다. 그것을 '교사별평가'라는 원리로 지목한다. 창의적 교육활동을 의욕하는 교사를 가정하고 그 교사의 교육활동을 일상적으로 보증하는 교육제도를 발명해야 되는데, 그것이 바로 교사별평가제이다.

'교사별평가' 개념을 확대하면 학력평가권은 '가르치는 자'에게 있는 것이고, 그래서 국가나 대학은 학력평가권이 없다는 것을 천명하는 개념이다. 그런 이유에서 국가의 평가권(대학수학능력시험)과 대학의 평가권(본고사, 본고사형 논술고사, 본고사형 구술고사)을 최소화하고, 가르친 당사자 교사의 평가권(학생부 내신 기록)을 최대화할 수 있게 된다.

3) 목적

첫째, 교사로 하여금 자신만의 창의적인 코스워크 기획을 실행하게 한다.

한국사회의 교사는 코스워크 기획에 매우 무기력하다. 교사가 교육활동을 기획하지 않으며, 오히려 아이들의 지적 도덕적 발달을 체계적으로 방해하고 있다. 왜 그런가? 그 이유를 '교사별평가'의 부재에서 원인을 찾을 수 있다.

> 교사가 학교교육의 당사자로서의 제자리를 찾아야 한다. 무엇을 어떻게 가르치고 평가할 것인가를 고민한다. 이것은 양도할 수 없는 가치이다. (중략) 교사의 평가권은 학력신장에 책임을 다하는 현실감각을 예민하게 할 것이다. 교사는 이 현실감각 위에서 교육의 과정을 조직하는 구체성을 담보한다. 이런 전략적 판단을 기초로 '교사별 평가'라는 제도적 기제를 제안한다. 이 전략은 필시 이해당사자들 사이에 소통과 논의의 기반을 확장할 것이다(김민남, 2007).

교사는 기대하는 결과(교과지도에서 이루고자 하는 지적 성취 정도)를 얻어내었는지를 평가한다. 기대되는 결과를 얻어내는 과정에 대한 '교사별평가'는 기록가능한 교육활동을 가능케 하는 하나의 결정적인 방편이 될 수 있다.

둘째, '교사별평가권'을 부여함으로써 교사 교육기획력의 선결조건이 되게 한다.

교사 '교육기획력'이란 교육활동의 당사자가 교육목적에 따라 교재를 구성하고 수업을 지도하고 가르친 학생의 학력을 평가하는 일련의 '교육의 과정'을 설계하는 권한과 책임을 의미한다. 교사가 교육목표를 가지며, 교육목표에 따라 코스워크를 설계하고, 그 평가기준에 따라 학력을 평가한다. 코스워크 기획은 학생평가로 귀결된다. (교육목적에 비추어 코스워크 기획의 효과를 스스로 평가한다.) 학생평가에서는 평가계획 · 평가내용 · 평가기준을 미리 설계하고 그것에 비추어 학생의 학력을 평가한다. 교사는 자기평가와 학생평가의 결과를 누구에게나 공개하고 평가를 받은 용의를 가지고 있다. 물론 이 평가가 학생에 대한 권한행사가 되면 안 된다.

교사의 교육기획력은 '교육목적을 고민하는, 인지적으로 불안한 교사'가 교육목적에 맞게 자신이 가르칠 교재를 편찬할 수 있음을 핵심요소로 한다.[3] 교재편찬의 전문적 활동은 그 성격상 본질적으로 문화비판이다. 교재편찬은 문화적 자산을 교육내용으로 번역하는 과정이고 결과이다. 교사는 문화비판의 전문성 발휘에 의해 교재를 구성하고 그것을 지도한다.[4] 문화비판능력을 가진 전문가 교사가 교육의 전문성을 실현한다. 교사는 자신의 문화비판능력에 의존하여 코스워크를 기획한다. 교사의 단독자적인 문화비판능력을 가능한 데까지 허용하기 위해서는 교재구성권을 허용해야 하고, 그래서 학생평가권을 허용해야 한다. 이 조건에 정합하는 교사의 교육활동이 교육기획력의 기층구조를 이룬다.

셋째, '교사별평가'를 제도화하는 것은 획일성을 강제하는 교육모순을 타파하는 지렛대이다.

학생들의 개별적인 재능과 경험을 살릴 만큼 성격을 달리하는 다양한 교육활동을 기획하고 실행하는 것이 교육 전문성의 인식근거이다. 교사별평가는 그 자체 교사의 교육활동 기획의 전문성을 요구하고, 교육활동 기획의 전문성이 능히 교사별평가를 교육제도로 성립시킨다. 전문성이 자율성 요구의 근거가 되고, 자율성이 전문성을 확대한다. 교육활동 기획의 자율에 의해 성격을 달리하는 다양성을 추구할 때 이는 방법의 다양성을 넘어 목표 · 내용의 다양성으로 전화한다. 목표 · 내용의 다양성은 가르치는 자의 자율성을 기본적으로 가정한다. 목표 · 내용의 다양성은 '가르친 교사'의 평가권을 논리적으로 전제한다.

4) 기능

교사별평가는 현행 '교과별평가' 방식의 문제점을 해소하는 적극적 대안으로서,

3) 국가수준 교육과정은 있지만 반드시 가르쳐야 할 교과서와 교육내용은 없다. 종래까지는 남이 만들어 준 획일적인 교과서와 참고서가 교사에게 부여해야 할 인지적 불안을 없애버렸다. 규정 · 합법 · 주어진 것 · 인습에 따르기보다 합리에 따르고자 하는 교사는 인지적 불안에 휩싸이게 되어 있다. 이 인지적 불안이 교사로 하여금 교육내용과 방법을 만들어내게 하는 맥락이다.

4) 문화비판자로서의 교사가 공교육을 이끈다. 이 사회적 합의에 근거하여 교육의 자율성 개념이 성립한다. 교사가 교재구성의 전문성 행위를 하는 것, 그것이 우리의 교육문제로 인정되어야 한다.

무엇보다 코스워크 기획과 '기록가능한 교육활동'을 성립시킨다. 이와 관련하여 수행하는 기능은 다음과 같은 것이다.

첫째, 교사별평가는 교사 자신이 강조하는 교육목표를 성취하고 다양한 코스워크 개발을 촉진시킨다. 교사별평가는 창의적인 교사들에게 수업방법을 혁신할 수 있는 길을 열어주고, 다양한 교육과정 편성과 재구성 등의 성과를 달성하도록 만든다.

둘째, 교사별평가는 기본적으로 아이들의 경험을 교육재료로 만들어내는 하나의 과정이며, 또한 아이들의 참여과정을 상세하게 유의미하게 관찰할 수 있는 하나의 과정이다. 아이들의 경험을 교육재료로 만드는 것은 교사의 전문적 관여의 결정적 지표가 된다.

셋째, 교사별평가는 교과목의 성격에 따른 다양한 평가방식을 가능하게 한다. 교사별평가는 형성평가와 과정중심평가를 가능케 한다(김진규, 2020: 38). 동일 교과목을 동일한 방식으로 동일한 표준으로 평가하지 않아야 하는 것이 평가의 원리이다. 교사별평가는 이 원리를 충족시키며, 교사로 하여금 학생평가의 전문성을 신장하도록 견인할 것이다.

넷째, 교사별평가는 가르치는 자로 하여금 필연적으로 평가계획과 내용과 기준을 공개하는 것을 수반한다. 평가계획과 내용과 기준을 공개함으로써 가르치는 교사에게는 '교육의 과정' 기획을, 코스워크 기획을, 교실수업 기획을 자임하도록 만든다.[5] 평가기준과 결과의 공개는 학생평가의 객관성과 공정성과 윤리성을 확보하게 한다. 또 평가절차의 공개는 평가결과에 대한 신뢰성을 확보하게 한다.

다섯째, 교사별평가는 평가의 국면에서 학생에 대한 개별평가와 개별지도를 가능하게 한다. 수업과 평가의 국면에서 학생의 재능을 관찰·발견할 수 있게 하고, 따라서 이를 피이드백하고 실질화하는 단서를 제공한다.

요컨대, 교사별평가는 교사들로 하여금 '교육적 가치'를 생산하도록 긴장하게 만

5) 교사별평가는 교사의 독창적인 교육활동 기획을 반드시 수반하게 되어 있다. '교사별평가'는 교사들이 매 학기 초에 교수학습 계획과 평가 계획·내용·기준을 상세하게 작성해서 공개하도록 요구한다. 이것이 공개될 경우 교사들은 수준 높은 수업활동을 하기 위해 노력할 수밖에 없다.

드는 장치이다. '교사별평가'는 교사 교육기획력을 조건화한다. '교과별'이 아닌, '교사별' 학생평가는 교육기획력을 보증하며 이를 작동시킨다.[6] 교사별평가는 학력신장에 대한 교사의 전문성 고민과 행위를 견인한다. 이는 평가를 통해 교육의 질을 통제하는 방식에서 교사의 코스워크 기획에 의해 교육의 질을 통제하는 방식으로 전환하게 만들 것이다. 이런 장치들은 교육활동 기획의 전문성에 대한 교사들의 사회적 책무성을 강화하는 장치로 기능할 것이며, 교육기획력이 합리적으로 강제되는 학교교육체제를 정착시킬 것이다. 나아가 이는 입학사정관제를 포함한 새 대학입학전형제도를 정착시키는 토대가 된다.

5) 의의

교사별평가제는 전문가 교사의 책임 있는 수업지도와 생활지도를 가능하게 하는 제도로서 의의를 지닌다. 교사별평가는 교과별평가에 비해 의외의 교육적 의의를 가지고 있다. 그 의의를 효과적으로 살릴 필요가 있다.

첫째, 교사별평가는 '내가 가르친 학생은 내가 평가한다'는 교육원리에 따르는 평가방식이다. 교사별평가는 가르친 교사가 그 학생에 대한 평가권을 가진다는 원리에 비추어보면 당연한 것이다. 이는 평가주체가 누구인가와 관련된 근본문제이다. 교사별평가는 가르치는 자의 평가권을 제도적으로 규범화해 놓은 원리적 규칙이라 할 수 있다.

둘째, 교사별평가는 가르치는 교사의 교육활동 기획을 필연적으로 수반한다. 교사의 독창적인 코스워크 기획, 평가계획 · 내용 · 기준의 공개를 논리적으로 요구함으로써 그 자체 교사의 교육기획력이 살아나도록 유도한다. 그리하여 '기록가능한

---

6) '교사별 학생평가'는 논리적으로 교사의 교재구성권을 전제한다. 학생의 학력을 평가하는 권리는 반드시 교육의 과정을 기획하는 의무를 수반한다. 교사는 자연스럽게 학생을 평가하는 권리와 의무를 동시에 지닌다. 학력을 평가하는 기준은 객관적으로 제시되는데, 그 평가기준은 교사의 교육활동에 중심을 잡아주고 학생의 학습활동에 성취의욕을 불러일으킨다. 교사가 제시하는 교육목표와 교육내용과 평가기준을 잘 따라가면 학생은 높은 성취에 이른다(손종현, 2017: 114).

교육활동'을 실질적인 것으로 성립시킨다. 이는 단위학교 교육기획력을 제고하려는 교육혁신의 요구에 잘 부합하는 평가방식이다.

셋째, 교사별평가는 교사에게 교육행위의 목적을 가지게 하고, 교육의 목적과 평가의 목적을 일치시키며, 교사가 갖추어야 할 전문성을 온전히 실현하도록 합리적으로 강제한다. '진도'에 얽매이지 않고, '정답' 위주의 교과서를 벗어나서, 학생들의 눈높이에 맞게 교재를 구성하게 하고, 토론과 탐구학습 등의 독창적 수업을 견인한다.

넷째, 교사별평가는 교사평가의 대상을 교육활동 기획의 전문성에 맞추게 한다. 교사별평가는 교사의 전문성 관여를 합리적으로 강제하는 제도적 수단이다. 교사별평가에 의한 교사의 전문성 관여는 교육과정의 자율과 책임을 하나로 일치시키는 인식과 실천을 담보한다. 또 평가권의 전문성을 발휘하는 교사에게 책임을 물을 수 있게 한다.

다섯째, 교사별평가는 '교육이력철' 도입의 선행조건이라는 점에서 중요하다.[7] 교사별평가제는 그것의 실질적 기능에 의해 '정답-진도-성적'의 교육과정을 '물음-탐구-안목'의 교육과정으로 전환하게 하고, 결과적으로 '기록가능한 교육활동'을 가능케 한다.

라. 교사별평가제 도입의 난점과 가능성

1) 제도 도입의 난점

교사별평가제 도입에는 일정하게 난점이 있다. 이는 '기록가능한 교육활동'을 개

7) 교사별평가는 '2008학년도 대학입시제도 개혁방안'에 의해 2010년 이후 중학교부터 연차적으로 도입하도록 확정되어 있는 사안이다. 현재는 "교과별평가"가 이루어지고 있다. 선진국을 포함해서 대부분의 나라는 '교사별평가'를 하고 있는데 반해, 유독 우리나라는 '교과별평가'를 하고 있다. 학급간 성적 산출의 공정성을 꾀한다는 이유에서 이를 고수하고 있다. 이는 교사에게 실질적인 학생평가권이 제한되어 있다는 것을 반증한다.

념화하고 이를 제도화하고자 할 때의 난점과 동일한 것이다. 그러므로 여기서 그것을 중요하게 다룰 것은 아니로되, 한 가지 반드시 지적할 것이 있다. 그것은 교사별평가가 기본적인 교육원리에서 도출되고 또 기본적인 평가원리임에도 불구하고, 교사별평가제 도입은 현실적으로 교사와 학부모의 불만을 야기할 수 있다는 점이다.

우선, 교수 · 학습 기획과 평가에 따른 업무부담의 증대로 인해 교사들의 불만을 야기한다. 수업시수 과다의 문제, 학급당 학생 수의 문제 등의 근무여건에 대해 불만을 제기할 수 있다. 또 교사마다 평가기준과 수업내용이 상이한 면에 대해 학생들과 학부모들이 불만을 나타낼 수 있다. 입시과열로 평가의 객관성과 신뢰성에 관심이 과도하게 쏠려있는 상황에서, 성적과 석차에 의한 객관성 확보가 가장 공정한 방법이라고 굳게 믿고 있는 학부모들의 신화를 어떻게 극복할 수 있는가 하는 점이 '교사별평가제'를 도입하는데 가장 큰 장애로 남아 있다.[8)]

또 한 가지 지적할 것은, 학생부의 반영비율이 높아지면 교사별평가의 비중이 커지기 때문에 교사가 위축되어 변별력을 작게 만들 수 있다는 점이다. 이것은 상대비교평가 개념을 도입함으로써 부분적으로 해결점을 찾을 수 있을 것이다.

교사별평가가 제도로서 도입되기 위해서는 외적 조건이 정비되어야 하고 근무여건이 갖추어져야 한다는 점이다. 이는 '기록가능한 교육활동'이 요구하는 조건과 동일하며, 현행 교육과정의 정착을 위한 조건과도 일치하는 부분이 많다. 이 부분에 대한 정책당국의 정책적 집중이 필요하다.

한편, 평가의 신뢰성을 점검할 수 있는 학교자체평가위원회의 설치 및 기능 강화, 코스워크 기획의 시련을 자임하는 자율적 교사연수 지원, 교과연구활동 지원, 교과연구모임 네트워크 지원, 광역단위 교사의 코스워크 개발을 지원하는 교수학습지원센터의 설치 및 확충 등의 여건도 갖추어져야 할 것이다.

---

8) 신뢰도 문제의 경우, 교사가 적절한 평가문항을 개발하고 적절한 평가를 하였는가 하는 문제가 꾸준히 제기되어 왔다. 이 문제에 대해서는 그간 수행평가가 정착되어 왔으므로 기본적인 실험기간을 거쳤다고 할 수 있으며, 추후 평가문항 개발과 평가방법의 개발, 평가척도의 개발 등에 대한 교사 연수를 통해 해결해 나갈 수 있을 것이다.

2) 제도 도입의 가능성

조건이 완벽하게 갖추어지기를 기다려서 정책이 실시될 수 있는 것은 아니다. '교사별평가'도 그것을 실시하기 위한 최소한의 필요조건이 갖추어지면 우선 제도로서 도입하고, 이것을 시행하는 과정에서 필요한 조건들을 점차적으로 보충해 나갈 수 있는 것이다.

교사별평가의 실행원칙을 설정할 수 있지만, 그러나 그것은 의욕하는 교사에게 맡겨두는 것이 상책이다. 다만 학교규모별, 인문 · 실업별, 도농 간, 교과별, 평가의 다양성을 인정하는 것이 무엇보다 필요하다. 교사별평가의 가능성에 대해 김민남(2004d)은 "일 만 명이면 된다"에서 이렇게 말하고 있다.

> 교사 일 만 명이 나서면 된다. 교사 일 만 명은 단순히 그 규모만으로도 흐름을 바꿀 수 있는 위력이다. 한국사회 내에 그리고 교직사회 내에 그렇게 할 용의와 능력을 기꺼이 표명하는 '엘리트 교사층'이 이미 형성되어 있다. (중략) 숫자보다 더 귀중한 것은 그 일 만 명이 교사별 평가를 실제로 행위하며 서로간 연대감을 갖는 사회적 교사네트워크를 형성할 수 있다는 것이다. 교사 네트웍은 교사별 평가가 교육 개혁의 단초이자 교육개혁의 완성을 이끄는 토대로 자리 잡는다. 동시에 그것은 학교교육 정상화라는 당대의 과제로 풀어내는 「추진체」로 작용한다(김민남, 2004d: 57).

교사별평가의 실현 가능성은 교사들의 의욕과 다짐에서 나온다. '좋은교사운동 정책연구팀'은 이렇게 말하고 있다. 여기에 전문가 교사들의 의욕(정신적 기개)의 중요성이 잘 드러난다.

> "교사별 평가"를 위한 노력을 할 수 있고 또 적극적으로 나서야하는 집단은 교사밖에 남지 않는다. (중략) 교사들 내에서 이러한 합의가 있다면 이를 바탕으로 교육부와 대학을 압박하고 국민들을 설득하는 작업을 해야 한다. 교육부에 대해서는 "교사별 평가에 대한 분명한 일정을 제시하고, 이를 위한 여건 마련의 구체적인 계획안을 제시하라"고 압박해야 한다. 그리고 대학에 대해서는 (중략) 교육과 정의

> 를 위해 사용할만한 의지와 능력을 가지고 있음을 국민들에게 보여라고 압박해야 한다. 그리고 국민들에 대해서는 서열화된 점수체계가 갖는 객관성이 얼마나 우리 교육을 파행시키고 있으며, 이로 인해 아이들 뿐 아니라 온 국민이 고통하고 있음을 보여주고, 비록 현재와 같은 객관성은 부족하더라도 교육적 타당성을 갖는 선발 방식이 가능하고, 이것이 장기적으로 우리 교육을 살리고 국가 경쟁력을 높이는 길임을 설득할 필요가 있다. 이와 동시에 교사들은 현재 제한된 상황에서라도 "교사별 평가"의 정신을 살리기 위한 노력을 국민들에게 보여주어서, 교사 집단이 "교사별 평가"를 감당할 능력이 있는 집단임을 보여주는 노력을 계속해가야 한다. 우선 소규모 학교나 단위수가 적은 교과목을 중심으로, 혹은 입시 경쟁이 거의 없는 중학교 차원에서, 제한적이나마 "교사별 평가"에 근접한 평가를 시행함을 통해 "교사별 평가"가 기존의 "교과별 평가"에 비해 갖는 교육적 효과를 실제로 보여야 한다. 그리고 교사 내부에서 자생적인 연수나 수업자료 교환 등을 통해 수업의 질을 높이고, 안일해진 교사들을 깨우는 운동을 일으켜 교단의 분위기를 쇄신하는 운동을 할 필요가 있다(좋은교사운동 정책연구팀, 2004: 64-65).

여기서 특히 정책당국인 교육부의 의지도 필요하다. 원래 교과별평가 대신에 교사별평가를 실시할 것을 주장한 교육혁신위원회의 방안에 대해 교육부는 평가집단의 규모 등 장애요인과 현실적인 어려움을 과도하게 거론하면서 이를 거부하였고, 결국 2010년에 중학교부터 도입하기로 했으나 나중에 슬그머니 이를 무력화하였다. 교육부는 이제라도 교육과 평가의 원리에 비추어 이 제도의 의미를 파악하고 존중하면서 도입을 추진하는 것이 옳다. 이것은 교육개혁을 위한 시급한 과제이다.

마. 제도화를 위한 조건정비와 여건조성

교사별평가의 제도화를 위해 조건을 정비하고 여건을 마련하는 것이 필요하다. 먼저 조건 정비에 대해 적시한다(손종현, 2017: 115-117).

첫째, '교과학습발달상황 평가 및 관리'('초등학교 · 중학교 · 고등학교 학교생활기록부 전산처리 및 관리지침'의 별지)에 대한 교육부 훈령을 개정해야 한다. 지필평가와 관련하여 "동일 교과담당교사 간 공동출제로 학급 간의 성적차를 최소화한다"는 교과별평가 규정을 삭제하고, "동일 교과일지라도 교사별평가를 하는 것을 원칙으로 한다"로 교사별평가의 평가방안에 맞도록 바꾸어야 한다. 이 개정은 국회를 통해 교육법을 바꾸는 것과 국무회의를 통해 관련 시행령을 바꾸는 것보다 훨씬 용이한 편이다.

둘째, 교사의 평가권을 제도적으로 구체화하여 정책적으로 '교사별평가제'를 제안한다. 교사별평가제 도입은 시급성을 가진 현안이자 기본 교육질서에 해당하는 기본 정책과제이다. 그것은 학교의 완성형교육, 학교생활기록부 기록의 전문성과 충실성, 내신의 반영비율 확대를 통한 학생부중심 선발방식으로 이어지고, 결국 대학수능시험제도의 폐지 혹은 영향력 축소와 연관된다. 기실 가르치는 교사가 학생을 평가하는 권한을 가지는 것은 교육의 기본 질서에 해당한다. 교사에게 학생평가의 권한을 부여하며, 그 권한만큼 평가의 전문성에 대해 책임지게 한다. 학생의 학력을 평가하는 권한에 있어서 가르치는 자의 평가권을 존중한다. 그 평가권은 국가와 대학의 학력평가권을 유보하게 만든다. 교사의 학생평가권을 국가와 대학의 학생평가권보다 우위에 둔다. 국가가 가진 평가권과 대학이 가진 평가권을 상대적으로 회수한다. 교사의 교육활동은 교육과정의 구성을 넘어 학생의 학력을 평가함으로써 종결된다. 가르치는 자의 학력평가권은 공교육체제의 원리이다.

셋째, 새로운 교원평가제도를 통해 교육의 과정과 결과에 대해 '기록하는 평가'를 견인한다. 교사의 전문성 발휘의 권한과 책임은 '기록을 통해' 검증된다. '가록하는 평가'는 기록에 대한 사회적 공개와 개방의 방식을 규범화한다. 따라서 교사의 교육활동에 대해 지금의 평가방식이 아닌 '교사의 교육활동이력 기록'에 대한 평가방식으로 대체한다. 교사의 교육활동에 대한 공개와 평가는 '질 높은 내신 산출'을 위한 전제이다.

넷째, 교사 교육활동 기획에 의한 학력신장의 과정과 결과를 기록하게 한다. 교육활동 기획의 전문성 활동의 결과로써 형성한 학력은 학교와 교실의 기획된 학습상황과 그 학습상황에서 체험한 이해 · 태도 · 기능의 행위양식을 바탕으로 구성되는 것이다.[9] 학력은 대상세계에 접근하여 문제를 만들고 풀어가는, 그 학생이 실제로 보여주는 능력, 즉 실력을 표상한다. 그 학력 형성의 과정과 결과의 기록 방식을 제도로서 규범화할 수 있다. 그 기록의 양식은 현재 학생부 기록 양식이 아닌 '교육이력철' 양식으로 표상된다(손종현, 2005a).

여기서 교사별평가제는 다음과 같은 여건 조성을 요한다. 이 여건은 '과정관리' 방식을 실제화하는 연관 과제의 해결을 필요로 한다. 이는 '과정관리' 방식이 교육제도가 되려면 만족시켜야 하는 여건이 무엇인가에 대한 대답과 곧장 통한다. 교재구성과 학생평가의 권한 확대는 필요를 넘어 그 자체로 필수가 된다. 여건 조성을 조건으로 내걸고 조건이 충족되면 하겠다는 것은 하지 않겠다는 것이다. 충분한 것을 범주적으로 구분하여 그것에 정책적으로 집중하고, 그러면서 그것에 필요한 여건의 조성을 요구한다.

첫째, 교사의 교육활동의 전문성에 대한 교원평가제를 도입한다. 기존의 '교원근무평정제'를 폐지하고 최근의 '교원능력개발평가제'를 대체하는, 새로운 개념과 방법론에 입각한 교원평가제를 도입한다.[10] 교사(학교)가 학생을 평가하는 권한은 교사의 전문가적 권능을 요구하며 동시에 교사의 사회적 책임의 자임을 수반한다. 평가하는 자의 평가권은 자신이 평가받을 윤리를 표명하는 의무에 의해 정당화된다. 이 인식론상의 관점은 기본 교육질서의 전환을 가능케 하는 매개가 되고, 근본에 이르는 새로운 질서를 여는 단초가 된다. 이런 점에서, 교사별평가에 따른 교원평가제도는 공교육체제 운영의 기본원리로 기능한다. 교원평가의 프레임(frame)을

9) 평가의 대상과 방법은 '학습상황에서의 체험을 거쳐 이루어진 학습능력(학습하는 자아의 행위양식, 즉 대상세계에 대한 이해, 태도, 기능)에 관한 기록이다. 그 기록은 측정과 음미와 평가의 언어로 채워진다. 교사의 교육활동과 학생의 학력 변화를 누구든 읽을 수 있게 비판적으로 기록하게 한다.

10) 현행의 교원평가제도의 유효성에 대해 비판적으로 고찰해 볼 필요가 있다. 이런 점에서 평가권의 전문성 발휘와 연관하여 교원평가제도에 대한 후속연구가 필요해 보인다.

어떻게 짤 것인가? 그 프레임은 한국사회 학교교육과 교사교육정책으로부터 도출되어야 한다. 우선 보기에 교사평가의 주요 대상은 교사의 교육기획력의 전문성에 대한 것이어야 한다. 가르친 교사가 학생들과 나눈 교육활동의 전문성을 평가한다. 교육목표 설정의 적절성, 창의적 수업지도를 통한 수준 높은 수업활동 전개, 교과목 코스웍의 적합성(교재구성과 교육프로그램 개발), 내가 가르친 그 학생에 대한 학생평가의 적절성과 신뢰성, 피드백의 적절성, 이것이 교사의 전문성 지표이다. 전문성은 교사의 권리이지만, 전문성은 공개되어 비판받을 수 있을 때 그 정당성을 얻는다. 교사의 교육기획의 전문성은 평가받아야 한다. 전문성 관여에 대해 사회적 평가를 받아야 한다.

둘째, 글자 그대로 교사의 교육과정 편성 · 운영의 자율성을 확대한다. 교사의 교육활동 기획을 가능케 할 선행조건으로서 교육과정정책과 교과서제도를 개혁한다. 교재 구성(교육과정과 교과서의 다양한 형태의 목적과 내용과 방법)의 권한을 교사에게 최대한 부여한다. 여기에, 특히 상대적으로 자율적인 교육과정 편성 · 운영권 및 교재구성권의 자율이 확보되어야 한다. 교과의 지식체계를 제시하는 텍스트에 대해, 교과 지식이 형성되고 전파되는 콘텍스트에 대해, 교육과정과 관련된 자율성이 인정되어야 한다. 이 두 가지 규칙에 준하여 교재구성의 자율을 인정한다. 교재 구성의 자율은 다양으로 귀결되는 목표와 프로그램을 구성할 권한이다. 그것은 책임으로 귀결된다.

셋째, 학교 내부시험과 학교 외부시험(일제고사 등)을 최소화한다. 학교 내부시험을 최소화하고, 전국단위 혹은 지역단위의 일제고사와 같은 외부평가의 영향력을 축소시킨다. 대학입학수능시험의 성격을 바꾸어야 하고 그 영향력을 축소해야 한다. 이와 관련하여, 다양한 형태의 학력을 분류 사정하는 입학전형제도를 갖출 필요가 있다.

넷째, 교육부는 교사별평가가 제도로서 정착하는 데 필요한 인적 · 물적 · 문화적 지원을 충실히 제공하는 지원행정력을 확대한다. 교사 책임교육은 교사의 헌신(지구력)에 의존하며 그리고 제도적 지원에 의해 견고해지고 지속된다. 개인 교사의 헌신으로 스스로 책임을 다하는 교육활동을 수행하고 있는 교사들이 이미 많이 있다. 그들은 제도의 틀 안에서 활동하고 있으며, 제도의 임계치를 성과로 이루어냈다. 그것은 결코 예사로운 일이 아니다. 다른 교사들에게 그들과 같이 임계치를 행위하라고 요구할 수는 없다. 문제는 이들의 성과를 참조체제(reference)로 확립하는 일이다. 그 참조체제를 확대 지속키 위해 제도적 지원책이 마련되어야 한다. 모든 교사들이 책임을 자임하고 나설 수 있는 환경과 관련한 적합한 지원행정력을 확대해야 한다. 이는 두 가지 방식으로 이루어질 필요가 있다.

먼저, 교사와 학생에게 '교육적 가치의 결정 권한'을 확대 부여하는 것이다. 이런 맥락에서 교사회의 자율성 확대, 교과회의 · 교과연구모임(faculty) 등에 의한 교재개발 지원 확대, '교육적 의례'(학교의 전통이 되는 학예회, 예술제, 운동회, 동아리활동 등)의 활성화 지원 등이 요청된다. 한편, 밀착의 '교육적 관계' 형성을 가능케 하는 지원행정력으로서 그것에 필요한 물적 · 인적 자원을 확보 · 배치 · 관리하는 것이다. 이런 맥락에서 초 · 중 · 고등학교의 학급당 학생 수를 OECD 수준(25명 내외)으로 지속적으로 감축하는 것, 교원 1인당 학생 수를 OECD 수준으로 지속적으로 축소하는 것, 행정잡무를 경감하고 행정지원팀을 확대 배치하는 것, 지역교육청의 교육과정 지원 기능을 강화하되 교육과정 운영의 투명성과 학교운영의 투명성을 감독하는 것 등이 요청된다.

바. 마무리: 교사를 위한 교사별평가

교사는 지금 무엇을 생각하고 실천해야 할까? 교사는 자신의 교육활동에 대해 성찰하고, 그것에 의거하여 실천해야 한다. 자기 경험을 비판하고, 자기 존재에 대한 근원적 비판에 나선다. 교사는 능히 할 수 있었던 것을 하지 않은 것에 대한 아픔을 가지는 것이 필요하다. 교사들이 할 수 있는 공간이 넓다. 교사들이 마음을 내면 할 수 있는 여지가 열려 있다. 그래도 하지 않으면서 사회구조, 관리자, 학부모 탓을 대고, 자기처지를 빌미로 환원주의 어법에 빠져들고 있다. 그 게으름으로 인해 '죽음'을 자초하고 있다. 가장 심각한 문제가 '평가' 분면에서 이루어진다.

필자는 교사별평가를 새삼 이론화하고 쟁점화 한다. 교사별평가는 수업 잘하기의 한 모델을 아니다. 우리 교육의 중심을 잡는 문제는 평가문제이다. 교육을 정돈하는데 집중해야 하는 것은 평가문제이다. 교사별평가는 평가주체의 권리와 자율성을 부과하는 장치이다. 평가의 주체와 자율성을 부여하는 교사별평가는 전문가 교사의 책임 있는 교과지도와 생활지도를 가능하게 하는 시스템이다.

그런데 교사별평가에 대한 발상과 동기, 동기의 순수성에 대해 오해와 역풍이 일어나고 있다. 왜 이것이 출발점에서 간명하게 전파되지 않는가? 애초에 이것은 학교교육체제 전반에 걸친 변화를 요청하고 있고, 따라서 교육제도 구성의 근간을 새로 짜야한다는 생각에서 구안되었다. 이것에 대한 이론적 사고를 거듭하고, 그 조건 정비에 대해 숙고해야 한다.

교사의 수업은 학력신장과 관련하여 실제적이고 구체적이라야 한다. 결과에 관심을 가지고, 결과를 앞에 두고 마음(mind)이 아파야 한다. 결과에 대한 무한책임과 아픔의 정서가 교사의 실천의 철학이다. 자기 것을 완성의 경지에 이르게 하는 것이 장인정신(匠人精神)이다. 장인정신은 결과에 대해 무한책임을 지는 정신을 말한다. 이는 평가의 문제에서 더 잘 확인된다. 내가 가르친 것이 학력이 되었는지, 그것을 반성해야 한다. '민족, 민주, 인간화'를 고집하고, 이를 추상화하지 말아야 한다.

교사(전교조)는 교육의 동기와 과정에 대해 관심을 가져야 한다. 교육부와 교총과 조선일보와 집권당은 교육의 결과에 관심을 둔다. 가르치는 자의 동력을 어디서 끌어올까? 수능성적 높이기, 학벌사회 타파, 한국사회 변혁인가? 아니다. 글자 그대로 '참교육'에서 끌어와야 한다. 문제는 참교육도 실제적이 되게 해야 한다. 누구에게 무엇을 내놓을까를 생각해야 한다. 교사(전교조)는 교사별평가에 대해 부정적인 인식을 거두는 데서 시작한다.

교사들은 교육을 바꾸는 일에 집중해야 한다. 교사가 교육과정 기획권을 가져야 한다는 것, 교사가 교사별 학생평가권을 가져야 한다는 것, 학생평가권을 자율적으로 행사하기 위해 그리고도 비난받지 않기 위해 평가계획과 평가기준을 세우고 그것을 공개하는 것이 필요하다. 평가기준을 사전에 공개함으로써 스스로 비판받을 용의를 표명하는 교사별평가제는 교사에게 시련이다. 시련이 교사를 지식인 · 전문가로 단련시키고 거듭 태어나게 하고 그의 전문성에 대해 함부로 범접하지 못하게 한다. 형식적 연수를 통해 전문성을 제고한다는 관료적 발상이 아직도 지배적이라는 점에서, 교사별평가제를 통한 교사의 전문성 신장은 제도적으로 유효하고 적합하다. 교사(학교)가 기획 · 실행한 것, 이것을 학력으로 기록하게 한다. 엄격히 말해, 교사의 교육기획을 통하지 않고 형성된 학력은 학생부에 적을 수 없다.

교육기획력은 '교사별평가'를 그 선결조건으로 요구한다. '교과별'이 아닌, '교사별' 학생평가는 코스워크 기획력이 보증될 때 작용한다. '교사별 학생평가'는 논리적으로 교재구성권과 학생평가권을 전제한다. 자주성을 발휘하여 교사로 하여금 '교육의 과정'에 대해 전문적 노력을 기울이도록, 전문성을 발휘하여 그 결과로써 교과지도에 적합한 코스워크 개발로 나타나도록 허용한다. 교사가 실제로 그렇게 할 수 있게 하기 위해 교사가 교육과정을 편성하는 권한과 학생의 학력을 평가하는 권한을 가지도록 제도적으로 보장한다. 교육의 과정을 기획하는 권능은 교사가 학생평가권을 행사함으로써 지켜진다. 학생평가권 행사는 교사의 교육과정에 대한 기획을 필히 수반한다. 이는 교육과정과 교육평가의 원리에 합당한 방식이다. 이 교사별 학생평가는 가르치는 자의 교재구성권과 학생평가권을 제한하고 있는 '평가제도'의 비교육성을 쟁점화하는 중요한 사안이다.

강조컨대, 교사별평가는 교사의 교육기획권 확보를 논리적으로 전제하며 이를 필수적으로 요구한다. 여기서 새삼 교사별 평가와 연관된 몇 가지 핵심개념에 대해 그 의미를 분명히 하고, 교사별평가를 왜 선택해야 하는가에 대해 진술한다. 이는 '교사를 위한' 정책 방안이다.

첫째, 한국사회(교육부)는 교육과정을 정상 운영하는 학교(교사)의 제도적 기반으로서 가르치는 자의 평가권을 허용한다. 그것은 가르치는 자의 책임의 문제와 신뢰의 문제를 동반한다. 그 책임은 그의 평가능력(타당한 평가기준에 따른 평가활동의 적합성)을 공개함으로써 검증된다. 그의 평가능력은 의도한 학력이라는 목표의 달성에 필요한 여러 가지 자원을 얼마나 집중했는지에 대한 기록이다. 신뢰할 수 있는 평가권은, 가르친 그 교사가 가르침을 받은 그 아이를 평가하는 방식, 즉 '교사별평가'로 행사된다. 이 경우 평가기준은 반드시 사전에 공개가 되어야 한다. 평가기준을 공개함으로써 스스로 비판받을 용의를 표명하는 교사별평가는 교사에게 시련이다. 시련이 교사를 지식인 전문가로 단련시키고 거듭 태어나게 하고 그의 전문성에 대해 함부로 범접하지 못하게 한다. 형식적 연수를 통해 전문성을 제고한다는 관료적 발상이 아직도 지배적이라는 점에서, 교사별평가제를 통한 교사의 전문성 신장은 제도적으로 유효하고 적합하다. 교사(학교)가 기획 · 실행한 것, 이것을 학력으로 기록하게 한다. 엄격히 말해, 교사의 교육기획을 통하지 않고 형성된 학력은 학생부에 적을 수 없다.

둘째, 학력을 평가하는 주체는 가르친 교사이어야 한다. 학력은 '가르친' 교사에 의해 평가된다. 이 원리에 의한 것이 이른바 '교사별평가'이다. 그 평가는 '기록'으로 가장 잘 표상된다. 교사별평가는 기본적으로 음미를 통한 기록(양적 질적 기록)으로 이루어진다. 그 기록을 읽어서 학생을, 학생의 학력을 평가한다. 교사별평가는 교사로 하여금 자신이 가르친 아이의 학력과 재능과 개성을 발견하고 기록할 수 있는 눈(교육학적 안목)을 형성한다. 교사가 그 발견과 기록을 직접 경험하는, 그야말로 시련을 겪지 않으면 안 된다. 그럴 때 그 시련에 버금가는 발견과 기록의 교육활동을 할 수 있다. 교사와 학교의 교육력은 여기서 성립한다. 이런 측면에서 교육력은 사상사적 문제이다. 오늘 한국사회는 이 문제에 직면해 있다. 학교교육과 대학교육은 교사별평가제의 도입과 구현에 집중할 필요가 있다.

셋째, 교사별평가는 '기록가능한 교육활동'을 성립시킨다. 기록하는 교사가 교육활동을 기획하고, 가르친 교사가 학생의 학습경험의 내용을 평가 · 기록한다. 평가의 방식은 기본적으로 기록과 음미이다. 그것은 양으로 평정되고 질로 진술된다.

이 원리를 고민하는 교사의 교육활동이 교육기획력의 기층구조이다. 선진사회는 '교사별 학생평가'에 대해 사회적 신뢰를 가지고 있다. 사회적 통념으로 교사의 평가권에 개입해서는 안 되겠다는 생각을 가지고 있다. 교과별평가를 대체하여 교사별평가로 나가야 한다. 이것을 교육운동의 교육실천 지표로 삼는다.

10장 학교생활기록의 새로운 프레임: '기록가능한 교육활동'

가. 문제제기

학교생활기록과 관련한 새로운 프레임을 마련해야 한다. 그 새로운 프레임이란 교사의 교육기획력을 발생적으로 산출하게 만드는 '기록가능한 교육활동'을 제도화하는 것이다. 새로운 프레임을 숙고하여 학생부 기록의 내용과 방법, 기록부의 활용 방식을 새롭게 발명해야 한다.

이 연구에서 학교생활기록부 기록의 새로운 프레임으로서 '기록가능한 교육활동'이라는 개념의 의미를 명료화하고 그 기록의 내용과 방법에 대해 탐색하고자 한다. '2008학년도 이후 대학입학제도 개선안'에서 제안된 '기록가능한 교육활동' 개념을 새삼 호출하여 이를 오늘의 관점에서 새롭게 논의해 보려고 한다. 당시에 구안되었던 그 프레임을 한 마디로 표상하면 그것은 '기록가능한 교육활동'이라는 것이었다. 참여정부 교육혁신위원회가 쟁점화 했던 '기록가능한 교육활동' 개념을 소환하여 학교생활기록부 기록의 방법론에 대해 여기서 재고찰 하고자 한다.

필자는 우리 사회에서 과연 '기록가능한 교육활동'이 실재(reality)로서 성립 가능한가에 대해 의심한다. 이 질문을 통해 교사에게 교육활동 기획의 전문성을 어떻게 확보하게 만들 것인가에 대해 거듭 진지하게 되묻는다. 여기서 제기하는 질문과 응답은 긴급한 현안이다.

첫째, '기록가능한 교육활동'이란 무엇이며 이것이 왜 중요한가 하고 따져 묻는다.

둘째, 학생부에 무엇을 어떻게 기록해야 하는가에 대해 질문한다.

셋째, 이 쟁점에 대해 새삼 질문하면서 새로운 프레임을 작동케 하는 제도적 조건에 대해 탐색한다.

주지하듯이, 입학사정관제의 도입과 더불어 학교생활기록부(이하 '학생부'라 칭함) 기록이 쟁점이 되고 있다. '지금' 현장 학교에서 학생부에 무엇을 어떻게 기록해야 하는가에 대해 당혹해하고 있고, 내심으로 고통스러워하고 있다. 그럼에도 교사들은 학생부종합전형에 대해 '학교현장을 바꾼 최초의 대입제도로서, 미래교육을 위한 대안이므로 보완할 필요가 있다'고 평가하고 있다(김경, 2016.5.7). 따라서 학생부 기록 문제에 대해 본격적으로 대응할 필요가 있다. 이 필요를 만족하기 위해, 학생부 기록과 관련된 새로운 프레임의 대강을 논의한다.

현재 수준에서는 학생부 기록에 대한 근본적인 대안적 방법론을 마련해야 하는 상황을 맞이하고 있다. 선행연구가 학교생활기록부에 대한 '품위 있는' 이론적 실천적 참조체제를 제공하지 못하고 있다. 또 선행연구에서는 '기록가능한 교육활동'의 개념과 그 의미에 대해 제대로 설명하지 못하고 있으며, 그것을 평가 · 기록할 수 있는 제도적 조건과 공학적 기술을 갖추고 있지 않다. 또 현재 인습적으로 이루어지고 있는 기록과 연관하여, 충분하고도 신뢰로운 학생부 기록을 가능케 하는 제도적 기제를 고찰하는 과제를 남겨두고 있다.

나. 학생부 기록의 현황과 문제점

학생부는 학생의 교과 학업성취 및 비교과 생활지도 활동 등의 주요 사항을 기록하는 법정 장부이며, 상급학교 입학전형에서의 내신 평가의 근거가 되는 기본 자료이다. 여기서 학생부 기록의 현황과 문제점을 진단한다.

1) 학생부 기록의 현황

가) 학생부의 기원

학적부(學籍簿)는 통감부 시기에 처음 일제의 것(1900년 문부성령 제14호)을 벤치마킹하여 처음 제정되었고,[1]조선총독부 시기 제2차 조선교육령(1922년 2월 칙령 제19호) 「보통학교규정」에 의해 공식적으로 도입되었다. 일제 조선총독부는 식민화된 지식과 인성을 기록하는 법정장부로서 학생과 교사의 학교생활을 통제하는 수단으로 사용하였다. 해방 후 1955-1956년부터 독자적인 생활기록부 서식이 개발되어 활용되었다. 이후 생활기록부의 양식과 그 기록방식은 기본적으로 국가 교육과정의 개정과 연동하여 변천해 왔다. 보다 구체적으로 말하면, 교육평가의 방향 및 학교급별 교육과정에서 제시한 평가지침에 의거하여 변화해 왔다.

우리가 지금 사용하고 있는 '학교생활기록부'는 그 원형이 일제강점기 '학적부'이다. 이 학생부는 일제 조선총독부가 제작한 학적부의 구조를 그대로 수용한 것이었다. 우리는 지금도 구조에 있어서 동일한 성적 · 석차 시스템으로서 학생부를 사용하고 있다. 해방이 되고도 이에 대한 비판적 성찰 없이 성적 · 석차 교육시스템을 온존 시키고 있다는 것이다.

지금까지 우리 사회는 학생부 제도를 통해 '성적 · 품성 시스템'을 운용하고 있다고 할 수 있다. 식민화된 지식과 인성을 기록하는 성적 · 석차 시스템은 그 역사적 기원이 일제강점기 식민지 침략정책에서 연유한다. 일제는 조선의 교육체제를 지배하는 원리로써 '성적 · 석차'라는 기제를 교육체제 속에 집어넣었다. 이 시스템은 교육의 본래적 형식인 '완성형 교육'을 자단하고 '준비형 교육'으로 구조화하였다.

1) 일제 통감부는 문부성령의 학적부 관련 조항을 식민지 조선에 이식하였다. 학적부는 (학생의 보호자의) 인적사항, 출석 및 결석 상항, 신체상황을 기록하는 것과 함께, 학생의 교과목, 석차, 총점, 전체 석차를 기록하도록 하였다. 개별 학교에서는 관련 조항을 반영하여 다양한 양식의 재적부(在籍簿)를 사용하였다.

나) 학생부의 기능

일제는 학적부를 통해 점수경쟁을 유도하는 성적 · 석차 상대평가 시스템을 운용하였다(손종현, 2007). 일제강점기의 학적부 교과학습발달상황의 기록에서, 중등학교는 성취도와 석차/재적수를 기재하도록 되어 있는 바, 여기서 성적 · 석차 시스템의 전형을 확인할 수 있다. 일제 식민지배 당국은 교과학습발달상황과 '행동특성 및 종합의견' 란에 우등과 열등, 모범과 불량의 이분법으로 학생의 성적 · 품성을 기재하고 있다. 이렇듯 학적부는 식민지배에 용이한 식민지화된 지적 능력과 순응적 인성을 가졌는지를 가늠하는 거름 기제로 기능하였다. 학생부가 기능하는 성적 · 품성 시스템은 교육에 대한 국가개입을 강화하였고, 한편으로는 교사의 전문성 개입을 차단하였다(손종현, 2006b: 61-62).

해방 이후에 도입된 생활기록부는 문교부 훈령으로 공포된 법정장부로서, 학생들의 발달상황을 기록 · 보존 · 활용하는 성격을 지닌 문서이다. 생활기록부는 정보기록방법의 기준을 만족시켜야 되었다. 객관성, 계속성, 신뢰성, 타당성, 해석가능성, 실용성, 포괄성, 경제성 등과 같은 정보기록방법의 기준이 적용되었다(문교부, 1989: 8-9). 생활기록부는 그 기능에 있어서 학생과 학부모를 위한 정보 제공, 교사와 카운슬러를 위한 정보 제공, 입학과 입직에서 필요한 정보 제공, 학교 행정가를 위한 정보 제공(진급과 졸업 경정, 우등생 심사, 특기소지자 선정 등) 등과 같은 여러 기능을 수행하였다.

다) 학생부의 기록 내용

이 연구에서는 기록 내용과 관련하여 주로 일반계 고등학교를 대상으로 삼는다. 초 · 중학교와 특성화 고등학교는 일단 유보한다. 현재 사용하고 있는 일반계 고등학교 학생부의 기록 내용은 다음과 같다.

표 10-1 학교생활세부사항기록부(학교생활기록부Ⅱ)의 항목(훈령 제433호)

항목		하위 항목
졸업대장번호		학년별 학과, 반, 번호, 담임성명, 사진(3.5×4.5) 학과와 전공 · 과정(고등학교만)
(1) 인적 · 학적사항	인적사항	학생정보: 성명, 성별, 주민등록번호, 주소
	학적사항	년 월 일 ㅇㅇ중학교 제3학년 졸업 년 월 일 ㅁㅁ고등학교 제1학년 입학
	특기사항	
(2) 출결상황		학년별 수업일수, 결석일수(질병, 미인정, 기타), 지각(질병, 미인정, 기타), 조퇴(질병, 미인정, 기타), 결과(질병, 미인정, 기타)
(3) 수상경력		학년별 학기별, 수상명, 등급(위), 수상연월일, 수여기관, 참가대상(참가인원)
(4) 자격증 및 인증 취득상황	자격증 및 인증 취득상황	자격증, 명칭 또는 종류, 번호 또는 내용, 취득연월일, 발급기관
	국가직무능력 표준 이수상황	학년, 학기, 세분류, 능력단위(능력단위코드), 이수시간, 원점수, 성취도, 비고
(5) 창의적 체험활동상황		학년별 영역별(자율활동 · 동아리활동 · 진로활동) 시간, 특기사항
봉사활동실적		학년별 일자 또는 기간, 장소 또는 주관기관명, 활동내용, 시간, 누계시간
(6) 교과학습발달상황		학년별 교과, 과목, 단위수, 원점수/과목평균(표준편차), 성취도(수강자수), 석차등급, 이수단위 합계 진로선택과목의 학기, 교과, 과목, 단위수, 원점수/과목평균, 성취도(수강자수), 성취도별 분포비율, 비고 체육 · 예술의 학기별 교과, 과목, 단위수, 성취도, 비고
(7) 독서활동상황		학년별 과목 또는 영역, 독서 활동 상황
(8) 행동특성 및 종합의견		학년별 행동특성 및 종합의견

〈표 10-1〉에서 보듯이, 학생부 기록 내용은 크게 8개 항목으로 구성되어 있다. 인적 · 학적사항, 출결상황, 수상경력, 자격증 및 인증 취득상황, 창의적 체험활동상황, 교과학습발달상황, 독서활동상황, 행동특성 및 종합의견으로 구성되어 있다. 교과학습발달상황은 학년별 교과, 과목, 단위수, 원점수/과목평균(표준편차), 성취도(수강자수), 석차등급, 이수단위 합계 순으로 기록하도록 되어 있다. 행동특성 및 종합의견의 경우, 실기능력, 교과적성, 학습활동 참여도 및 태도 등을 특기할 만한

사항이 있는 과목 및 학생에 한하여 간략하게 문장으로 기입하도록 요구하고 있다.

최근에는 성취평가제를 도입하면서 학년별 · 교과별 성취기준과 평가기준에 따라 평가하는 방식으로 바뀌었다. 여기서 '성취평가제'란 상대적 서열을 매겨 누가 더 잘했는지를 평가하는 것이 아니라 학생이 무엇을 어느 정도 성취했는가를 평가하는 방식이다. 성취평가제는 국가 교육과정에 근거해서 개발된 교과별 성취기준[2]에 도달한 학생의 학업 성취기준을 평가해서 A-B-C-D-E 혹은 A-B-C로 성취도를 부여한다(이병환, 2023: 185-186). 성취평가제를 운용하는 한 절대평가를 적용하는 것이 옳지만 여전히 상대적인 서열을 고려하고 있다. 교과별 학력 표기에서, 5등급이든 9등급이든, 등급만 제공하는 등급제를 하는 것이 옳지만, 점수제(원점수/과목평균(표준편차))를 고수하여 상대적 성적과 서열을 기록하고 있는 것이다. 국가기준 (외부) 수능시험에서 뿐만 아니라 (내부) 내신평가조차도 상대적인 시험 경쟁과 성적 · 석차 경쟁을 강화하고 있다는 것을 확인할 수 있다.

2) 학생부 기록의 문제점

가) '교과별평가'와 그것에 의한 기록

현행 교육부 훈령에 의하여 중학교 · 고등학교의 평가방법이 교과별로 이루어지도록 규정하고 있다. 평가방법과 관련하여, 제도적으로 평가계획 수립과 평가 운영에서 이른바 '교과별평가'를 일반화하고 있는 것이다.

> 교과학습의 평가 계획은 각 과목의 교육과정 및 학교 · 교과의 특성을 감안하여 교과(학년)협의회에서 수립하고, (중략) 평가의 영역, 내용 등을 포함한 문항정보표 등 출제 계획을 작성하여 활용하며, 동일 교과 담당교사 간 공동출제를 한다(「학교생활기록 장성 및 관리지침」 교육부 훈령 제433호).

2) 성취기준은 각 교과목에서 학생들이 학습을 통해 성취해야 할 지식, 기능, 태도의 능력과 특성을 진술한 것으로, 수업이나 평가에서 실질적인 기준이나 지침 역할을 수행한다(이병환, 2023: 185-186).

교육부 훈령의 규정에 바탕을 두고 있기 때문에 시 · 도교육청의 '학업성적관리 시행지침'과 각 학교의 '학업성적 관리규정'은 그것을 동일하게 반영하고 있다. 그 시행지침이나 관리규정에서 '교사별평가'가 아니라 '교과별평가'를 법칙적으로 운용하도록 제도화되어 있다. 이 규정에 의하면, 교과협의회를 통한 공동출제, 공동검토를 통한 문항의 질 관리를 주요한 기준으로 삼고 있다. 교사 개인의 평가권보다 '문항의 질 관리, (공동출제로) 학급 간 성적차의 최소화'가 높은 교육적 가치를 지니고 있다고 할 수 있다. 한마디로 말해 교과별 공동출제가 정당화되고 있는 것이다. 이는 그 자체로 '교사별평가'를 도외시하고 있음을 알 수 있다.

나) 기록의 부재와 무지

많은 교사들은 교과목 코스워크와 수업교재(크게는 교육과정 활동)를 스스로 만들지 않으며, 참고서 진도 나가고 문제풀이 수업만 하다 보니 기록할 내용이 없다. 교사들은 학생부에 무엇을 어떻게 기록해야 하는 것인가에 대해 잘 모르고, 그래서 그것에 대해 큰 부담을 느낀다. 교사의 '내신 부풀리기'가 문제가 아니라 학생부에 기록할 만한 내용이 빈약하며 그것을 충실하게 기록하는 방법을 잘 알고 있지 못하다는 것이다. 이는 수능성적 중심 입학전형의 폐해를 반영한 것이지만, 일차적으로 교사의 코스워크 기획의 능력이 부족하다는 것과 연관되어 있는 사안이다.

다) 기록의 낭비

현재 학생부 기록은 낭비를 일으키고 있다. ① 기록 항목마다 (형식적으로) 무미건조한 상대적 점수로 채워져 있다. ② 교육의 결과만 기록될 뿐이고 과정이 기록되지 않으며, 학생의 재능 · 관심 · 특징 등이 기록되지 않는다. ③ 기록의 길라잡이가 있지만 매우 관료적이며 도식적이다. ④ 경우에 따라서는 채워야 하는 기록의 내용을 복사해서 붙이는 꼴을 보이고 있다. ⑤ 심한 경우에는 이전 학년의 기록을 복사하고 있다. 더 심한 경우에는 학생들에게 이를 적어오게 해서 입력하는 모양새를 취하는 경우도 있다. ⑥ '공부 잘하는 아이', '잘 사는 아이'에 대해 더 잘 써주고, '명문대학에 갈 아이'에게 기록을 '몰아주는' 경우가 있다. ⑦ 외부업체나 사교육기관에 돈 주고 기록내용을 채우는 경우가 있다. 그런 까닭에 교사와 학생과 학부모는 다 같이 학생부 기록의 방식과 그 활용에 대해 회의적이다. 그들은 학생부 기록이 서로 간에 불신을 가져오는 기제가 되고 있다고 느낀다. 요컨대 기록의 낭비, 왜곡, 탈가치화가 이루어지고 있다. 기록 자체가 가치를 띠지 못하며, 기록의 방식이 반교육적이라는 것이다. 물론 학생부 기록과 관련하여, 초·중등학교는 변하고 있고, 교사도 변하고 있다. 무엇보다 학생부 기록이 충실해지고 있는 것은 분명하다. 그러나 좀 더 교육적 가치를 추구하는 방식으로 원리적 관점에서 학생부가 기록될 필요가 있다.

라) 입학선발에서의 기계적 반영

대학 입학전형에서 학생부 교과에 대한 기록이 기계적으로 반영되고 있다. 이것이 전형·사정에 있어서 교과 성적 기록이 정량적으로 기계적으로 처리될 뿐, 다양한 정성 기록이 교차해서 중요하게 읽혀지지(reading) 않고 있다. 그 학생의 교과학습발달과 재능과 진로 등에 대한 정성적 기록이 읽혀지지 않는다. 그 기록이 입학과 입직과는 무관한 기록으로 남아 있다는 것이다. 이는 교과학습발달상황이 교과별 원점수/과목평균(표준편차) 중심으로 기록되어 있다는 것과 연관되어 있다. 이는 성적·석차 시스템을 강화하고 있는 셈이다.

3) 선진외국의 학생부 기록 방식

가) 기록 목적과 항목

여기서 참고로, 주요 선진외국의 학생부 기록의 목적과 주요 항목을 정리하면 다음 〈표 10-2〉와 같다(박균열·김순남·데와타카유키 외, 2014: 328-329).

표 10-2 주요 선진외국의 학생부 기록 목적과 항목

구분		한국	일본	미국	독일	프랑스	호주
목적		학생지도, 상급학교의 학생선발에 활용	학생의 학적 및 지도의 과정 및 결과의 요약을 기록, 그 후의 지도 및 외부의 증명서 등에 활용 원부	학생의 학습정도를 파악할 수 있는 정보제공, 의사소통의 통로, 스스로의 학습정도 파악, 학습동기를 유발	학생지도, 그러나 상급학교 선발에 사용하지 않음	학부모, 교사에게 학생발달에 관한 정보제공, 학교-교사-학부모간의 소통, 연계	학생지도, 학부모에게 학생학업성취도 및 비교과활동 특징 공지
내용 및 항목	인적사항	O	O	O (이름과 학년, 번호)	O	O	O
	학적사항	O	O	X	O	O	O
	출결사항	O	O	O (무단결석과 총결석일수 및 교과별로 표시)	O	O	O
	수상경력	O	O (종합소견 및 지도상 참고로 되는 사항)	X	X	X	X
	자격증및 인증취득 상황	O	O (종합소견 및 지도상 참고로 되는 사항)	X	X	O	X
	진로희망 사항	O	O (종합소견 및 지도상 참고로 되는 사항)	X	기재 X	O	X
	창의적 체험활동	O	O	X	X	X	X
	교과학습 발달	O	O (관점별 학습사황 평가와 요항별 평정)	O (일부지역에서만 필독도서를 표시함)	O	O	O

구분	한국	일본	미국	독일	프랑스	호주
독서활동	O	X (종합소견 및 지도상 참고로 되는 사항)	O (주로 학습기술측면에서 접근함)	X	X	X
행동특성 및 종합의견	O	O	O	X	O	초등학교의 경우에만 종합의견이 제시됨

일제강점기에 성적 · 석차 시스템을 한국에 강제했던 일본도 현재는 성적 · 석차를 기재하지 않는다. 여기서 일본의 중학교 학적부 양식의 사례로서 芦屋市立中學校(生徒指導要錄) 학적부를 예시하면 다음과 같다.

- 생도씨명, 학교명, 학년별 학급, 정리번호, 교장씨명 印, 학급담임자 시명 印
- 각 교과의 학습의 기록: 필수교과 및 선택교과의 관점별 학년별 학습상황, 학년별 교과별 평어
- 특별활동의 기록: 학년별 학급활동, 생도회 활동, 학교행사
- 행동의 기록: 학년별 기본적인 생활습관, 건강 · 체력의 향상, 자주 · 자율, 창의공부, 사고방식 · 협력, 생명존중 · 자연애호, 근로 · 봉사, 공정 · 공평, 공공심 · 공덕심
- 총합적 학습의 시간: 학년별 학습활동, 관점, 평가
- 출석의 기록: 학년별 수업일수, 출석정지 · 기일 일수, 출석하지 않으면 안 되는 일수, 결석일수, 출석일수, 비고
- 총합소견 및 지도상 참고가 되는 제 사항: 학년별 사항 기록

일본은 필수교과와 선택교과의 성적을 표기할 때 관점별(쓰기, 말하기 등) 학습 상황, 교과별 평어를 적고 있고, 교과별 5단계 체크리스트를 사용하고 있다. '행동특

성 및 종합의견'도 학생의 학교생활상의 여러 사항을 문장으로 평어를 적도록 되어 있다.

나) 기록 방식

주요 선진외국의 경우 학생평가를 어떻게 실행하고 있으며, 학생평가 결과를 학교생활기록부에 어떻게 기록하고 있는가에 대해 정리해 둔다. 동양의 일본과 중국, 서양의 미국, 영국, 독일, 프랑스, 호주의 사례를 중심으로 정리한다(김재춘 · 설현수 외, 2005, 80-81).

첫째, 학생들을 평가하는 시험 문항은 대체로 개별 교사가 자신이 가르친 내용을 근거로 출제하는 것으로 나타났다. 즉 개별 교사들이 자신들이 지도하는 학생들을 대상으로 평가 문항을 개발하여 사용하고 있는 것으로 나타났다. 그러나 다음과 같은 예외적인 경우도 있었다. 일본에서 교과별 협의회를 통해 출제하도록 지명된 교사가 동일 학년의 동일 교과의 모든 학생을 위한 평가 문항을 출제하는 경우가 있었으며, 영국에서 학생들의 개인차를 고려하는 평가를 수행하기 위하여 또는 성취 수준을 비교하기 위한 목적에서 교사들이 상호 협력하여 출제하는 경우도 있었다. 특히 중국은 기말시험에서 학교 간 연합고사를 출제하여 시행하고 있었다.

둘째, 학생들의 상대적인 석차를 산출하여 기록하는 나라는 하나도 찾아볼 수 없었다. 대부분의 나라에서는 교육과정이나 평가 목표에 비추어 성취 정도를 확인하는 절대평가를 실시하고 있었으며, 따라서 평가 기록도 교사가 전문적인 판단력을 발휘하여 수행하고 있었다. 대부분의 나라에서 평가 결과는 3-6등급으로 구분하여 해당 등급을 표시하거나 각 교과별로 교사가 의견을 제시하는 형식을 취하고 있었다. 상대적인 평어를 기록하는 일본의 경우 1/2/3/4/5등급의 비율을 각각 7%, 24%, 38%, 24%, 7%로 설정하고 있었다.

셋째, 대부분의 나라에서 교사가 평가의 주체가 되어 학생평가 문항을 직접 만들며, 자신이 교육의 과정에서 필요하다고 판단하는 시기에 평가를 실시하고, 평가 결과는 목표 달성 여부를 알아볼 수 있는 방식으로 기록하고 있었다. 학생들이 시험에서 받은 원점수나 상대적인 석차를 기록하는 나라는 없었다. 특히 중국은 최근 들어 학생들 간의 비교육적인 경쟁을 완화하기 위하여 석차를 매기지 않을 뿐만 아니라 시험 성적을 학생에게 공개하지 못하도록 하고 있다.

넷째, 대부분의 나라에서는 학교에서 교사가 교육적인 목적으로 수업의 과정에서 자율적으로 평가를 수행하도록 하고, 평가 결과의 기록은 교육적인 방식으로 절대평가 원칙에 따르고 있다. 그렇지만 상급학교 진학을 위한 목적의 외부평가나 학교 간 학생들의 성취정도를 비교하기 위한 목적의 학업성취도 검사를 실시하고 있는 것으로 나타났다. 달리 말하면, 대부분의 나라에서는 각 평가의 목적을 분명히 하면서 목적에 맞는 평가를 수행하고 있으며, 평가 결과 또한 평가의 목적에 충실한 방식으로 기록하고 있었다. 상급학교 진학이나 선발을 위한 평가에서는 학생들의 상대적인 석차나 등급을 추론할 수 있을 정도로 구체적인 방식으로 결과를 기록하고 있었다.

다. 학생부 기록의 재개념화와 '기록가능한 교육활동'의 의의

'기록가능한 교육활동'이 활성화될 필요가 있다. 여기서 학생부 기록에 대해 재개념화 하면서, 기록가능한 교육활동이라는 새로운 프레임의 교육적 의의를 탐색한다.

1) 기록의 재개념화

인간은 기록하는 존재이다. 인간은 사고와 정서와 행동을 기록한다. 기록을 남긴다는 것은 야만을 떠나 역사와 문명의 시작을 알린다는 표시이다. 그런 점에서 기록은 인간의 존재론적 본질에 가깝다. 남긴 기록으로 역사가 이루어지고 문명이 진보한다. 기록을 통해 역사와 문명을 축적하고 이해하고 계승한다. 이런 점에서 기록은 사회진보를 주도하는 중요한 요소이다. 역사적으로 공정하고 투명하게 기록하고자 했고, 이는 사회정의를 이루는 기반이 된다.

기록한다는 것은 음미한다는 것이다. 음미한다는 것은 반성한다는 것(reflection)이다. 기록과 음미를 거쳐 자신의 교육활동을 반성한다. '일하는 나'가 무엇을 어떻게 했는가를 음미하면서 반성적으로 드러낸다. 드러냄의 방식이 기록이다. 그런 점에서 기록은 곧 음미이자 드러냄이다. 소크라테스도 음미하지 않은 삶은 인간으로서 살 가치가 없다고 말한다.[3] '기록하는 나'가 활동하는 나를 음미한다. 음미는 반성(주관)을 하고 비판(객관)을 하는 것이다.

학생부 기록은 교사 자신의 교육활동을 음미하는 것(반성과 비판)이다. 기록과 음미는 교사의 존재방식, 교사다움을 유지하는 능력이다. 기록함으로써 음미함으로써 그는 교사로 존재한다. 음미 · 드러냄을 통해 학교생활 내력(학력신장 이력)을 기록한다. 한편 그 음미는 학생에 대한 것이기도 하다. 이때 음미한다는 것은 학생들의 삶(처지와 발달, 결핍과 소망)을 살핀다는 것이다. 학생들의 마음(의지, 포부, 관심, 능력, 동력 같은 내적 상태)을 점검한다는 것이다. 김민남(2022)에 의하면, 지적 비약에 대해 기록하고 음미하는 연민의 감정과 지성이 교육적 휴머니즘의 밑과 끝이다(김민남, 2022: 73).

기록은 선택적인 것이다. 기록은 선택에 의존하는 경우가 많다. 학생부에 기록되는 사실(fact) 구성도 역사적 구성도 선택된 것이다. 그 기록은 선택적인 기억에 의존하는 경우가 많다. 교사의 기억도 선택적인 것이다. 따라서 기억을 확인하는 과정이 요청된다. 교사의 선택이 곧 그의 인식이고, 그것이 그의 기록에 반영되어 있다. 이런 이유에서 학생부에 기록할 때 기억과 선택을 돕는 보조자료를 활용할 수 있다. 그 보조자료에 일지 형태로 기록할 수 있다. 교사가 지도이력을 기록하되, 학생들 개개인의 변화를 일지 형식으로 기록한다. 기록할 때 마침내 학생의 재능과 특성이 보인다. 각 개인 학생의 지식활동을 일지 형태로 기록하고, 교사인 '나'의

3) 천병희(2013: 61)는 여기서 말하는 '음미'를 '캐묻는 것'이라고 번역하고 있고, 조우현(1994; 38)는 '따져보는 것'이라고 번역하고 있다.

지도활동을 또한 음미한다. 그런 이유에서 그 기록을 가능케 할 보조자료를 개발할 필요가 있다.

왜 기록하는가? 가정 중요한 이유는 모두가 참여자가 되게 하는 것이다. 교사가 실행한 것을 기록하고 학생들이 반응한 것을 기록한다. 기록을 함으로써 학생의 지식활동으로서의 학습활동을 자극할 수 있다. 교사의 기록하는 활동이 학생의 지식활동(탐구와 발견의 과학활동)을 진작하는 법이다. 기록이 학생으로 하여금 학습의 과정에 진지하게 참여하게 한다. 그래서 교사는 용감하게 지식활동을 경험하게 만들 수 있다. 학생은 저마다 자신의 지식활동을 표현하는데 관심을 가진다. 관심은 말과 감정과 행동으로 나타난다. 학생 자신의 지식활동이 학습경험을 의미하는 바, 그 학습경험의 내력을 기록한다. 탐구와 발견의 지식활동은 과정과 결과를 정성적으로 기록하는 것이 더 적합하다. 이는 이유에서 성적 점수(원점수/과목평균(표준편차))와 석차의 경쟁을 벌이게 하고 상대평가 위주로 정량 기록을 하는 기존 평가방식을 버릴 필요가 있다.

왜 학생부 기록을 '기록가능한 교육활동'으로 그 프레임을 바꾸어야 하는가? 교과서 진도 나가고 참고서 문제풀이만 해서는 기록할 것이 없다. 기록할 수 있는 교육활동을 함으로써, 교사의 교육활동의 효과를 높여야 한다. 또 가르치는 자의 평가권을 되찾기 위해, 교육적 평가의 제 자리를 찾기 위해, 시험을 가지고 교육을 통제하는 관료적 적폐를 해소하기 위해, 교육의 성과를 관리하는 기업형 학교를 넘어 교육의 과정을 관리하는 교육기관이 된 학교를 견인하기 위해 그 프레임을 바꾸어야 한다.

교사는 기록을 통해서 가르치는 일의 현실성 자원을 얻는다. 교사는 기록을 하면서, 기록한 자료에서 가르치는 일의 자원을 얻을 수 있다.

> 교사는 아이들의 지식활동을 기록함으로써 그들의 물음, 관심사를 발견하며 또한 그들에게 관심사를 완결하도록 지도한다. (중략) 관심사를 추구하는 아이들(사람들)은 교사의 구조화된 가르침 너머의 것을 배운다. 교사가 할 수 있는 최상의 것은 아 이들의 움직임과 표현을 놓치지 않고 기록하고 그 기록을 가르침의 자원으로 삼는 것뿐이다(김민남, 2022: 101).

기록은 교육활동의 과정에 대한 것이다. 기록은 교과지도 활동과 생활지도 활동의 과정에 대한 것이다. 김민남(2022)의 어법으로 말하면, '교육의 과정에 대한 기록'에 대한 것이다. 결과만 기록하는 것이 아니다. 변화의 과정을 기록하는 것이다.

> 그들로 하여금 지식활동을 하게 하라. 그는 자신의 문제를 풀고 있다. 문제를 풀어내는 과정을 관찰할 수 있는 지표를 만들고 그것에 준해 기록한다. 그 지표의 핵심은 그가 무엇에 중심을 두고 그 자신의 어떤 행동을 통제하고 있는지 확인하는 작업이 될 것이다(김민남, 2022: 101).

기록은 학습능력을 키운 과정과 결과를 드러내 보여주기 위한 누가(累加) 기록이다. 기록은 지적 · 도덕적 발달의 과정과 결과를 정성적으로 평가하여 표상하는 방식이다. 특히 정성적 기록은 교육이력과 학습이력의 과정과 결과에 대해 드러내 보여주는 평가방식이다. 가르치는 과정에서 학생에 대해 발견 · 발굴한 것을 기록한다. 교사의 교과지도 활동과 학생의 학업성취의 과정과 결과를 기록한다. 교사의 교육활동의 과정에 대한 기록, 그 활동의 기획 · 기록 · 음미의 계기적 실천, 이것이 초등과 중등과 고등 교육 간의 맥을 잇는 '연계' 고리이다.

기록에는 주관이 개입되기 마련이다. 교사가 학생을 평가하면 주관이 개입된다. 기록활동을 하면서 교사는 주관적 평가권을 행사한다. 사실 평가권을 갖는다는 것은 평가자의 주관을 인정한다는 것이다. 어떤 경우에도 기록에는 주관이 개입하게 되어 있다. 그 주관이 모여 간주관성, 곧 객관성이 성립한다.[4] 문제는 교사가 주관의 객관화를 위한 태세를 갖추는 일이며, 교사가 객관화된 주관을 행사하는 것이다. 다만 이 주관을 어떻게 객관화하는가의 문제가 남는다. 이 주관이 객관화되도록 주관의 근거를 제시하는 것이 필요하다. 그것이 평가기준의 공개이다. 물론 평가기

4) 주관과 객관의 문제에 직면할 때 우리는 주관성의 객관화를 해법의 방편으로 제시할 수 있다. 주관성이 교집합을 이룬 그 간주관성(inter-subjectivity)이 객관성(objectivity)을 담보한다. 객관성은 이렇게 확보할 수 있는 것이다. 그런 점에서 재능과 능력과 포부가 선발의 지표라면 그 지표에 따른 충실한 간주관적 기록이 이루어져야 한다. 기록하는 교사의 주관을 존중해야 한다. 교사는 그 주관을 대상화해서 그 귀결로서 기록한다. 그 기록을 통해 학생의 다양한 학력의 가능성을 열어놓는다. 입학사정에 있어서도 입학사정관의 주관성을 인정해야 한다. 그 간주관성이 사정 · 선발의 객관성을 담보한다. 이를테면 3명의 입학사정관의 주관성이 모여 간주관성, 즉 객관성이 성립한다. 사정과 선발은 원래 이렇게 하는 것이다.

준이 '좋은 것'이라야 한다. 그러면 그 평가는 객관성을 담보한다. '좋은 평가'는 모두 이런 것이다. 주관의 인정은 주관의 권위에서 나온다. 주관의 권위는 신뢰에서 나온다. 신뢰는 주관의 객관화에서 가능하다. 교사는 자신의 주관을 객관화하면서 (교사는 학생을 판정하는 것이 아니라) 학생의 학교생활의 내력을 기록한다. 학생의 학교생활 이력이라는 객관을 교사의 주관이 개입하여 기록한다는 것은 객관을 음미 · 해석하는 것이다. 음미 · 해석을 엄밀하게 하려고 노력하는 것은 주관을 죽이는 것이다. 주관을 죽여서 객관을 살리는 지성적 작업이야말로 교사의 정체성이다.

교사는 자신의 교육활동을 포함하여 학생의 교과 이수이력을 기록한다. 학생부는 학생의 학교생활에 대한 기록을 생산하고 보존하는 틀이다. 달리 말해 학생부는 학생의 학교생활(교과와 비교과, 진로활동 등)을 기록하는 중요한 장치이다. 어떤 기록을 만들고 관리하고 보존하는가? 기록을 통해, 학생을 평가하고 통제하고 배치한다. 그래서 그 기록은 교육활동을 이끌게 하는 힘이고, 경우에 따라서는 권력이 될 수 있는 위험성을 지니고 있다. 그렇다면 학교생활의 과정과 결과에 대해 최대한 중립적으로 기록해야 한다. 중립성이 공정성을 담보한다. 기록의 공정과 중립이 학생 이해와 사회정의의 지름길이다.

학생부 기록은 주로 학력에 대한 것이다. 진짜배기 학력을 키우고 이것을 기록하는 것이다. 학력은 "배워서 얻은 힘"이다. 이 경우, 평가할 수 없는 학력은 정성적으로 기록한다. 학력에는 잴 수 있는 학력도 있고, 잴 수 없는 학력도 있다. 잴 수 없는 학력은 글로 문장으로 기록할 수밖에 없다. 잴 수 없는 학력은 계량화할 수 없으므로 정성적으로 기록한다. 학력평가에 있어서, 양으로 측정할 수 있는 것은 정확하게 측정해야 하고, 음미해야 하는 것은 유의미하게 읽을 수 있도록 진술해야 한다. 잴 수 없는 학력에 대해서는 성취 과정을 자세하게 기록하여 학부모와 대학에게 증거해 줄 수 있어야 한다.5) 이것이야말로 평가의 전문성이다. 이것을 정성적 기록을 통해 보여주어야 한다.

5) 학력에는 잴 수 있는 학력도 있고, 잴 수 없는 학력도 있다. 잴 수 없는 학력은 계량화 할 수 없으므로 기록으로 존재한다. 이것을 기록을 통해 보여주어야 한다. 교사 자신이 했던 학습지도 활동에 대한 기록이 이루어져야 한다. 그래서 지식 전달과 문제풀이에 매달리지 않았다는 것을 보여 주어야 한다. 기록이기에 읽어야 하고, 기록을 읽어서 교육활동과 교과 학력의 성질을 이해해야 한다.

정성 기록은 정량 기록을 보충한다. 학생평가는 시험(정량)과 기록(정성)이다. 시험을 가지고 객관적으로 평가하고 기록을 가지고 그 질을 구체적으로 파악한다. 시험을 가지고 기록을 보충하고, 정성 기록을 가지고 정량 기록(시험)을 보충한다. 양자는 병행한다. 정신적 개입(과정, 활동, 참여)을 기록할 방도를 찾아야 한다. 그것은 음미이고 주관이다. 기록은 이른바 정량 평가라는 평가의 보완이 아니다. 상호 보완이다. 점수 자료를 보완하는 혹은 병행하는 다른 '질적(정성적)' 자료를 확보해야 한다. '질적'이란 '적절하게' 해석되어야 한다는 뜻이다. 그래서 질적 자료는 무엇보다 임상적이어야 한다. 향후로 갈수록 양적 방법으로 평가할 수 없는 영역이 더 중요해지고 넓고 깊어지고 있다.

학생의 변명도 기록한다. 학생의 변명을 기록하는 것은 교육적으로 부당한가? "결과를 두고 유능과 성실을 추궁하던 냉혹한 심판자의 눈을 거두고 과정과 사람을 보는 눈을 밝힌다. 그는 아이들에게 자신을 변호할 기회를 주고 귀 기울여 듣는다" (김민남, 2022: 276). 예컨대 수학과 과학 등의 교과목에 따른 학생의 변명이나 저항 등의 특성을 기록할 수 있다. 성취 결과만이 아니라 늦게 발달한 이유도 기록한다. 사교육을 받고 못 받은 배경에 대해서도 기록할 수 있다. 요컨대 학생의 변명 · 항변 · 이유, 늦게 발달한 것, 환경을 기록할 수 있다. 그만큼 기록의 자유가 주어져야 한다.

2) '기록가능한 교육활동'의 교육적 의의

첫째, 원리적 모습의 교사 존재방식의 회복

교사가 기록가능한 교육활동을 한다. 그 교육활동이 '있다'. 교사는 교육활동의 충분한 조건, 말하자면 교육활동의 이유와 자격을 명확히 함으로써 교육활동에 집중한다. 그는 충분한 조건의 충족, 즉 교육활동답고자 하는 형식에 충실한 조건을 충족한다. 그러고 나서 필요한 조건 혹은 여건을 주문한다. 교육활동답고자 하는 형식은 교사의 존재방식과 연관한 미학적 · 예술적 자세이다. 그다음에 평가, 시험, 성적이 따른다. 교육활동 속에 평가와 기록 요소가 들어 있다. 평가와 기록은 교육활동 속을 채우는 요소이다. 성적 매기는, 성취도를 가늠하는, 결과에 치중하는 평가는 아니다. 이것은 오늘날 '교육과정−수업−평가−기록 일체화' 논리의 실천적 단초를 제공한다.

> 수업이 바뀌면 평가가 바뀌고, 평가가 바뀌면 기록이 바뀐다. 학생중심으로 수업하고, 수업활동을 관찰 · 평가하고, 학생의 성장과정을 기록하는 것이 교실과 학교를 바꾸고 아이들을 살린다(김덕년, 2017: 표제).

일체화 논리는 교육과정 정상 운영의 제도적 단초이다. 기획 · 평가 · 기록 · 음미, 이것이 공교육의 원리라면, 이 원리를 지키는 것이 공교육 살리기 방책이라면, 반드시 그것을 구현해야 하는 것이다. 지금부터라도 교사가 그것을 시작해야 한다. 마냥 언제 누가 먼저 하기를 기다릴 수는 없다. 교사의 교육 전문성이 여기서 자라나고, 그것으로 교사로서 사회적 책임을 다한다. 이는 교육활동 기획자 교사의 존재론적 본래 양식을 구현하는 방식이다. 학교와 교사는 기록가능한 교육활동을 통해 완성도 높은 중등교육을 수행한다. 학교교육 정상화는 여기에 토대를 둔다.

둘째, 교육활동 기획력 키우기의 단서

'기록가능한 교육활동'이 교사의 교육기획력 개념을 성립시킨다. 기록가능한 교육활동은 '나'라는 교사의 교육활동 기획력을 반성하는 '나'를 의식하고 음미하는 것이다. 이것이 교사의 교육기획력의 품위를 결정한다. 기록가능한 교육활동은 교사와 학생 간의 교육적 관계의 형성, 교육적 맥락의 형성을 성립시킨다. 교육활동 기획력은 가르치는 자가 창의적 교실을 구성하는 데서 나온다. 오로지 무기력한 관념의 축적을 경계하며, 고착된 코스워크가 아닌 다양한 창의적 방법을 시험하는 것이다. 이것은 가르치는 자의 교실구성의 숙고를 성립시킨다. 기록 이유의 숙고가 학생부 관리를 능가할 때 비로소 교사가 교육활동 기획력을 갖추기 시작한다. 기록 이유를 숙고하지 않는 교사의 무능이 관료적 통제를 불러오는 것이다. 이렇게 보면 '기록가능한 교육활동'은 교사의 교육활동 기획력과 학교의 교육경쟁력을 이끌고 가는 제도적 장치라고 할 수 있다.

셋째, 청강생(관람자)이 아닌 참여자로 대우하는 교실활동 견인

기록가능한 교육활동은 학생을 학습참여자로 대우한다. 학생을 단지 청강생으로 만들지 않는다는 것이다. 이는 존 듀이의 《민주주의와 교육》에서 말하는 흥미론의 핵심이다. 듀이에 의하면, 교사는 교육활동을 통해 지식과 명제를 고정된 교재(subject-matter)가 아니라 함께 만드는 사회적 구성물로 경험할 수 있도록 만든다. 지식과 명제를 삶의 문제로 제시한다. 그래야 지식활동이 일어난다. 결국 교사와 학생은 학습의욕이 매개된 지식활동(과학활동)을 하게 된다. 교사는 그 학생의 지식활동(과정과 결과)을 기록한다.

> 서로가 서로를 학습자로 대우하는 교실이라면 그 어떤 아이도 지식활동을 한다. 그들은 가르칠 소재에 대해 이미 경험지를 가지고 있다. (중략) 문제는 서로 상호작용하는 교실관계이다. 청강생 자리에 고정된 채 앉아 있도록 배치된 것이 문제이다. 성가시고 지겹다. 엎드려 자거나 뛰쳐나간다(김민남, 2022: 248-249).

교사의 기록가능한 교육활동은 학습자의 지식활동을 매개한다. 지식활동을 매개할 때, 모두가 참여하는 교실을 만들고, 드러내 말하기와 경청하기의 장을 만든다. 그 장을 마련할 때 교류하게 하고, 공유하게 하고, 확장하게 한다. '같이 문제를 풀고 있다'는 엄중함에 따라 자신의 역할을 수행할 행동규칙을 도출한다. 그래서 서로가 서로에게 정보가 되는 공동체 관계를 형성한다.

넷째, 교육과정 정상화의 실천적 단서

기록가능한 교육활동은 그 자체로 교사별평가제의 필수 요소로서, 그리고 학생부가 내포한 성적 · 석차 시스템을 대체할 수 있는 필수 요소로서 의미를 가진다. 이것이 학교교육 정상화를 추동한다. 기록할 만한 기록에 대해 현장 학교와 교사들이 '인식론적 고통'을 자임할 때 그 정신적 기개와 헌신이 학교교육 정상화의 희망을 잉태한다.

다섯째, 국가수준 수능시험제도를 대체할 수 있는 새로운 교육논리의 발명

새로운 프레임은 교육과정을 정상적으로 운영한 것을 기록하는 것으로서, 새로운 프레임에 의해 학생부 기록이 충실하게 이루어질 때 국가기준 수능시험의 위세를 꺾을 수 있다. 새로운 프레임은 대학수학능력시험의 공정성을 넘어 교사 기록에 의한 내신 평가의 타당성을 문제 삼고 있다. 이 프레임은 교사의 내신 평가에 의한 타당성을 담보하도록 만드는 기제이다.

한국사회는 '공정성' 개념에 묶여 있는바, '적합성' 혹은 '타당성' 담론을 더 실질화해야 한다. 이제 공정성 가치보다 타당성 가치를 더 중요하게 추구해야 한다. 타당성 가치를 추구하는 (적합한 교육활동에 대한) 교육평가의 합리적 제도로서, 학생부 기록의 충분성(공정성, 타당성, 적절성) 요건이 충족되어야 한다. 이것이 내신 평가에 의한 선발의 이론적 · 실천적 토대를 성립시킨다.

'기록가능한'이라는 새로운 프레임은 직접적으로 '학생부전형'의 확대를 가능케 하는 조건이 된다. 학생부를 읽는 입학사정관은 대학의 전공별 교육목표를 전형자료로 삼는다고 선언하고, 고등학교의 학생부(학습경험이 드러나는 상세한 기록)를 전형자료로 삼는다고 공표한다. 입학사정관은 전형자료를 만들어내는 비판적 능력(지식과 기술)을 개발하고, 그 비판적 능력으로 자신의 정체성을 확립할 수 있게 된다. 그리하여 새로운 프레임은 학생부전형의 제도적 토대를 갖추도록 한다.

라. 학생부 기록의 방법론

누가 무엇을 어떻게 기록할 것인가? 이에 대한 논의는 교육적으로 타당한 기록의 방법론에 대한 숙고를 요한다. 이는 교육이론의 문제이고 평가철학의 문제이다. 학생부 내신의 신뢰성을 염두에 두면서 기록을 위한 방법론적 참조체제를 제시한다.

1) 기록의 주체

누가 기록을 하는가? '가르친 교사'가 기록한다. 가르친 교사가 자신의 교육활동의 효과로서 학생들의 '학습경험의 과정과 결과'를 기록한다. 기록함으로써 격려하는 것이다. '가르친 교사'가 기록가능한 교육활동을 기획 · 실행하는 것이 우선적인 것이다. 물론 선발과 무관하게, 교육활동은 교사에 의해 기획되어야 하고, 그 과정과 결과를 기록해야 한다. 가르친 교사는 기록할 만한 교육활동을 실행하고, 그것을 학생부에 기록해야 한다.

기획 · 실행한 자만이 기록할 수 있다. 누가 기록하는 것이 적합한가? 교육활동을 수행한 자만이 기록할 수 있다. 기록할 때, 학교 담임교사, 교과교사, 진로지도교사가 역할을 분담하여 기록한다. 담임교사에게는 기록하는 것이 생활지도 중심으로 한정되어 있다. 교과지도 교사가 교과발달상황과 함께 독서지도 활동과 진로지도 활동을 기록하는 것을 원칙으로 삼는다.

2) 기록의 내용

기록의 정당성을 잠정적으로 학생부 내신의 신뢰성에 두고, 기록 내용에 대한 참조체제를 제시한다. 우선, 현장 교사들은 '그 많은 아이들을 어떻게 기록하느냐'고 반문하고 있다. 그 반문을 염두에 두고, 또 학생부 기록의 재개념화에 기초하여, '기록의 내용에 대한 준칙'이라 할 만한 것을 수립한다.

무엇을 기록할 것인가? 현재 학생부 기록의 문제는 기록의 요소가 과도하게 많고 그래서 낭비가 일어난다는 허점이 있다. 그것에 대한 대응으로서, 기록을 교과 교육활동에 초점을 둔다. 교과목 코스워크 이수 이력은 가급적 충실하게 기록한다. 교과목 코스워크 이수의 결과와 과정을 기록하고 거기에서 발견되는 특성을 기록한다.

구체적으로 각 교과별 학습이력을 기록한다. 교과별 기록의 내용은 ① 교과적 사고력(이해력), 태도, 표현과 기능, ② 교과관련 소질과 재능, 관심과 의욕, ③ 교과

기반 독서지도 이력, ④ 교과관련 진로지도 이력 등이다. 물론 학교 차원의 교육활동 기획과 실천도 기록할 수 있다. 학교의 성격(예컨대 전문계고, 특목고, 특성화고, 자사고, 농어촌학교 등)을 반영하여 개발된 교육프로그램의 과정과 결과를 기록한다. 학교의 성격과 형태에 따른 교과 · 비교과 프로그램의 과정과 결과(프로그램에 반응하고 도전하는 학생들의 교육활동의 성과)를 기록한다.

3) 기록의 방법

어떻게 기록할 것인가? 여기서 기록하는 방법을 개념적 표준으로 설정한다. 기록의 개념적 표준을 설정한다는 말이다. 점진적으로 이 표준을 준수하는 절차를 마련한다. 그렇다고 획일적으로 강제하는 것은 지양한다. 다양성 가운데 통일성, 통일성 가운데 다양성을 추구하게 한다(Freire, 2000). 기록의 방법적 원칙은 이러하다;

가) 누구나 비판가능하게 기록해야 한다. 객관적 사실에 근거하여 주관을 반영하여 기록하되 누가 봐도 비판할 수 있게 기록한다(김민남, 2008: 9). 처음(동기)과 끝(결과)이 분명하게, 재능을 발견하고 발굴하는 자료가 될 수 있게 기록한다. 또 교과마다 필수적인 지식체계의 경험을 중심으로 기록한다. 차제에 교육활동에 대해, 발견과 발굴에 대해 기록하는 개념과 용어들을 개발한다.

나) 교사가 전문적 실제적 교육활동을 하고 그 과정과 결과를 기록한다. 마음만 먹으면 할 수 있는 것을 교육활동으로 만들어 실행하고 그것을 기록한다. 학교생활을 하는 동안 학생이 보인 과정과 결과에 대해 담임교사와 교과교사가 다양하게 기록할 수 있다. 어느 교과의 어느 교사라도 그 학생에 대해 기록할 것이 있으면 기록한다. 미리 정해둔 빈칸을 다 메울 필요가 없다.

다) 학교와 교사가 기획 · 실행한 것만 기록한다. 학교와 교사가 기획 · 실행한 것이 아닌 어떤 것도 기록하지 않는다. 교과지도와 생활지도로 분절하여, 분절된 요소별로 전문성 활동을 기록한다. 특히 창의적 체험활동에 대한 기록은

가급적 단순 · 간명하게, 그러면서도 정확하게 기록해야 한다. 비교과에 대한 것은 단순 · 간명하게 기록하는 것이 당위이다.

라) 교사는 진정성과 헌신성을 가지고 기록한다. 학생부 기록의 윤리는 진정성과 헌신성이다. 진정성을 확보하는 방편으로 발견과 발견하며 이를 서사체로 적는다. 교사는 학생의 학습활동의 과정과 결과를 세밀하게 기록하려고 애쓴다. '가르치는 자의 헌신성'(학생들에 대한 사랑, 직접 관계 맺는 학생들에 대한 지칠 줄 모르는 관심)은 평가와 기록의 국면에서 더 잘 발휘된다. 학생들에 대한 사랑과 관심을 기록으로 표상한다.

마) 교사는 교실수업 과정에서, 특히 평가 국면에서 개별지도한 내용을 자유롭게 기록한다. 교실수업 과정에서 학생을 발견 · 발굴한 것을 '자유롭게' 기록한다. 자유로울 때 학생들이 보인다. 학교의 처지, 교사의 처지를 반영하여 다양하게 기록할 수 있다. 학생에 대한 발견이, 재능의 발굴이 여기서 가능하다. 거칠게 적어도 된다.

바) 상급학교의 학생부중심의 전형자료가 되기에 충분하게 기록한다. 상급학교에서 사용하는 진로지도자료가 되기에 충분하게 기록한다. 다양한 형태의 문체로, 혹은 다양한 종류의 방식(추천서 형태이든, 보고서 형태이든, 소개서 형태이든)으로 진술한다. 문장으로 진술한 기록이기에 읽어야 한다.

4) 기록의 보조자료 개발

인간은 많은 경우에 기억에 의존하여 기록한다. 망각을 막기 위해, 보다 객관적인 기록을 위해, 사실(fact)을 적는 보조자료를 개발할 필요가 있다. 그 기억을 유지하기 위해, 그 기억의 정밀성을 확보하기 위해, 기록의 보조장치를 마련할 필요가 있다.

교실의 교육활동을 분절하여 평가 · 기록하는 보조자료를 구안하면서 능력의 변별이 가능한 기록지의 양식(format)과 준거를 개발해야 한다. 이 경우, 교과지도 활동(교과지도, 교과기반 독서지도, 교과기반 진로지도)과 생활지도 활동으로 나누어 각각의 기록의 포맷과 그 준거를 개발할 필요가 있다. 이것은 학생부 기록의 충실성(공정성과 적절성)을 담보하는 긴요한 선행 조건에 해당한다.

> 한 아이 한 아이의 과학활동을 일지 형태로 기록하고 (중략) 아이들 개개인의 변화를 일지 형식으로 기록하는 교사, 아이들과 같은 동일한 활동이 지닌 가치의 발견, 마침내 아이들이 보인다(김민남, 2022: 169-170).

교과지도와 평가국면에서 학생들의 학습능력, 관심과 소질, 의욕을 변별 가능하게 한다고 할 때 그것에 부응하는 방편으로 학생들의 학습활동을 관찰하여 변화를 기록하는 기록지(주제, 규준, 요소)를 개발한다. 생활지도에 대한 것도 기록지를 미리 개발할 수 있다. 학생의 개성, 소질과 특기, 도덕성(공동체성) 발달 등에 대한 기록을 할 수 있는 기록지이면 충분하다. 생활지도 기록지에도 기록의 주제, 규준, 요소 등의 지표가 포함되어야 한다.

마. 새로운 프레임 작동의 제도적 조건

교사에게 교육활동 기획의 권한을 주고 책임을 묻는 제도적 시스템을 구축한다. 그 학생부를 대학 학생선발의 기본 전형자료로 사용한다. 이 두 가지 개념이 살아나는 방식으로, '기록가능한 교육활동'이라는 프레임이 작동할 수 있는 제도적 조건을 마련해야 한다.

1) 교사별평가의 제도화

가) 교사별평가제의 도입

종래의 '교과별평가' 강제 규정을 '교사별평가' 제도화 규정으로 바꾼다. 우선적인 것으로서, 교사별평가를 지속가능케 하는 제도적 조건의 조성이 요청된다. 이를테면 교사별평가가 제도로서 정착하는 데 필요한 인적 · 물적 · 문화적 지원을 충실히 제공한다. 이는 '가르친 교사'가 평가권을 가지고 과정 중심의 평가를 하여 학생부의 충실한 기록을 유도하는 정책적 원칙에 해당한다.

나) 교사별 코스워크 개발 지원

개별 교사 수준의 코스워크 개발을 지원하고 격려한다. 이 개념을 염두에 두고, 학교수준 교육과정의 자율 편성과 운영을 허용하고, 제도가 허용하는 범위 내에서 교사수준 교육과정 기획을 최대한 허용한다. 그리고 교과서에 대한 개혁(별도 논의 필요)을 통해 교사가 교재를 구성 · 편찬할 수 있게 한다.

다) 평가기준의 공개

학력평가와 기록의 공정성 혹은 신뢰성은 평가기준의 공개와 개방이라는 기제에 의해 확보될 수밖에 없다. 이런 이유에서 교사는 자신의 평가기준을 공개해야 한다. 교사는 평가기준을 공개함으로써 ① 교사의 코스워크 기획을 ② 학생의 학습활동 기획을 ③ 학생평가의 객관성과 공정성을 확보할 수 있다. 그 평가기준은 물론 성취기준에 근거하여 설정되어야 하는 것이다.

라) 코스워크 기획에 대한 교원연구회 지원 확대

교원연구회, 교과협의회(교과별 평가를 전제로 하는 것은 아님) 등에서 코스워크 기획에 대한 활동을 하고자 할 때 이를 인적으로 물적으로 문화적으로 적극 지원한다. 교원연구회 차원에서 교과목 교재를 구성하고 편성 · 운영하는 것을 격려하고,

창의적 수업을 위한 교수 · 학습방법을 격려한다. '수석교사제'를 도입한 이유가 여기에 있다.

마) 교육과정–수업–평가–기록의 일체화에 대한 교원연수 확대

대다수 교사들로 하여금 교육활동 기획의 전문성(수월성) 추구의 길에 들어서게 하는 교원연수체제를 수립하는 것이 필요하다. 특히 학생부 기록의 요소와 양식에 대한 교원연수 프로그램을 확대하고, 과정 중심 평가의 실질화를 위한 연수 프로그램을 개발하여 실시한다.

바) 교사평가의 활성화: 교사 교육기획력 평가와 컨설팅

교사평가는 교사의 교육활동 기획의 전문성에 대해 공개와 개방이라는 사회적 행위를 이끌어 내는 제도이다. 교사평가의 목적은 교육활동에 대한 교원의 전문성을 진단하고 피드백하는 것이다. 교사평가의 결과를 활용하여 교육평가의 전문성 개발을 지원한다. 교사의 교육기획력 평가의 맥락에서 소질, 적성, 흥미, 포부를 학력으로 전환 · 심화하는 교육활동 기획의 전문성을 제고하도록 컨설팅한다.

2) 교사의 교육활동 기획의 자율성 확대

가) 교육과정에 대한 관치교육체제 완화

학교교육이 모든 학생들로 하여금 자기경험의 역사성에 자부심을 불러일으키는 교육을 하려면, 교육과정에 대한 행정우위의 관치교육체제와 대학수학능력시험에 종속된 교육지배의 틀을 바꿀 수밖에 없다. '기록가능한 교육활동'의 가치화는 중앙관료행정만이 유효한 관치교육체제에 대한 체계적 저항이며, 학교교육 정상화의 원인과 결과일 것이다. 이런 이유에서 국가주의 교육과정정책과 대학수학능력시험제도를 개혁하고 교육과정 대강화와 단위학교 교육과정정책을 허용해 나간다.

나) 교사별 교육과정 자율 확대, 관련 제도와의 상호성 확대

교사의 교육과정 자율을 최대한 허용한다. 교사들로 하여금 일상으로 '교육과정 기획'을 하게 한다. 교실과 교무실이 교육과정 논의체로 기능한다면, 교재구성권과 학생평가권의 자율성이 살아난다. 교사별 교육과정 기획의 자율과 그 학생평가권 행사를 오늘 바로 최대한 허용한다. 이는 학생들을 갈라치기하는 시험의 힘을 약화시키는 기제이다(김민남, 2022: 228). 또 교사별 교육과정 기획의 자율과 연관된 제도로서, 집중이수제, 교과교실제, 수석교사제의 취지를 구현한다. 새로운 프래임과 연관하여, 교육과정목표의 상세화와 '고교학점제'와의 정합성을 드높이는 방책도 모색해야 한다.

다) 학습의욕을 불러내는 (민주주의) 교실과 학교의 정착

탐구와 발견의 교육문화를 확장한다. 탐구와 발견을 불러내는 환경을 가정하지 않고는 가르치는 일을 생각할 수 없다. 따라서 학습의욕을 진작하는 환경을 마련한다. 중요한 것은 학생들 저마다의 관심사를 추구할 수 있는 민주주의 환경이다. 관심사를 반영하여 탐구와 발견이 일어나는 교실과 학교를 만드는 것, 관심사를 말과 행동으로 표현하는 교실과 학교를 만드는 것이 요청된다. 관심사를 드러내어 자아정체를 드러내는 지적 · 도덕적 발달이 개인을 발달시키고 세상을 발전시킨다.

청강생이 아니라 학습참여자로 대우한다고 할 때, 그 말은 교실과 학교를 학습의욕을 불러내는 환경으로 만든다는 것이다. 교실과 학교의 교육적 조건과 여건을 학습의욕을 돋우는 환경으로 만든다는 것이다. 이 차원에서 침묵문화를 대체하는 대화문화를 형성한다. 민주주의 환경이 학생들의 지식활동을 구성하고(김민남, 2022: 155) 창의성 학력을 형성한다.

라) 코스워크 기획의 자율성을 보증하는 근무조건 개선

코스워크 기획의 자율성을 보증하기 위해 교사의 근무조건을 개선한다. (우선 근무조건을 개선해 줄 필요가 있다.) 우선 학급의 학생 수의 감축이 필요하다. 학급당

20명 내외로 배정하는 것이 필요하다. 수업부담이 과중한데, 이를 해소하는 것도 필요하다. 그래서 주당 수업시수를 경감하는 조치를 취한다. 동시에 행정잡무가 과다하다는 비판에 대응하여 잡무를 경감한다. 근무조건을 개선하고자 나설 때 교사로 하여금 '기록가능한 교육활동'을 실천하도록 유도할 수 있다.

바. 마무리

이 연구에서 학생부 기록에 대해 새롭게 접근하면서 '기록가능한 교육활동' 개념을 호출하여 그것의 개념적 인식과 기록의 방법론을 탐색하고자 했다. '기록가능한 교육활동'이라는 프레임이 제도와 체제로 작동하면서 학교와 대학의 인식과 실천이 바뀌어야 한다.

학생부 기록의 새로운 프레임은 학생부 기록에 대한 대안이 될 것이다. 가장 큰 특징은 내부시험을 치되 시험 점수를 기재하지 않는다는 것이다. 교과별 '원점수/과목평균(표준편차)'를 기재하지 않고 성적등급만 표기한다는 것이다. 물론 등급 수를 줄일 필요가 있다. 이는 성적 · 석차 경쟁을 완화하는 계기가 될 것이다. 학생부 기록의 전형자료화는 학생을 판정하기보다는 학교 · 교사의 교육활동 기획과 학생들의 학습활동 기획을 진작하는 기제가 될 것이다. 이는 학생부 내신 중심 전형에 대한 신뢰도를 높이는 계기가 될 것이다.

학력은 원점수와 표준편차로서가 아니라 기록에 의해 존재한다. 결과에 대한 원점수 표시가 아니라, 과정에 대한 진단에 의한 기록으로 존재한다. 교육은 성적을 겨냥하는 것이 아니라, 과정을 지도하고 그것을 기록하는 행위이다. 교육의 형식은 관찰이고 발견이고 진단이고 기록이다. 그것이 학교생활기록부(일명 '교육이력철')에 고스란히 드러난다.

학교생활의 가치 지향은 무엇보다 교육적 경험(학생의 입장에서는 학습이력)의 넓이와 깊이에 대한 충실한 기록에서 온다. 그것이 이 연구의 이론적 실천적 성찰의 귀결이다. 이 연구에서 '학교단위'(학생부 중심 전형)라고 한 것은 삶의 기록이 가능한 시공간의 현실을 일컫는다. '전국단위'(수능시험 중심 전형)는 경쟁방식이 유일한, 삶의 기록이 아닌 관리의 시공간의 추상을 일컫는다. 전국단위에서는, 교육은 성공을 추구하는 일이고, 영재는 5% 안에 드는 아이이다. 이것은 그 자체로 관념적이고 추상적인 것이다. 학교단위(교사단위)에서는 교육은 모든 아이의 적성과 재능을 발달시키는 것이고, 모든 아이가 적성과 재능을 가지고 대접받는다. 이것은 이상이지만, 사실은 그것이 현실이다.

어떻게 하면 교사에게 기록가능한 교육활동이 부담이 되지 않고 자연스러운 과업이 되게 할 수 있는가? 코스워크 기획의 자율성과 전문성, 진정성과 헌신성의 윤리를 어느 정도 끌어내면 전혀 불가능한 일은 아니다. 기록가능한 교육활동은 그 자체로 교사 책임교육을 구현하는 기제이다. 교사가 나서서 지금 책임교육을 다하는 교육활동을 하는 것이다. 그 시작이 반이다. 지금 당장 시작이 반이 되는 그 시작의 첫걸음을 내딛는다(김민남, 2022: 79). 책임의 대상은 교사의 '교육활동 기획'에 대한 것이다. 교육활동은 크게 교과지도 활동과 생활지도 활동으로 구성된다. 이를 통해 학교교육목표를 완성한다. 거기서 학교 교육력이 살아나고 교사 교육기획력이 살아난다.

가르치는 자로서, 교사는 정신적 기개를 발휘해야 한다. 교사별평가를 자임하고, 그 맥락에서 '기록가능한 교육활동'을 기획하고 실행한다. 교사는 '학습경험 제공의 교육활동－지식활동(탐구와 발견의 과학활동)－재능 발굴－과정과 결과의 기록'의 전문적 지도력을 발휘한다. 이것이 새로운 프레임으로서 기록가능한 교육활동이 추구하는 개념도식이다. 이 개념도식에 기반하여 교사는 작게는 코스워크 기획의 전문성, 크게는 교육과정 기획의 전문성을 축적할 수 있다.

교육활동 기록이 충실해야 한다. 그 제도적 기제는 교사별평가제이다. 교사별평가제는 교육과정 자율과 독창적 수업활동을 바탕으로 하여, 기본적으로 교육활동의 과정과 결과에 대해 충실하게 기록하는 평가를 수반한다. 학생의 성취의 결과에 대해서만 기록하고 과정을 기록하지 않는 것은 교사의 학생평가의 부실을 반영한다. 교사는 학생의 학습활동의 과정과 결과를 세밀하게 기록하려는 자세와 의욕이 필요하다. 가르치는 자가 교육활동을 기획하고, 기획한 자만이 기록한다. 그 기록은 교육활동에 대한 음미이다. 교과교사가 기록할 내용은 주로 학생의 교육활동 이력, 독서활동 이력, 진로활동 이력에 대한 것이다. 학생부상의 독서활동 기록은 교과지도교사가 교실수업에서 학생들과 같이 읽고 학생이 읽은 독서내용과 수준을 확인하여 기록하는 것이고, 진로활동 기록은 교과지도의 한 영역으로 교과지도교사가 진로지도이력을 기록하는 것이라는 점이다. 교과에 기반한 독서활동과 진로활동을 지도하고, 그것과 관련된 특징적 사항을 기록하는 것이 교과교사에게 부여되어 있는 본질적 업무이다. 물론 기록할 것이 있으면 기록하는 것이다. 그만큼 자유롭게 행위한다. 물론 기계적 · 획일적 기록은 최악의 기록 형태이다. 학교생활기록부에, 교사와 학교 차원의 교육활동 기획과 실천도 기록할 수 있다. 아이들에 대해서만 기록하는데 그치지 않는다. 학교와 교사들이 자신이 무엇을 했는가를 기록할 수 있어야 한다. 그 기록은, 교사 자신의 교육활동의 역사를 드러내야 한다. 그 교육활동이 학풍이 되고 학교전통이 되도록, 그 활동의 과정과 결과에 대해 기록해야 한다.

거듭 강조하거니와, 학생부 기록과 연관하여 원리적인 의미에서 학교와 교사의 존재방식을 새롭게 정립한다. 학교와 교사는 '기록가능한 교육활동'을 실천해야 하고, 탐구와 발견의 지식활동을 견인해야 하고, 그러기 위해 교육과정을 정상 운영하고 그 과정과 결과를 기록해야 한다. 교사는 이 일에 헌신할 수밖에 없다. 교육활동 기획의 헌신성을 통해, 교사는 교육과정 정상 운영을 준법으로 실행할 수 있다. 이런 점에서 '기록가능한 교육활동'은 교사의 존재론적 삶의 방식의 구현과 교육과정 정상화의 출발점이다.

11장

국가기준 시험의 패러다임 전환[1]

가. 문제제기

근본 교육모순으로서, 교육이 선발에 종속되어 있음은 주지하는 바이다. 근본 교육모순의 현상은 “선발에 종속된 교육의 참상”이라고 집약된다. 학교교육이 대학수학능력시험에 종속되어 있다는 것이다. 대학수학능력시험은 그 긍정적 기능보다는 부정적 한계가 더 크다고 했다. 대학수학능력시험제도는 시대적 유효성을 상실했다고 진단했다. 제1모순은 강력한 영향력을 행사하고 있는 대학수학능력시험이 그 자체가 한계를 나타내고 있고, 제2모순은 교사가 교육과정 기획과 평가의 권한의 자율을 발휘하지 못한다는 것이다. 이 모순에 대해 근본적으로, 근본 현안으로 대응해야 한다.

주지하듯이, 현재로서는 선발이 문제풀이 활동을 이끌고 있다. 문제풀이는 교사를 육체노동자로 만들고 있다. 교사를 문제풀이식 수업으로부터 해방시켜야 한다. 문제풀이 수업은 사교육시장에 맡겨야 한다. 학교는 학교에서가 아니면 가르칠 수 없는 것을 가르치는 곳이다(김민남, 2023). 학교와 학원이 실질적으로 다르다는 것을 보여주어야 한다.

교육에 의해 선발이 규정되는 체제를 구축하기 위해 무엇을 어떻게 전환해야 할

1) 《교육비평》 47집(2021년 여름)에 게재된 논문 〈현단계 공교육체제 개혁 정책기획〉의 Ⅳ장의 내용을 수정한 것에다가 새로 ‘대학수학능력시험의 문제점’을 덧붙인 글이다.

것인지를 숙고한다. 숙고의 출발점 대상으로서, 국가기준 시험의 패러다임을 고민해야 한다. 현행 선발체제가 안고 있는 왜곡된 수능시험제도를 개혁해야 한다. 수능시험제도를 대체할 필요가 증대하고 있는 바, 교육모순을 광정(匡正)하기 위해 선발의 합리에 부응하는 새로운 선발 프레임을 구안한다.

선발체제 개혁의 단서로서 새로운 국가기준 시험의 패러다임에 대해 논의한다. 특히 현행 수능시험제도에 대해 비판적으로 분석하고, 그 대안으로써 (가칭) '교육과정완성도검사' 제도를 도입해야 한다. 공교육의 계통성을 해치지 않는 선발제도를 발명해야 하고, 그 맥락에서 국가기준 시험의 성격을 전환해야 한다.

이 연구는 방법상으로 문헌연구와 사변적 연구가 주를 이룬다. 여기서 사변적 연구는 직관과 논리분석 등의 철학적 방법을 의미하는 바, '직관'이란 어떤 것에 대한 직접적인 깨달음을 말하며, '논리분석'이란 논리적 절차를 통한 추론과 논증을 말한다. 필요한 경우, 관련 실증적 현장자료를 수집하여 분석하기도 하였다.

나. 대학수학능력시험의 문제점

우선 종래까지 수능시험이 선발시험으로서 상당 정도 유효하게 기능해 왔음을 인정해야 한다. 그러나 수능시험 그 자체 평가상의 문제점과 함께, 크게 보아 교육적 타당성과 시대적 유효성을 상실하게 되었다. 대학수학능력시험의 문제점은 다음과 같다.

1) 그 자체의 문제점

첫째, 대학수학능력시험 자체가 겨냥하는 애초의 취지를 상실했고 변질되었다. 이미 '대학수학에 필요한 보편적인 학업능력'을 측정한다는 취지는 퇴색하고 종전의 대입학력고사와 유사한 시험으로 변질되었다. 심리학적 구인으로서 대학수학능력이라는 '범교과적 사고력'을 측정할 수 없는 구조적 문제를 내포하고 있다. 대학수학능력이라는 심리적 구인이 심리학적 실재(reality)인지 아닌지가 사실상 모호하다. 또 범교과적 통합적 사고능력을 잰다고 해서 대학수학능력을 잴 수 있는지가 이론적으로 의문스럽다. (수능시험은 '통합교과적 사고력'을 재는 시험이라고 하지만 '대학수학능력'을 잰다기보다는 결국 일반지능을 측정하는 시험으로 귀결되었다.) 고교 교과목의 학업성취도를 제대로 측정하지도 못하고, 일반적인 '대학수학능력'도 재지 못하는 어정쩡한 시험으로 전락해버렸다. 특히 EBS 자료를 활용한 출제(70% 출제 지침)는 사고력을 측정하기보다는 기억력을 측정할 가능성이 크다.

둘째, 더 중요한 것으로서 학교 교실수업에서 키울 수 없는 능력을 측정한다는 것 자체가 교육적 타당성에 비추어볼 때 어불성설이다. 현행 교과서를 중심에 놓고 전개하는 교실수업으로는 통합적 사고능력을 키우기가 어렵기 때문이다. 학교교육만으로는 수능을 잘 볼 수 없게 되어 있다. 수능 대비와 내신 대비라는 이중 학습부담이 상존하고 있는 바, 이른바 '학교 공부 따로, 수능 공부 따로'라는 현상이 노출되고 있다.

셋째, 수능시험이 국가 교육과정의 정신과 유리되고 있다. 오히려 수능시험이 국가 교육과정의 정신을 잠식하는 계기가 되고 있다. 수능시험으로 인해 국가 교육과정의 기본정신이 실제 학교현장의 교육과정 편성 · 운영에서 제대로 반영되지 못하고 있다. 또 수능시험제도가 과잉 성적경쟁을 촉발함으로써 학교수업과 수능시험의 괴리 현상을 짙게 만들고 있다.

넷째, 1회적인 선택형 중심의 지필고사에 의한 평가로는 학습자의 학습활동(교육적 경험)의 과정에 대한 평가를 할 수 없도록 되어 있다. 이는 전국단위 표준화 시험이 지닌 일반적인 한계로서, 한 교과가 의도하는 바의 교수목표를 포괄적으로 측정할 수 없으며, 지역사회의 특수성이나 교과의 특수성을 등한시하기 쉽고, 시험의 시간과 공간의 한계에 묶인 나머지, 다양한 시험문항 출제 유형을 통해 독창적 사고력, 창의력, 상상력 등을 잴 수 없다는 한계가 있다.

다섯째, 수능시험은 짧게 정해진 시간 내에 많은 문제를 풀어 정답을 맞힌 수를 가려내는 시험이다. 이런 시험으로는 '생각하는 교육'을 촉진하지 못하며, 질문하는 능력과 창의성 교육을 차단한다.

여섯째, 선택형으로 출제하기 때문에 사실상 수능성적에는 운이 많이 따른다. 400점 만점에 ±20점이 표준오차임은 잘 알려진 사실이다.

일곱째, 어떤 경우에도 그렇지만, 수능시험에 의한 결과평가가 대학 학업에서 학생의 재능과 실력을 예언하지 못한다는 점도 인정되어야 한다.

한편, 대입전형에서 수능시험의 영향력이 약화되고 있기는 하지만 수능성적 경쟁에 따른 학교교육 파행과 사교육 확대는 지속되고 있다. 대학이 학생부전형을 확대하고 있지만 학생부 반영을 허구화하고 있으며 수능성적 중심으로 학생을 선발하는 정시 전형이 확대되고 있고, 입시와 관련된 종래의 파행적 관행이 여전히 유지되고 있다.

2) 외재적 문제점

첫째, 성적 · 석차 경쟁시스템 고착

수능시험제도에 의해 규정된 경쟁적 교육시스템으로서, 1점 성적 경쟁, 시험 성적 · 석차를 경쟁하는 교육문제 상황을 양산하고 있다. 원래 '성적 · 석차'는 교과지도(수업)의 하나의 과정 혹은 하나의 지표인데, 그럼에도 불구하고 성적 · 석차가 공교육 축소와 사교육 확대의 교육상황을 만들어 내는 시스템으로 기능하고 있다(김민남 · 손종현, 2006: 286-287). 수능시험은 본질에 있어서 교육목표와 성취수준을 측정하는 시험이 아니라 상대적인 서열을 매기는 획일적인 시험으로서 경쟁을 격화시킨다.

수학능력시험 성적 경쟁이 교육의 동력이 되었고, 그 교육시스템을 강화하고 있다. 수능시험제도는 교육과정을 파행 운영으로 귀결한다. 파행 운영한다는 것은 교육과정 목표인 학습능력을 수학능력으로 대체하여 수업을 관리한다는 것이다. 수학능력은 제한된 시간에 찾아낸 정답의 수를 수량화하여 나타낸 성적이다. 그 안에 불합리한 경쟁을 격화시키는 기제가 들어있다. 경쟁과 수능성적이 아이를 판정하는 척도가 되었다. 그 수학능력 체제는 학력부진아를 양산하면서 더 잘 유지되고 있다. 이제 '수능성적 우수아' 골라뽑기 경쟁시험제도를 대체해야 한다.

둘째, 사람분별의 반교육상황 일상화

수학능력시험은 아이를 판정하는 도구이다. 홍훈(2003)에 의하면, 수학시험은 권력집단에 들어갈 사람을 뽑고 그 불평등을 '능력'이라는 이름으로 정당화하려는 '속임수' 장치이다(홍훈, 2003: 25). '될 아이와 안 될 아이'를 분별하는 교육체제는 그 자체 폭력이다. 그 체제를 유지하는 힘은 수능시험이라 불리는 입학시험제도 선발방식이다.

그런데 학교는 수학능력을 높이려 한다. 수학능력 신장이 교육목적이 될 수는 없다. 지금 80%가 진학한다고 해서 수학능력이 한국교육의 중심 가치가 될 수 없다. 수능시험 대비 교육이 현실론이라고 할 수 있는가? 교육은 이런 反교육문화적 목표에 종속되어야 하는가? 수학능력에 휘둘리는 교육의 참상을 상상해 보았는가? 수학능력 체제에서는 많은 아이들이 그 체제의 모순 때문에 진짜배기 학력의 획득 기회를 상실한다. 그렇게 구조적으로 박탈당한 아이들의 학력은 더 이상 만회되지 않는다. 사정이 명백함에도 불구하고 정치권력(교육부)과 중앙 보수언론과 강남 학부모는 학력하향 혹은 학력격차의 원인을 학생의 일반지능, 불성실, 가정의 사회경제적 지위에서 찾는다. 거기에 머물면서 수능시험제도가 안고 있는 모순을, 그것의 규정력에 의해 교육체제가 왜곡하는 모순을, 학교와 교사의 교육활동 기획의 무기력을 문제 삼는 법이 없다. 언제나 수능시험의 공정성과 변별력을 문제 삼는다.

셋째, 교사의 교육 전문성 억압

수능시험제도는 교사 교육활동 기획의 전문성을 억압하고 있다. 교과 단원의 코스워크를 기획하지 못하게 한다. 자신의 교육활동을 기록할 수 없게 만든다. 교사가 시험 점수에 휘둘리다가 정작 본연의 교육활동을 기획하는 전문성을 스스로 포기한다는 것이다.

교사 전문성 관여는 학생의 학습의욕과 학습능력을 키우고 '서로 의지하여 배우는 아이들의 협동 관계'를 지속시키는 콘셉트(concept)이고 콘텐츠(contents)이다. 이는 '교사 책임교육'의 핵심적 장치이다. 이제 교사 전문성 관여의 가치를 확립해야 한다. 이 가치는 누구도 함부로 범접하지 못하는 가치로 확립되어야 한다. 그 가치가 한국사회 학교교육을 규율하는 제도가 되어야 한다.

교사 전문성 관여는 능히 가능하다. 관념이 아니고 실제이다. 전문성 관여는 교사가 할 수 있는 것이고, 이것은 사회적 합의이다. 입버릇처럼 하는 '여건이 안 된다'는 말을 하지 않는다. 할 수 있는 것을 수행하는 것이 여건과 조건에 선행한다. 학습경험을 통해 아이들의 생각과 행동에 지속적 변화를 일으키는 교사가 학습사회로서의 교실을 구성한다. 그 아이들이 살아갈 세상을 걱정하는 교사가 학교교육을 구성한다. 당대의 지성인 교사가 교실교육을 구성한다. 공교육을 하려는 교사의 정신에서 교육의 원리를 묻고 사회의 미래를 묻는다.

넷째, 대학의 전공단위 선발 취지의 실종

오로지 수능시험 성적에 맞추어 대학과 전공학과를 정해서 진학하게 된 나머지, 역동적인 전공교육단위를 구성한다는 본래의 선발 취지가 실종되었다. 예컨대 물리학과 전공교실이 물리학에 기초도 없고 관심도 없는 학생들로 채워지고 있다. 고교에서 물리를 배우지 않고 이것에 대해 이해가 부족한 학생들이 물리학과를 채우고 있다. 고교에서 한국사를 배우지 않은 학생들이 역사학과를 채우고 한국사 전공을 하고 있다. 전공학과 교육과정이 안중에 없고, 대학 서열만 안중에 있다. 마찬가지로 점수에 맞추어 물리학과에 입학하고 역사과에 입학하다 보니 그렇다. 이는 대학의 반원리적 입학전형의 결과물이다. (한국사회는 정시모집 마지막 날 오후 2-5시 사이에 지원율이 수직상승을 하는 사회이다.) 이제 대학의 품위 있는 선발 방침을 숙고해야 한다.

다섯째, 공정성 타령의 국가개입 확대

정치사회적으로, 사회문화적으로 한국사회는 공정성 가치에 목을 맨다.[2] 물론 불공정성을 용인할 수는 없다. 그러나 타당성을 무시한 채로 이를 추구해야 하는 것은 아니다. 정병오(2010: 172)는 한국사회에서 객관성과 공정성 타령은 뿌리 깊은 심층문화임을 밝히고 있다.

> 우리사회는 '대학입학'을 사회경제적 가치를 분배하는 통로로서 이해하고, 이 통로에 진입하기 위한 치열한 경쟁을 '공정하게' 관리함을 입시정책의 미덕으로 삼아왔다. 누구에게도 시비가 걸리지 않고 '공정하게' 입시를 관리하기 위해서는 당연히 '객관적 기준'이 중요했고, 이런 사회적 요구가 강력하면 할수록 '객관적 기준이 뚜렷한 시험제도'를 선호하는 경향이 심화되었다.

정시전형을 확대하는 기조는 공정성 가치를 더 중요하게 여긴다는 것을 반증한다. 수능시험 중심의 전형은 가르치는 교사에게 교사별평가권과 교육과정 자율권을 부여하는 것을 최소화하겠다는 것이다. 이는 교사의 교육 전문성을 인정하지 않는 것과 연관되어 있다. 물론 도농 간, 학교소재지 간, 교사 간의 지적 정의적 능력(인식과 실천)에 있어서 편차가 크다는 것도 반영되어 있다

객관성과 공정성을 앞세우는 국가 개입 확대는 학교 · 교사의 교육활동을 국가의 '감시권' 속에 묶어둔다. 학교 · 교사의 교육과정 자율을 차단하고, 교사의 교육기획의 전문성을 부정한다. 문화비판의 권능으로서의 교사의 교재구성의 권한을 빼앗아 버린다. 정치권력의 성격이 보수적이고 반민주적일수록, 경제권력이 경쟁과 독점을 옹호할수록, 국가 개입을 확대하고 교사의 전문성이 개입하는 것을 차단하려고 한다(손종현, 2006b, 61-62). 교사의 전문성 개입이 차단되는 곳에 '일류' 대학과 지배층화를 노리는 사적 개입이 확대되는 것은 차라리 당연한 사회현상이라 할 수

2) '수능은 공정하다'는 관념이 우리의 의식에 깊고 넓게 배어 있다. 그런데 수능시험이 과연 객관적이며 공정할까? 400점 만점에 표준오차가 이미 ±20점이나 되는 시험이 객관적인가? 전혀 무학(無學)인 사람도 1/5의 점수를 받을 수 있는 시험이 공정한 것인가? 표준점수 합계 0.01 점수 차이로 당락을 결정하는 것이 과연 객관적이고 공정한가? 교육과정 수준을 넘어서 사교육을 받아야만 높은 점수를 받을 수 있는 그 시험에 의한 선발이 과연 공정한 것인가? 학교에서 교육과정목표를 완성하는 과정과 결과에 대해 (3년 동안) 60명의 교사가 평가하고 기록한 그 자료에 의한 선발이 더 공정한 것이다. 당연시되는 개념 혹은 가정 속에 이데올로기가 너무나도 광범하고 친숙하게 그리고 끈질기게 개입되어 있다는 것을 확인할 수 있다. 수능시험이 마치 신화처럼 공정성을 담보하는 것으로 당연시하고 있는데, 그런 점에서 그것이 그 자체로 이데올로기이다.

있다. 이를 국가(교육부)가 즐기고 있다.

다. 수능시험제도 개혁: 새로운 국가기준 시험의 발명

1) 수능시험제도를 문제제기하기

대학수학능력시험제도를 시행한 지 30년이 흘렀다. 그동안 수능시험제도는 일정한 기능을 수행했다(박도순, 1991; 한국교육과정평가원, 2014). 그러나 수능시험을 창안한 박도순(2023)도 KBS 9시뉴스 대담에서 수능시험 본래의 도입 취지와 목적을 상실했다고 말하고 있다. 연구자가 볼 때, 현행 수능시험이 교육모순을 발생시키는 거대한 엔진으로 작용하고 있다. 여기서 왜 수능시험제도를 문제제기 하는지에 대해 좀 더 구체화한다.

첫째, 수능시험은 성적 · 석차에 의한 변별력을 따지면서 사람분별의 기제로 기능하고 있다. 수능시험제도는 그 자체로 동기가 사람분별을 꾀하고자 하는 것이고 결과적으로 그것이 사람분별에 복무하는 입시제도이다. 그래서 그것은 비인간적이고 반교육적인 것이다. 대학입학수능시험제도에 의해 사람을 분별하는 사회에서는, 수능시험과 그 성적 · 석차가 결정적 심판의 기제가 되는 것이다. 그 기제란 곧 수능시험을 통해 성적 · 석차를 잘 받아 일류대학 관문을 통과하는 일이다. 이 일은 결정적 심판을 받는 일인데, 결정적 심판에 대비하여 무엇이든지 남보다 앞서 갖추어야 할 것을 놓치지 않아야 한다는 것이다. 그 시험제도의 구조와 관행을 깨트려야 한다. 이것을 깨트리는 방안을 마련하며 교육과정 정상화의 과업을 수행해야 한다. 수능시험 중심 입시선발 문제를 본격적으로 제기하며, 이 문제에 근본적으로 대응하기 위해 새로운 개념의 국가기준 시험을 발명해야 한다.

둘째, 수능시험은 도구교과 중심의 교육과 선발을 강제하고 있다. 도구교과 성적은 단순한 성취도를 넘어 사람을 분별하는 잣대로 기능한다. 도구교과 우위의 교육과 선발은 결국 사람을 평정 · 검열하는 체(척도)와 같은 것이 된다. 그래서 학교 현장에는 도구교과 중심으로 교육과정, 교과서, 교사, 시험, 선발의 구조가 짜여 있다. 문제는 그 자체가 그대로 정당할까 하는 것이다. 진정 도구교과가 그렇게 중요한가 하는 것이다. 또 그 교과 공부를 포기하는 경우가 속출하고 있다는 것도 중요한 문제이다. 도구과목 중심 선발은 정상적인 학교교육, 즉 다양한 교육적 경험의 가치를 잠식하게 되어 있다.[3] 주지하듯이, 결정적 심판에 작용하는 요소가 바로 도구교과 성적이다. 교과로서, 국어와 영어와 수학은 중요하다. 얼마나 중요한지를 명확하게 밝히지는 못하지만 아무튼 그 교과들이 중요하기에, 모든 학생들에게 중요하게 그 교과 지식을 중심으로 학력을 키우고 그 성적으로 학생을 선발하고 있다.

도구교과와 관련하여 부언하면, 도구는 사용처가 중요하다.[4] 도구교과는 인류의 문화적 유산으로 상속되어 있다는 것, 그것이 학습능력 · 인지능력 · 전이능력에 기초가 되고 있다는 것, 그것으로 상급학교 교육과정 이수에 필수라는 것 등이다. 그런데 우리 교육에는 도구가 사용처와 분리되어 있다. 도구 자체를 익히는 능력을 재어 그 사람의 능력을 가늠한다. 도구능력이 학문에도, 일상에도, 사람관계에도 적용되어 버린다. 도구능력을 일반지능(IQ)의 척도로서 손색이 없다고 본다는 것이다. 도구교과가 사람을 골라내는 잣대가 되어 버렸다. 왜 이렇게 되었는가? 도구는 '체험'을 필요로 하지 않는, 말하자면 일반지능을 필요로 한다는 것이다. 또 누구에

3) 도구교과를 중심에 놓는 교육과 선발을 쟁점화하지 않을 수 없다. 도구교과의 도구성을 완화하는 방안은 없을까 하고 고민한다. 아무튼 도구교과는 중요하다. 그런 점에서 각 교과별로 초 · 중등교육에서 키워야 할 능력의 종류와 그 양과 질을 새로 규정할 필요가 있다. 어느 수준의 넓이와 깊이에 이르게 하는가를 결정하는 일이 필요하다는 것이다. 어쨌든 도구교과 중심의 선발이 교육의 문제와 선발의 문제를 뒤엉켜버리게 만들었다.

4) 무엇보다 도구의 적정한 사용처(소재와 결과물)를 명확하게 해야 한다. 도구를 사용할 용처를 명확히 하지 못한다면 도구를 도구답게 다듬을 수 없다. 사용처를 생각하지 않는 도구의 연마는 쓸모없다. 미적분을 가르치고 있지만 그 쓸모가 과연 무엇인가 하고 탄식한다. 농산물연구소 연구원을 토익 900점을 최저기준으로 뽑았지만 그 연구원들은 콩에 대해 아무것도 모르고 또 관심도 생기지 않는단다. 그게 연구원일까. 사용처를 더욱 풍부하게 체계화할 필요가 있다는 요구를 수용해야 한다. 사용처를 체계화하면서 도구와 역할을 알고 그래서 더욱 도구를 더 잘 활용하게 된다. 그래야 도구 사용 능력이 정교해진다. 도구라면 그 자체 완성은 없다. 도구의 기초 문법을 익히고 사용하면서 그 도구성을 정교하게 다듬게 될 것이다.

게나 허용된 체험, 누구나 가능하게 하는 체험의 교육론으로는 이미 확보하고 있는 사회경제적 지위를 보장할 수 없다는 계급 불안이 도구교과를 절대화하는 법이다.

셋째, 수능시험 결과의 표기방식이 점수제(표준점수 병기)이다. 시험결과로써 등급을 병기하고 있지만 교과별 원점수와 표준편차를 표기하고 있어 성적 · 석차 점수경쟁을 조장하고 있다. 수능시험의 결과를 산출하고 이를 표기하는 방식이 성적 · 석차 시스템의 전형임을 알 수 있다. 원점수뿐만 아니라 표준점수를 병기하는 방식을 채택하고 있는데, 이는 상대적으로 성적 · 석차 경쟁을 극대화하기 위한 것이다. 점수의 차이를 내야 하기 때문에 이른바 '킬러 문항'이 등장한다. 이를 두고 '변별력을 낸다'라고 하고, 이것을 근거로 하여 객관성과 공정성을 담보한다고 한다. 그러나 그것은 그 자체로 어불성설이다. 등급만 제공하는 방식으로도 충분하다. 스테나인 방식의 9등급제도 좋고 정규분포곡선 상의 5등급도 좋다. 등급 정도면 충분하다. 그래야 1점 성적 경쟁을 완화할 수 있다. 원래 평가는 등급으로 부여하는 것이 원리에 합당하다.

넷째, 현행 수능시험제도는 '정답－진도－성적 · 석차' 도식의 교육의 과정을 일상화한다. 현행의 시험제도에 묶여있는 이 가치도식의 교육의 과정을 문제제기하지 않을 수 없다. 이 교육의 과정은 기능주의와 성과주의 교육론을 표상한다. 결과를 만들어 낸다는 것이 '교육과 교육학'의 진리를 검증하는 방식이 되어 있다. 결과를 만들어내기 위한 교육의 과정의 전형이 정답－진도－성적 · 석차의 도식이다. 그래서 우리 사회에 이른바 '삶의 방식의 변혁으로서의 교육'은 낡은 명제가 되어버렸다. 이 도식이 작용하는 수능시험 대비 학교교육에서 교육은 아주 가벼운 일감이 되어버렸다. 현행 선발 · 시험제도는 문제풀이 연습하여 대학가기와, 하나만 잘 해도 대학가기의 가벼운 교육을 조장하고 있다. 그 학교교육에서 무시와 모욕의 상호작용과 애매와 모호의 상호작용이 예사롭게 일어나고, 제도화된 문화적 폭력이 일상적으로 전개되고 있다. 정답－진도－성적 · 석차의 교육과정은 반복학습과 과잉학습을 낳고, 모든 부분과 분면에서 '하면 된다'의 만능론을 낳는다. 이 만능론이

도구교과 중심, 수능중심 수업, 사교육 고액과외를 부추기며, 그래서 많은 아이들에게 실패와 절망을 안기고 있다.

현재와 같은 방식으로 작동하는 수능시험제도는 '선발에 종속된 교육'을 구조화하고 교육과정 파행 운영을 야기한다(조용개, 손종현, 2015: 198-206 참조). 수능시험제도가 시행되면서 공교육이 훼손되고 사교육이 확대되고 있다. 왜곡된 선발체제가 교육의 고통의 근원이 되고 있다. 그렇다면 수능시험제도의 내부구성을 바꾸어야 하지 않겠는가?

2) 국가기준 시험의 필요에 대한 긍정

국가기준 시험은 필요한 것이며, 그 자체를 부정하는 것은 아니다. 문제는 그 국가기준 시험으로서 현행 대학수학능력시험은 한계가 크다는 것이다. 그래서 그 기능에 대해 새삼 따져볼 필요가 있다. 여기서 국가기준 시험의 필요와 그 기능, 그리고 국가기준 시험의 대체물에 대해 논의한다.

가) 국가기준 시험의 필요성과 그 기능

국가기준 시험은 필요하다. 국가(교육부)는 국가수준에서 교육과정 완성에 대한 평가를 필요로 한다. 시험 자체를 부정할 수는 없다. 그 국가기준 시험이 필요한 이유는 다음과 같다.

첫째, 국민이 낸 세금을 공적 재원으로 하여 운영되는 공교육인 한 그 성과와 적절성을 확인하는 방편으로서 시험은 필요한 것이다. 달리 말해 국가가 입안하여 시행하는 공교육인 한, 국가수준 교육과정에 따른 학업성취도 평가는 필요한 법이다.

둘째, 국가기준의 도달 수준을 정하고 교육과정목표의 성취 여부를 객관적으로 검증함으로써 최소 수준의 교육의 질 관리를 의도하는 것은 공교육 살리기의 당연한 처사이다. 그런 점에서 국가기준의 교육과정목표에 대한 성취수준을 재는 국가기준 시험은 필요한 것이다.

셋째, 교사의 전문성 문제와 국가 통제의 필요라는 접점에서 국가기준 시험은 그 필요성이 인정된다. 이를테면 교사의 전문성 행위에 대한 통제장치, 즉 교사가 국가 교육과정목표에 따르고 있는지에 대한 통제장치로서 그것을 점검하는 시험이 필요하다. 이 시험을 통해 교사와 학생 관계의 특수성에서 오는 '밀실교실'을 차단할 수 있다.

국가기준 시험의 기능은 무엇인가? 다음과 같은 몇 가지 사항을 핵심적인 기능으로 인정할 수 있다.

첫째, 국가기준 교과별 교육과정목표의 달성 정도를 잰다. 고교 3년간의 교육과정목표의 완성을 재도록 한다.

둘째, 교사의 '내신 부풀리기'를 가려내는 중요자료이며, 학교 간 격차를 큰 틀에서 묵시적으로 판정하는 중요자료로 기능한다.

셋째, 학교생활기록부 내신의 가치를 '보정'하는데 필요한 장치이며, 학교생활기록부 기록에 심혈을 기울이게 하는 압력 장치로 기능한다.

넷째, 국가기준 시험에 근거하여 대학은 학생선발의 타당성을 제고하고 어느 정도 공공성을 유지할 수 있으며, 이를 위한 최소한의 조정기능을 수행한다.

나) 대학수학능력시험의 성격 전환

국가기준 시험으로서 수능시험이 그 자체 지니고 있는 모순을 해소하는 방법론을 찾아야 한다. 그러기 위해 적극적으로 시험의 성격을 바꾸어야 한다(손종현, 2017: 118-119). 현행 수능시험의 한계(모순과 성격)를 능가할 수 있는 시험은 어떤 성격의 것이어야 하는가?

국가기준 시험은 (다소 이상적이지만) '국가기준 교육과정 완성'이라는 가치에 복무하는 것을 최고 이념으로 삼아야 하고, 국가기준 시험이 고교 '교육의 과정'을 파손하지 않도록 하는 방안을 탐색하는 것을 기본 전제로 설정한다. 또 수능시험제도는 국가기준 교육과정 완성을 촉진하는 시험이어야 한다. 그런 점에서 수능시험제도는 그 필요를 만족시킬 수 있어야 하며, 그러면서 그것이 졸업고사 · 자격고사의 형태를 취하도록 해야 한다. 홍훈(2003)은 졸업자격고사에 대해 이렇게 말하고 있다.

> 국가가 주도하는 자격고사는 일회성 실험이 아닌, 교육과정의 평가를 담고 있어야 한다. 시험은 선발과정의 통제 장치로서의 기능보다는, 중등학교 교육과정을 충실하게 이행했는지 여부를 평가한다. 이는 중등교육과정을 성공적으로 이수했는지 여부를 평가하는 것이며, 대학 입학전형의 자료로 선택적으로 활용된다(홍훈, 2003: 26).

가장 중요한 것은, 국가기준 시험으로서 반드시 국가 교육과정에 기반한 과목별 성취도 평가가 되어야 한다는 것이다. '범교과적 사고력'이라는 심리적 구인(대학수학능력)을 측정하기보다는 교과별 교육과정목표의 성취도를 측정하는 시험이 되어야 한다. 그리하여 현장의 교사로 하여금 교과 교육과정목표에 따른 수업을 할 수 있게 허용해야 한다.

또 국가기준 시험은 '과목별 성취도 평가'로 대체될 필요가 있다.

다) 대학수학능력시험의 규준 설정

국가기준 시험의 성격에 비추어서, 그 시험체계로서 몇 가지 규준을 만족시켜야 한다. 그 규준은 시험의 원리에 합당한 것이다.

첫째, 교과 교육과정 내에서 출제하는 것을 원칙으로 한다. 반드시 교육과정 내에서 출제해야 한다. 그런 점에서 교과 교육과정목표가 성취평가의 기준이 되어야 한다. 그런 점에서 가르치는 자가 출제와 채점에 주도적으로 참여해야 한다.

둘째, 응시과목을 최소화한다. 국가기준 시험으로서 기초공통과목과 전공심화과목으로 그 응시과목을 최소화할 필요가 있다. 기초공통교과에 대해 성취도 평가를 하고, 전공심화교과에 대해 다양한 유형의 출제를 통해 전공능력의 심층적 평가를 할 수 있다. 2~3시간 동안 충분한 전공심화능력에 대한 평가가 이루어지게 한다.

셋째, 성적 표기는 반드시 등급제로 한다. 등급제를 적용하는 것은 필수불가결하다. 이는 수능성적의 영향력을 축소시키는 방식이며, 1점 성적경쟁을 완화하는 방식이다. 이 경우 과목의 성질에 따라 급간 수를 차등 적용할 수 있다. 기초공통교과는 5등급으로 하고, 전공심화교과는 9등급으로 할 수 있다.

넷째, 다양한 평가척도를 개발하여 적용한다. 시험 교과목의 교육과정목표에 따라 적합한 평가방법을 적용하는 방식을 강구한다. 시험 교과목의 성격에 따라 다양한 평가척도를 사용하고, 그 경우 '문제 비틀기식' 문항 출제를 지양한다. 다양한 유형의 문제 출제와 평가척도 차원에서, 예컨대 서답형 문제를 30% 출제하고 선택형 문제를 70% 출제할 수 있다.

다섯째, 문제은행식 출제를 원칙으로 한다. 문제은행식 출제는 교육과정 목표와 기준에 따라 각 과목별 현장 교사가 출제하고 전문가(대학 교수)가 감수하여 확정된 문제를 국가가 관리 · 보관 · 활용하는 방식이다. 또 폐쇄적인 출제방식을 탈피하기 위한 방식인 바, 시험문제 출제가 극도의 보안 속에서 폐쇄적인 방법으로 이루어지는 후진성에 대한 대안이다. 이 출제 방식은 절대적 기준과 호환성을 고려한 방식으로써, 난이도와 변별력을 고려한 '기본능력을 측정하는 좋은 문제'의 출제가 가능하다.

여섯째, 지역별 관리를 선택적으로 기획할 수 있다. (다소 이상적이기는 하지만) 관리 주체로서 지역별 상시평가체제 구성을 염두에 둘 수 있다. 이 방식은 목적은 전국단위 한 줄 세우기로 인한 경쟁 격화에 대응하여 지역단위 여러 줄 세우기 방식을 채택하여 경쟁을 완화하고, 지역의 문화 · 역사 · 인문지리적 특성을 반영한 문제를 출제할 수 있게 한다는 것이다. 이는 사회정치적 의미를 띠는 것인데, 지방분권시대에 적합한 교육의 지방자치에 부합하며, 중앙과 서울 집중에 대한 사회정치적 대응이기도 한다.

라. (가칭) '교육과정완성도검사제' 도입

모름지기 국가기준 시험은 국가 교육과정의 완성도를 평가 · 진단하는 시험이라는 성격에 부응해야 한다. 수능시험제도가 지닌 한계를 해소하기 위해, 어쩌면 교육계의 '적폐'를 청산하기 위해, 대학입학시험제도를 개혁해야 한다. 이광호(2017)는 이렇게 묘사하고 있다.

> 여전히 우리 사회에는 산업화 시대의 '표준화'와 '객관적 서열화'의 미몽에서 깨어나지 못하는 낡은 인식 체계가 강하게 남아 있다. 그리고 때로 그 낡은 인식 체계는 최첨단의 사교육 자본과 결탁하여, 수학능력시험과 같은 국가 단위의 표준화된 입시를 가장 '객관적이고 공정한' 제도라고 주장한다(이광호, 2017: 21).

우리 사회의 현실은 매우 '척박'하지만 미래의 사회변화에 적합한 새로운 시험제도를 마련해야 한다. 이 지점에서, 연구자는 (가칭) '교육과정완성도검사제'의 도입을 주창한다.

현행 대학수학능력시험의 체제, 시험 과목, 시험 관리, 출제와 채점의 방식 등에서 근본적인 재검토가 필요한 시점에 와 있다. 여기서 국가기준 시험의 가능성에 대해 고려하면서, 가칭 '교육과정완성도검사제'의 성격, 쓰임새, 시험 체계 등에 대해 개조식으로 규정한다.

1) 성격

- 과목별 학력고사
  - 과목별 국가수준 성취도를 재는 시험
  - 학교에서 획득해야 할 과목별 교육과정목표의 성취도를 측정하는 시험
- 졸업교사
  - 국가 교육과정의 취지와 정신을 반영하는 시험으로, 고교 교육과정에서 달성해야 할 기초학력을 재는 시험(손종현, 2018: 119)
- 대학입학 자격고사
  - 대학교육을 받을 수 있는 최소한의 능력이 있는지를 확인하는 시험(이광호, 2017: 21)

2) 쓰임새

- 학생의 고교 교육과정 완성도를 평가하는 것으로, 고등학교 교육활동의 충실성을 사회적으로 공개하여 인정받기 위해 치르는 시험
- '내신 부풀리기'를 가려내고, 학교 간 격차를 큰 틀에서 묵시적으로 판정하는 주요 자료
- (선택과목과 관련하여) 재능과 실력을 발굴하고 분류를 꾀하는 전형자료
  - 성적으로 줄 세우기가 아니라 실력의 종류를 분류하는 시험
- 대학에서 수학할 수 있는 최소한의 능력을 가늠하는 시험이며, 학생부 기록의 보완자료로 기능
  - 입학전형에서 참고자료로 이용될 수 있음

3) 시험 체계

- 문항형태 : 선택형 + 논문형
- 출제형식 : 문제은행식
- 출제자 : 교사 중심, 교수 참여
- 시험 일자 및 횟수 : 3학년 11월에 1회 실시
- 시험일수 : 2일간
  - 기초공통교과 1일, 전공심화교과 1일
  - 시험시간 : 기초공통교과는 과목당 100분
전공심화교과는 교과당 2~3시간
- 시험과목(예시) :
  - 공통필수 : 국어, 영어, 수학 (국사 : P/F)
  - 심화선택 : 계열별 2개 과목
- 시험계열(예시) : 사회탐구, 과학탐구, 직업탐구, (예체능탐구)
- 점수 표기 : 교과의 성격에 따라 등급점수(5-9등급) 부여
  - 기초공통교과(국 · 영 · 수) : 5등급
  - 전공심화교과 : 9등급
- 활용도 : 각 대학은 과목별 최소자격기준으로 활용

(가칭) '교육과정완성도검사'는 과목별 학력고사, 졸업고사, 대학입학 자격고사의 성격을 띠어야 한다. 이 교육과정완성도검사는 보통교육의 국가 교육과정을 성공적으로 이수한 학생의 '학력'을 평가하는 방안이며, 그리고 그 학력과 선발을 연관 짓는 시험제도이다. 이 시험을 통과한 사람은 중등 교육과정을 온전하게 이수한 학생이다. 그 人材를 대학 전공교육목적에 의거하여 선발해야 고교 '교육의 과정'이 정상화되고, 교육과정이 정상 운영되고, 결과적으로 공교육이 정상화된다.

마. 수학능력시험의 성격 전환을 희망하며

필자는 현행 수능시험제도에 대한 비판적 고찰을 통해 공교육에 대한 개념적 인식과 지향가치를 명료하게 하면서 시험제도의 새로운 프레임을 제안하고자 했다. 국가기준 시험으로서 대학수능능력시험제도의 모순을 해소하기 위한 방편으로 그 시험의 성격을 바꾸어야 하고 그 규준을 바꾸어야 한다. 그 대학수학능력시험은 국가 교육과정의 정신을 살리는 시험으로 대체되어야 한다. 이 맥락에서 연구자는 (가칭) '교육과정완성도검사'의 제도화를 주창하였다. 학생들로 하여금 각자의 재능을 수월하게 발달시키고, 교사들로 하여금 교재구성권과 학생평가권을 온전하게 행사하게 하고, 대학으로 하여금 학생부 기록을 사정하여 전공목적에 적합한 학생을 선발하게 하는 방식으로 그 교육체제와 선발체제를 전환해야 한다. 거기에 호응하는 시험제도로서 (가칭) '교육과정완성도검사제'를 도입할 것을 주장한다.

지금도 일류를 가려뽑는 선발에 교육을 종속시키는 기제가 요지부동으로 작동하고 있다. 선발용 성취도평가, 외부평가, 석차로 표기되는 평가를 대체하여, '가르친 내용을 중심으로 교육과정목표의 완성 정도를 확인하여 사정하는 제도적 조치를 취하는 선발정책은 오늘날의 교육모순과 선발모순을 해체하는 강력한 방안이 될 수 있다. 선진사회도 이런 노력을 지금도 계속하고 있다. 그 방안은 변별, 공정, 객관이라는 선발의 지표로부터 학교교육을 자유롭게 한다. 선발에 억압적으로 종속된 교육활동은 학생들에게 훨씬 더 큰 고통을 안기게 되어 있다. 교사의 고통과 학생들의 고통에 대한 연민이 오늘 한국교육을 생각하는 기준점으로 설정하는 '철학', 실용주의 철학이 절실하다.

거듭 말하지만, 수능시험을 치르겠다는 것은 교사가 가져야 할 학생평가권을 국가(교육부)가 가지겠다는 것이다. 그것은 국가수준에서 학생평가권을 절대로 포기하지 않겠다는 것이다. 그러나 이제 가르치는 교사의 평가권을 위축시키는 국가단위 수능시험의 영향력을 최소화해야 하고, 그러기 위해 그 시험의 성격을 전환할 필요가 있다. 국가기준 시험을 치른다면 그것은 현실적으로 존재하는 학교 간 학력차를 보정하는 방식으로 기능해야 한다. OECD 국가들이 다 그렇게 하고 있다. 수능시험과 같은 국가단위 시험은 학생부 내신의 보완장치로서 그 '시험의 위상'을 정립한다. 수능시험은 선발의 절대적인 척도가 되는 시험이 아닌 하나의 전형자료가 되는 시험이 되어야 한다. 이 개념적 인식에서 수능시험이 '교육과정완성도검사'(졸업고사)로 그 성격을 전환한다. 여기서 '교육과정완성도검사'란 고교 교육과정에서 달성해야 할 기초학력을 재는 시험, 혹은 고교 교육과정목표의 완성도를 재는 시험을 말한다. 이 시험은 선발시험이 아닌 자격고사, 졸업고사, 과목별 학력고사의 형태를 취한다. 또 이 시험은 대학 입학전형에서 과목별 최소자격기준으로 활용될 수 있다. 우선 수능9등급제를 복원하고, 점차 정규분포곡선상의 7등급제 혹은 5등급제로 전환한다.

여기서 주목해야 하는 하나의 정책 원리는 학교(교사)의 교육과정 완성도에 대한 평가가 학생들에 대한 평가보다 우선되어야 한다는 것이다. 학교(교사)가 교육과정을 완성하고 있는지를 정부와 사회가 감시, 감독, 평가하는 구조를 만들어야 한다. 학생들의 성적과 석차, 학생들의 성실성과 유능성을 문제 삼기보다는 어른들(교사, 학교, 교육청, 교육부)의 성실성과 유능성을 추궁해야 한다는 것이다. 이는 학생들을 둘러싼 조건(성적, 가정의 사회경제적 지위 등)이 상대적으로 약화된다는 것을 의미한다. 학생들을 평가하는 일에 골몰할 것이 아니고, 학교(교사)의 교육과정 완성에 대한 상시 사회적 평가에 관심을 가진다. 그 학교(교사)의 교육과정 완성도에 대한 평가가 대학 학생선발과 연관되어야 한다. 동시에 학생의 교육과정 완성도에 대한 평가가 대학입학사정과 연관되어야 한다. 이런 점에서 '교육과정완성도검사'가 교육제도로서 쟁점화된다. 이러한 정책 원리는 '새로운 교육질서'의 정립과 논리적으로 연관되어 있다.

12장

수능등급제의 쟁점과 복원[1)]

가. 문제제기

이 연구의 목적은 2008학년도에 처음 도입되었던 수능등급제의 의미를 살피고 이것을 다시 복원해야 할 이유를 밝히고자 하는 것이다. 연구자는 문재인 정부가 문제 삼았던 논쟁, 예컨대 수시 축소와 정시 확대, 고교서열화를 둘러싼 표피적 쟁점에 눈을 두지 않고 교육제도와 선발제도 자체의 모순에 대해 거듭 관심을 집중하고 있다.

현재 중고등학교는 변하고 있다. 교사도 변하고 있다. 그러나 정작 대학이 변하지 않고 있다. 이 점을 놓쳐서는 안 된다. 왜 대학의 선발정책 자체에 대해서는 문제제기를 하지 않는가? 왜 선발의 기제로서의 수능시험 자체의 모순에 대해서는 문제제기를 하지 않는가?

"수능시험에 종속된 학교교육"으로 인해 고교 교육과정 파행 운영이 매년 증폭·심화되고 있다. 정답 가르치기, 참고서 문제풀이에 집중하는 교실수업의 무기력이 극에 달했다. 시험대비 문제풀이 수업이 정작 학생들의 학력(문제해결능력, 창의력, 탐구와 발견의 의욕 등)을 키우지는 못한다는 것은 누구나 주지하는 사실이다. 교육과정 파행 운영에 의한 공교육 붕괴가 사실적 기반을 가지고 있다. 이 파행 운영을 학부모가, 교장이, 교육청이 부추기고, 교육부가 이를 묵인하고 있다. 그렇다면

1) 대구가톨릭대학교 사회과학연구소 《사회과학논총》 18집에 게재된 필자의 논문 〈수능등급제의 쟁점과 복원〉을 부분적으로 수정한 글이다.

교육과정 파행 운영을 단절하고, '전문가 교사의 책임 있는 교과지도와 생활지도'를 합리적으로 강제하는 제도 개혁이 요청되며, 핵심적인 개혁 방안으로 수능성적의 표시방법으로서 등급제를 복원하는 것이 요청된다.

수능등급제는 입학사정관제와 논리적 쌍을 이루는 정책과제이다. 이 경우 수능등급제란 원점수와 표준점수를 표기하지 않고 등급(5-9등급)만 제공하는 방식을 말한다. 참여정부 시절에 제1기 교육혁신위원회가 제안했던 입학사정관제는 수능등급제가 시행될 때 그 제도 도입의 취지를 달성한다. 그런데도 이명박 정부는 대입자율화방안을 기획 · 운영하면서 수능등급제를 폐지하였고, 박근혜 정부와 문재인 정부와 현 윤석열 정부도 그것을 계승하고 있다. 이제라도 다시 수능등급제를 복원할 필요가 있다. 물론 현행 국가수준 대학수능시험제도 그 자체를 개혁함이 마땅하며, 기본적으로 그 시험의 성격을 바꾸되 우선 그 시험의 영향력을 떨어트려야 한다.

이 연구의 주요 내용으로서, 연구자는 먼저 수능등급제를 첫 도입하여 수능시험을 전형자료화 했던 2008학년도 대학의 방법론적 행태를 분석하고, 수능등급제와 관련한 쟁점을 논의하면서 수능등급제의 의의를 재검토한다.

연구자는 2008학년도 정시모집 일반전형의 모집요강을 수집하여 각 대학의 행태를 분석하고자 하는데, 분석대상이 된 대학은 2개 국립대학(경북대, 서울대)과 4개 사립대학(성균관대, 연세대, 중앙대, 한양대)이다. 2009학년도 당시의 대학별 모집요강도 수집하여 분석의 기본자료로 삼았다.

나. 수능등급제의 쟁점

1) 제도의 도입 이유

참여정부는 교육혁신을 구상할 때 공교육 정상화를 중심에 놓고 그 교육질서(선발 패러다임 포함)를 근본적으로 전환하고자 했다. 그 기본원칙은 ① 가르치는 교사가 학생(학력)을 평가한다, ② 수능의 영향력을 축소한다, ③ 대학은 학생선발권을 갖되 능히 자율성을 발휘한다, ④ 국가는 지원은 하되 간섭하지 않는다는 것이었다.

공교육 정상화의 중심축은 ① 전문가 교사에 의한 책임 있는 교과지도와 생활지도가 일상적으로 이루어지는 것이며[2], ② 이것을 체계적으로 막아서는 현행 대학수능시험제도를 온전한 방식으로 개혁하는 것이다. 특히 대학수능시험제도의 개혁과 연관하여, 수능의 영향력을 축소하는 방안으로 수능등급제가 착안되었다.

참여정부 교육혁신위원회의 원안에서 확인할 수 있는 등급제 실시의 이유는 다음과 같은 것이었다(손종현, 2005a: 256).

- 점수 경쟁을 완화하고 수능의 영향력을 축소하는 방식
- '교육이력철'[3]을 핵심 전형자료로 활용케 하는데 필요한 장치
- 동일한 등급 내에서는 교육이력철 평가로 경쟁하게 함
- 대학은 전형 시에 과목별 최소자격기준으로 활용
- 5등급제로 실시

무엇보다도 먼저 학생 간 격화된 수능 성적경쟁을 완화할 필요가 있었다. 그래서 치열한 수능성적 경쟁을 완화하고 학생부 중심의 대학입학전형을 유도하기 위해, 수능 시험성적 표기방식을 종래 표준점수, 백분위, 등급(9등급)을 제공하는 방식에서 등급(영역/과목별)만 제공하는 방식으로 전환하고자 했다. 등급은 9등급으로 제공하되, 학교생활기록부 중심의 전형이 정착되는 시점에서 수능의 영향력을 더욱 줄이기 위해 등급수를 축소(5-7등급)하고자 했다.

수능의 영향력을 줄이는 대신, 전형자료로서 학생부 내신의 반영비중을 확대하고자 했다. 수능에 종속된 교육을 벗어나 고교 교육과정목표를 완성하도록 하고, 완성한 것(과정과 결과)을 기록하게 하고, 교사(학교)가 기록한 그 학생부 내신이

2) 참여정부 교육혁신위원회는 이것을 합리적으로 강제하는 방안으로서 교사별평가와 교육이력철의 제도화를 구안했고, 그것의 전문성에 대한 교사평가제를 구상했다(김민남 · 손종현, 2006).

3) 학생부 상의 충분한 기록이 가능하도록 하기 위해 현행 학교생활기록부를 "교육이력철"로 대체하려고 했다. 교육이력철의 기록 내용은 ① 교과적 사고력, 표현과 기능, 태도, ② 교과관련 소질과 재능, 관심과 의욕, ③ 교과기반 독서이력과 진로지도이력 등이라고 생각했다(김민남 · 손종현 · 김부태, 2004).

중요한 전형자료로서 쓰임새를 가지도록 만들고자 했다. 또 학생부의 경우, 종래 성취도를 '원점수(과목 평균, 표준편차 병기) 표기제로 변경하여 '성적 부풀리기'를 방지하고, 과목별 석차(석차/재적수)를 제공하는 방식에서 '과목별 석차등급제(9등급제)'로 전환하여 과열 경쟁을 방지하고자 했다. 학생부의 활용도를 제고하기 위해 서류평가 및 면접에서 활용될 수 있도록 교과영역 및 비교과영역을 충실하게 기록하도록 유도하고자 했다.

그리고 학생부 기록을 읽고 대학 전공목적에 맞는 학생을 '발굴'하는 전문사정기구를 설치하고자 했고, 이를 입학사정관제도로 정책화하고자 했다. 또 대학교별로 하여금 상시 입학사정 활동을 위한 전담기구를 구성하고, 적정 규모의 전문 입학사정관을 확보·배치하고자 했다.

2) 등급제 반대 논리

당시 수능등급제는 뜨거운 쟁점을 불러일으켰다.[4] 주요 쟁점은 성적 1점 차이로 등급이 갈리니 등급제 자체를 반대한다는 논리, 변별력이 없어진다는 논리, 재수생이 증가한다는 논리, 선발의 자율성을 침해한다는 논리 등으로 요약된다. 이 쟁점들에 대해 다시 한번 검토한다.

가) 등급제 자체 반대

제일 반향을 일으킨 반대 논리는 성적 1점 차이로 등급이 갈린다는 것, 그래서 등급의 커트라인(cut-line) 경계선에 있는 학생·학부모의 불만이 높다는 것이었다.

4) 수능등급제가 발표된 이후에 이른바 '일류' 대학들이 3불정책에 대해 반대하였다. "본고사 부활·고교등급제·기여 입학제를 금지하는 3불(不)정책을 둘러싼 논쟁의 중심에는 스카이대를 비롯한 서울 유명대학이 있었다. 고려대는 주로 학교 간의 차이를 강조하면서 고교등급제를 들고 나왔고, 서울대는 변별력을 이유로 대학본고사를 주장했다. 상대적으로 지방대학들의 목소리는 미미했고, 언론에 반영되지도 않았다. 언론과 한나라당은 기회 있을 때마다 3불 폐지를 주장했다. 이들은 주로 본고사의 당위성, 고교 간 차이의 반영, 부실한 내신을 반영하는 문제점 등을 내세웠지만 이면에는 우수한 학생을 변별해 '한 줄 세우기'로 뽑을 수 있어야 한다는 뿌리 깊은 학벌사회의 지탱 논리가 자리 잡고 있었다"(김성근, 2012: 131).

예컨대 "92점 이상이 1등급이라면 92~100점까지는 다 1등급이다. 91점은 1점 차이로 2등급이 된다. 또 100점 · 100점 · 91점(총점 291점)을 맞은 아이보다 92점 · 92점 · 92점(총점 276점)을 받은 아이가 더 높은 등급을 받는다"는 것이다. 그런데 문제는 이 논리에 동의할 수 없다는 것이다. 이 경우, 경계선에 놓여 있는 1점 차이는 수준에 있어서 차이가 있다는 것을 의미한다. 1점 차이이지만, 동일 성취수준이라고 인정할 수 없다는 것이다.

여기서 쟁점은 두 가지이다. 하나는 수능등급제를 총점과 등급의 괴리, 즉 등급제 특성상 영역별 시험 성적 분포에 따라 과목별 점수 합계의 총점이 높아도 등급이 낮은 경우이고, 다른 하나는 점수에 비례하는 대우를 하지 않는 문제, 즉 1점 차이로 등급이 달라지는 불합리한 점이 발생한다는 점이다. 하지만 이 두 가지는 근본적으로 같은 문제이다. 총점은 높지만 과목 간 성적차가 심해 일부 과목의 등급이 낮은 수험생이 총점은 낮지만 전 과목에서 골고루 등급을 받은 학생에 비해 우수하다고 단정할 근거가 없다. 백분위 점수를 제시하더라도 1점 차이로 당락이 결정되는 경우는 비일비재하며, 이는 불가피한 것이다. 자신이 경계선에 놓여 있기 때문에 불합리하다는 것은 평가 자체를 부정하는 꼴이다.

요컨대, 수능등급제 그 자체가 문제가 되는 것은 아니다. 400점 총점제 혹은 백분율(100점 만점법) 표기제보다 등급제는 훨씬 점수경쟁을 줄이는 방안이고, 다수의 학생들에게 1-2점 점수경쟁을 줄이고 안도감을 갖게 하는 유효한 방안이다.

여기서 등급제를 도입한 취지를 이해할 필요가 있다. 강조해서 말하거니와 수능등급제는 수능시험 점수경쟁을 완화하고 수능의 영향력을 축소하는 방안이라는 것, 학교생활기록부 반영비중을 확대하는 방안이라는 것, 이를 통해 학교교육을 정상화(교육과정 정상 운영)하고자 한 것임을 인식할 필요가 있다.

나) 변별력 타령

당시에 제기되었던 (지금도 이 말밖에 할 줄 모르는) 반대 논리는, 등급제 때문에 변별력이 없어 학생을 선발할 수 없다는 것이었다. 이는 대학 측의 '타령'이었고, 교육부와 정치권이 편을 드는 형국이었다.

원래 수능등급제는 수능등급을 최소자격기준으로 사용하고, 같은 등급의 학생은 학생부로 경쟁하게 한다는 취지였다. 또 스테나인식 9등급제는 그 자체가 예민한 변별력을 만들어내고 있고, 이는 매번 확인되고 있는 바이다.

다) 재수생 증가 타령

수능등급제를 반대하는 또 하나의 논리는, 1-2점 차이로 억울하게 등급이 갈린 학생은 재수를 많이 할 것이라는 것이었다. 이것이 사실로서 판명되는가? 통계적 분석을 해보더라도 이것이 확인되지 않는다. 재수생은 언제나 있어 왔고, 경제력의 증가에 따라 그리고 시험문제의 난이도에 따라 재수생이 증가하는 추세를 보이고 있을 뿐이다.

라) 선발 자율성 타령

수능등급제를 적용하면 대학이 수능과 학생부의 배점의 자율성을 누리지 못하고, 결국 선발의 자율성을 해친다는 반대 논리가 있다. 이에 대한 반박 논리는, 배점의 자율성은 선발의 자율성의 핵심이 아니라는 것이다. 국가시험의 반영 비율을 마음대로 할 수 있다는 것이 어찌 자율성의 핵심이 될 수 있겠는가. 초·중등학교의 정상적인 교육과정 운영을 방해하는 대학의 자율권 행사, 교사의 학생평가권을 침해하는 대학의 학생평가권 주장은 '대학의 자율성' 범위에 해당하지 않는다. 대학은 초·중등학교(교사)의 학생평가의 자율성을 침범하지 않아야 한다. '자율성'은 '상대적 자기입법(自己立法)의 권능'을 의미하며, '선발의 자율성'도 이 개념 안에서 구속되어야 한다. 공교육과 사회통합을 파손하는 행위를 '대학의 자율성'이라는 이름으로 허용할 수는 없는 노릇이다. 진정 대학이 누려야 할 '선발의 자율성'은 전공목적에 맞는 선발방식을 제도화하고, 대학본고사에 버금가는 논술고사는 폐지하는 가운데 학생부 사정과 심층면접 등으로 전공목적에 맞는 학생을 '발굴'하는 것에서 최대화할 수 있다. 물론 그 선정기준은 공개되어야 한다.

3) 대학의 대응방식: '수능 극대화, 학생부 최소화'

가) 대학의 자기기만

연구자는 지금 대학이 선발에 대해 지혜로운가를 문제삼고 있다. 대학이 선발에 대해 철학하고 있는가, 선발과 관련해서 과연 이성을 가지고 있는가에 대해 다소 도발적으로 문제삼고 있다.

먼저 학생부와 수능을 전형자료화하는 방식에 있어서 대학이 지극히 반지성적임을 드러내고자 한다. 선발과 전형자료에 대한 대학의 반지성이 우리 교육을 황폐화하는 제1원인이 아닌가 하고 의심하고 있다. 내신을 무력화하려는 소위 일류 사립대학의 이해할 수 없는 행태를 사회적으로 고발한다.

한 가지 반드시 지적하고 넘어갈 것이 있다. 학생부 내신을 무력화하는 수도권 사립대학들의 이해할 수 없는 행태를 기록하고자 한다. 특목고 출신자를 선호하는 소위 '일류대학'의 이해할 수 없는 행태를 여기서 고발한다.

> 2007 상반기 중에 입학처장이 조용히 부산을 방문하여 5개 특목고 진학상담교사들만을 만나서 내신에 전혀 신경 쓰지 않아도 되도록 하겠다. 걱정하지 말고 보내달라는 말을 전하고 일반 인문계 관계자는 단 한 명도 만나지 않고 돌아갔다(부산 어느 현장교사의 말).

또 한 가지 중요하게 지적할 것은, 소위 '일류대학'이 '국민 속이기'를 그만두어야 한다는 것이다. 이른바 '일류대학'이 학생부 실질반영비율을 높이겠다는 이전의 약속을 깨고, 수능에 결정적인 비중을 주면서 학생부의 실질반영비율을 터무니없이 낮추고 있었음을 확인할 수 있다. 수능 표준점수 0.01점 차이로 합격 · 불합격이 갈리는데, 대학은 그 한 등급에 반영점수 4-5점 차이로 벌려놓고 있다. 내신의 한 등급 간에는 반영점수 차이가 크지 않지만, 수능의 한 등급 간에는 반영점수 차이가 매우 큰 것으로 확인된다. 주요 사립대학들이 학생부 실질반영비율을 17-28%대로 결정하였다. 예컨대 고려대의 경우 학생부 실질반영비율이 17.97%에 불과하다. 고려대는 학생부 1등급을 450점으로, 9등급은 423점으로 각각 결정했으며, 학생부 등급

간 점수차는 1-2등급은 0.4점, 2-3등급은 0.8점, 3-4등급은 1.2점, 4-5등급은 4.6점이며, 5-9등급은 5점 간격으로 책정하고 있다.

여기서 대학의 윤리적 수준을 문제시하지 않을 수 없다. 지금의 우리 교육의 파행성 현실을 목도할 때 윤리학을 바탕으로 하지 않은 대학의 자율권 행사는 사회적 폭력으로 이어질 수밖에 없다.

나) 대학의 왜곡 실행

대학은 다음과 같은 몇 가지 규칙을 가지고 2008학년도 입학전형방침을 정하였음을 확인할 수 있다. 그 방침을 한 마디로 표상하면, '수능 반영비율은 극대화하고 내신 반영비율은 최소화한다'는 것이었다. 이는 현장학교와 교사의 창의적 교육활동, 전문적 교육활동의 기회를 최소화하도록 되어 있다. 여기서 〈내신 무력화, 수능 극대화〉 규칙체계를 좀더 구체적으로 해부해본다.

규칙 1 : 학생부 내신의 명목상 반영비율을 50%이상 되도록 하되, 실질반영비율은 최대한 낮추어라.

표 12-1 대학별 전형요소별 반영비율

대학교	전형요소별 반영점수(비율)						
	학생부			수능	논술	면접구술	계
	교과	비교과	계				
경북대	470(47%)	30(3%)	500(50%)	400(40%)	100(10%)	자율전공부만 실시 100점	1,000
서울대	40(40%)	10(10%)	50(50%)	※ 1단계 자격기준	30(30%)	20(20%)	100
성균관대	470(47%)	30(3%)	500(50%)	400(40%)	100(10%)	−	100
연세대	400(40%)	100 (10%)	500(50%)	400(40%) ※ 인문계는 410점 만점	100(10%)	−	1,000
중앙대	500(50%)		500(50%)	400(40%)	100(10%)	−	1,000
한양대	400(40%)	100 (10%)	500(50%)	400(40%)	100(10%)	−	1,000

표 12-2 대학별 전형요소별 실질반영비율

대학교	군, 모집단위	수능	학생부			논술	면접구술
			교과	비교과	계		
경북대	'가'군 전 모집단위	65.46	25.51	4.51	30.02	4.52	
	'나'군 자율전공부	65.46	25.51	4.51	30.02	–	4.52
서울대	'나'군 인문, 자연	1단계 자격기준	40	10	50	30	20
성균관대	'가'군 인문, 자연	72.73	12.73	10.91	23.64	3.63	–
	'나'군 전 모집단위	76.92	11.54	11.54	23.08		–
연세대	'가'군 인문	74.78	14.76	7.38	22.14	3.08	–
	'가'군 자연	74.08	15.17	7.59	22.76	3.16	–
중앙대	'나'군 인문, 자연	73.15	23.15	–	23.15	3.70	–
한양대	'가'군 인문, 자연	72.22	18.80	4.70	23.5	4.27	–
	'나'군 관광, 공과대학 '다'군 법학과	100	–	–	–	–	–

위 〈표 12-1〉에서 보듯이, 겉으로 보기에는 대학마다 학생부 반영비율이 50%이다. 그러나 대교협이 정리해서 제시하고 있는 자료에 의하면, 〈표 12-2〉에서 보듯이 실질반영률은 국립대의 경우 30% 수준이고, 물론 '진짜 실질반영비율'은 이보다 훨씬 낮다. 주요 사립대의 경우는 18-24% 정도에 머무르고 있다. 학생부 반영비율을 최소화하려는 의지는 모든 대학교에 공통적이다. 가급적 학생부 반영을 최소화하고, 수능 중심으로 전형하고자 한다. 대부분의 대학교에서 수능에 높은 비중을 두면서 선발전형의 중요한 잣대로 사용하고 있음을 알 수 있다.

규칙 2 : 학생부 교과성적을 산출할 때 기본점수를 높게 부여하고, 등급 간 반영 점수 차를 최소화하라.

표 12-3 학교생활기록부 교과성적 반영방법

대학교	배점(만점 · 기본점수	기본점수/만점 비율	등급별 점수편차
경북대	• 470-357점	80%	• 4-4-4-4-6-16-30-45
서울대	• 과목별 10점 만점	?	• 보통교과 : 1-2등급 8점, 3-9등급 1점차 수열화 • 심화교과 : 1-2등급 10점, 3-9등급 1점차 수열화
성균관대	• 정시'가'군 : 470-435점	92.6%	• 정시'가'군의 경우 : 0.5-0.5-1-1-2-5-10-15
	• 정시'나'군 : 470-440점	93.6%	• 정시'나'군의 경우 : 0.5-0.5-1-1-2-5-7-13
연세대	• 환산점수 100-88점	88%	• 0.5-0.5-0.5-0.5-1-2-3-4
중앙대	• 500-450점	90%	• 등급간 점수편차는 비공개
한양대	• 400-356점	89%	• 0.7-0.7-0.7-0.7-1.4-13.27-13.27-13.26

위 〈표 12-3〉에서 보듯이, 학생부 교과의 배점범위(최고점과 최저점, 다시 말해 만점과 기본점수)는 그 폭이 좁다. 이 말은 만점 대비 기본점수가 매우 높다는 것이다. 경북대는 80%, 중앙대는 90%, 성균관대는 92.6%-93.6% 정도다. 점수 폭이 좁은 만큼 학생부의 영향력이 줄어드는 것이다.

학생부 교과의 등급 간 점수편차도 작다. 그만큼 학생부의 영향이 미약해지는 것이다. 국립대는 등급 간 점수편차를 '점잖게' 주고 있지만, 사립대학들은 '교묘하게' 부여하고 있다. 예컨대 경북대는 4-4-4-4-6-16-30-45로 급간 점수 차를 조정하고 있고, 서울대는 1-2등급은 동일한 점수로 반영하고 이하 3-9등급에 대해 1점차 하향 수열화 하고 있다. 사립대학들은 상위 1-4등급에서는 그 점수 차를 최소화하고 하위등급으로 갈수록 점수차를 크게 벌려 놓는 기형적 구조를 만들고 있다. 1-4등급 간 점수 차가 한양대는 0.7-0.7-0.7-0.7, 성균관대와 연세대는 0.5-0.5-0.5-0.5 차이를 내고 있다.[5)]

주요 사립대학에서 1-4등급에서는 점수 차이를 거의 내지 않고 하위등급에서는

5) 2009학년도 대학입학전형에서는 이러한 모양새가 더 강고하게 패턴화 되는 모습을 보이고 있다. 2009학년도 각 대학의 기본계획을 같은 방식으로 분석해보면 학생부 반영을 비율을 더 적게 하고 수능 반영을 더 크게 하고 있다. 2009학년도에는 대부분 대학이 정시 일반전형에서 수능성적 반영비율을 더 높이고 있으며(경북대는 40%에서 80%로, 성균관대와 한양대는 40%에서 60%로), 그 귀결로서 학생부 급간의 점수 폭은 더욱 좁아지고 있음을 확인할 수 있다.

크게 벌려 놓고 있다. 자기대학에 입학할 것 같지 않은 등급대에는 점수 차를 크게 벌려서, 마치 학생부 내신 반영비율을 높인 것으로 가장하고 있다. 그래서 실질적으로는 내선반영비율은 이보다 훨씬 낮다.

또 하나 발견되는 사실은, 학생부 교과등급 간의 점수 차가 균등하지 않고 차등하다는 것이다. 상위등급에 점수 차가 적고 하위등급으로 갈수록 점수 차가 크다는 것은 상위등급 학생 간에는 내신의 영향력을 그만큼 줄이겠다는 것이다. 여기에서도 학생부를 무력화하고 수능시험을 극대화하려는 의도를 숨기고 있다.

규칙 3 : 수능의 영향력을 극대화하라. 그러기 위해 학생부에 비해 수능에 배점하는 점수 폭을 크게 하고, 등급간 점수차를 최대화하고, 등급간 점수차를 차등 부여하라.

표 12-4 대학별 수능배점 상황

대학교	배점(최고최저점)	기본점수/만점의 비율
경북대	400-110점	27.5%
서울대	(1단계 사정) 153-17점	11.1%
성균관대	400-200점(정시'가'군의 경우)	50%
연세대	400-283점	70.8%
중앙대	400-?점	?
한양대	400-231점	57.8%

표 12-5 수능영역별 비중 및 수능등급 간 반영점수 차[6]

대학교	언어영역	수리영역	외국어영역	탐구영역
경북대	• 인문 : 110-31점 (27.5%) 11-11-11-11-9-8-7	• 100-29점(25%) 10-10-10-10-8-7-6	• 115-32점(28.75%) 11.5-11.5-11.5-11.5-9.5-8.5-7.5	• 75-18점(18.75%) 7.5-7.5-7.5-7.5-7.5-1.5-1.5
	• 자연 : 100-29점	• 115-32점(28.75%)	• 110-31점(27.5%)	• 75-18점(18.75%)

6) 위의 〈표 10-2〉의 대학별 진술에서 위쪽은 인문계, 아래쪽은 자연계에 대한 수치다. 괄호 속의 수치는 영역널 가중치를 나타낸다. 대학들은 계열에 따라 영역별 가중치를 다양하게 준다. 인문사회계는 외국어와 언어에, 자연계는 수리와 외국어에 상대적으로 높은 가중치를 부여한다.

대학교	언어영역	수리영역	외국어영역	탐구영역
	(25%) 10-10-10-10-8-7-6	11.5-11.5-11.5-11.5-9.5-8.5-7.5	11-11-11-11-9-8-7	7.5-7.5-7.5-7.5-7.5-1.5-1.5
서울대	• 36-4점 • 급간별 4점차 하향 순열	• 45-5점 • 급간별 5점차 하향 순열	• 36-4점 • 급간별 4점차 하향 순열	• 과목별 9-1점 • 4개 과목 반영
성균관대	• 120-60점(30%) • 7.5점차 균등 하향 순열(10%)	• 120-60점(30%) • 7.5점차 균등 하향 순열(10%)	• 120-60점(30%) • 7.5점차 균등 하향 순열(10%)	• 40-20점(10%) • 2.5점차 균등 하향 순열
	• 40-20점(10%) • 2.5점차 균등 하향 순열	• 120-60점(30%) • 7.5점차 균등 하향 순열(10%)	• 120-60점(30%) • 7.5점차 균등 하향 순열(10%)	• 40-20점(30%) • 2.5점차 균등 하향 순열
연세대	• 100-71점(25%) 3-4-4-5-4-4-3-2	• 100-63점(25%) 4-5-5-6-5-5-4-3	• 100-71점(25%) 3-4-4-5-4-4-3-2	• 100-78점(25%) 2-3-3-4-3-3-2-2
중앙대	• 120-?점(30%)	• 100-?점(25%)	• 120-?점30%)	• 60-?점(15%)
	• 100-?점(25%)	• 120-?점(30%)	• 120-?점(30%)	• 60-?점(15%)
한양대	• 100-57.75점(30%) 2.5-2-2-3-2-2-2-26.75	• 100-57.75점(25%) 1.5-2-2-3-2-2-2-27.75	• 100-57.75점(30%) 2.5-3-2-3-2-2-2-21.25	• 100-57.75점(15%) 3-3-3-3-3-3-3-21.25
	• 100-57.75점(15%)	• 100-57.75점(35%)	• 100-57.75점(35%)	• 100-57.75점(15%)

위의 〈표 12-4〉와 〈표 12-5〉에서 보듯이, 다른 전형자료에 비해 수능에 상대적으로 매우 높은 배점을 부여한다. 특히 학생부에 비해 수능의 등급간 편차를 매우 크게 부여하고 있다. 앞의 〈표 12-4〉에서 확인할 수 있듯이, 학생부의 만점과 기본점수의 폭이 그리 크지 않은 데에 비해, 수능에서는 만점과 기본점수의 폭이 상대적으로 크다. 바꾸어 말하면 대학들은 수능에 배점의 폭을 크게 벌려 놓는다. 점수폭을 키우는 이유는 그만큼 수능의 영향력을 극대화하기 위해서다. 작게는 서울대가 만점의 11.1%를 부여하고, 높게는 연세대가 만점의 70.8% 정도 기본점수를 부여하고 있다. (경북대는 27.5%, 성균관대는 50%, 한양대는 57.8%)

내신의 한 등급 간에는 반영점수 차이가 크지 않지만, 수능의 한 등급 간에는 반영점수 차이가 매우 크다. 수능성적 한 등급 간의 점수 차는 학생부 내신 서너 등급 간의 점수 차와 맞먹는다. 또 수능점수 1점 차이로 등급이 갈리는데, 대학은 그 한 등급에 반영점수 4-5점 차이로 벌려놓고 있다. 여기서 한 가지 주목할 것은,

자기대학에 지원하는 학생의 점수(등급)대가 아닌 등급에는 터무니없는 점수 차를 벌려놓음으로써 수능성적이 낮은 학생은 도무지 자기대학에 접근이 불가능하도록 만들어 놓고 있다는 점이다.

규칙 4 : '수능우선선발제'를 도입해서 수능성적 우수자를 먼저 채워라.

분석대상 대학교들은 대부분 수능우선선발제를 도입하고 있다. 1단계 사정에서 수능우선선발제에 적용하는 비율은 경북대는 40%, 성균관대, 연세대, 중앙대, 한양대는 50%를 적용하고 있다. 서울대는 1단계 사정에서 수능등급으로 200% 혹은 300%를 선발하고 있다. 대부분의 대학은 학생부 내신으로 뽑는 학생수는 가급적 줄이고 수능으로 선발하는 인원수는 가급적 늘리고 있다.

아래 〈표 12-6〉은 수능성적 등급과 학생부 교과등급 간의 점수편차를 비교한 것이다. 같은 과목 혹은 영역에 얼마나 서로 다른 비중으로 점수를 부여해 놓았는지를 확인해보자. 각각의 표에 대한 설명 없이, 표를 제시하는 것만으로도 의미가 있을 것으로 생각한다.

표 12-6 수능등급과 학생부 교과등급 간 점수편차 비교

표 12-6-1 〈연세대 언어영역〉

		1등급	2등급	3등급	4등급	5등급	6등급	7등급	8등급	9등급
수능	점수	100	97	93	89	84	80	76	73	71
	편차	–	3	4	4	5	4	4	3	2
학생부	편차	–	0.5	0.5	0.5	0.5	1	2	3	4
	점수	100	99.5	99	98.5	98	97	95	92	88

표 12-6-2 〈성균관대 수리영역〉

		1	2	3	4	5	6	7	8	9
수능	점수	120	112.5	105	97.5	90	82.5	75	67.5	60
	편차	–	7.5	7.5	7.5	7.5	7.5	7.5	7.5	7.5
학생부	편차	–	0.5	0.5	1	1	2	5	10	15
	점수	120	119.5	119	118	117	115	110	100	85

표 12-6-3 〈한양대 외국어영역〉

		1	2	3	4	5	6	7	8	9
수능	점수	100	97.5	94.5	92.5	89.5	87.5	85.5	83.5	57.75
	편차	–	2.5	3	2	3	2	2	2	25.75
학생부	편차	–	2	2	2	2	2	2	2	2
	점수	100	98	96	94	92	90	88	86	84

표 12-6-4 〈경북대 언어영역(자연계)〉

		1	2	3	4	5	6	7	8	9
수능	점수	100	90	80	70	60	50	42	35	29
	편차	–	10	10	10	10	10	8	7	6
학생부	편차	–	4	4	4	4	6	6	10	–
	점수	100	96	92	88	84	78	62	32	–

위의 여러 표에서 확인할 수 있듯이, 학생부에 비해 수능에 심하게는 20배 정도 더 비중을 두고 있다. 이렇게 보면 '진짜 내신 실질반영비율'은 1-2%에 불과하다. 내신과 수능의 1-4등급간 실질반영비율의 격차는 20-30배 정도다.

규칙 5 : 대학본고사형 논술고사 혹은 면접구술고사를 통해 '변별력'을 높여라.

대학은 논술고사와 관련하여 '변별력을 높이기 위해 반드시 쳐야 하며, 논술고사 실시 여부는 학교의 위신과 관련된 문제다'라고 인식한다. 그 당시 소위 '일류대학'들은 논술고사를 부과하였다. 반영비중은 대개 10%이며 서울대는 30%(30/100점)를 반영한다. 문제는 논술이 '선지원 후시험' 방식이라, 반영 비중이 표면상으로는 10% 정도이지만 그 자체가 큰 비중과 영향력을 차지하게 되어 있다는 점이다. 주요 사립대학은 논술고사를 특징적으로, 어렵게, 통합교과형으로 출제하고, 그 실시를 자기대학의 위신과 존재감으로 생각하는 경향이 강하다. 국립대학은 '대학의 위신' 때문에 마지못해 따라가는 경우도 있다. '우리도 안 칠 수 없다'가 첫 번째 이유이고, '변별력을 높인다'가 두 번째 이유이고, '논술의 의의'가 마지막 이유다.

여기서 한 가지 심각한 문제는, 학교에서 가르치고 배운 것을 시험으로 평가해야지, 별도로 사교육을 받지 않고는 칠 수 없는 시험을 치게 하는 것은 터무니없는 일이라는 것이다. 현장학교의 고통에 대해, 학생들의 고통에 대해, 논술로 인한 낭비에 대해 새롭게 조망할 필요가 있다.

'면접구술고사는 논술고사와 대체물 관계에 있다. 국립대학은 치고, 사립대학은 안친다.' 대학별 면접구술고사 현황을 분석해보면, 국립대를 중심으로 면접구술고사가 주요 전형요소가 되고 있다. 국립대학은 면접구술고사를 상대적으로 강조하는데 비해, 주요 사립대학은 면접구술고사를 최소한으로 치르고자 한다. 대학은 면접구술고사를 논술고사의 대용재 혹은 보완재로 간주하는 경향이 짙다. 면접구술고사의 반영비율은 경북대와 성균관대는 10%(100/1,000점)이고 서울대는 20%(20/100점)이다. 평가내용은 국립대의 경우, 대개 전공적성(지식), 문제해결능력, 인성 · 품성 · 가치관 등을 평가하고, 사립대(성균관대)의 경우 특정 대학과 학과의 전공적성에 대해 면접구술하고 있다. 학생부 성적과 수능 성적이 1-2등급에 몰려 있는 경우, 면접구술고사도 '선지원 후시험' 방식이기에 무시할 수 없는 영향력을 미친다.

앞서 분석한 대로, 대학들은 학생부 내신 반영률은 최소화하고 수능의 영향력은 극대화하는 전형방침을 구사하고 있다. 이런 식으로 선발전형방침을 몰아갈 때 대학은 학교의 교육과정 파행 운영을 조장하고 '선발에 종속된 교육'을 더욱 심화시킨다.

대학이 왜 이런 식의 선발방침을 강행할까? 학생부 내신은 도농간 계층간 학력격차 때문에 '변별력'[7]이 없다고 항변한다. 어떻게 지역 간에 등급을 호환할 수 있느냐 하는 것이다. 그러나 내심으로는 수능성적 높은 학생을 뽑고 싶다는 의도를 숨기고 있다. 수능성적과 논술성적을 잘 받으려면 사교육을 받을 수밖에 없는 구조이고, 실제로 사교육에 의해 상당 부분 결정되고 있다. 왜 이 학생들을 뽑으려고 하는지를 되짚어보면, 고학력 부모의, 돈 많은 집 학생을 뽑고 싶다는 것이다. 서울대를

7) '변별력' 개념만큼 의미가 왜곡된 채 살봇 쓰이는 경우도 없다. 원래 실력의 서로 다름을 나타내는 말이 기껏 성적의 순서를 가려낸다는 지극히 제한적인 의미로 왜곡되어 있다.

위시해서 이른바 '명문사립대학'에 누가 입학하고 있는지를 분석한 선행연구들이 이를 잘 대변한다. 그 학교들은 이미 '그것'을 잘 알고 있다. 이제는 현행 수능시험 제도가 단순히 선발의 문제, 사교육 고통의 문제가 아니라, 계급의 문제로 전화되고 있다.

다. 이명박 정부의 수능등급제 폐지

수능등급제, 진짜 문제가 무엇인가? 수능등급제가 시행된 지 1년을 견디지 못하고 폐지된 것 때문에 참여정부 대입제도 개혁방안이 실패한 것이라고 말한다면, 연구자는 그것을 수긍할 수밖에 없다. 대신 의도적 여론조작에 휩쓸리지 말고 이 제도의 의미를 되새기고 앞으로 완성해 가자는 뜻에서, 수능등급제를 둘러싼 논란에 대한 입장을 다시 한번 분명히 한다.

수능등급제를 폐지한 이명박 정부의 대입정책이 반교육상황을 만들어냈다. 이명박 정부가 '대입 자율화 조치'로 내놓은 '수능등급제' 폐지와 '학생부 및 수능 반영 자율화' 방침은 학교교육을 더욱 파행으로 내몰았고 '선발에 종속된 교육'을 훨씬 더 심각하게 고착시켰다. 수능시험 점수경쟁을 더욱 조장하는 이 방침은 전국단위 시험이 만들어내는 국민적 고통을 더욱 증폭시켰다. 이는 분명 '국가에 의해 자행되는 제도적 폭력'이라고 할 수밖에 없다.

'수능등급제 폐지'는 수능의 영향력을 극대화하고 학생부의 영향력을 최소화하려는 이른바 '일류 사립대학들'의 반지성적 요구에 기인하는 것이지만,[8] 동시에 수능의 영향력을 키워야겠다는 이명박 정부의 의도, 이를테면 수능성적 표기방식으로

8) 수능점수 높은 아이 뽑는 것을 자기 대학의 위상으로 삼으려고 혈안이 되어 있는 소위 '수도권 명문 사립대학들'이 '수능등급제' 폐지를 선도하였다. 이 대학들은 '향후 몇 년 동안 시행해 본 다음에 수능등급제 폐지 여부를 결정하자'는 대부분의 대학의 요구(대교협 합의사항)에 반하는 태도를 취했다. 그럼에도 불구하고, 이런 수도권 사립대학들이 모두 2009년도 입학사정관제 지원사업에 선도대학으로 선정되었다.

백분위와 표준점수를 병기함으로써 수능점수경쟁을 더욱 격렬하게 몰고 가려는 이명박 정부의 정책의도가 반영된 것이다. 또 참여정부에 무조건적인 반대를 일삼았던 중앙보수언론이 소수 상류층의 이해관계에 편승하여 선정적으로 여론몰이를 한 것도 문제였지만, 정책의 방향을 명확하게 하고 본래의 의도에 맞게 정책이 안착되도록 철저히 관리했어야 할 교육부 정책당국의 책임이 훨씬 더 컸다.

수능등급제 폐지를 포함하는 이명박 정부의 '대입 3단계 자율화 방안'에 힘입어, 대부분 대학들은 2010학년도 입학전형에서 서로 앞을 다투어 수능위주 선발을 계획하였다. 선발에 종속되는 학교교육 현상이 더욱 증폭되었고, 그 귀결로서 사교육은 더욱 팽창되었다.

> 새 정부 들어 학생부와 수능의 반영비중을 자율적으로 할 수 있도록 하고 있습니다. 그래서 수도권 사립대학들은 수능 비중을 늘려 갈 것으로 예상됩니다. 우리 대학도 수능 비중을 늘려야 우수학생을 많이 뽑을 수 있습니다. 2011학년도 기본계획을 세울 때 이 점을 적극 고려해야 합니다(Y대 입학전형모형 연구위원회 위원장의 발언, 2009).

이명박 정부의 '대입 3단계 자율화 방안'이 정책의 지향가치로 내걸었던 '가난의 대물림' 방지를 이루어내지는 못하고 반대로 '계급재생산'을 강화하는 기제로 기능하였다. 요컨대, 수능등급제 폐지는 반교육상황을 확대하였다. 그런 징후가 곳곳에 나타났음을 확인할 수 있다.

당시의 '교육과 시민사회'는 이명박정부 인수위원회의 수능점수제 환원 방침에 대한 반대 성명을 발표하였다. 여기서 연구자는 역사의 눈으로, 이 성명의 내용을 예시해 둔다(교육과 시민사회, 2008.1.22. 수능점수제 환원 성명).

> 인수위원회는 학생들을 점수의 노예로 만드는
> 수능 점수제로의 회귀 결정을 즉각 중지해야 한다.
>
> 대통령직 인수위원회가 수능등급제 보완책으로 2009학년도부터 영역별 등급 외에 백분위와 표준점수 등을 공개하는 안을 22일 발표할 것으로 알려지고 있다.

인수위는 당초 2월 초 수능등급제를 포함한 대학입시제도의 전면적 개편안을 발표할 예정이었으나 수능등급제만을 따로 떼어 발표 시기를 앞당긴다는 것이다. 한편, 전국대학교입학관련처장협의회(이하 협의회)는 21일 기자회견을 열어 수능등급 외에 백분위와 표준점수, 원점수 등 수능 결과에 관한 모든 정보를 공개해야 하고, 수능등급제 폐지 시점은 2010년 이후에 할 것을 요청했다. 그러나 서울 소재 7개 상위권 대학들은 이같은 협의회의 발표에 반발하며 협의회 탈퇴 의사까지 밝히는 등 대학들끼리의 이견이 표출되고 있다. (중략)
따라서 인수위원회는 수능등급제 개편안을 졸속적으로 발표하는 일을 즉각 중지해야 한다. 수능점수제로의 회귀에 앞서 중등교육이 나아가야 할 방향과 학생들에게 교육이 고통이 되지 않는 근본적인 처방에 대한 깊이 있는 고민이 선행되어야 한다. 이러한 고민은 교육계의 다양한 집단들과 충분히 논의하여 합의될 때 안정적이고 지속가능한 정책으로서 유지 발전할 수 있을 것이다. 또한 대입 업무를 대교협에 맡기는 등 고교와 학생, 학부모들의 개입을 배제한 채 대학측에만 그 결정권을 일임하는 정책 방향은 재고되어야 한다. 브레이크 없는 인수위의 질주는 아이들의 생명과 삶을 심각히 위협하고 있음을 인식해야 한다. 인수위의 신중한, 교육적 판단을 촉구한다.

라. 수능등급제 복원의 의의

1) 등급제의 의미를 정확히 이해하자

2008학년도 대학입학제도 개혁 방안의 일환으로 제시한, 대학입학 전형자료로서의 수능시험의 등급은 단순히 석차 순으로 나열하는 것이 아니라 일정 정도의 성취수준을 상대평가에 의해 급간으로 나타낸 것이다. 따라서 등급제의 취지는 동일 급간은 동일한 성취수준(능력)을 나타내는 것이므로, 예컨대 100점과 92점은 동일 성취수준(능력)으로 판정된다. 91점의 점수는 1점 차이이지만 상위 4%(1등급) 범주에 벗어나는 것이므로 동일 성취수준으로 평가할 수 없다. 급간의 경계선은 평가가 존재하는 한 불가피한 것이고, 항상 존재하는 것이므로, 자신이 경계선에 섰기 때문에 불합리하다고 하는 것은 평가 자체를 부정하는 것이 된다.

사실 학습능력은 등급으로 나타내는 것이 더 타당하다. 치열한 성적경쟁을 조금이라도 완화하려면 등급제로 가는 것이 더 합당하고, 그것도 등급의 수를 줄이는 방향으로 나가야 한다. 100분위 점수는 사실 학습능력을 100등급으로 나타내는 것이라 할 수 있다. 100등급보다는 9등급, 9등급보다는 5등급이 훨씬 점수경쟁을 줄이는 방법이다.

2) 영역별 등급 제공은 용기 있는 결단과 선택의 결과이다

영역별 등급 제공은 도깨비처럼 나타난 것이 아니다. 이는 정치적 결단과 역사적 선택에 따른 것이었다. 일련의 수능시험제도 변천과정의 핵심은, 과도한 석차 또는 점수 경쟁을 완화해 온 것이 일관된 흐름이었다. 아래의 표에서도 알 수 있듯이, '수능 총점 제공 → 총점 제공하지 않고 종합등급 제공 → 종합등급 제공하지 않고 표준점수, 백분위, 등급 제공 → 표준점수, 백분위 제공하지 않고 영역별 등급 제공'으로 나아가는 과정의 종착점이다. 조금만 진지하게 생각하면 충분히 받아들일 수 있는 것이다. 그럼에도 불구하고, 원점수에다 표준점수와 백분위점수를 동시에 표기하는 방식은 극도의 성적 경쟁을 조장하는 방식으로, 개혁의 흐름을 역전시키려는 반개혁 경향(보수화)이라 할 수밖에 없다. 아래는 대학수학시험이 시작된 이후의 결과 표기방식을 정리한 것이다.

- 1994 ~ 1998학년도: 원점수, 총점, 백분위점수 제공
- 1999 ~ 2001학년도: 원점수, 총점, 백분위점수, 표준점수, 변환표준점수 제공
- 2002 ~ 2004학년도: 영역별 원점수, 표준점수, 백분위(총점 제공하지 않고 종합 등급(9등급) 제공
- 2005 ~ 2007학년도: 영역별 과목별 표준점수, 백분위, 등급 제공(종합등급 미제공)
- 2008학년도: 영역별 등급(9등급) 제공
- 2009 ~ 2019학년도: 영역별 과목별 표준점수, 백분위, 등급(9등급) 제공

3) 등급의 적극적 가치를 이해하자

등급의 적극적 가치를 인정하고 그것의 교육적 의미를 생각하자. 우선 대학의 입장에서 볼 때, 기본적으로 등급제를 시행한다 해도 학생 선발에 크게 문제(흔히 하는 말로 '변별력' 문제)가 발생하지 않는다. 2007학년도 입학생을 대상으로 등급별 선발 시뮬레이션을 한 결과 변별력에 별 이상이 없었다. 표준점수로 선발할 때 총점에서 0.01점으로 당락이 좌우되는 경우에 비한다면 오히려 바람직한 것이다.

학생의 입장에서 볼 때, 새로운 제도가 실시되어 축적된 정보나 자료가 없어 학교나 학과를 선택하는 데 어려움이 있고, 수능 점수가 등급의 경계선 상에 있을 경우 개인적으로 다소 유불리가 있을 수 있다. 그러나 전체적인 측면에서 보면 등급제로 인해 지원가능한 성적 범위가 넓어져 지원가능한 인원이 확대된 점도 함께 인정해야 한다. 예를 들어 특정대학에 과거 7%대의 학생까지만 지원이 가능했다면, 수능등급제 하의 전형방법에서는 11%(2등급)대의 학생도 지원할 수 있다. 이러한 점에서 지원가능 인원이 확대되고, 대학으로서는 다양한 능력을 가진 학생을 선발할 수 있는 기회가 되기도 한다.

교사의 입장에서 볼 때, 축적된 정보나 자료가 부족하여 다소 지도에 어려움이 있을 수 있으나, 기존의 축적된 자료를 등급으로 환산(사설 입시학원의 대학별 배치표도 동일하게 작성됨)하면 대체로 예측이 가능하다. 조밀했던 점수경쟁이 등급제로 인해 완화됨으로써, 오히려 교사의 진학지도가 개입할 여지가 넓어지게 되었다. 과거의 점수에 의한 기계적 처리 관행에서 조금만 벗어나 생각하면, 진로지도의 입장에서 교사로서 진로지도의 전문성이 개입할 수 있는 분면이 더욱 확대되고 있다.

4) 등급제가 교육의 파행을 초래하지 않는다

등급제가 과연 교육의 파행을 초래하는가에 대해 다시 생각해 보자. 특히 등급제로 인해 논술 등의 사교육이 증가하고 있다는 주장이 많다. 과연 사실인가? 이는 사실이 아니다. 등급제와 관련 없이 논술 사교육시장은 이미 팽창하고 있었다. 등급제를 실시하지 않았으면 논술 사교육시장이 확대되지 않았을까? 현재와 같은 치열한 성적경쟁이 사라지지 않는 한 논술 사교육시장은 확대될 수밖에 없다.

또 당락에 실제로 논술고사의 영향력이 커지고 있는가? 사실은 그렇지 않다. 정시 전형의 경우 논술고사의 실질반영률은 오히려 떨어지고 있다. 이유는 수능성적 위주의 선발을 위해서 대학 측이 오히려 논술고사의 실질반영률을 떨어뜨리고 있기 때문이다. 예를 들어 Y대의 경우 논술 100점 만점에 기본 점수 95점을 부여하고, 평점척도를 A+ ~ F까지 배열하고, B+를 중간치로 삼아 중간 점수를 부여한다. 따라서 실질 편차 폭이 ±1 ~ 1.5점 수준이 되게 만들었다(Y대 서울시내 고교 진학부장 초정 간담회, 2007.11.30).

이러한 사실에도 불구하고, 학생과 학부모의 입장에서는 미세한 점수라도 점수차를 낼 수 있는 논술고사가 주요 평가요소로 작용하는 한 논술고사를 소홀히 할 수 없는 지경에 이르게 된다. 진짜 문제는 성적경쟁을 부추기는 시험제도 그 자체에 놓여 있음을 인정하지 않을 수 없다.

5) 등급제는 성적경쟁을 완화하고, 교육과정 운영을 정상화한다

수능성적 위주로 선발하는 관행에 의해 모든 아이들이 수능대비 문제풀이 참고서수업을 하고 있다. 모두가 수험시험에서 1점이라도 더 받기 위해 죽고살기식 성적경쟁을 벌이고 있다. 1000점 만점에 변환 계산된 합산 점수에서 0.01점 차이로 당락이 결정되는 희한한 현상이 모든 대학교에서 비일비재하게 일어나고 있다. 이명박 정부 이후 이 현상이 더 격화되고 있는 것은 당연지사다.

등급제는 분명 성적경쟁을 완화시키는 결과를 만들어 내었고, 당시 학교가 교육과정 운영을 정상화하는 움직임을 보이고 있었다. 학생들의 요구에 비추어 다양한 재능을 키우는 형태로 교육과정 운영이 변모해 가고 있었다. 또 학교 간, 교사 간의 교육력 경쟁의 조짐이 일어나고 있었다는 것이다.

다시 한국교육의 개혁을 이야기한다 해도 학교 교육과정의 정상 운영을 이야기할 수밖에 없다. 국가수준에서 교육과정 정상 운영에 도움이 되는 것이라면 무엇이든 그것을 도입해야 한다. 수능시험 자체를 문제제기하되, 우선은 그 영향력을 떨어트리기 위해 수능등급제를 복원하는 것이 요청된다. 이것을 염두에 두지 않는 어떠한 개혁안도 특정 소수 계층의 이익을 대변하는 궤변일 뿐이다.

마. 마무리

이 연구의 목적은 2008학년도에 처음 도입되었던 수능등급제의 의미를 살펴보고 이것을 다시 복원해야 한다고 주장하는 것이다.

당초 참여정부 1기 교육혁신위원회에서 제안한 2008학년도 대학입학제도 개혁방안에서 가장 중점을 둔 것은 '공교육 정상화'였다. 공교육 정상화의 지표는 모든 학교의 정상적인 교육과정 운영이다. 이것을 가능케 하기 위해 대학입학제도를 개혁하고자 했으며, 그 일환으로 수능등급제를 도입하고자 했다. 그러나 이 수능등급제가 실시되고 1년 만에 또다시 이전의 방식으로 환원되어 버렸다. 이는 이명박 정부가 들어서면서 이전의 개혁 조치를 무력화시킨 데서 연유하는 것이다. 본래 취지의 입학사정관제도가 제 기능을 하기 위해서는 수능등급제가 이루어져야 한다. 그래서 연구자는 참여정부가 입안했던 당시의 수능등급제를 지금 다시 복원하자고 주장하고 있다.

교육과정의 정상 운영을 전제로 하지 않은 어떤 화려한 수사와 개혁조치도 거부한다. 교육과정 정상화를 위한 대학입학제도 개혁의 기본 방향은 학교교육이 대학입시 종속으로부터 탈피하여 완성형 교육을 실시하는 것, 대학별 선발사정체제의 수립을 전제로 한 학생 선발에 있어서의 대학 자율성 인정, 수능중심 선발에서 학생부중심 선발로의 전환을 통해 성적에 의한 선발이 아니라 재능의 발굴이 중심이 되는 선발체제의 확립 등이다.

대학의 수능성적 위주 사람분별 선발방식에 집중적이고 지속적인 충격을 가하는 것이 필요하다. 대학은 이제 중고등학교가 교육과정 정상 운영을 보증할 수 있도록 '품위 있는' 선발제도를 구안해야 한다. 대학은 종래의 비교육적 선발관행에 대한 철저한 자기반성을 통해 공교육 정상화를 이끄는 '최고교육기관'으로서의 사회적 책임을 자임해야 한다(손종현, 2019: 9).

'지금 여기의' 대학교육체제(선발－과정－졸업의 시스템)의 모순적 현실을 들여다보는 것, 그것에서 한국교육의 문제를 푸는 단서를 찾을 수 있다고 판단한다. 근본적 관점에서 장기 전망을 가지고 접근해야 한다. 시작 지점에서 우리가 해야 할 일은 명확하다. 수능등급제 복원 혹은 수능시험 자체의 성격 전환을 검토할 필요가 있다. 또 2008 대학입학제도의 정신을 구현하기 위해 '질 높은 내신 자료'를 생산하는 일에 정책적으로 집중하는 것이다. 이를 위해 교육행정 당국, 학교(교사), 사회여론 주도자들이 지혜를 모으는 것이 필요하다. 직접적으로 '기록가능한 교육활동'을 합리적으로 강제하기 위한 교사별평가의 일반화, 진로교육체제 형성 등이다. 물론 반드시 다음과 같은 연관과제와 동시에 추진되어야 한다.

- 국가수준 교육과정의 대강화
- 교과서 자유발행제 및 교사의 교재구성권 확대
- OECD 수준의 교원 수 확대 및 교실당 학생 수 축소
- 교사 순환근무제 완화, 집중이수제 도입 등
- 학력 · 학벌주의 사회모순에 대응하여 대학서열화 완화 국립대학 공동학위제
- 중앙주의 사회모순에 대응하여 지역인재목표제 등 구현

전문가 교사에 의한 책임 있는 학습지도와 생활지도를 합리적으로 강제할 수 있는 환경(조건과 여건)을 만들어야 한다. 그 제도적 장치로서, '2008학년도 대학입학제도 개혁방안'에서 천명한 대로 '교사별평가'를 도입해야 한다. '가르치는 교사가 학생을 평가한다'는 기본 원리를 되살려야 한다. 교육과정 정상 운영은 이 지점에서 갈림길에 서 있다.

참고로, '지역인재목표제'와 관련하여 언급한다. 일류대, 인재, 전문직의 중앙(서울) 집중이 지역을 황폐화하고 있다. 인재를 지역에서 발굴하고 선발한다. 지역에서 필요로 하는 인재를 지역에서 기획해서 선발하는 제도적 장치가 요청된다. 이것이 중앙과 지방의 이분법을 깨는 주요한 단초가 될 것이다. 지역적 삶의 토대가 되는 전문직종에 대해 지역단위별로 인재양성과 활용의 연계체제를 마련한다. 사법시험, 고등고시 등에서 지역별 인재목표제를 우선 시행하는데 지역대학에 일정 쿼터를 배정하여 지역대학의 경쟁력을 강화해야 한다. 공공부문의 신입사원 선발 시에도 지역인재가 제도적으로 입직할 수 있는 장치를 마련해야 한다.

13장 입학사정관제도의 본래 취지와 제도적 환경 탐색1)

가. 문제제기

2008학년도에 도입된 지 15년이 지난 현 단계에서 학생부종합전형으로 치러지는 입학사정관제 전형에 대해 어떻게 인식할 것인가? 그것은 글자 그대로 '잘못 꿰어진 첫 단추'에 해당한다. 가장 큰 정책 실패는 수능시험 결과 표기방식과 관련하여 등급만 제공하는 등급제가 시행 1년 만에 폐기되고 점수제(원점수와 표준점수 제공)로 환원되었다는 것이다. 또 선발패러다임 전환을 겨냥하여 도입된 입학사정관제도가 하나의 전형방법으로 축소되었고, 제도 정착과 연관된 여러 교육제도적 장치를 마련하는데 미흡했던 교육인적자원부의 무기력과 함께, 입학사정관 채용 조건과 연관해서 학부 졸업생 정도로 그 자격이 저하되었다는 점이다. 이와 같이 체계적으로 왜곡된 체로 도입 · 운영되면서 입학사정관제가 본래 도입 취지인 고교 교육과정 정상 운영과 대학 전공단위 교육목적에 타당한 선발을 이끌어내지 못하고 있다. 연구자는 현행 방식으로 이루어지는 학생부중심전형 혹은 학생부종합전형 방식으로는 본래 취지 달성을 담보하지 못하도록 조건화되어 있다고 판단한다.

특히 입학사정관제도가 대학 전공단위 교육목적과는 무관한 선발방침을 고수하면서 방법상 다양한 전형유형의 한 방편으로 시행되고 있다. 전형방법의 다양화

1) 《교육비평》 50집(2022년 겨울)에 게재된 필자의 논문 〈입학사정관제도의 본래 취지 구현을 위한 제도적 조건 탐색〉을 부분적으로 수정한 글이다.

맥락 차원에서 하나의 전형유형을 더 보태는 꼴이 되고 있고, 그렇게 하다 보니 정작 타당한 선발은 그 취지가 무색해지고 있다. 이와 같은 전형방법론의 심각한 왜곡에 빠진 입학사정관제도에 대한 이론적 · 실천적 반성과 재고찰이 요구된다. 입학사정관제도가 재조정되어야 하는 지경에 이르러, 입학사정관제도에 대한 개념적 인식과 원리적 실천을 재검토하는 가운데, 전형방법론 자체를 수정해야 하는 지경에 다다르고 있다.

참여정부 시절에 도입된 입학사정관제도가 원래 취지에 맞게 제 기능을 하고 있는가에 대해 비판적으로 분석하고자 한다. 현재 교착상태에 빠져 있는 입학사정관제도를 어떻게 정상화할 수 있을까에 대해 숙고하면서 그 본래 취지를 구현할 수 있는 제도적 조건에 대해 탐색하고자 한다. 사실 입학사정관제에 대한 많은 선행연구들이, 연구자가 보기에, 이 제도의 취지를 오해하고 있고 그래서 잘못된 분석과 개선방안을 내놓고 있다. 물론 이현(2019: 251)이 밝히듯이, 학생부종합전형이 고교 교육과정의 정상화, 고교 교육활동의 다양화, 농어촌지역의 대학 입학 '돌파구' 활용이라는 긍정적인 측면을 인정하고 있다. 선행연구 분석에 의하면, 입학사정관제 선발이 계층 간의 공정성과 선발과정상의 공정성을 해치는 것이 아니며(양림, 2020; 이가혜, 2021; 이광현 · 권용재, 2021), 메타분석의 결과 학생부종합전형 입학생의 학업성취도가 타 전형 입학생에 비해 낮지 않다(오성배, 2015; 이명훈, 2017; 서봉언, 2018; 김소정 · 이윤선, 2022)는 사실이 밝혀지고 있다. 그렇다면 이제 제도 본래의 취지에 대한 재인식과 재구성을 필요로 하는 시점에 이르고 있다고 할 수 있다.

모름지기 입학사정관제는 고교 교육과정 정상 운영과 '고교－대학 간 교육과정 연계를 통한 선발'을 겨냥하여 도입된 것이었다. 교육과정 정상 운영과 고교－대학 간 교육과정 연계는 일차적으로 '선발의 틀'의 전환을 요청하고, 이차적으로는 '교육체제 운영의 틀'의 전환을 요구한다. 입학사정관제도는 이 양자의 전환을 기대하면서 전략적으로 도출된 정책과제였다. 큰 틀에서 볼 때 이 제도가 교육과정 정상 운영을 일정 정도 이끌어내고 있다. 그러나 연구자가 보기에, 현재 이루어지고 있는 입학사정관제도는 도입의 취지를 벗어나, 방향을 잃고 인습적 · 상식적 수준에서 운영되고 있다. 그래서 제도 운용의 방식에 프레임 수준의 변화가 일어나야 할 것으로 생각한다. 입학사정관제도 실행 자체에 내적 변신(meta-morphose)이 필요한 시점에 와 있다는 것이다. 이 문제를 쟁점으로 삼아 논의의 장을 새삼 마련하고자 한다.

여기서 '현 단계'란 문재인 정권에서 공정성을 위하여 정시 확대를 요구했던 시점을 말한다. 이 시기에 문재인 정부의 국가교육회의는 2018년 대입제도공론화위원회의를 주도하여 수능위주 전형 확대 등의 방안을 발표(2018.8.17.)하였고, 교육부는 같은 해 공론화 결과를 반영하여 2022학년도 대입 때 각 대학이 대학수학능력시험 위주 전형 또는 학생부교과 전형 비율을 최소 30% 이상 반영하는 방안을 발표하였다(홍원일 · 한종희, 2021: 620). 입학사정관전형이 공식적으로 학생부종합전형으로 그 명칭이 바뀌었는바, '입학사정관제도'는 현재로서는 대입제도로서 사용하지 않는 용어이지만 원래의 도입 취지를 회복해야 한다는 점에서 그 명칭을 그대로 사용하고자 한다.

이 논의의 한계를 미리 적시하는바, 최근에 제기되는 여러 쟁점에 대한 검토를 생략하고 있다. 예컨대 학생부 평가의 신뢰성과 공정성, 대학의 선발방침의 적합성, 특목고나 자사고 등 특정 고교의 우대 정황, 교육과정과 분리된 별도의 스펙 요구, 입학사정관들의 역할과 그 역량 등이 '조국 사태'와 연결되어 상당한 사회적 비판에 노출되었고 결과적으로 이 제도가 축소되는 방향으로 전개되었는바, 이들에 대한 비판적 검토를 생략하고 있다. 또 대학의 선발방법론의 패러다임 문제는 반드시 검토되어야 할 부분인바, 이에 대한 사회적 담론과 후속연구를 기다리고 있다.

나. 입학사정관제도의 기원과 의의

현재 이루어지고 있는 입학사정관제도의 실행 양상을 분석해볼 때 제도로서의 온전성을 담보하지 못하는 것으로 보인다. 이 제도의 성공적인 정착을 염두에 두면서 이 제도의 기원과 의의에 대해 재검토해 보자.

1) 제도의 개념적 기원

입학사정관제도는 미국의 것을 벤치마킹한 것이 아니다.[2] 그것은 우리 사회 내부에서 발명된 '교육과 선발의 새로운 기획'으로서, 심각한 이유가 있어 제도로서 도입된 것이었다. 주지하듯이, '2008 대학입학전형제도 개혁'의 목적은 공교육 정상화였다. 제도 개혁의 기본방향은 대학입시 종속으로부터 탈피한 완성형 교육, 학교생활기록부 기록에 의거한 전공단위별 선발, 수능성적이 아닌 내신중심 재능발굴에 의한 선발을 지향하는 것이었다(손종현, 2005a: 246-261). 여기에 복무하는 선발제도로서, 학교생활기록부를 전형자료로서 읽고 사정하는 입학사정관제도를 창안하였다. 여기서 이 제도의 개념적 기원에 대해 좀 더 구체적으로 논의한다.

가) 교육적 타당성 물음

선발의 객관성과 공정성 개념은 일제강점기 식민지배 이래 우리 사회를 감싸고 있는 기본 질서가 되어 있다. 한국인과 한국사회에는 골수에까지 '시험성적－객관성－공정성' 개념에 빠져 있고, 그 공정성 타령이 뿌리 깊은 문화가 되어 있다. 이 구조에서는 수능시험 중심의 선발이 위세를 떨치게 되어 있다. 이 질서를 어떻게 대체할 것인가? 무엇보다 그 객관성과 공정성을 능가하는 논리로서 선발의 타당성을 확보해야 하는 것이다.

입학사정관제도는 단순히 입시제도를 바꾸자는 것이 아니었고, 선발(수능시험)에 종속된 교육을 대체하고 교육에 위한 선발을 유도하기 위한 교육제도로 착안되었다. 이 판단에서 '교육적 타당성 물음' 개념이 새로 구상되었다. 교육적 타당성 물음은 교육 문제를 교육의 논리로 풀어내려는 교육현장의 요구를 대변하는 언어

2) 입학사정관제를 처음 도입한 나라는 미국이었다. 권수현(2017: 134)에 의하면, 입학사정관제는 처음 1920년대에 미국에서 도입되었는데, 그 당시 동유럽에서 건너온 유대계 학생들이 우수한 성적과 강한 교육열로 하버드를 점령하자 당시 미국사회의 주류를 형성하고 있던 백인 앵글로색슨계는 위기의식을 느끼고 입학에서 그들을 우대하기 위한 방안을 마련했고, 그 일환으로 대학입학전형에서 정량평가가 아닌 정성평가 방식을 도입하였다. 이 사실은 양성관(2009: 129-130)에 의해서도 밝혀지고 있다. 이 연구는 이 입학사정관제를 미국에서 실행하는 제도이기 때문에 우리나라가 수입한 것이 아니라, 우리사회 교육모순에 대한 대응책으로 특정한 취지에서 창안된 것이었다는 점을 분명히 한다.

이다. 요컨대 이 교육적 타당성 물음은 한국사회가 안고 있는 '교육모순과 선발모순의 현장'에서 생성된 개념적 실천적 요구를 반영한 것이었다. 이 요구는 먼저 수능시험으로 표상되는 입학시험제도의 모순을 고발하는 형태로 표출되었고, 그리고 그 모순을 대체하기 위해 학교생활기록부 중심의 입학사정의 제도화로 구체화되었다(교육혁신위원회, 2004: 미출간 토론자료). 또 그것은 사회문화적 압력에 밀려 학교·교사가 학생평가권을 스스로 포기해버린 부정(否定)을 다시 부정하는 교육현장의 반성에서 도출된 것이었다. 이 반성의 힘이 입학사정관제도를 정책화하도록 만들었다.

입학사정관제도는 우리 사회가 처한 교육적 난관을 뚫는 근본 대책이 되었다. 다시 말해 '교육 아닌 것'인데도 불구하고 교육적 가치를 만들어내는 기제로 작용하는 대학수학능력시험제도에 대한 안티테제(anti-these)였다. 교육적인 것을 찾아내고 그것을 기초로 교육의 문제를 확정하려고 할 때 대학수학능력시험제도는 주요모순이었고, 따라서 그것과 단절하는 대체물을 찾지 않으면 안 되었다. 그 대체물은 교육활동 기획의 권리를 학교와 교사에게 돌려주는 것, 교사가 가르치고 평가한 교육과정 지도 이력을 기록하는 것(교사별평가제), 교사와 학생의 정상적 교육적 관계를 회복케 하는 매개물이어야 했다. 그것은 학교를 '선발기관'이 아니라 '교육기관'으로 그 위상을 되찾게 하고(안상진, 2017: 185), 교사를 교육활동 기획의 '교육전문가'로 품격을 갖추게 하는 기제(mechanism)가 되게 할 필요를 반영하는 것이었다.

교육현장의 당사자들이 교육적 관점을 취하며 제기한 교육적 타당성 물음은, 교육문제는 기술적 처방만으로는 풀지 못한다는 것을 인정하면서 성립된 것이다. 교육현상은 예측·통제할 수 있을 만큼 간단하지 않으며, 복잡·다단하고 다층의 해법을 요구하는 것이다. 말하자면 이렇다. 측정할 수 있는 학력도 있고 측정할 수 없는 학력도 있다. 측정할 수 있는 학력만 통상적 전국단위 수능시험으로 측정하고 있는바, 이를 문제시한다. 측정의 결과를 성적과 석차로 기록하는 것으로 온전하다고 인정할 수 없다. 기술적 처방을 넘어서는 '교육당사자(교사와 학생)들의 이상과 열정'에 온당한 지위를 부여해야 한다. 여기서 교육당사자의 이상과 열정이란, 교육과정에 의거하여 학습능력을 신장하고 그 귀결로서 인재(人材)를 키운다는 교사의 이상과 열정, 자신의 관심사를 추구하여 학습능력을 쌓는다는 학생의 이상과 열정을 일컫는다. 이 인식에서 교육은 가르치는 자와 배우는 자의 관계, 교사와 학생의 교육적 관계의 산물이라는 개념을 성립시킨다. 나아가 '자신이 주인이 된 일상을 영위하는 人材' 개념도 성립시킨다. 그 이상과 열정에 대해서는 다른 방식의 평가와 기록이 있어야 한다. 그 평가와 기록을 읽어(reading) 사정(assessment)하는 선발이 이루어져야 한다. 그것은 성적 · 석차의 수능시험제도를 대체하는 새로운 방법론적 기제일 수밖에 없다. 그것을 교육의 제도로, 그리고 선발의 체제로 만들어야 했던 것이다.

나) '우수학생'의 발굴

실제로, 우수학생은 누구인가? 수능성적 높은 학생이 우수학생인가? 입학사정관제도는 '우수학생'이라는 잘못된 인식과 우수아 모집이라는 잘못된 관행(practice)을 해체하는 일과 더불어 시작되었다.

다양한 대입전형자료를 분석한 지은림(1999)은 대학 학업성취도 예측 타당도가 가장 높은 것은 학교생활기록부이며 다음으로 구술 면접, 논술(특히 인문계), 수능의 순이라 밝힌 바 있다. 학교생활기록부가 대학 학업성취도 예측에 가장 타당한 자료라는 것이다(진미숙, 2010: 226). 부재율(2007)의 연구에 의하면 GPA와 상관(r)이 1학년 1학기에 수능은 .14, 내신은 .33, 면접은 .18이었다. 1학년 2학기에는 수능이 .11, 내신이 동일하게 .33, 면접이 .21로 집계되고 있다.

사실, 시험 쳐서 얻은 성적 · 석차 중심의 성취도는 대학 전공학업의 적응에 대한 예언력이 낮다. 학교라는 인위적 기구에서 획득한 학업성취도 점수를 가지고 미래의 삶을 예언하는 데는 한계가 크다. 성취도평가의 근거는 공부의 진전 여부를 가늠하는 예언인데, 그런데도 우리는 그 성취도를 가지고 이후 그 학생의 직업세계 · 삶의 성공을 예언한다. 성취도와 직업세계 · 삶의 성공 간에는 법칙적 관계가 성립하지 않는다. 설사 성공을 예언한다고 해도, 성취도를 가지고 교육목적을 규정할 수는 없고, 학습경험을 평가하는 준거로 삼을 수 없다. 어떻게 시험성적을 가지고 목적을 규정할 수 있는가? 성취도와 직업세계 · 삶의 성공의 양자 사이에 법칙적 관계가 성립하지 않는다는 것을 잘 알고 있고, 또 그것이 성공을 예언하지 못한다는 것을 잘 알고 있다. 또 성취도가 아닌 다른 요인, 예컨대 지능이나 계층과 같은 요인이 더 예언력이 크다는 것을 많은 실증연구들이 뒷받침해 주고 있다. 아무튼 학교라는 특수한 장면에서 거둔 성취도(성적 · 석차)를 가지고 마치 그것이 직업세계 · 삶의 성공을 예언한다고 자신 있게 말할 수는 없다. '도구교과 성적이 높은 아이가 똑똑한 아이'라는 논리와 '성적 · 석차로 표시되어야 공정성과 객관성을 보증한다'는 논리는, 결코 어른세대가 고집하지 말아야 할 논리이다. 어른세대가 아이세대를 근심하는 방식은 아이를 시험성적으로 판정하는 방식 말고 재능과 적성을 따져서 아이를 이해 · 사정 · 선발하는 방식이다.

현재는 우수아가 전국단위 표준 시험, 즉 수능시험의 성적과 석차라는 단일 척도에 의해 판정되고 있다. 수능시험의 성적과 석차라는 척도는 객관적이며 그 객관성이 공정성을 담보한다고 철석같이 믿는다. 수능시험을 잘 준비하는 학교가 공교육을 잘 수행하는 학교라고 이해한다. 이에 대한 안티테제로서, 과연 그런가에 대한 통찰력이 (그 대체물로서) 입학사정관제 정책을 입안하게 만들었다.

다) 선발 이유의 발견

선발은 시험점수로 하는 것이 아니라, 충분한 이유에 근거하여 선발하는 것이다. 시험점수의 공정성이 아니라 이유의 타당성으로 선발하는 것이 합리이다. 그렇다면 교사들의 '교육이력'과 학생들의 '학습이력'을 전형자료로 만들 수 있는 제도적 공간이 필요하고, 그것을 효과적으로 수행할 수 있는 전문성 능력이 요구된다. 그 제도적 공간과 전문성 능력이 전국단위 국가기준 수능시험의 허구를 해체할 수 있다. 이 낙관론 위에서 입학사정(entrance assessment)의 제도가 기획되었다. 현직에서 일했던 전문 입학사정관들이 이렇게 말한다.

> 입학사정관은 점수의 차이가 능력을 판별할 수 있는지에 대해서 회의한다(박정선, 2010: 63).
>
> 선발의 이유를 가지고 아이를 선발한다(안상헌, 2010: 91).

입학사정관제도 도입을 주도했던 김민남(2012)은 대학의 선발 이유와 학생의 지원 이유의 상호연관을 말하고 있다. 그는 이렇게 말하고 있다(김민남, 2012b: 129).

> 선발의 이유를 가지고 아이를 선발한다. 다양한 선발의 이유에 기초하여 다양한 교육프로그램을 구성한다. '그' 아이가 '그' 대학 '그' 전공학과에 선발된 이유를 공개한다. 그 아이들은 저마다 자신이 선발된 이유를 안다. 그 이유를 안다는 것은 이후 그의 대학교육의 動力이 된다. 이유를 충족하려는 그 아이의 노력, 그리고 그 이유를 보증하려는 사정관의 노력이 대학교와 중고등학교의 교육활동의 성격을 규정한다. 이유를 매개로 대학과 학교가 연관한다. 입시제에서는 아무도 이유를 찾지 않는다. 찾을 수 없다. 시험성적이 그 이유이기 때문이다.

대학은 '이유를 가지고 선발한다.' 그 학생들은 저마다 자신이 선발된 이유를 안다. 이유를 매개로 고등학교와 대학이 연관한다. 그 이유가 그 학생의 대학교육의 명분이 된다. 더 이상 그는 성적 열등아가 아니다. 규모가 작은 대학일수록 선발의 이유와 근거를 더 필요로 한다.

선발의 이유를 찾기 위해 입학사정관은 다음과 같은 교육활동의 내력을 전형자료화 한다(교육혁신위원회, 2004: 토론자료 참조).

- 학교의 교육과정 이력
- 학생의 학업 이력
- 학생의 관심사 추구 이력
- 학생의 특수재능 이력
- 대학 전공학과의 졸업 목표
- 교육기회 결손의 보충

사정(assessment)에 의한 선발은 전형자료 만들기의 전문성을 요한다. 전형자료 만들기의 의도는 선발의 이유로서 학생과 학교의 다양한 교육적 성취를 발굴한다는 것이며, 학생의 교육적 성취를 이해하는 '참조의 틀'을 만들어 한 학생 한 학생을 사정·조회하겠다는 것이다. 수능시험 성적이라는 단일의 선발척도를 확정해 놓고 그것에 따라 기계적으로 학생들의 순위를 정하지 않겠다는 것이다.

사정에 의한 선발은 교사 교육기획력을 전제한다. 문제는 학교와 교사가 다양한 교육활동을 기획 · 실행할 수 있는가 하는 것이다. 문제풀이 속도를 측정하는 단일 과정에 치중하는 학교 교실수업은 '다양한' 교육활동을 허상으로 만들고 결국 그것을 불필요한 활동으로 만들 뿐이며, 이 구조 속에서 교사의 창의적이고 다양한 교육 활동의 기획과 평가는 애초부터 허구화되기 마련이다. 그리하여 중등학교는 '입학 시험'이라는 과제를 준비하는 특수한 시설로 고착되어 버린다. 그 구조 속에서는 수능시험 성적과 석차만이 그 학생의 교육적 성취를 보여주는 지표가 된다. 수능시험 성적은 그 학생의 성실과 유능의 정신과정을 나타낸 것이며, 그렇다면 당연히 교육적 성취는 우수와 열등의 분별 언어(성적과 석차)로 기록된다. 학생들의 학교생활의 특성은 오로지 분별과 차별의 '내력'으로 왜소해지고, 성적과 석차로 학생들을 판정하는 관행이 '교육적인 것'으로 인정된다. 그래서 학생들도 '쓸모없다'는 판정을 받지 않기 위해 시험성적에 관심을 집중한다. 그리하여 대학수학능력시험을 매개로 교육은 사적 이해관계를 관철하는 일류(一流)와 성공의 수단이 된다. 그렇지만 학교교육이 이것에 종속될 수는 없다. 이 구조, 이 문화를 깨트려야 하는 것이었다.

라) 공교육의 계통성 복원: 교육과정 정상화

입학사정관제도는 교육과정을 정상화하기 위해, 그리고 이것을 통해 공교육의 계통성을 복원하기 위해 도입한 것이었다(교육혁신위원회, 2004.3.19). 이는 입학사정관제 선발방식이 초 · 중등과 고등교육의 계통을 이어가는 매개체가 된다는 인식에서 나온 것이었다. 또 교육의 계통성과 교육과정 정상화는 서로 원인이 되고 결과가 되는 관계에 놓여 있는바, 그 교육과정 정상화를 겨냥하는 것이기도 하였다.[3]

입학사정관제도는 운영과정에 있어서 고등학교로 하여금 교사의 코스워크 기획을 포함하는 교육과정 기획의 자율성과 전문성을 격려하고, 대학교로 하여금 '졸업

3) 교육과정 정상 운영이 공교육 정상화의 핵심 요소이다. 수능시험 체제하에서는 교육과정을 파행적으로 운영하도록 구조화되어 있다. 공교육을 기획하는 국가(교육부)가 이것을 두고 보고 있을 수는 없다. 한마디로 말해 입학사정관제의 정책목표는 교육과정 정상화이다(김민남, 2010: 82). 교육과정 정상화 목표는 입학사정관제의 기술적 처방과 함께 교육현장(교사와 학생)의 열정을 자극하는 '이상적' 조치, 예컨대 가르치는 자의 평가권을 보호하는 조치를 취하도록 되어 있다.

의 관점' 개념을 가지고 대학 전공학과 교육과정을 활성화하는 계기로 작용한다. 그리고 '고교－대학 간 교육과정 연계'를 통해 교육과정의 계통성을 확대하게 한다. 이것을 충실하게 실제화하면, 고등학교와 대학교의 교육과정상의 계통성을 복원하게 한다. 이런 점에서 입학사정관제도는 이 시스템과 환경에 대한 '고담준론'이 아니라 계통성을 확보하게 하는 실천적 계기가 될 수 있다.

대학교와 고등학교를 교육과정의 계통으로 묶어야 공교육의 계통성이 살아나는 법이다. 그러기 위해서는 교육과정 운영의 과정과 결과에 대한 기록을 통해 학교와 학생을 발굴하는 일에 나서게 하는 제도적 기제를 마련할 필요가 있다. 그래서 고교 교육과정과 대학 전공단위 교육과정 간의 연계에 눈을 돌려야 한다. 입학사정관제도는 대학교에 대해 졸업 프로그램을 가지고 선발방침을 확정하라고 다그치고, 고등학교로 하여금 학습상황에 아이들을 초대하는 교육과정을 정상 운영하는 준칙을 투철하게 하라고 요구한다. 그 맥락에서 교육과정을 운영하는 교사에 의한 평가와 기록을 중심에 놓고, 수능시험 성적을 유보하고 시험 성적에 의한 사람 판정을 유보한다. 그것이 교육과정 운영을 정상화한다. 그것이 교육과정의 계통성을 성립시킨다.

입학사정관제 선발은 기본적으로 학생의 유능과 성실을 추궁하기보다 먼저 학교와 교사의 교육활동의 유능과 성실에 대해 책임을 묻는 방식이다. 학교와 교사에게 학생평가권을 주고 그리고 학생의 학습능력을 신장하는 교육과정의 기획에 책임을 묻는 것이 교육과정 정상화의 핵심 요소이다. 이것이 바로 공교육 정상화 방안의 한 축으로서 입학사정관제 선발이 정책화된 것이었다. 그 새로운 질서의 단초는 입학사정관제 선발방식을 교육제도로서 도입하는 것이었다.

2) 제도의 실질적 의의

가) 최초의 교육개혁

연구자는 입학사정관제도 도입에 관여하면서 '입학사정관제가 왜 최초의 교육개혁인가'에 대해 그 대강의 논점을 다음과 같이 정리하고 있다.

첫째, 입학사정관제는 '선발' 개념 자체의 변화와 '경쟁방식'의 전환을 이끌고 있다.

둘째, 입학사정관제는 우리 사회의 교육체제 운용방식을 바꾸는 핵심단서이다.

셋째, 무엇보다도 입학사정관제는 가르치는 교사에게 교재구성권과 학생평가권을 돌려주는 기제가 된다.

입학사정관제는 우리 교육사에서 한 번도 경험해 보지 못한 아래로부터의 학교교육혁신을 정책적으로 추동하는 방식으로 기능한다(손종현 편저, 2010: 7-9). 입학사정관제도를 '최초의 교육개혁'이라고 지칭하는 것은 그 이전의 교육개혁은 교육적 관점에서 보아 차라리 교육개혁이 아니었다는 것을 강조하여 말하는 것이다. 이전의 교육개혁은 입학시험을 중심에 놓고 교육제도의 비효율을 효율화하는 혹은 부작용을 완화하는 제도개선으로 일관했다. 그 제도개선은 어김없이 새로운 제도개선의 요구를 낳는, 개혁이 다시 개혁을 부르는 악순환을 야기했다. 개혁의 명분은 모든 학생에게 교육 · 선발의 기회를 공정하게 제공한다는 것이었지만, 사교육 족집게 과외를 강화하고, 거기에 투자할 수 있는 상층부 계층에게 유리하도록 만들었다. 결국 입시제도의 비효율은 사람분별의 비효율이었고, 그래서 보다 효과적으로 사람분별을 할 수 있는 방안을 찾는 것이었고, 그 개혁의 암묵적 효과는 사람분별의 세련화로 귀착되는 것이었다.

실제로, 지난 60년 동안 이루어진 교육개혁은 선발의 객관성에 관한 문제제기와 해법에 대한 것이었다. 선발의 객관성이 선발의 공정성을 담보한다고 여겼고, 그래서 시험 성적 · 석차가 객관성의 지표로 절대시 되었다. 공정성을 최종적으로 담보하는 시험성적은 전국단위 표준시험에 의한 것이어야 했다. 시험성적과 입시성적이 학교교육의 성패를 규정하였고, 수능시험 성적으로 전국의 대학의 서열을 결정하였다. 선발의 공정성을 기하는 방법으로 전국단위 표준 시험의 성적을 척도로 사용해야 한다는 관념은 16차례에 걸친 교육개혁에 그대로 유지되었다. 그 관념, 그 문화, 그 질서를 깨트려야 교육과 선발로 인한 고통을 해소할 수 있고 교육과 선발을 온전하게 이끌 수 있다. 입학사정관제도가 이것에 기여할 수 있음은 더 말할 나위가 없다.

나) 교사의 교육기획력을 합리적으로 강제하는 교육제도

입학사정관제도는 수능시험을 핑계 대면서 치열한 입시경쟁 뒤에 숨어있는 교사들의 무기력한 교육활동 기획(수업관행, 평가방식 등)을 문제 삼고 있다. 입학사정관제도가 제기하는 문제는 학력평가권을 학교와 교사에게 돌려주는, 그래서 모든 학생이 '스스로를 돕는' 학습과정에 참여할 수 있는 교육체제를 만드는 것과 연관되어 있다. 입학사정관제도는 교사에게 교육기획력(교재구성과 학생평가)을 허용하는 데서부터 시작한다. 수능시험에 매몰되지 않고, 교육활동 기획을 통해 다양한 형태의 학습능력을 키우라는 것이다.

그 교육체제의 성격은 이런 것이다; 성적이란 것이 그 학생의 긍지 혹은 좌절의 이유가 될 수 없다. 시험상황과 시험능력을 학습상황과 학습능력으로 대체해야 한다. 시험성적 개념에서 학습경험 개념으로 학교교육의 형식이 대체되어야 한다. 학교는 다양한 형태의 학습능력을 키우는 곳이고, 다양한 종류의 학습능력을 키우는 곳이다. 학교가 진정 이 학습능력 신장에 매진해야 한다. 시험능력을 키우는 것이 아니라는 것이다. 그 학습능력을 키우고, 그 키운 과정과 결과를 평가하고, 그 평가방식으로서 필요한 경우 정성적으로 기록한다. 그렇게 기록한 것을 읽고(read) 그것을 사정한다(assess). 그럴진대 성적이 그 학생의 우수의 훈장이 될 수 없고 혹은 좌절의 낙인이 될 수 없다. 성적은 능력으로 전화하는 하나의 과정적 지표일 뿐이다. 학교교육은 지적 · 도덕적 발달과 삶의 방식의 변혁을 목적으로 삼는 사회문화적 과업이다. 그렇다면 선발은 성적 · 석차를 산출하는 대학수학능력시험이 아니라 다변 · 다층의 학습능력에 따른 사정에 의해 이루어져야 하는 것이며, 그래서 그것을 제도적으로 가능케 하는 교육제도를 새로 구안해야 하는 것이다. 실제로 입학사정관제는 교사의 교육기획력을 합리적으로 강제하는 교육제도로서 어느 정도 복무하고 있다.

다) 人材 발굴과 선발의 기제

가정적 추상의 실체인 '일류(一流)'에 대한 고정관념을 해체하면서 비로소 교육적 과정(educational process)이 성립한다. 일류 학교, 일류 대학, 일류 직장, 일류 학생이라는 추상적 실체는 존재하지 않는다. 교육과정을 정상 운영하여 교육과정목표를 완성하는 경험을 가진 학생이 우수한 人材로서 실재한다. 교육과정을 정상 운영해서 교육과정목표를 완성하는 학교가 좋은 학교이다. 상급학교는 다변 · 다층의 人材를 발굴하고 선발하는 제도적 장치를 갖추어야 한다. 상급학교는 그런 학생을 키우고 그런 학생을 선발하는 시스템을 갖추어야 한다. 물론 그 시대 그 사회에 특별히 필요한 지식과 기술을 갖춘 전문적 '人才'는 있다. 그 전문적 인재는 냉혹하게 말하면 중등교육이 감당할 사안이 아니다. 그것은 고등교육이 겨냥해야 할 문제라고 전략적으로 판단한다. 그 人才를 중등교육의 문제로 간주한다면 중등교육은 어디에 써먹을 人才를 키우는 문제로 사사화(私事化)된다. 그것이 과연 공교육이겠는가? 수능시험 체제하에서는 젊은 세대의 학습능력 신장을 교육의 문제로 끌어들일 수 없게 되어 있다. 준비와 서열과 점수경쟁만 있을 뿐이기 때문이다. 이 얼마나 어불성설인가!

물론 입학사정관제도는 하나의 기술적 처방이다. 그 처방은 교사와 학생의 교육적 관계가 맺어지는 최소의 제도적 환경을 요구한다. 교육과정 정상 운영의 준법, 정상 운영을 통해 키우는 人材 양성, 그 人材를 발굴하고 선발하는 시스템을 발명해야 한다. 물론 교사와 학생의 가르치고 배우는 이상과 열정이 교육적 관계의 충분조건이다. 교사의 학생평가권과 학생의 학습권은 이상과 열정을 활성화하는 제도적 토대이다. 그 이상과 열정의 교육활동과 학습활동에 대한 기록은 선발의 기초자료, 선발의 기본 전형자료가 되기에 손색이 없는 것이다. 물론 그 人材 선발은 대학의 설립목적, 전공단위 교육목적에 부응하는 재능을 발굴하는 것과 연관되어야 하는 것이다. 그 전공단위 교육목적에 부응하는 人材를 선발할 수 있게 만드는 기제가 바로 입학사정관제이다. 이제 대학이 종래의 방식(국가가 평가권을 가지고 수능시험을 치러 내려준 성적 · 석차)을 대체해서 새로운 선발방법론을 창안해야 할 때이다.

3) 제도의 사회적 공효(功效)

입학사정관제도가 한계 속에서 운영되고 있지만, 그럼에도 불구하고 일정한 공효를 낳고 있다. 그 사회적 공효는 대체로 이런 것이다.

첫째, 제한적이기는 하지만, 입학사정관제도는 교육과정 정상 운영에 일정 정도 기여하고 있다(이현, 2017). 고등학교와 대학교 양자에게 공통적으로 '교육의 과정'을 의식하는 책임 있는 교육활동을 유인하고 있다. 또 가치결정의 권한 배분 측면에서 학교와 교사에게 교육적 가치를 결정하는 권한을 부여하는 주요 계기가 되고 있다. 이런 점에서 입학사정관제도는 고착된 교육체제와 선발체제에 균열을 가하는 개혁의 기제로 기능하고 있다. 비록 교육과정 정상화라는 정책목표를 충분하게 이끌어내는 데는 한계가 있다 하더라도, 교육적 가치 결정의 권한을 현장의 학교와 교사에게 상당 정도 이양하는 계기가 되었다는 것, 그것이 지닌 제도개혁의 효과는 개량주의적 개선의 효과를 능히 상쇄하고도 남음이 있다.

둘째, 선발에 대한 관념을 바꾸는 데 일정 부분 기여하고 있다(김성천, 2009). 수능시험에 의존하지 않는 선발의 방식이 있다는 관념, 교사의 교육활동 기획과 재능 발굴을 거쳐 평가하고 기록한 것을 전형자료로 사정하여 적합한 선발을 이루어낼 수 있다는 관념, 입학사정이 제도로서 성립하며 그것이 더 타당할 수 있다는 관념, 이 관념들을 교사 · 학생 · 학부모 · 정치권과 언론계에 파급하고 있음을 확인할 수 있다.

셋째, 고등학교의 교육 자율과 대학교의 선발 자율을 확대하는 계기를 열었다(손종현 편저, 2010). 이 제도는 우선 고등학교의 교육활동 자율을 성립시키고 있다. 교육기관으로서 고등학교가 누리는 자율로서 교육의 과정에 대한 교사의 교육기획력의 확장(자주성), 학교의 성격과 형태에 적합한 다양한 교육과정의 설계 · 운영(전문성), 교육과정목표에 따른 '완성형 교육'의 확대를 이끌어내고 있다. 동시에 대학교의 선발의 자율을 실질적으로 부여하고 있다. 대학 전공단위 교육목적에 부합하는 학생을 상대적으로 자유롭게 선발할 수 있게 되었고, 실제로 다방면의 다양한 경험, 생각, 포부가 교류되는 전공교실을 구성하도록 이끌고 있다.

넷째, 교육의 계통성을 일정 부분 회복하도록 만들었다. 입학전형제도로서 입학사정관제 선발방식이 제도로 정착된다는 것은 초 · 중등교육에서 학교(교사)가 책임을 가지고 교육프로그램을 만들어 시행할 수 있다는 것과 대학교가 고등교육의 목표를 성취하는 졸업프로그램을 운영한다는 것을 의미한다. 입학사정관제 시행은 이 양자를 이끌어내고 있고, 그런 점에서 입학사정관제 선발방식이 곧 초·중등교육과 고등교육의 계통(系統)을 이어가는 매개체로 어느 정도 기능하고 있다는 것을 함축한다.

다섯째, '공교육 이념'에 대한 담론을 형성하는 계기가 되었다. 공교육 정상화에 대한 것이 사회정치적 관심사가 되었고, 그것이 교육과 사회의 보편적 복지 논쟁으로 진전되고 있다. 최근에 입학사정관제도의 공정성 문제가 불거지면서 한국사회의 교육질서에 대한 논쟁을 불러왔고, 그 귀결로서 교육문화에 일정한 변화를 일으키고 있다. 또 정시 중심으로 회귀하려는 흐름에 대해 입학사정관협의회의 저항활동을 이끌어내기도 했다. 한편, '조국 사태'와 관련하여 한국사회 상층부 엘리트들이 자녀의 입학 및 입직과 연관하여 어떤 행위를 하는지, 공정성 가치를 어떻게 훼손하고 얼마나 쉽게 파손하고 있는지 보여주는 계기가 되었다. 불공정한 선발과정과 연관하여 계층계급 간의 갈등에 대해 인식하게 만들었고, 그것과 관련하여 공정한 입학사정에 대한 관심을 고조시켰다. 그것은 교사의 학생평가권의 확대에 대한 기득권층의 불안을 반영하는 것이었고, 교사·학생·학부모에게 공정한 입학사정에 대한 관념을 확대하였고, 일정 부분에서 학력기득권층의 양보를 이끌어내기에 이르렀다.

여섯째, 학력·학벌 문제를 완화하고 능력사회를 추동하고 있다(김부태, 2022: 444-455). 수치로 나타낼 수는 없지만, 입학사정관제도는 학력·학벌사회를 완화하고 능력사회의 가치를 구현하고 있다.[4] 수능시험에 의한 선발의 관행은, 이를테면 일반지능의 맹신, 영·수·국 중심의 '도구교과' 성적 우위, 성적·석차로 상위권 가려내기, 똑똑한 학생 가려뽑기 등의 선발 관행이 우리 사회의 역동성을 죽이고

4) 입학사정관제도 운용과 연관하여 능히 사회적 합의가 가능한데도 불구하고 사회세력 간에 가치투쟁 양상의 갈등이 일어나고 있다. 학교상황, 제도 적용 양상, 정치권 상황, 사회변화를 보면, 입학사정관제도가 가져온 그 변화를 둘러싸고 사회세력 간의 갈등이 벌어지고 있는데, 연구자가 보기에 이는 한국사회의 '학력사회' 모순구조를 반영한 것이라 할 수 있다. 입학사정관제도는 그것이 특정 계층계급을 편들고 있지만, 한편으로는 불리한 처지의 지역과 학생들에게 교육기회를 열어주는 측면에서 긍정적으로 기여하고 있다.

있다. 종래와 같이 수능시험 성적순으로 뽑아가는 선발방식은 결국 학력·학벌(學歷·學閥) 중심의 '정태적' 사회를 강화한다. 수능시험에 의한 선발은 대학교에서 어떤 전공교육을 받고 전공능력을 갖추었는지를 따지기보다는, 일류대학을 졸업하면 전공교육과 관계없이 높고 좋은 자리에 들어갈 수 있는 입직방식을 만들어 정태적 사회를 강화한다. 이에 대한 안티테제로서, 입학사정에 의한 선발이 재능과 적성, 의욕과 소질을 중요한 자원이자 가치로 인정하면서 능력사회의 역동성을 강화하고 있다. 또 입학사정관제도는 다방면의 다양한 재능을 가진 人材를 발굴하여 대학 전공교실을 구성하여 전문적 人才로 배출함으로써 능력사회의 역동성을 키우고 있다. 이와 같이 입학사정관제도는 최고교육기관인 대학교로 하여금 한국사회와 직업세계의 역동성을 지키고 그 역동성을 더욱 크게 하는 계기를 열어주고 있다.

다. 입학사정관제도의 정책 환경

입학사정관제도의 도입 취지를 살려내기 위해서는 '고교-대학 간 교육과정 연계'를 제도로서 정착시키는 것이 관건이다.[5] 그것이 교육과정 정상화와 교육 계통성 복원을 이끌어낸다. 여기서 교육과정 연계를 성립시키는 제도적 환경으로서 여러 조건에 대해 논의한다.

1) 현 단계의 제도적 조건

어떤 제도라도 그 제도의 본래 취지가 달성되기 위해서는 기본적으로 그것과 연

5) 현 단계의 입학사정관제도 운용과 연관하여 '고교-대학 간 연계'가 잘못 이루어지고 있다. '고교-대학 간 교육과정 연계를 통한 선발'이라는 올바른 방향과 궤도 위에 올려놓는 데서, 선발의 합리가 살아나고 대학입학전형이 합리성을 획득한다. 연구자는 '고교와 대학 간의 교육과정 연계'를 통한 교육 계통성 확보가 공교육 정상화를 가능케 하는 토대라고 믿고 있다.

동하는 여타 제도가 함께 제 기능을 해야 하는 법이다. 입학사정관제라는 제도도 여타의 제도적 장치와 함께 이루어져야 그 취지를 달성할 수 있는 것이다. 예컨대 전국단위 수능시험상의 등급제와 학교생활기록부 평가상의 성취평가제가 바로 그것이다.

입학사정관제도의 도입 취지와 관련하여 전국단위 수능시험은 반드시 수능등급제(등급만 제공하는 9등급제)와 짝을 이루어 시행되어야 하는 것임에도 불구하고, 수능등급제는 시행한 지 1년을 넘기지 못하고 폐지되고 말았다. 대통령 선거에서 승리한 보수 정권(이명박 정부)은 수능등급제를 폐지하고 이전의 방식으로 환원시켜 버렸다. 또 한 가지 분명히 할 것은, 교육혁신위원회 차원에서 입학사정관제 도입과 관련하여 상대평가를 강제하는 지침과 지시를 철회하고 절대기준 평가를 요구하였다(손종현, 2005b: 107). 성취기준에 대한 학생의 도달 정도를 성취기준으로 평가하여 성취도를 확인 · 기록하는 것이 교육과정에 따른 타당한 평가라 할 수 있으며(안상진, 2017: 178), 학생이 교육과정을 통해 배워야 할 것을 제대로 배웠는지 확인할 수 있기 때문이었다. 이것이 이후에 성취평가제 도입으로 귀결되었다. 성취평가제란 학교 현장에서 학년별 교과별 성취기준과 평가기준에 따라 평가하는 방식을 말하는데, 상대적 서열을 매겨 누가 더 잘했는지를 평가하는 것이 아니라 그 학생이 무엇을 어느 정도 성취했는지를 평가하는 방식을 말한다(김순남 · 이병환, 2018: 이병환, 2021: 206). 그렇다면 그것이 절대평가를 지향하는 것이 옳은데도 불구하고 여전히 원점수와 표준점수를 제공하는 상대평가 방식을 유지하고 있다.

제도적 조건이 불비한 가운데 도입 · 운영되었기에, 그것이 제도의 완성에 언제나 발목을 잡는 걸림돌로 작용했다. 그래서 이 제도는 그 자체로 '죽음의 트라이앵글', 수능전형 확대 논란, 학교생활기록부 기록방식의 혼란, '화려한 아이 가려뽑기'의 폐해 등을 내부에서부터 잉태하고 있었고, 그 폐해가 현실적으로 확대되고 있다.

그런 가운데 이전 정부의 문재인 대통령은 '선발의 공정성'을 이유로 정시 확대를 요구하였다. 이에 교육부(2020.1.22)는 서울 소재 주요 16개 대학에 2023학년도까지 수능위주 전형 비율을 40% 이상 확대해 입시 공정성을 높여나간다는 계획을 발표하였다. 교육 현장에서는 향후 입학전형에서 수능시험의 비중이 증대할 것이라는 신호로 받아들였다. 그래서 고등학교 교육과정은 수능시험 대비로 더 기울어져 갔고, 사교육 시장은 '고교 자퇴－검정고시－재수학원'을 권장하였다(사교육걱정없는 세상, 2020.1.22. 보도자료). 입학사정관전형(학생부종합전형)에 대한 불신 속에서 다시 정시로 회귀하는 안타까운 상황을 연출하였다. 정시전형 확대 기조는 전통적으로 심층문화가 된 성적·석차에 의한 공정성 타령, 교사별평가와 교육과정 자율에 대한 불안감, 교사 교육활동 기획의 전문성에 대한 불신과 연관되어 지속되고 있다.

이 상황에서 현장의 학교·교사, 현직 입학사정관, 일부 교육시민운동단체는 제도의 본래 취지에 충실한 전형의 실시를 주장했는 데에 비해, 수도권 주요 대학들은 학생부종합전형을 축소하면서 '人才' 선발을 용이하게 하는 하나의 기제로 활용하였고, 정시 확대를 천명하면서 이를 묵인 혹은 방조하였다. 이는 입학사정관제도 도입의 본래 취지에 대한 무지, 그 본래 취지를 무색하게 만드는 반원리적 선발 관행, 우리 사회의 격화된 경쟁구조가 직·간접적으로 초래한 것이었다.

2) 제도 정착의 필요조건

현 단계에서 수능등급제를 복원한다면 더없이 좋을 것이다. 그것이 9등급이든 5등급이든, 정규분포곡선상의 등급이든 평균비율분할의 등급이든, 참여정부 1기 교육혁신위원회가 창안하여 적용했던 등급제로 돌아가야 한다. 여기서 수능등급제는 반드시 등급만 제공하는 방식을 말한다. 입학사정관제도는 국가기준 수능시험의 영향력 축소를 전제해야 비로소 성립 가능한 것이다.[6] 수능시험의 영향력 축소는 우선 '수능등급제' 적용을 요구하고, 점차 수능시험 그 자체의 성격을 전환하는 것을 요구한다. (새로운 전국단위 표준화 시험제도의 도입에 대해서는 별도의 논의가

6) '전국단위 수능시험'이라는 외부평가의 영향력을 차단하는 제도적 장치를 마련하는 일이 필요하다. 외부평가는 언제나 결과를 점수화하여 석차를 매기는 방식으로 학교교육을 획일화한다. 이것이 탐구와 안목의 교실수업을 방해하고, 교육과정 정상 운영을 차단하고, 동시에 선행학습을 촉진하도록 되어 있다. 따라서 외부평가는 억제되어야 하고 최소화해야 한다. 이 맥락에서 일제고사형 시·도 학력검사, 각종 경시·경진대회 등도 최소화되어야 한다.

필요하다.) 또 성취평가제가 전면 도입될 필요가 있으며, 그 경우 상대평가가 아닌 절대평가 방식으로 대체되어야 한다. 물론 성취평가제의 도입 후에 '내신 부풀리기'에 대처할 수 있는 방안을 마련해야 할 것이며, 교사별 교육과정 · 수업 · 평가 · 기록의 일체화가 진작되어야 할 것이다.

또 앞의 주장과 연관하여, 선발의 타당성에 대한 담론을 형성하는 것이 요청된다. 공정성과 객관성을 자기 어법으로 강조하게 되면 입학사정관제도는 허구화될 가능성이 크다. 대통령이나 국무총리가 나서서 수능시험 점수에 의한 선발의 공정성을 입에 담으면 이는 곧장 이 제도의 취지를 약화하게 되어 있다. 지식기반사회의 시대흐름을 능히 읽을 수 있는데도 왜 성적 · 석차의 객관성과 공정성 개념을 확대하여 교육모순과 사회모순을 격화시키는가? 수능중심주의와 학력주의(學歷主義)가 이론적으로나 실제적으로 고통을 안기는 것이 엄연한 현실인데도 그것을 더 강화하는 까닭이 어디에 있는가?[7]

교육과정을 정상 운영하는 데 도움이 되는 여러 제도적 조치를 취해야 한다. 입학사정관제도는 학교의 교육과정 정상 운영을 겨냥하고 있고 그것을 가정하고 있다. 교육과정은 학생들의 관심사 문제, 탐구와 물음의 문제, 교육환경의 문제이다. 학생들의 관심을 철학하는 문제, 이 관심이야말로 본래의 것에 어긋남이 없는, 자연스러운 교육원리에 해당한다(김민남, 2010: 78). 이 부문에 눈을 두고 관련 제도적 조치를 취해야 한다. 이 맥락에서 수석교사제, 집중이수제, 교과교실제, 독서활동기록제 등이 도입 취지에 맞게 제 기능을 하도록 해야 한다.

또 하나 중요하게 고려해야 할 필요조건은 학교생활기록부의 기록 내용을 학생평가와 선발의 기본 자료로 활용하는 것이다. 그런 점에서 학교생활기록부의 충실한 기록과 전형자료화 확대가 필요하다. 연구자가 보기에, 학교생활기록부는 〈표 13-1〉과 같이 네 가지 요소로 구성되어 있다. 각 요소는 하위 평가항목으로 구성되어 있는바, 이것을 평가할 수 있는 전형자료를 지목하고 있고 그 평가지표를 열거하

7) 누가 어떤 이유로 학력주의를 강화하는가? 이 질문에 대해 이해할 수 있다면 그것은 한국인의 사고와 한국사회의 구조를 이해하는 방식이 될 것이다. 우리 사회의 학력 기득권층이 국가경쟁력 논의를 전유하면서 펴는 人才의 논리에 주목하지 않을 수 없다. 그것을 강화하는 논조는 적실하게 분석되고 합리적으로 비판받아 마땅하다.

고 있는데, 이를 하나의 방편으로 준용할 수 있다.8)

표 13-1 학교생활기록부의 전형자료화 및 활용방식

구분	평가항목	전형자료	평가지표	학생부 종합전형 개선 제안사항
교과 지도 영역9)	교과 능력	• 교과학습발달상황 • 세부능력 및 특기사항	• 각 교과의 성적등급 • 교과적 사고력 • 교과에 대한 관심·의욕·태도	충실한 기록/반영
	독서 활동	• 교과기반 독서활동상황	• 독서물에 대한 객관적 이해 • 창의적 사고	기재/참고
	진로 지도	• 교과관련 진로지도상황 ※ 지도한 것이 있으면 기록	• 교과관련 진로 의욕	※ 진로담임제 도입 이후 전면적 시행
생활 지도 영역	인문적 능력	• 출결상황 • 창의적 재량활동 -자율, 동아리, 봉사 활동 • 행동특성 및 종합의견	• 인성 -근면성, 리더십 등 • 창의성 • 공동체성 -봉사성, 협동심	기록/자율적 반영
진로 지도 영역	진로 능력	• 진로희망사항 • 진로활동 -학교제공 활동 -개인선택 활동	• 진로활동 의욕 • 진로활동 수준	기재/참고 ※ 진로담임제 도입 이후 전면적 시행
특장 영역	소질과 특기	• 수상경력	• 수상 종류와 수준	기재/미반영
		• 자격증 및 인증 취득상황	• 자격증 종류와 수준 • 인증 취득상황	기재/미반영

이 〈표 13-1〉을 활용하는 방식은 이런 것이다; 예컨대 교과지도 영역의 평가항목으로서 교과능력, 독서활동, 진로지도를 사정 대상으로 한다. 교과능력의 경우 교과

8) 대학 선발정책의 핵심이 '학교생활기록부 중심'이어야 한다. 대학의 선발정책으로 수능시험 성적순으로 뽑아가는 체제가 아닌, 재능과 실력을 분류하는 체계로 전환한다. 이상적인 과정과 활용방식은 이러하다. 1차 분류로서 경로 적합성 심사, 2차 분류로서 국가기준 수능시험 평가(수능최저학력기준 적용), 3차 분류로서 교사에 의해 평가·기록된 학교생활기록부 심사, 4차 분류로서 전문 사정관의 실력확인 절차에 의한 심층면접 심사가 단계적으로 이루어질 필요가 있다.

9) 〈표 12-2〉에서 보듯이, 학교생활기록부에 기록되는 교과에 대한 지도는 각 교과의 지식체계에 대한 지도, 교과지도와 연관된 독서지도, 교과에 기반한 진로지도로 구성되는 바, 이에 대한 충실한 활동과 기록이 이루어져야 한다.

학습발달상황과 '세부능력 및 특기사항'에 대한 기록을 전형자료로 삼는다. 이 경우 각 교과의 성적등급, 교과적 사고력, 교과에 대한 관심 · 의욕 · 태도가 평가지표로 지목될 수 있다. 이것은 충실하게 기록되어야 하며, 이것을 입학사정에 반영해야 한다. 독서활동은 기재하되 입학사정에 참고할 수 있을 것이고, 교과 관련 진로지도는 진로담임제 도입 이후에 그 지도 기록을 활용할 수 있을 것이다. 생활지도 영역, 진로지도 영역, 특장 영역의 각각의 평가항목과 전형자료, 평가지표, 반영 여부도 〈표 13-1〉의 내용과 같이 적용할 수 있을 것이다.

한편, 입학사정관의 네트워킹이 필요하다. 현장 입학사정관들은 이 제도를 무력화하려는 움직임을 문제제기하고, 결사체가 합동으로 그것에 대해 단단히 항의하는 행동(action)을 보여야 한다. 사정의 방식에 의한 선발이라는 상식, 이 상식이 마치 아주 유별난 의식의 표출인 양 치부되는 풍조에 맞서야 한다면, 입학사정관제도는 제도의 문제이기도 하지만 입학사정관 개개인이 자신의 인권을 지키면서 일을 해내는 문제에 해당한다. 또 그 전문성 축적을 필요로 하는 것이기도 하기에, 입학사정관들의 네트워킹과 학습공동체적 활동이 반드시 필요한 것이다. 이때 입학사정관의 행동신조는 이상을 가지고 현실의 모순을 타개하는 실천적 방식을 취하는 것이어야 할 것이다.[10] 물론 입학사정관의 전문성이 키워져야 하고(최미숙 · 김병주, 2021; 정유리 · 송경오, 2021), 입학사정관의 공정성이 제도적으로 확보되어야 하고(조희권 · 김이지 등, 2019; 노성, 2021), 학생부종합전형 평가를 위한 평가모델이 개발되어야 한다(안현선 · 신동주, 2020; 김륜희 · 지은림, 2021). 이는 입학사정의 공정성에 복무하는 방편이 될 것이다.

3) 제도 정착의 충분조건

여기서 입학사정관제도의 존립과 발전을 위한 충분조건을 따져본다. 그것은 고

10) 입학사정관의 사정행위는 효과적 선발의 조건이지 그 자체가 목적은 아니다. 입학사정 행위는 행정 행위이다. 행정은 조건 정비에 집중하는 것이다. 따라서 이해관계를 관철하는 전술적 사고를 할 필요가 있다. 문제는 행정이 목적의 자리에 있다는 것이며, 그래서 그것을 타파하기 위해서 입학사정관 협의체가 요청되며, 그 협의체에 의한 철학 행위가 요청된다.

등학교가 '기록가능한 교육활동'을 하는 것과, 대학교가 '졸업의 관점에 따른 선발'을 기획 · 실행하는 것이다(손종현, 2010: 50). 이 두 가지 조건의 실제화에 대해 좀 더 상세하게 논의한다.

첫째, 고등학교와 교사는 기록가능한 교육활동을 한다. 명백히, 능히 교육활동은 기록 가능한 것이다. 학생들의 관심사를 완성하는 교육과정 활동(개발, 운영, 평가)은 기록을 가능하게 한다. 기록은 치열한 교육활동의 내력을 드러내는 작업이다. 그것을 합리적으로 강제하기 위해, 교재구성권과 학생평가권의 자율을 '가르치는 교사'에게 허용해야 한다. 모름지기 학교와 교사의 기록가능한 교육활동은 '고교–대학 간 교육과정 연계'를 위한 필요충분조건이다. 이 경우 교육활동이란 교사의 교과지도 활동과 학교의 다양한 교육프로그램 활동을 말한다(손종현, 2012a: 106).

교사의 교육과정 기획을 이끌어내려면 무엇보다 '가르치는 자의 헌신성'을 복원해야 한다. 교사의 헌신성의 전통을 계승해야 하는바, 교사가 입시준비교육에 휘둘리지 않도록 해야 하며, 교사가 학습상황 구성의 주체로 나서게 해야 한다. 학생의 체험활동을 이끄는 학교와 교실을 기획할 수 있도록 조건과 여건을 만들어 주어야 한다. 교육은 최고 수준의 예술이다. 가르침과 예술이 하나가 되는 것, 삶과 교육이 하나가 되게 하는 것이다. 교사로 하여금 자기성찰, 자기존재이유, 교육과정 자율과 그 코스워크 기획을 의식하게 해야 한다.

교사의 헌신성을 합리적으로 강제하는 제도적 장치가 있다면, 그것은 교사별평가제를 도입하는 것이다. 무릇 교사로 하여금 자발적으로 기록가능한 교육활동을 할 수 있도록 하는 방식이 '교사별평가제'이다. 중 · 고등학교에 교육활동이 일어나도록 하기 위해, 교육과정 정상 운영을 일반적 규범으로 만들기 위해, 충분조건으로서 교사별평가제가 도입되어야 한다. 교사별평가제의 근거 위에서 교사로 하여금 작게는 코스워크 기획 활동, 크게는 교육과정 활동에 책임지도록 그 활동이 그의 일상이 되도록 허용해야 한다. 교사가 교과목 코스워크와 교육과정을 구성 · 편찬하도록 허용하고, 그 교육과정 자율에 대해 스스로 책임지도록 해야 한다. 그렇게 할 때 비로소 교사의 전문성이 실질을 가지게 된다.

또 한 가지 강조할 것은, 교사의 교과지도는 과정의 균등을 전제하면서 이루어져야 한다는 점이다. 과정의 균등에 대한 실천적 관념은 어떤 학생도 그 나름의 수월성을 추구할 수 있다는 교육적 신념으로부터 온다. 이러한 의무감과 신념 하에서, 교사는 과정의 균등에 나서지 않으면 안 된다. 과정의 균등은 학교 밖에서 제공해 줄 수 있는 것이 아니기 때문이다. 물론 교육정책당국은 이것을 보증하는 인적 · 물적 · 문화적 자원을 지원하는 대책을 충실하게 마련해야 한다.

둘째, 대학교는 '졸업의 관점'에서 선발방침을 기획한다. 교육기관이라면 졸업의 관점에서 선발과 교육과정을 숙고해야 한다. 교육의 정점에서 시작지점을 생각해야 한다는 것이다. 전공교육과정 구성에서 교육목적을 설정하고 그것에서 방향을 잡는다. 그 방향에서 전공 학생들은 어떤 교육과정을 어떻게 겪을지를 예측한다. 그 교육과정을 운영하여 교육목적을 완성하되, 그것에 가장 적합한 학생을 선발하는 방식을 숙고한다. 모름지기 대학이 '졸업의 관점'에 따른 선발방침을 기획하는 것이 '고교－대학 간 교육과정 연계'를 위한 또 하나의 필요충분조건이다(손종현, 2012a: 107). 무엇보다 먼저 대학은 졸업의 관점에 근거하여 '무엇을 어떻게 가르쳐 어떤 능력을 키워 졸업시킨다'는 관점을 표명한다. 이것을 공개하고 선포한다. 그 선포한 내용에 대해 책임을 다하기 위해 대학교는 매진한다. 여기서 '졸업의 관점'이란 대학교가 어떤 교육과정을 운영해서 어떤 능력을 어느 수준으로 키워서 졸업시킬 것인가를 선언하는 것을 말한다(손종현, 2012a: 107).

대학교는 선발의 자율성을 말하기에 앞서, '졸업의 관점'에서 체계적 교육과정과 책임 있는 교육프로그램을 개발 · 운영함으로써 전문적 전공능력을 갖춘 인재를 양성하여 직업세계에 배출하는 사회적 책임을 다한다. 이는 최고교육기관으로서 대학교가 중등교육에 대해, 그리고 대학 전공학생에 대해 져야 하는 사회적 책임과 연관된 문제다. 이것이 최고교육기관으로서 '대학다운' 지성의 표명이다. 그러기 위해 대학교는 '졸업 프로그램 → 과정 프로그램 → 선발의 방침'이라는 '졸업의 관점'을 취한다. 그리하여 성적 · 석차에 따른 객관성(수능시험) 준칙에서 타당성(졸업의 관점)에 따른 적절성 준칙으로 선발방식을 바꾸어 나간다. 그래서 졸업 프로그램과 과정 프로그램의 이수에 적합한 학생을 선발하는 방식을 취한다. 결국 타당성의 원리에 따른다는 태도를 가지고 선발문제를 이해하고 실행한다는 것이다. 이 경우

선발의 주체는 누구여야 하는가? 전공단위의 교육목적에 지원 학생의 욕구, 동기, 포부가 일치하는 선발을 가능하도록 하기 위해, 전공학과(부) 교수와 전임 입학사정관이 선발의 주체로서 '수고'하는 것이 마땅하다.

대학교는 고등학교 · 교사의 학생평가권을 침해하지 않으면서도 학생선발권의 자율을 최대한 확대할 수 있다. 고등학교 · 교사의 학생평가권을 온전하게 존중하면서도 대학교는 전공목적에 맞는 학생을 선발할 때 선발의 자율성을 향유하는 것이다. 대학교는 다양한 재능을 가진 학생들로 전공교실을 구성한다. 대학 전공단위는 다방면의 다양한 재능을 가진 학생과 특정한 분야에 특별한 재능을 가진 학생을 뽑아 강의실을 구성함으로써 역동성을 지닌 전공교실(well-rounded freshman class)을 탄생시킬 수 있다.

라. 제도적 환경 탐색

입학사정관제도는 '고교－대학 간 교육과정 연계를 통한 선발'을 겨냥하여 도입된 것이라고 했다. 입학사정관제도는 하나의 제도이다. 제도는 취지를 계승해야 하는 것이지, 단절이 아니다. 현 단계의 조건 속에서 할 수 있는 것과 할 수 없는 것을 명확히 하고, 할 수 있는 것을 남김없이 하고자 해야 한다. 향후 입학사정관제도가 발전적으로 이 제도의 취지를 살리기 위해 긴급하게 무엇을 체제적으로 갖추어야 하는가?

첫째, 교육체제 운용의 틀을 바꾼다. 교육과정 정상 운영, 교사의 교육활동 기획(교재구성과 학생평가)의 권한을 강화한다. 교사는 교육활동을 기록할 수 있다. 기록은 아이들의 관심사를 완성하는 코스워크 기획과 교육과정 기획을 지속가능케 한다. 기록에서 치열한 교육과정 기획의 내력을 드러낸다. 그러기 위해 교사별평가가 제도화되어야 한다. 우선, 사회발전의 프로그램이 될 수 있는 하나의 교육제도로서 '교사별평가'를 제도화한다.[11] 교사는 기록가능한 교육활동을 하여 그것을 기록하고, 대학교(국가, 기업)는 그것을 주요 · 기본 전형자료로 삼아 선발하도록 해야 한다. 문제는 교사별평가를 원하는 주체가 지금은 동력이 크게 떨어졌다는 것과 '현재의 학교 체제는 교사들에게 질 높은 수업과 평가를 그렇게 요구하지 않는다'는 것(김성천, 2009: 42)이 심각한 상황이다. 교사들도 기존의 대학수학능력시험이 공정하다고 믿고 있고, 수능시험에 대비하여 참고서 진도 나가고 문제풀이 하기에 익숙해져 있고, 과정중심평가에 대한 거부감을 상당히 가지고 있다. 과거의 교육운동에는 교사별평가제를 옹호하는 목소리가 있었으나 지금은 그 목소리가 잦아들고 있다. 또 지필고사 없이 수행평가만으로 평가를 진행할 수 있는데도 불구하고 교사에게 그 권한을 최소한으로 부여하고 있다. 모름지기 평가에 관한 지침이 여전히 경직되어 있다. 이러한 문제를 총체적으로 해결할 수 있는 대안을 구체적으로 만들어 제시할 필요가 있다. 현재 시점에서 상정해볼 수 있는 현실적 대안은 학교의 교육과정 자율성을 대폭 늘리고, 교육과정을 대강화하면서, 학교에 교과목 개설의 권한을 부여하고, 선택교육과정을 확대하고, 성취평가제에 걸맞게 내신 절대평가를 향해 나아가는 것이다. 현실 상황에 대응하는 방식으로, 혁신교육의 맥락에 비추어, 이런 대안을 적극적으로 제시할 수밖에 없다.

둘째, 선발의 틀을 바꾼다. 선발은 사정(査定)을 통해 이룰 수 있다. 사람을 평가하는 것은 그 사람을 이해하는 것이다. 그 사람을 이해하기 위해서는 사정이 필요하다. 사정이란 전인의 평가 혹은 전인격의 평가라는 뜻을 포함한다. 사정이라는 형식의 활동을 통해 선발을 이루어낸다. 사정의 방식에 의한 선발을 규칙으로 삼는다. 경우의 수를 달리하여 재능을 발굴하는, 다양성 발휘를 허용하는 선발의 틀을 개념화한다. '시험성적' 중심으로만 뽑지 않는다. 이른바 '똑똑한 아이'임을 지금 증명한 아이이건 나중에 그럴 것이라고 점찍은 아이이건, 그 아이의 재능을 '발굴'한다. 객관(공정)과 획일의 선발을 타당과 다양의 선발로 대체한다. 이런 맥락에서

11) 교사별평가제에 대해 김민남(2015)은 이렇게 말하고 있다. "아이들에게 자신의 경험을 앎으로 갈무리하는 '한가함'을 주자. 그러기 위해 학생평가권을 가르치는 당사자인 학교와 교사에게 돌려주는 것이다. 국가의 평가권을 발휘하는 제도인 수능보다는 현재 아주 부실해도 교사의 기록(내신)에 의해 선발하는 방식이 더 좋다. 아이들에게 기록할 수 있는 활동을 하도록 해주는 교육과정은 구성 · 운영하고, 교사는 전문가적 안목으로 아이들의 변화를 관찰할 수 있어야 한다. 하루아침에 이루어지지 않는다. 참고 기다린다. 그것 이외에 다른 길이 없다고 생각한다"(김민남, 2015: 111).

입학사정관제도를 원리적으로 실행하고 수능시험의 비중을 약화하는 방침을 선도한다.

셋째, 대학교로 하여금 졸업의 관점에서 선발방침을 기획·실행하게 한다. 교육기관이라면 졸업의 관점에서 선발과 교육과정을 숙고하는 법이다. 그 맥락에서 대학별 전공단위 선발방침을 마련해야 한다. 대학교는 학교생활기록부 자료를 토대로 대학별 선발방침, 전공학과별 선발기준에 의거하여 전형자료를 만들어 낼 수 있다. 대학교는 고교-대학 간 교육과정 연계를 통해 전공단위 교육목적에 근거하여 선발한다는 것을 원리로 삼아야 한다. 이는 현재 상황에서 국가기준 수능시험의 위세를 능가할 수 있는 방법론이 될 것이다.

우리는 고백하듯이 솔직하게 말해야 하고, 이데올로기적 권력체가 되어 있는 대학교에게 그 책임을 추궁해야 한다. 대학교는 이제 스스로 자문해야 한다. 대학진학 희망 학생 수가 많다는 것, 현장교사의 기록을 믿을 수 없다는 것, (억지 개념의) 객관성과 공정성 가치를 추구할 수밖에 없다는 것, 그래서 수능시험 성적으로 뽑는 것이 지극히 당연하다는 것 등의 이데올로기화된 비교육적 논리(관념과 태도와 관행)에 의존하지 않고, 어떻게 스스로 지성적인 선발시스템을 갖출 것인가를 숙고해야 한다.

입학사정관제도는 그 자체 중등학교 교육과정 운영에 대해 모니터(monitor)하고 교육과정을 충실하게 이수한 학생을 스크린(screen)하기에, 중등학교의 교육과정을 정상 운영하도록 유인하는 계기가 된다. 이는 결과적으로 고교-대학 간 교육과정 연계를 확대함으로써 교육과정의 계통성을 확대하도록 견인한다. 이는 고등학교로 하여금 교육과정 정상 운영을 촉진하는 제도적 울타리가 된다. 입학사정관제도의 도입 취지를 구현할 때, 그럴 수 있도록 필요충분한 조건을 갖추어 줄 때, 입학사정관제도에 의한 선발방식은 중등교육과 고등교육 간의 교육과정의 계통성을 회복하는 주요 계기가 된다.

요컨대, 입학사정관제 전형은 고등학교 교육과정과 대학교 전공단위 교육과정 간의 연계를 실질적으로 촉발한다. 가르친 교사에 의한 학력평가의 기능을 실질화하는 것과 함께, 실질적으로 고등학교 교육과정과 대학교 전공단위 교육과정의 연계를 성립시키고 결과적으로 교육과정 계통성을 확보하게 만든다. 이 선발제도는 대학교가 전공단위 교육목적에 충실한 선발방식을 기획 · 실행함으로써 고교-대학 간 교육과정 연계를 확대하고 그 귀결로서 공교육이 살아나도록 안내하는 유효한 선발제도로 기능한다.

마. 마무리

현 단계에서 입학사정관제가 원래 취지를 구현하고 있는가에 대해 본격적인 질문을 제기한다. 현재 왜곡된 방식으로 운영되고 있는 입학사정관제도와 연관하여 본래 취지의 입학사정관제도를 살려내는 그 정상화 환경을 새삼 탐색하고 있다. 입학사정관제는 교육과정 정상화를 겨냥하는 교육개혁 방안으로서, '선발의 틀의 전환'과 '교육체제 운영의 틀의 전환'을 합리적으로 유인하기 위해 도입되었다. 수능 중심 선발에 대한 안티테제로서 교육과정 중심의 선발이 교육과정 정상화를 보증한다. 따라서 고교-대학 간 교육과정 연계를 통한 선발이 이루어져야 한다. 현재 입학사정관제는 일정 정도 교육과정 정상 운영에 기여하고 있다. 그것에 더 크게 복무하기 위해서는 '고교 대학 간 교육과정 연계'의 의미가 충실하게 살아나는 방식으로 전개되어야 한다. 대학 전공단위별 교육목적과 고등학교 학생부 교육이력 기록 간의 교섭에 의한 선발방식이야말로 교육과정 정상화와 교육 계통성 복원을 가능케 한다.

입학사정관제가 대학입학에 필요한 보조장치가 아니라 입시를 입학으로 (시험에서 전형으로) 그 패러다임을 전환할 수 있는 기본적 제도적 기제라는 관점을 견지하다. 입학사정관제는 수능중심의 시험제도를 대체하여, 고교 교육과정 이수 이력과 대학 전공단위 교육목적 간의 상호 연계를 기제로 하여 이루어지는 선발제도임을 분명히 한다. 이 제도가 제대로 작동할 때, 수능시험 중심에서 교육과정 중심으로, 공정성에서 타당성으로 그 중심 가치를 이동할 수 있게 된다는 점을 분명히 한다.

이 제도의 온전한 정착을 위해서 필요조건으로서 수능등급제 복원, 기록가능한 교육활동, 교사별평가제 도입, 학생부 전형자료화 확대, 입학사정관의 네트워킹과 공정성 확보 등을 요한다. 또 무엇보다 중요한 제도적 환경으로서 고교의 '기록가능한 교육활동'과 대학의 '졸업의 관점에 따른 선발'이 충분조건으로서 요청된다. 그 맥락에서 특히 교육제도로서 학교 교사의 교육기획권(교재구성권과 학생평가권)이 확대 허용되어야 하고, 선발제도로서 대학의 전공단위 선발제가 정책적으로 도입되어야 한다.

입학사정관제도는 학교생활기록부의 교육활동 이력에 대한 사정을 준거로 하여 선발하는 방식을 구조화하고 있다. 고등학교 교육과정 실행의 과정과 결과에 대한 기록을 읽고 사정하여 선발하기에 그렇다. 이는 필시 고등학교로 하여금 자신의 성격과 형태대로 교육과정을 운영하도록 합리적으로 유인한다. 입학사정관제도가 그 개념과 원리에 충실하게 확대될 때, 고등학교가 수능시험에 절대적으로 종속되지 않고 자신의 교육과정을 정상 운영할 수 있다. 대학교의 전공단위 선발은 고등학교 학생들로 하여금 '경험의 역사'를 기록해도 좋을 만한 학교 학습활동을 할 수 있도록 허락한다. 이는 학생 개개인이 자신의 교육목표를 완성할 수 있도록 제도적으로 허용한다. 이것이 교육과정 정상화를 가능케 한다.

한국사회와 교육주체는 '성적 · 석차 시스템'의 단일적 경쟁을 자연스러운 것으로 여기고 있다. 성적 · 석차 경쟁시스템을 당연하게 여기는 산업심리학적 관념에 모두가 갇혀 있다는 것이다. 이것이 교육논리의 파손을 가져왔음은 주지의 사실이다. 이런 점에서 성적 · 석차 경쟁시스템을 전면적으로 전환하는 것은 시급히 요구되는 사안이다.

향후 입학사정관제도는 공정성, 객관성, 성적 · 석차, 변별력, 수학능력, 내신 부풀리기, 본고사, 논술고사 등과 같은 코드(code)를 능가하는 새로운 파괴력 있는 언어(language)를 만들어내야 한다. 타당성과 적합성, 학습능력, 교육과정 정상 운영, 학습경험의 역사성, 교사별평가, 기록과 음미, 교육의 계통과 통일, 정신적 필요의 충족, 교육복지 등이 그런 류의 언어이다.

IV

정치적 결단, 역사적 선택

14장 '기록가능한 교육활동'의 제도화

가. 접근 관점의 문제

접근 관점을 연구문제로서 제기하고 새삼 숙고를 가다듬으면서 거기에 대응하는 답을 내놓고자 한다. 진정 무엇이 문제인가에 대해, 근본에 돌아가 새롭게 접근할 필요가 있다. 문제의 근원에 다가가 근본적으로 대응한다. 접근 관점은 이런 것이다.

1) 한국사회 교육모순의 근원에 다가가 그것에 근본적으로 대응하는 방식을 취한다. '선발에 종속된 교육'에서 '교육에 종속된 선발'로 그 패러다임을 바꾸어야 한다. 어떻게 대응할 것인가? 현안으로, 작금의 논쟁, 예컨대 수시 축소와 정시 확대 경향, 고교서열화와 대학서열화를 둘러싼 표피적 쟁점에 눈을 두지 않고 교육제도와 선발제도 자체의 모순에 대해 거듭 이론적 정책적 관심을 집중한다. 시작지점으로 돌아가, 원리적인 의미에서 학생의 지식활동이란 무엇인가, 무엇을 어떻게 가르치면 교육이 되는가, 무엇을 어떻게 기록해야 하는가 하고 묻는다.

2) 합법의 문제가 아니라 합리의 문제로서 교육을 개념화한다. 규정과 규범에 따른 행위 이전에 이치 · 헌신 · 열정에 따른 교사의 교육과정 기획을 문제 삼아

야 하고, (수능 점수로 뽑는 방식 말고) 대학 전공단위가 교육목적을 설정하여 이를 전형자료로 삼아 선발 · 사정하는 방식을 문제 삼아야 한다. '기록가능한 교육활동'은 개념적 명제이면서 규범적 명제인 바, 이 명제에 대한 감각을 수용하면서, 교사에게 교육과정 작업의 권한을 최대한 부여하고, 그 맥락에서 학생평가권을 주고, 그 권한에 대해 책임을 묻는 제도적 시스템을 먼저 숙고한다(김민남, 2022: 79). 그 제도적 시스템이 기능할 때 교사에게 교육에 대한 합리, 헌신, 열정을 요청할 수 있고 대학에게 선발에 대한 책임을 물을 수 있다.

3) 정치 · 경제의 관점을 버리고 '교육적 타당성 관점'을 취한다. 교육적 타당성 관점을 취한다는 것은 교육을 기준점으로 삼아 사물을 바라보겠다는 것이다. 기준점은 충분한 것이면 되고, 필요한 것은 제외한다. 기준점은 '교사가 교육활동을 기획하여 학생의 학습능력을 키우고 그것을 기록하는가' 하는 문제이다. 한 마디로 학습능력을 키우고 기록하는 것이다.[1] 대학은 교사가 키우고 기록한 그 학습능력을 사정하여 전공단위 교육목적으로 사정 · 선발하는 것이다. 정치권의 눈치를 보고, 교원단체의 눈치를 보고, 학부모의 눈치를 보고, 일류대학의 눈치를 보는 짓을 하지 않는 것이다. 오직 학교교육의 정상화, 교사 존재방식의 정상화, 교육과정의 정상화, 대학 학생선발의 정상화, 그것을 지켜야 한다.

4) 학교교육의 지향으로서, 신정 교육과정을 정상 운영하는 방안을 찾아야 한다. 이제 '정답－진도－성적 · 석차' 도식을 해체하고, '물음－발견 · 탐구－문제해결 경험'의 도식을 성립시켜야 한다. 발견과 탐구(삶)로서의 교육을 성립시켜

1) 학습능력이란 학습의 결과로서 학생들이 성취한 능력을 말한다. 학습능력은 가르쳐준 것을 익히는 것이 아니라 '보고 구성하고 창조하여' 아는 능력이다. 학습능력은 하나를 배워 둘을 아는 능력이다. 학습능력은 삶의 경험을 반성하여 앎을 얻는 능력이다. 그것은 오로지 인간의 것이다. 교육은 이 능력을 신장시키는 제도이며 체제이다. 학습능력은 교육의 존재이유이다. 이 능력을 모두의 것이 되게 하는 것에 한정하여 교육의 한계점을 설정한다. 이 능력의 임계치를 생각하여 교육의 가능성을 설정한다. 이 학습능력은 교사의 교육활동 기획을 필요로 하며, 그래서 교사의 교육과정 기획과 교재구성의 전문성을 필요로 한다.

야 하는 이유가 여기에 있다. 다양한 대상세계에 대한 물음(삶)이라는 교육 명제는 교육과정을 발견, 탐구, 신비, 초월, 비약이라고 인식할 때 성립한다. 대상세계에 대한 물음은 현장 삶이며, 현장이란 어찌할 바 모르는 곤란과 당혹감을 주는 곳이다. 장면마다 조건마다 상투적인 것이라고는 없다. 모두가 신선하고 고상하다. 한 번도 해보지 않는 것이기에 새로운 언어를 만들어야 그 상황을 포착할 수 있고 그 현장을 통제할 수 있다. 다양한 대상세계를 염두에 품는 '물음'과 '곤란'과 '당혹감'을 교육적 가치로 만들지 않으면 안 된다. 즉 다양한 대상세계의 문제상황(problematic)에 노출시키고 이것을 해결하는 교육적 경험을 제공하는 것을 '교육의 과정'으로 만들지 않으면 안 된다(Dewey, 1964). 그 '물음-발견 · 탐구-문제해결의 경험'을 이끌어내는 교육과정을 정착시키는 기제로서 교육제도와 선발제도의 성격을 바꾸어야 한다.

5) 교사별평가의 제도화가 요청된다. 평가권은 '가르치는 교사'에게 있는 것이라고 선언한다. 학력평가는 '가르치는 사람'에 의해 타당하게 (정량과 정성의 기록으로) 이루어져야 한다. 이 경우, 절대평가가 유익한 편이며, 그래서 절대평가를 지향할 필요가 있다. 그렇다고 해서 상대평가를 두려워할 이유는 없다. 상대평가는 단지 하나의 전형자료이기 때문이다. 선발척도로서의 수능시험 성적 · 석차(수능점수)가 지닌 위력을 낮추기 위해, 전형자료가 될 만큼 학생부의 기록이 충분한 내용을 가지도록 해야 하며,[2] 그 내용은 교사와 학생 간의 교육활동의 내력을 가늠할 수 있도록 충실하게 기록되어야 한다. 교사는 그 기록을 할 수 있는 교육활동을 하는 것에 대해 기꺼이 책임져야 한다. 대학 전공단위는 학교와 교사가 기록한 그 내용을 전형자료로 삼아 읽고 사정해서 뽑아야 한다. 그 사정 권한은 대학에게 전공단위에게 있는 것이라고 선언한다. 이 경우 시험 점수에 의한 공정성보다는 적합한 선발을 이끄는 타당성이 더

2) 대학 수학능력시험이 많은 교육병리를 만들어내고 있다. 이 수능시험을 대체하기 위해서는 학생부 기록이 충분해야 하고 '내가 가르친 학생은 내가 평가하는' 교사별평가가 효과적으로 제도화되어야 한다. 교사의 고유 업무는 교과지도와 생활지도이며, 그것에 대한 평가 · 기록을 전문적으로 수행해야 한다. 그 평가 · 기록이 전형자료가 되기에 충분해야 한다. 그것은 교육적으로 타당해야 하고 또한 사회적으로 신뢰할 수 있어야 한다.

중요하게 요청된다. 수능시험은 하나의 전형자료로써 활용한다. 입학사정관이 전형자료를 만들 수 있어야 한다. 학생부 전형자료를 읽어야 하고, 대학의 이념과 교교 교육과정에 대해 이해해야 하고, 전공단위의 교육과정이 무엇인지에 대해 이해해야 한다. 입학사정관은 타당한 선발을 하는 것에 대해 기꺼이 책임져야 한다.

나. 기록가능한 교육활동이 제도화되어야 하는 이유

1) 학습의욕(학습흥미)을 진작하는 교실수업 견인

교사는 기록함으로써 자신의 교육활동을 음미할 수 있다. 기록가능한 교육활동은 교사로 하여금 학습의욕 혹은 학습흥미를 키우는 교실수업을 하게 한다.

학습의욕이 지식활동을 이끈다. 이 명제가 앎에 충실한 일상을 사는 '학교와 교실'(학습사회)을 가능하게 한다. 교사와 학생으로 하여금 앎에 충실한 교수 · 학습활동을 기획하게 한다. 그 교수 · 학습활동이 질문을 통해 '탐구와 발견의 학습의욕을 불러일으키게 한다.' 그 교육활동이 이해와 적용, 표현과 경청을 세련시키는 지식활동을 진작한다. 여기서 '교수 · 학습활동'이란 교과지도(교과 지식체계, 교과기반 독서지도, 교과연관 진로지도), 생활지도, 학교특장 교육프로그램 운영 등이다.[3] 기록하는 교육활동을 통해 지적 · 도덕적 능력을 키우게 한다.[4] 그 교육활동이 교사와

3) 기능적으로 말해 '교육활동'이란 교사가 하는 활동, 교사를 통한 활동을 지칭한다. 훈련도 아니고 교화도 아니고 조건형성도 아닌 '교육적인' 활동을 말한다. 이는 교과지식을 가르치는 일, 그리고 태도와 기능을 기르는 일을 포함한다. 물론 생활지도를 포함한다. 정치활동, 경제활동, 문화활동 아닌 교육활동이 있다(전성은, 2003: 7). 교육활동은 (학교에서만 할 수 있는) 지적 도적적 발달을 겨냥하는 행동양식이다.

4) 학교는 교육활동을 하는 곳이다. 학교와 교사는 전략적으로 앎의 문제에 한정하여 교육활동을 기획한다. 교육활동의 자주성은 기본적으로 코스워크 기획의 자율이며, 크게는 교육과정 기획의 자율이다. 교육활동의 자주성은 학생들의 '학력'의 신장에 대한 책임으로 귀결된다. 이 책임은 학생들의 학습의 과정에 대한 교사의 기록을 공개함으로써 완수된다.

학생으로 하여금 교육적 관계를 맺는 가운데 교육과정목표를 완성한다. 어떤 경우에도 교육과정목표를 완성하게 하고, 학습의욕을 키우는 교육활동을 하게 한다. 그러기 위해 다양한 형태의 코스워크 기획을 하게 하고, 교육의 과정에 대해 상세하게 기록하게 할 필요가 있다.

2) 코스워크 기획을 실행하고 그것을 기록하는 교사의 전문성 키우기

교육활동 기록이 제도화되어야 교사로 하여금 코스워크를 스스로 기획하게 만들 수 있다. 교사의 코스워크 기획과 기록은 국가의 일방적이고 관치적인 교육과정에 대해 현장 책임교육을 가능케 한다. 그 실천을 성립시키는 기제가 바로 교사의 '기록가능한 교육활동'이다.

교사가 코스워크를 기획하는 것이 교육학적으로 타당하다. 코스워크 기획이 '교육의 과정'을 관리 · 통제하는 원천이다. 교사는 그 코스워크를 기획하고 실행한다. 교수－학생 간의 교육활동의 길, 가르침과 배움의 길은 실재한다. 가르침을 생각하는 사람들은 배움의 길은 어디로 향하고 있으며 그 길의 끝은 어디인가 하고 늘 묻는다. 교사는 그 길을 어떻게 낼지에 대해 숙고한다. 듀이의 경험재구성 모형을 참조하여, 프레이리의 의식화 모형을 참조하여, 스키너의 행동수정 모형을 참조하여, 그 길을 만들 수 있다. 그 코스워크를 교사가 기획해서 실행한다. 코스워크를 구성하고 그것을 규범으로 삼아 지도하고 기록하는 것은 교육의 합리를 구하는 방식이다. 거기서 교사의 코스워크 기획의 전문성은 키워진다.

학교 · 교사는 학생이 교과목 코스워크를 어떻게 이수했는지, 어떤 학습활동을 했는지, 학습경험이 무엇인지, 그 학습경험이 역사성을 가지고 있는지 등에 대해 확인하고 기록한다. 그 기록의 전문성을 키워야 한다. 종래까지는 기록할 것이 없었는데, 참고서 진도 나가고 문제풀이를 해서는 기록할 것이 없었는데, 이제는 기록할 만한 것이 생겨난다. 그 코스워크 기획과 교육과정 기획을 기록해야 교실수업이 살아나고 창의성 교육이 살아난다. 거기서 교사의 기록의 전문성이 키워진다.

3) 교사별평가제를 성립시키는 기본 요건

기록가능한 교육활동은 교사별평가의 제도화를 성립시키는 기본 요건에 해당한다.[5] 새로운 교육질서를 구축하는 제도적 시스템으로서 교사별평가제가 도입되어야 하고, 이것이 충족될 때 내가 가르친 학생을 내가 평가하고 학생의 학력과 재능을 발견·발굴·기록할 수 있다. 교과별평가제로서는 이것이 불가능하다. 여기서 '기본 요건'이란 이것이 전제요건으로서 필수적으로 요청된다는 것이다.

학생의 학력에 대한 평가와 기록은 원리적으로 가르친 교사의 것임을 분명히 한다. 물론 교사별평가는 교사에게 자율적 교재구성권과 창의적 수업권을 논리적으로 전제하며, 이것은 '기록가능한 교육활동'의 원인이자 동시에 그 결과이다. 교사별평가는 교사와 학생으로 하여금 자율을 행동하도록 돕는 기제이다. 자율을 행동하도록 함으로써 교과지도와 생활지도의 전문가로서 권한과 책임을 다하도록 견인할 수 있다.

교육활동 기록은 교사의 교육활동의 전문성을 합리적으로 강제하는 기록으로서, '기록'의 엄중성에 의해 교육활동의 전문성 발휘를 매개한다. 이 기록부는 교실수업 내실화, 곧 '교육의 과정' 기획력 강화의 기제가 된다. 또 교육의 목표·내용에 따른 다양한 교육활동을 견인하는 매개가 된다(김민남·손종현·김부태, 2004: 38-39). '교사별평가에 의한 교육활동 기록'은 ① 교사의 코스워크 기획을 통한 교육력 제고, ② 학교평가 및 교사평가의 주요 객관적 자료, ③ 대학 학생선발의 주요 전형자료로 기능한다.

4) '수능시험(선발)에 종속된 교육'을 넘어서는 하나의 단서

교육과정 이수에 대한 충실한 기록이 대학의 입학사정을 가능케 한다. 대학의

5) '교사별평가'는 '내가 가르친 아이는 내가 평가한다'는 원리에 따라 교과지도 교사가 자신이 가르친 아이의 학력을 평가하는 것을 의미한다. 이 개념은 학생평가권이 가르치는 교사의 몫임을 천명하는 실천적 언어이다. 이 관념은 국가와 대학의 평가권을 회수하고, 가르친 당사자 교사에게 평가권을 확대 부여하는 교육제도의 토대가 될 수 있다.

입학사정이 수능시험(선발)에 종속된 교육을 넘어서게 만든다. 수능시험(선발)에 종속된 교육은 역사적으로 정책적으로 강제된 것으로서, 그 자체가 모순이다. 기록가능한 교육활동의 제도화가 수능중심 교육체제를 해소할 수 있다. 기록가능한 교육활동에 의한 '교육에 종속된 선발'이 교육과정 정상화를 이끈다. 이는 공교육 정상화의 핵심 내용이다.

어떻게 이것을 역전시킬 수 있을까? 교육과정 이수와 관련하여 기록가능한 교육활동을 성립시키기 위해, 그 제도적 기제로서 품위 있는 교육적 방식으로 교육활동을 수행해야 하고 기록해야 한다. 이 명제의 참값을 구현할 때 공교육을 살릴 수 있다. 이상적이지만, 현장 학교와 교사가 진정 '교육적인 것을 추구'하는 교육활동을 하고, 그것에 대해 기록하며, 그 기록을 전형자료로 삼아 학생의 학력(실력)을 가늠하는 이른바 '교육에 종속된 선발'이 이루어지도록 해야 한다. 그런 점에서 대학 학생선발 시스템을 재구조화해야 한다.

대학의 선발정책이 바뀌어야 한다. 이는 전혀 어불성설이 아니다. 기록가능한 교육활동이 대학의 학생선발의 신뢰성을 담보한다. 이를 합리적으로 제도화할 때 대학 전공교실의 구성이 가능하고, 대학 교육과정 운영이 활성화된다. '하나의 단서'라고 했지만, 사실은 중요한 조건에 해당한다.

다. 선발과 교육과 기록의 책임: '정치적 결단'

대학의 전공단위 교육목적에 따른 사정 · 선발, 교사의 교육과정 기획에 따른 교실수업, 교육과정과 코스워크 기획에 따른 평가와 기록, 이것은 철학의 문제이고, 윤리의 문제이고, 존재론적 책임의 문제이다.

그래서 수능등급제와 교사별평가제와 함께, 기록가능한 교육활동의 제도화는 정치적 결단을 요구하는 법이다. 이것에 복무하는 학교, 교사, 대학의 책임지는 실천노력은 정치적 결단을 요구하는 문제이다. 정치적 결단은 대통령과 교육부가 인식을 바꾸는 문제이고, 대학이 개념과 실천을 바꾸는 문제이다. 한 때 이것을 구현하려는 정책적 노력이 참여정부에서 이루어졌다. 그러나 그것이 제대로 구현되지 못한 취약성을 노출했다.

여기서 대학 선발체제의 전환과 관련한 정책에 대해서만 좀 더 자세하게 진술하고자 한다. 대학에게 요구되는 정치적 결단을 여기서 더 중요하게 내보이겠다는 것이다.

1) 대학입학전형정책의 선진화

대학입학전형정책의 선진화가 요청된다. 최고교육기관으로서 대학은 전공단위별 교육목적을 전형자료로 삼는다고 선언하고, 고등학교의 학생부 교육활동 기록을 전형자료로 삼는다고 공표한다. 또 전형자료를 만들어내는 비판적 능력(지식과 기술)을 개발하고 공개한다. 각 대학교는 자신의 입학사정 모델을 개발하여 이를 사회적으로 공개하는 것이 필요하다. 여기서 진정 사정의 자율과 선발의 자율이 성립한다.[6]

학생부전형이 단지 선발의 효율성을 기하는 하나의 기능적 장치가 아니라 다양한 특성을 발현하는 보통교육과 그것을 완성하는 전문교육을 '연계하는' 제도로 정착되어야 한다. 대학수학능력시험 성적 · 석차에 의한 사람 분별의 시스템을 대체하는 것이 필요하며, 학생부 내신(교육과정 이수 이력) 평가에 의한 입학사정의 확대가 요청된다. 이 지점에서 학생부 기록을 전형자료화 하는데 인색한 대학의 방침을 지적하지 않을 수 없다. 학생부 반영의 방법과 비율 등, 대학의 선발정책 자체에 대해서 비판적으로 문제제기를 하지 않을 수 없다. 이 점을 놓쳐서는 안 된다.

6) 선발 자율성의 개념은 이런 것이다. 수능시험 성적으로 뽑는다고 해서 자율성이 보증되는 것이 아니다. 사정의 자율에 의해 전공단위 교육목적에 적합한 학생을 선발하는 것이 진정 선발의 자율성을 보증한다.

2) 학생부 기록의 전형자료화

대학 선발정책의 핵심이 '학생부 중심'이어야 한다. 대학의 선발정책으로 대학수학능력시험 성적순으로 뽑아가는 체제가 아닌, 학생부 기록으로 재능과 실력을 분류하는 체계로 전환한다.[7] 학생부 기록의 내신 전형자료화 확대를 강조하지 않을 수 없다. 학생부가 선발에서 결정적으로 중요한 전형자료가 되어야 한다.

입학사정관제는 학생부의 교육활동 기록을 전형자료화 하여 학생을 선발하는 방식이다(김민남 · 손종현, 2007: 373-374). 그 전형자료화는 학생과 학교의 다양한 교육활동과 그 성취를 발굴하여 선발에서 중요하게 취급하겠다는 것이다. 이는 대학수학능력시험의 성적 · 석차라는 단일의 기준에 따라 학생들의 순위를 정하지 않겠다는 것이다. 다양한 교육활동의 내력을 담고 있는 전형자료는 학생부전형에서 결정적으로 중요한 요소이다. 이 논리를 지키면 된다. 대학과 사회가 이 논리를 부정하는 것은 공교육을 부정하는 것이다. 이 논리를 당당하게 견지하는 것이야말로 공교육을 지키는 보루이다. 문제는 교사가 다양한 교육활동을 하고 그것을 충실하게 기록하는가 하는 것이다. 문제풀이와 성적 · 석차의 단일 과정에 치중하고 있는 교육활동으로는 학생부전형에서 요구되는 전형자료를 만들 수 없다는 것은 분명하다.

대학 입학사정관은 학생부에 기록된 자료를 전형자료로 만든다. 입학사정관은 그 교수 · 학습발달상황에 대한 기록을 읽어 유의미하게 '전형자료화' 한다. 그 기록을 읽어 사정을 통해 전형목적과 전공교육목적에 적합한 학생을 선발한다. 학생부 전형자료의 핵심 가치는 학생의 학교생활(교과지도와 생활지도)에서 도드라진 '특성'을 읽어낸다는 것이다. 대학은 다양한 특성을 발현하는 환경을 만들어낸 학교의 교육과정 운영과 결부하여 학생의 능력을 읽어낸다. 대학은 교육과정 운영의 과정과 결과에 대한 교사의 기록을 읽고 사정해서 학생을 선발한다. 중요한 전형자료로써 학생부 읽기를 통해 선발 · 사정하는 데서 학생부전형이 성립한다. 이것을 이른

7) 연구자가 보기에 학생부는 네 가지 요소로 구성되어 있다(손종현, 2022: 260). 각 요소는 하위 평가항목으로 구성되어 있고, 이것을 평가할 수 있는 전형자료와 그 평가지표를 열거하고 있는바, 이를 준용할 수 있다.

바 '내신중심선발'이라 할 수 있는데, 내신강화책이라고 해서 마냥 학생부의 비중을 높인다는 것이 아님이 분명하다. 이것이 사정 · 선발의 원리이고, 이 원리에 충실할 때 공교육이 계통성을 복원한다.

3) 이른바 '일류대학'의 대학별고사 폐지 유도

원리적으로, 대학이 학생평가권을 가지면 안 된다. 다만 대학은 선발권을 갖는다. 대학이 본고사를 치거나 논술고사를 치겠다는 것은 대학이 학생평가권을 가지겠다는 것이다. 대학이 그것을 행사하려고 나서는 한 중등교육은 교육목적을 상실하게 되고, 결국 교육과정을 온전하게 경험하지 못한 채 시험에 익숙한 자를 양산하게 된다. 이 논거에서 대학 본고사형 논술고사와 구술고사를 폐지할 것을 유도한다.

학생평가권을 직접 행사하려는 대학이 OECD 국가(과거 제국주의적 관행을 벗지 못한 일본의 한두 대학을 제외하고)에는 없다. 선진국의 어느 대학도 선발과 관련하여 대학이 학생의 학력을 직접 평가하려고 하지 않는다. 어느 나라 어느 대학도 선발의 척도가 되는 시험을 직접 시행하지 않는다. 평가권과 선발권을 구분하는 것이 교육의 원칙에 맞고 학교의 교육과정을 정상화할 수 있는 방법이다. 가르친 교사(학교)가 학생을 평가하는 권한을 인정하고, 대학은 전공교육목적에 맞는 학생을 자율적으로 선발할 권한을 가져야 한다. 대학은 다만 학생선발의 자율성을 갖는다. 초 · 중 · 고등학교의 정상적 교육과정 운영을 방해하는 대학의 자율권 행사, 학생평가권을 주장하는 것은 자율권의 범위에 해당되지 않는다(손종현, 2017: 119-120).

4) 사정의 표준에 따른 주관성 통제와 타당성 추구

전형자료화를 위시하여, 대학이 사정 기준을 개발하는 데 있어서 불가피하게 '주관적 요소'가 개입하게 된다. 물론 '주관성'은 '자의적인 것'과는 전혀 다른 의미이다.

고교의 학생부 기록에 교사의 '주관성'이 개입될 수밖에 없고, 그리고 대학의 전형자료 사정에 입학사정관의 '주관성'이 개입될 수밖에 없다. 오히려 주관성이 개입하는 것이 고교와 대학의 교육목적과 교육과정을 특성화하는 계기가 된다. 이것을 인정하는 데서 학생부전형이 선발제도로서 성립한다. 이에 대한 사회적 관용과 승인이 필요하다.

물론 전형자료화와 그것의 사정 · 선발이 사회적 합의에 의한 표준을 가져야 하되, 그렇다고 해서 표준에 획일적으로 종속되지는 않아야 한다. 객관성의 요구가 큰데, 어떻게 객관성을 확보할 수 있는가가 주요 문제이다. 이런 점에서 사정의 표준을 갖추는 범위 내에서 입학사정관의 주관성을 통제하는 것이 요청된다. 그럴 때 타당성 가치를 확보할 수 있다. 표준에 비추어 사정하고, 표준에 비추어 선발한다. 그 표준은 주관성을 통제하고 타당성을 만족하는 기준으로 기능한다.

대통령, 교육부, 일류 대학, 중앙 언론, 보수적 교사집단과 학부모집단이 성적 · 석차 경쟁을 선호하는 태도를 견지하고 있다. 이 방식을 전면적으로 바꾸어야 하며, 그런 점에서 한국사회 지도자의 위치에 있는 어른세대가 새롭게 정치적 결단을 해야 한다.

라. '교육이력철'의 무력화에 대한 변명

'기록가능한 교육활동'이 '교육이력철'을 제도화할 수 있도록 하는 법이다. 교육이력철은 참여정부 교육혁신위원회가 발명한 것이었다. 이 교육이력철이 결과적으로 폐기되었는데, 그것에 대한 변명이 필요하다.

'기록가능한 교육활동(recordable educational activity)'은 참여정부 교육혁신위원회 정책방안의 핵심을 구성하는 개념이었다. 이 개념은 한국사회 교육모순에 대한 인식에서 나온 것이었다. 이 개념은 '하나의 교육원리'를 표상하는 상징 개념이며, 동시에 현장 학교와 교사들이 실현해야 하는 규범적 실천(실천적 지혜) 개념이다.

> **'기록하는 교사'와 '기록 가능한 교육활동'을 성립시키는 제도가 있어야 한다.** 교육을 전문적 행위라고 인정한다면, 그것을 가능하게 하는 기록의 제도가 성립되어야 한다. 그래야 교사의 기록이 교육학이 된다. 교육학자는 교육목적에 합당하게 수행한 교육행위의 기록으로부터 자료를 구하고 개념을 정립한다. (중략) 그것은 '누구나 알아볼 수 있을 만큼'(intelligible) 분절된 기록이어야 한다(김민남 · 손종현 · 김부태, 2004: 37).

참여정부 교육혁신위원회는 이 개념에 의해 '교육이력철'을 제도화하고자 했다. 교육혁신위원회는 일제강점기 학적부와 광복 후 학생기록부가 가지고 있는 문제점을 해소하고, 학교 현장에서 기록할 것이 없고 기록을 해도 쓰임새가 없는 현상을 대체하는 새로운 프레임으로서 '기록가능한 교육활동'을 합리적으로 강제하고자 했다. 그 기록은 성적 · 석차의 정량 기록뿐 아니라 관심 · 의욕 · 태도 등에 대한 정성 기록을 포함하는 것이었다. 그것을 제도적으로 규정하기 위해 '교육이력철'의 제도화를 이끌고자 하는 개혁방안을 제안한 바 있다.

현장 교사가 기록가능한 교육활동을 하고 이것을 교육이력철에 충실하게 기록할 때, 교육목표와 교육과정에 따른 교육실천(교수 · 학습 내력을 과정과 결과로 충실하게 표시하는 평가 · 기록의 실천)을 담보할 수 있으며, 교육이력철 기록이 '수능등급제'와 상호 연관하면서 선발의 주요 전형자료가 될 수 있다. 그럴 때 학교 · 교사의 교육활동이 합리성을 보증할 수 있으며, 그래서 대학의 학생선발이 타당성을 보증할 수 있게 되는 것이다.

반성컨대, 참여정부 교육혁신위원회는 교육개혁 정책을 입안할 때 학교와 교사의 교육기획력 개념과 그 실천방안에 대해 고민하고 있었다. 그 고민의 일단을 논리 순서대로 적으면 이러하다.

① 국가(교육부)가 학교와 교사에게 교육과정과 교육과정 기획을 맡길 수 있는가?
② 어떻게 학교와 교사로 하여금 '책임지는 교육'을 가능하게 할 것인가?
③ 어떻게 하면 '학생 간 성적 경쟁'을 '학교 · 교사 간 교육기획력 경쟁'으로 바꿀 수 있는가?

④ '기록가능한 교육활동'을 실제화할 수 있는 기록의 참조틀은 무엇인가?

교육혁신위원회는 그 핵심 고리를 교사와 학교가 자신이 기획 · 실행한 교육활동을 기록하는 양식으로서 '교육이력철' 개념을 발명하였다. 제도의 주요 내용은 학교 · 교사가 교육기획력을 가지고 서로 경쟁하는 것, 그래서 획일적인 현재의 학교구조를 바꾸어 다양한 창의적 교육활동을 전개하고 기록하도록 유도하는 방안이었다.

'학생 간 성적 경쟁보다 학교 · 교사가 경쟁하는 구조를 만들어야 한다.' 이 구조를 생성시킴으로써, 지금까지의 학생부 성적 위주의 선발, 수능시험 성적 · 석차 위주의 선발제도를 바꾸자는 것이었다. 이 문제를 해결하기 위한 방안은 학생부와 수능시험의 성적 · 석차 위주의 '학생 간 경쟁 시스템'를 수능등급제와 함께 '학교 · 교사의 교육활동의 기록인 '교육이력철 시스템'으로 대체하고자 하는 것이었다. 참여정부 교육정책 평가에서 이렇게 언급하고 있다.

> 학교는 창의적인 교육과정을 기획 · 운영하고, 교사는 전문성을 발휘하여 교과지도와 생활지도에 매진한다. 그 일련의 교육의 과정을 기록하게 하면 그것이 바로 학교와 교사에 대한 평가로 이어질 수 있고, 학교 역시 역동적으로 변할 것이라고 판단했다. 무엇보다 학생에 대한 기록에는 학생의 재능이 무엇인지를 찾아내는 내용이 담겨야 한다. 이러한 '학습과정과 결과에 대한 서술'을 통틀어 '교육이력철'이라고 이름 붙였다(김성근, 2012: 119).

이 정책 방안은 혁명적인 내용만큼이나 많은 점검 과제를 안고 있었고, 조건과 여건의 현실을 반영해 정교하게 다듬는 정책화 과정을 필요로 했다. 그러나 교육혁신위원회는 현실적인 갈등요소를 찾아내 미비점을 보완하고 세부 정책안을 만들어내는 작업에 미숙했다(김성근, 2012: 120). 사실, 조건과 여건과 관련한 보완책은 2008학년도에 시행될 때까지 교육부가 정책적 집중을 통해 마련해야 하는 것이었다. 그러나 교육부가 세부적인 정책 방안을 마련하는 일에 손을 놓고 있었고, 마찬가지로 대학이 손을 놓고 있었다. 교육부는 관료주의적 태도를 보이면서 제도 도입을 거부했고, 대학은 수능시험이 변별력이 없어진 마당에 학생부 중심으로는 학생을 선발할 수 없다고 항변했다. 기록의 당사자인 교사들은, 전교조조차도, 노동 강도가 높아진다는 이유로 협조하지 않았다. 시민사회는 보수와 진보로 나뉘어 서로 맞부딪치는 담론을 내는 데 여념이 없었다. 학생들은 '죽음의 트라이앵글'이라고 규정하면서 항의농성을 벌이기도 했다. 교육혁신위원회는 미비점을 보완하지 못했고, 세부 정책방안을 만들어내는 데 취약성을 보이고 있었다. '교육이력철'에 대한 대립이 그 명칭과 도입 시기와 관련하여 첨예하게 이어졌다. 그래서 대통령 국정과제회의에 부의하여 해결하고자 했다.

여기서, 교육이력철과 관련한 국정과제회의의 토론내용과 대통령 지시사항을 차례로 제시하면 다음과 같다.

> 토론내용: 교육이력철은 학생의 학습 및 그 외 교육활동을 기록한 자료를 대학의 핵심 전형자료로 활용하도록 하는 방안으로서, 내신 비중을 강화하려는 개혁안의 중요한 기제이다. 다만 교육이력철 명칭은 현 학교생활기록부에도 학습과 생활이 다 들어 있으므로 그대로 사용해도 가능하다. 기존 제도의 틀 안에서 점수와 백분위를 없애는 것만으로도 큰 변화이다(손종현, 2005a: 280).

> 대통령 지시사항: 교육이력철은 명칭에서 교과나 성적 등이 빠지는 느낌이 든다. 기존의 제도 안에서 점수와 백분위를 없애는 것만으로도 큰 변화이다.(훈시) 현 학교생활기록부에도 학습과 생활이 다 들어 있어 학교생활기록부 명칭을 그대로 사용해도 가능하다. 이력이라는 용어가 주는 오해가 있다(손종현, 2005a: 282).

'교육이력철'은 그 개념이 폐기되고 그 의미가 퇴색되었는데, 학생부의 반영 비중 확대와 기록의 충실성(다양하고 풍부한 기록)을 기한다는 정도에서 마무리되었다. 교육이력철은 '학생부'로 그 명칭을 존치하고, 그 취지를 학생부 기록에서 반영하는 것으로 정리했다. 대학입학제도 개선 방안에 반영된 것은 이러하였다(손종현, 2005a: 285-286).

□ '성적 부풀리기' 방지를 위해 교과성적 표기방식 변경

- 성취도를 '원점수(과목평균, 표준편차 병기) 표기제'로 변경하여 '성적 부풀리기' 방지
- 과목별 석차(석차/재적수)를 '과목별 석차등급제(9등급제)'로 전환하여 과열 경쟁 및 동석차 방지

□ 학교생활기록부의 충실한 기재로 활용도 제고

- 서류평가 및 면접에서 활용될 수 있도록 교과영역(학습활동 및 성적, 특기, 성과, 태도 등 교과활동) 및 비교과영역(봉사활동, 특별활동, 독서활동 등) 충실히 기록
  - 독서매뉴얼 개발 및 시범운영('05-'06)을 통해 학교에서 독서지도를 강화하고 각종 특별활동의 활성화 방안 강구
    ※ 2007년 고교신입생부터 교과별 독서활동을 학생부에 기록

□ 평가의 신뢰성 및 공정성 확보

- 평가기준 공개를 통한 교사의 책무성 강화
  - 교사의 교수-학습계획과 평가계획 · 내용 · 기준을 공개(2006년)하여 평가 신뢰도 제고
- 현행과 같이 '교과별평가'를 실시하되, 2010년 중학교 신입생부터 '교사별평가' 도입
  - 학교현장의 교육여건 조성 및 교사연수 강화로 '교사별 평가'에 대한 타당도 · 신뢰도 제고

이후에 '교육이력철' 개념은 폐기되었지만, '기록가능한 교육활동'을 해야 한다는 인식이 인구(人口)에 회자(膾炙)되기에 이르렀다. 진보적 의식을 가지고 있는 많은 현장 교사들에게 그 정신과 취지는 여전히 살아 기능하고 있다. 특히 '교육기획력'과 '교사별평가' 개념과 연관하여 한국사회에 교육개혁의 담론에서 중심을 이루고 있다.

마. 우리의 표현법으로 교육활동을 기록하는 양식

우리의 표현법으로 교육활동을 기록하는 일이 교사의 일상적 과업이어야 한다. 참여정부 시절에 이런 방식의 기록을 제안하면서 '교육이력철'을 제도화하여 여기에 기록하자는 것이다.[8] 이 제도의 도입은 미완의 과제로 남아있지만, 지금도 여전히 이 방향으로 가는 것이 옳다고 생각한다.

1) 기록의 내용과 방법

학교생활기록부 '교과학습발달상황'의 교과 성적 표기방식을 변경한다. 교과학습발달상황을 기재할 때 성적 · 석차, 즉 교과별 · 진로선택과목별 '원점수/과목평균(표준점수)' 기재를 폐기하고 성적등급제(5-9등급)를 실행한다. 또 향후 평가준거를 절대평가로 한다.

교육이력철은 다양한 내용을 담는 다양한 형태로 기록될 수 있다. 그러나 도입을 시도하는 초기 단계에서는 그 기록이 간편해야 할 것이다. 거듭 말하거니와, '교육이력철'은 간명한 시스템이다. 교육이력철은 모든 것을 기록하는 문서철이 아니다. 교육이력철은 학교의 성격에 따른 특수한 교육활동을 기록한다, 교사의 코스워크 기획을 기록한다, 학생의 교과이력과 교과 관련 독서이력, 교과 관련 진로지도이력을 기록하는 교육시스템이다. 이 정도면 충분하다.

교육이력철 기록 내용은 세 가지 사항뿐이다. 교과별 성적(정량평가)과 왜 그 성적인가에 대한 질적 평가(정성평가)를 기록하고, 교과관련 기반 독서이력을 기록하고, 교과관련 진로지도이력을 기록한다.

교과이력 중 교사의 서술 부분은, 예컨대 각 교과에 대한 학생의 관심 · 의욕 · 태도, 각 교과적 사고능력, 각 교과의 표현과 기능, 각 교과의 지식 · 이해 정도를 기록한다. 특히 교과이력은 교수 · 학습 · 평가 과정에서 나타난 개인적 특성 및 성과,

8) 김민남 · 손종현 · 김부태(2004). 《학교교육체제 혁신을 위한 교육이력철 도입활용방안 연구》 참조.

학업진보 정도 등에 대한 학생의 중요한 특성을 기록한다. 교과기반 독서이력은 교과지도교사가 학생이 읽은 책, 지은이, 학생이 책을 읽고 느낀 소감문 등을 쓰게 하여, 한 학기 동안 읽은 중요한 독서내용과 수준을 확인하여 기록한다.[9] 교과기반 진로지도이력은 교과지도의 한 영역으로 교과지도교사가 담당하고 그 지도이력을 기록한다.[10] 교과교사는 교과와 관련된 진로탐색 및 진로계발활동을 지도하고 상담하며, 이 내용 중 중요한 사항을 기록한다. 기본적으로 교과이력 기록과 같은 틀을 가진다.

정형화된 기록방식은 없다. 정형화된 기록을 강요하면, 기록하는 것 자체를 부담으로 여기고 형식화할 것이며, 교육이력철의 정신을 형해화할 가능성이 있다. 교육이력철 기록과 작성을 위한 교사의 코스워크 기획은 교사마다 다양할 수밖에 없다. 따라서 교육이력철을 기록하는 방법도 다양해야 할 것이다. 기록방식은 교사의 자율에 맡기는 것이 마땅하다.

여기서 한 가지 지적할 것은, '교육이력철의 형식과 내용'을 현장중심으로 집중개발할 필요가 있다는 점이다. 이후 교육과정 개정의 시기에 맞추어 '교육이력철의 모형과 기록방식'은 진전되어야 할 것이다. 교사집단, 기업집단, 학부모집단,[11] 학생집단, 대학집단과 가능한 한 많이 대화하고 토론하는 가운데, 특히 현장교사와의 대화와 토론을 통해서 모형이 진보적으로 개발되어야 할 것이며, 그들에게서 기록양식의 합리성과 적합성을 찾아야 할 것이다.

2) 기록의 틀

학교생활기록부의 새로운 틀(framework)을 '교육이력철'이라고 부른다고 했다.

---

9) 학생에게 독서 포트폴리오를 작성하게 하여 점검할 수도 있다. 독서 포트폴리오에는 도서뿐 아니라 잡지나 인터넷 서핑의 내용이 들어갈 수도 있으며, 학생의 관심분야에 대한 사고의 내용이 들어갈 수도 있다. 이 중 중요한 내용은 대학에서 심층면접을 통해 확인될 수 있는 부분이다.

10) 진로교육은 학교와 문화 · 경제 · 과학기술계 간의 연계를 필요로 한다. 그 연계의 고리가 교과서임은 물론이다. 진로담임제가 실시되면 이를 본격화할 수 있다.

11) '교육이력철' 제도는 교육과정의 정상적인 운영에 초점을 맞추고, 공교육 정상화의 걸림돌인 '계층상승을 욕심내는 문화'의 문제를 점진적으로 해결해 가는 장기대책 수립을 필요로 한다.

향후 기록의 틀로서, 학교생활기록부를 교육이력철로 대체한다. 당시에 교육이력철의 기본 틀을 개발한 바 있는데, 여기서 쉽게 기록할 수 있는 간편한 모형을 제시한다. 우선 도입할 수 있는 교육이력철 1단계 간편 모형은 아래 〈양식 9〉와 같은 것이다.

〈양식 9〉 교육이력철 1단계 간편 모형

학생 성명 ___________

<table>
<tr><td>교과목명</td><td></td><td>등급별 빈도분포표</td></tr>
<tr><td>지도교사 성명</td><td></td><td rowspan="3"></td></tr>
<tr><td>성적 등급(5-9등급)</td><td></td></tr>
<tr><td>학습과정상의 성과물</td><td></td></tr>
<tr><td>교과이력</td><td colspan="2"></td></tr>
<tr><td>독서이력</td><td colspan="2"></td></tr>
<tr><td>진로지도이력</td><td colspan="2"></td></tr>
</table>

위의 모형에서 보듯이, 기록할 사항은 교과목명, 지도교사 성명, 성적 등급, 학습과정상의 성과물, 등급별 빈도분포표, 교과지도이력, 독서지도이력, 진로지도이력이다. 교과이력과 독서이력과 진로지도이력은 주로 교과지도교사가 기록하는 것을 원칙으로 한다. 성적 등급은 비교상대평가 방식으로 정규분포곡선 상의 5-9등급으로 평정한다. 기록 형식은 '기록의 재개념화'(이 책 몇 페이지)에서 진술한 내용을 반영하여 이루어져야 할 것이다.

3) 대학에 제출하는 형식

대학이 학생을 선발·사정할 때 필요한 전형자료를 고교에 요구할 수 있다. 그때 고교가 대학에 제출하는 자료의 내용은 전 학년 교과이력, 교과 관련 독서이력, 교과 관련 진로지도이력, 그 학교의 교육기획과 관련된 자료 등이다. 또 참고자료로서, 해당학교의 교과교사의 평가내용 및 평가기준, 학교운영계획서(학생지도활동계획 및 내용을 담은 연간 학교운영 내용), 학교의 사회적 배경을 담은 프로파일 등을 제출할 수 있다.

교과이력, 독서이력, 진로지도이력의 양식은 아래 〈양식 10〉, 〈양식 11〉, 〈양식 12〉와 같다. 이것은 여전히 잠정적인 것이다.

〈양식 10〉 대학에 제출하는 교과이력 양식

성명 ____________

1) 교과목 _______ 교사 ______________

<table>
<tr><td colspan="2">종합 점수(학점)</td><td>태도평가(등급)</td></tr>
<tr><td colspan="2">점수대별 빈도 분포도
(구간 10 또는 등급별),
평균, 표준편차, 석차/평가대상학생수</td><td>점수대별 빈도 분포도
(구간 10 또는 등급별),
평균, 표준편차, 석차/평가대상학생수</td></tr>
<tr><td colspan="3">(교사서술) 개인적 특성, 과정평가 및 태도평가에서의 주요한 요소 서술. 중요한 성과에 대한 서술.</td></tr>
<tr><td>기록물</td><td colspan="2">학습과정상의 중요한 성과
예시) 1. 과제물 포트폴리오 2. 에세이 3. 작품</td></tr>
</table>

2) 교과목 ______　　　　　　교사 ___________

종합 점수(학점)	태도평가(등급)
점수대별 빈도 분포도 (구간 10 또는 등급별), 평균, 표준편차, 석차/평가대상학생수	점수대별 빈도 분포도 (구간 10 또는 등급별), 평균, 표준편차, 석차/평가대상학생수
(교사서술) 개인적 특성, 과정평가 및 태도평가에서의 주요한 요소 서술. 중요한 성과에 대한 서술.	
기록물	학습과정상의 중요한 성과 예시) 1. 과제물 포트폴리오 2. 에세이 3. 작품

〈양식 11〉 대학에 제출하는 독서이력 양식

학년 및 학기	독서 내용 및 수준	확인교사명
	교사의 서술(책이름, 이해수준 등)	

〈양식 12〉 대학에 제출하는 진로지도이력 양식

학년	진로계발 과목	진로탐색 및 계발 관련 상담 내용(개조식)	진로담임

요컨대, 기록의 내용은 ① 교과적 사고력(이해력), 태도, 표현과 기능, ② 교과관련 소질과 재능, 관심과 의욕, ③ 교과기반 독서지도 이력, ④ 교과관련 진로지도 이력 등이다. 기록의 방법은 누구나 비판 가능하게 기록해야 하고, 실제적 교육활동의 과정과 결과를 충실하게 기록하는 것이다.

바. '역사적 선택'을 희망하며

근원에 돌아가, 학교생활기록부 '내신 평가'의 본래 의미를 새삼 따지는 방식을 취할 수밖에 없다. 학생부 기록의 방법론에 대해 충분한 답을 제공할 수 있을 때, 기록의 낭비를 줄일 수 있고, 내신 평가의 진실을 추구할 수 있고, 기록가능한 교육활동을 견인할 수 있고, 교육과정 정상화의 길을 열 수 있다. 학교생활기록의 새로운 프레임으로서 교사는 무엇보다 '기록가능한 교육활동'을 실천해야 한다. 교사는 종래의 무기력한 기록에 머물 것인지, 새로운 프레임의 기록으로 나아갈 것인지를 가늠하는 존재론적 선택 상황에 놓여 있다. 노동 강도 문제가 아니다. 실제로, 노동 강도가 지금의 학생부 기록에 비해 그렇게 높지 않다.

'기록가능한 교육활동' 개념은 '교육적인 것'의 추구를 위한 충분조건이다. 합리적 교육활동, 교육적 타당성 물음, 책임교육, 준비형 교육이 아닌 완성형 교육 등의 개념과 연관하여 이를 성립 가능케 하고, 교사 책임교육을 정당화하는 핵심 논리가 된다. 한 마디로 말해, 이는 현행 학교교육 제도 개혁의 실천적 단서가 된다.

기록가능한 교육활동이라고 할 때의 그 '기록'은 음미하는 것이며 반성하는 것이다. 학생부 기록은 나의 교육활동을 음미하고 반성하는 계기를 연다. 모름지기 학생부에 의미 있는 내용을 기록할 수 있도록 교육활동이 다양하고 충실하게 기획·실행되어야 한다. 그러기 위해 교사에게 교육과정 자율과 코스워크 기획의 자율이 허용되어야 하고, 그러기 위해 교사별평가제가 도입되어야 한다. 기록가능한 교육활동을 이끌어내기 위해 학교도 변해야 하지만 먼저 대학이 변해야 한다. 대학이 선발을 위해 전공단위 교육목표를 명세적으로 설정·제시해야 하고, 입학사정관은 전공단위 교육목표를 '전형자료'로 삼아 학생부 기록을 읽어야 한다.

- 교사의 코스워크 기획의 자율 허용
- 새로운 프레임으로서 학생부 기록의 충실성
- 전공 강의실을 구성하는 대학의 자율적 사정과 선발
- 학생부전형의 고도화

학교교육 정상화, 기능적으로 말해 '학교의 교육과정 정상 운영'은 꿈에 그리는 불변의 교육정책 방향이다. 이 정책방향은 교사가 스스로 교육활동을 기획하여 '기록가능한 교육활동'을 하고, 이것을 새로운 프레임으로 삼아 기록의 내용과 방법을 달리하여 충실하게 기록하는 데 있다. 이 새로운 프레임은 교사가 교육활동을 교과지도, 교과 독서지도, 교과 진로지도로 분절하여 평가 · 기록하는 새로운 참조체제를 구안하는 계기가 될 것이다.

요컨대, '기록가능한 교육활동—과정과 결과에 대한 타당한 교육평가—정량적 · 정성적 교육활동 기록—기록에 의한 선발과 사정'이 이루어지는 방식으로, 학교교육체제가 그 프레임을 전환해야 한다. 프레임 전환은 '역사적 선택'의 문제이다. '선발에 종속된 교육'의 참상을 계속 '즐기고' 있을 것인가, 다소 이상적이지만 '교육에 선발된 선발'로 나아갈 것인가 하는 문제는 역사적 선택의 문제이다. 국가, 대학, 교육주체 모두가 참여하여 선발과 교육과 기록의 프레임을 바꾸는 사회적 합의를 이끌어내야 한다. 현재 상태로서는 이 길 외에는 달리 길이 없다. 프레임 전환은 역사적 선택을 요하는. 여전히 요청되는 "오래된 미래"이다.

'기록가능한 교육활동'이라는 새로운 프레임과 그 프레임에 기반한 교사별평가의 제도화는 다음과 같은 기대효과를 만들어낼 것이다.

첫째, 교육과 평가를 바라보는 새로운 개념과 관점의 전환

교육과 학교교육을 이해하는 새로운 관점을 제공하고, 평가와 기록을 이해하는 새로운 관점을 제공한다. 이는 교육학 연구의 새로운 지평을 여는 단서를 제공한다.

둘째, 학력격차와 학교격차의 현상에 대한 새로운 접근법 제공

학력격차와 학교격차도 결국은 교사의 '교육활동 기획'의 문제이다. 그 아이들, 그 학교, 그 지역을 문제 삼는 '교육적 타당성' 개념이 학교 교육과정 구성과 전개, 교사의 '수준 높은 수업'에 중요한 준거로 작용한다. 그것은 교육활동 기획을 관념적 추상의 문제에서 현실적 선택의 문제로 전환하게 해준다. 학력격차와 학교격차는 학생의 일반지능과 학부모의 경제력 격차가 아니라 그 교과에 적합한 교사의

교육활동 기획의 격차로 이해된다.

셋째, 교사 전문성 관여의 책임교육체제 견인

교사의 교육활동의 전문성을 이끈다. 교육과정 기획과 교육활동 기획, 교육활동을 분절하여 기록하는 방법론, 교사별평가의 제도화 방안 등에 교사의 교육 전문성이 관여하게 할 것이며, 그래서 교사 책임교육체제를 견인한다.

넷째, 과정관리 학교체제 성립의 제도적 단초 마련

'기록가능한 교육활동'은 능히 교사의 교육과정 기획과 코스워크 기획의 단초가 된다. '기록가능한 교육활동'은 능히 과정관리 학교교육체제의 단서로써 작용한다. 과정관리 학교교육체제는 학교와 교사로 하여금 교육활동 기획의 안정화를 성립시킬 것이다. 이는 학교 내부의 교육기획–지원행정–평가체제 간의 순환관계를 만들어낸다. 그 귀결로서 교사 책임교육을 실질화하며, 과정관리 학교교육체제를 성립시킨다.

참/고/문/헌

강덕식 · 김민남 · 김규원 · 김유경 · 문계완 · 송한철(1999). 〈경북대학교 교육헌장〉. 경북대학교 교수협의회 교육특위.

강영혜 외(2006). 《고교-대학 연계를 위한 대입정책 연구》. 한국교육개발원.

강이철 · 손종현 · 최손환(2009). 《입학사정관제 전형을 위한 학생부 비교과 평가 방안》. 연구결과 보고서. 경북대학교.

강정식(2008). 〈일제고사와 방과후 학교의 실태〉. 《일제고사와 학교현장》(세미나 자료집). 교육기획력 실천모임. 56-60쪽.

강주희 기자(2021.01.29). 〈조국 딸 · 아들 입시 자료 모두 허위 판결. 입시 공정성 도마 위〉.

강현석 · 이지은 · 유인영(2019). 〈고교 학점제와 IB 교육과정상의 연계성 탐구〉.

경북대학교 입학과(2008). 《일본 대입 AO식 입학전형 출장 조사 보고서》. 경북대학교.

고채영 · 손민호(2008). 〈일반계 고등학교 교육과정 편성 운영에 관한 연구〉. 《교육문화연구》 14(1), 5-40쪽.

교육과 시민사회(2008.2.22.). 〈인수위원회는 학생들을 점수의 노예로 만드는 수능 점수제로의 회귀 결정을 즉각 중지해야 한다〉. 수능점수제 환원 성명.

교육과학기술부(2008). 〈2008 국가수준학업성취도평가, 이렇게 시행됩니다(Q&A)〉. (교육과학기술부 홍보자료).

교육부(2020). 《2020 중 · 고등학교 생활기록부 기재요령(안)》.

교육부(2023). 〈학교생활기록 작성 및 관리지침〉. 교육부 훈령 제433호.

교육인적자원부(2004.10). 〈학교교육 정상화를 위한 2008학년도 이후 대학입학제도 개선안〉.

교육인적자원부(2006). 〈2008 대입제도』의 안정적 정착을 위한 정책방향과 추진과제(시안)〉.

교육혁신위원회(2003). 〈참여정부 교육혁신 기본방향 -지역단위 교육력 제고를 위한 교육체제 개편-〉. 제31회 청와대 국정과제회의 자료.

교육혁신위원회(2004). 〈2008학년도 이후 대학입학제도 개혁안〉. 제53회 청와대 국정과제회의 자료.

교육혁신위원회(2004). 〈학교교육 정상화를 위한 2008학년도 이후 대학입학제도 개혁방안〉.

교육혁신위원회(2004.3.19). 〈입학 · 입직, 선발방식의 변화 없이 공교육은 없다〉. 《공교육 정상화를 통한 사교육비 경감책》. 토론 자료.

교육혁신위원회(2005). 《교육혁신위원회 2년 활동 백서》. 교육혁신위원회.

교육혁신위원회(2005). 《선진한국으로 가는 교육혁신의 방향과 과제》. 별책부록 CD 목록 56.

교육혁신위원회 대학입학제도개혁특별위원회(2004.7). 〈2008학년도 대학입학제도 개혁 방안〉.

국동식 · 이상기(2005). 〈제7차 선택중심 교육과정의 운영 실태〉. 《한국지구과학학회지》 26(8), 771-776쪽.

권경희(2003). 〈시민지기 보통학교의 훈육 연구〉. 한국정신문화연구원 박사학위논문.

권수현(2017). 〈입학사정관제의 한계와 가능성 그리고 입학사정관의 윤리〉. 《사회와 철학》 제33

집. 130-156쪽.

김경(2016). 〈'학종, 학교현장 바꾼 최초 대입'...현장교사 목소리 '분출'〉. 베리타스알파.

김경범(2007). 〈대학입학사정관제 안내〉. 6회 입학사정관 전문성 교육 및 직무연수 워크숍.

김덕년(2017). 《교육과정-수업-평가-기록 일체화》. 서울: 에듀니티.

김도경(2009). 〈학생특성을 반영한 학생선발 -KAIST 사례〉. 《대입제도의 선진화 방안 탐색 -선진적 입시제도 적용 사례-》. 한국대학교육협의회. 77-89쪽.

김륜희·지은림(2021). 〈대학 입학사정관의 평가 전문성 측정도구 개발 및 타당화〉. 《교육평가연구》 34(4), 735-758쪽.

김미란(2009). 〈일본의 대학 자율화와 대학입시 -도쿄대학의 사례를 중심으로-〉. 《한국일본교육학연구》 13(2), 65-85쪽.

김미란(2010). 〈국외 대입 입학사정관제 운영 사례〉. 《자기주도 학습전형 고입 입학사정관 특별연수교재》. 경북대학교 교육연구원.

김미숙 외(2006). 《고교-대학 연계를 위한 대입정책 연구》. 한국교육개발원.

김미숙 외(2007). 《고교-대학 연계를 통한 대입전형연구(Ⅳ): 대입준비과정에서의 학교 의존도》. 한국교육개발원(연구보고 RR 2007-17).

김미숙 외(2008). 《고교-대학 연계를 통한 대입전형연구(Ⅴ): 대입 전형요소와 대학수학능력의 관계》(연구보고 RR 2008-16-01). 한국교육개발원.

김민남(2004a). 〈기록과 반성의 교육학〉. 미출간자료.

김민남(2004b). 〈공교육 정상화를 위한 대학선발의 패러다임 변화 -대학선발과 사교육 및 한국사회-〉. 《공교육 정상화를 위한 대학입학선발제도와 평가체제의 패러다임 변화》. 교육혁신위원회·한국교육평가학회. 13-34쪽.

김민남(2004c). 〈공교육 정상화를 위한 대학선발의 패러다임 변화〉. 토론자료. 1-9쪽.

김민남(2004d). 〈일 만 명이면 된다〉. 《좋은교사》 12, 54-57쪽.

김민남(2005). 〈성적석차 시스템을 교육이력철 시스템으로〉. 미간행자료.

김민남(2007). 〈교육과 선발〉. 미출간자료.

김민남(2008.10). 〈학부모가 바라보는 교원평가〉. 부산 참학 발표자료(미간행자료).

김민남(2009). 〈입학사정관제전형의 비판적 검토 -사정관제를 어떻게 이해할 것인가-〉. 경북대학교 교육연수원. 《입학사정관 전문양성·훈련프로그램 -지식영역 및 특강》. 25-40쪽.

김민남(2010). 〈입학사정관제를 어떻게 이해할 것인가〉. 《입학사정관제, 최초의 교육개혁》. 대구: 경북대학교출판부.

김민남(2012a). 〈전형자료와 사정관제 선발 방식〉. 《입학사정관제 학부모정보제공연수(4차)》. 경북대학교 교원연수원. 129-136쪽.

김민남(2012b). 〈사정관의 관점에서 바라보는 전형자료의 성격과 전형자료의 구성〉. 《2012 입학사정관제 교원연수》. 경북대학교 교육연수원. 127-144쪽.

김민남(2014). 〈추천사를 대신하여〉. 《왜 교육정책은 역사를 불행하게 하는가》. 서울: 메디치. 23-33쪽.

김민남(2015). 〈교육은 어디에 있는가?〉. 《융합교양연구》 2(2), 81-113쪽.

김민남(2016). 〈人才가 아닌 人材 교육체제의 이론적 가정과 함의〉. 《융합교양연구》 3, 9-42쪽.

김민남(2017). 〈교육은 교육방법론의 실천이다〉. 《프레이리의 사상과 실천》. 서울: 살림터. 13-78쪽.

김민남(2021). 〈무엇을 어떻게 가르치면 '교육활동'이 되는가?〉. 《융합교양연구》 8(1), 81-122쪽.

김민남(2022). 《교육은 교육전문가에게, 왜 그래야 하는데》. 대구: 도서출판 참.

김민남 · 손종현(2006). 《한국교육론》. 경북대학교출판부.

김민남 · 손종현(2007). 《한국교육론》. 경북대학교출판부.

김민남 · 손종현 · 안상헌 · 조정봉 · 주재술(2013). 입학사정관제 이렇게 선발한다. 북스코프.

김민남 · 손종현 · 김부태(2004). 《학교교육체제혁신을 위한 교육이력철 도입 · 활용방안 연구》(정책연구 2004-지정-35). 교육인적자원부.

김민남 · 손종현 · 안상헌 · 조정봉 · 주재술(2013). 《입학사정관제 이렇게 선발한다》. 북스코프.

김민남 · 송대헌 · 김경옥 · 손종현(2003). 《경쟁을 완화시키는 교육시스템 개발》(정책연구 2003-01). 대통령자문 교육혁신위원회.

김민환(2010). 〈초 · 중등학교 교육과정의 편성과 운영 실태 분석〉. 《학습자중심교과교육연구》 10(3), 47-71쪽.

김부태(2022). 《한국 학력 · 학벌사회론》. 대구: 경북대학교출판부.

김선은(2019). 〈IB 교육과정에 대한 연구 동향〉. 고려대학교 대학원 교육학과 석사학위논문.

김성근(2012). 《끊어진 길 되짚으며, 새 길을 내기 위하여》. 서울: (사)한국미래발전연구원.

김성은(2019.11.1). 〈"수능은 강남에 유리".. 어론 떠밀린 與, 정시확대 방침에 속앓이〉.

김성천(2009). 〈선진내신을 위한 실천운동의 역사와 평가〉. 선진내신 토론회 제1발제. 《선진내신 제도를 일구는 사람들》. 사교육걱정없는세상. 1-47쪽.

김소정 · 이윤선(2022). 〈학생부종합전형 입학생의 학업성취도에 대한 메타분석〉. 《인문사회과학연구》 23(3), 201-224.

김순남 · 이병환(2018). 〈고등학교 성취평가제의 諸문제와 정착 방안〉. 《열린교육연구》 26(3), 109-129쪽.

김연주(2017). 〈한국교육, '바꿔야' 만 외칠뿐 20년간 안 변해〉. 조선일보, 2017.9.13. 사회 A14.

김영모(1982). 《조선 지배층 연구》. 서울: 일조각.

김영섭(2009). 〈대학교육, 이대로 좋은가?〉(정책토론회 주제발표 자료). 국회의원 임해규 · 한국대학교육협의회. 4-61쪽.

김영재 · 조용진(2006). 〈[파행사례] 연구학교 선정에 급급, 민주적 절차 무시〉. 《초등우리교육》 40-41쪽.

김윤옥 · 정은희(2006). 〈제7차 중학교 국어과 교육과정 운영에서의 반편견 교육 실태〉. 《이론과 실천》 7(2), 301-325쪽.

김재춘(2008). 〈IB 교육과정이 우리나라 고등학교 선택중심 교육과정의 편성과 운영에 주는 시사점 탐색〉. 《열린교육연구》 16(1), 21-38쪽.

김재춘 · 박소영(2004). 〈일반계 고등학교 선택중심 교육과정의 운영 실태 분석〉. 《수산해양교육연구》 16(1), 69-83쪽.

김재춘 · 박소영 · 손민호(2004). 《학교생활기록부 전산처리 및 관리지침 개선 방안 연구》(교육정책연구 2004-일-03). 교육인적자원부.

김재춘 · 설현수 · 손종현(2005). 《교사별 학생평가 방안 연구》(교육정책연구 2005-지정-37). 교육인적자원부.

김정미 · 조홍순(2020). 〈고등학교 학교생활기록부 운영 실제 연구: 일반고 교사들의 인식을 중심으로〉. 《한국교육학연구》 26(4), 1-28쪽.

김종혁 · 이경숙 · 추헌택 · 안상헌 · 조정봉 · 정해일 · 주재술(2013). 〈교육인식과 불평등 재생산〉. 《교육열망과 재생산》. 파주: 한국학술정보(주). 85-110쪽.

김종혁 · 이상원(2013). 〈교육특구와 자식교육〉. 《떠남과 남겨짐의 교육》. 파주: 한국학술정보(주). 181-214쪽.

김진규(2014). 《대학수학능력시험 20년사》. 서울: 한국교육과정평가원.

김진규(2020). 《과정중심 형성평가 기법》. 파주: 교육과학사.

김평원(2018). 〈대입 제도 공정성에 관한 교사의 인식과 학생부종합전형의 개선 방안 연구〉. 《교육문화연구》 24(3), 105-126쪽.

김현철 · 유재봉 · 양정호(2008). 《입학사정관제 도입 및 지원방안 연구》(정책연구2006-공모-1). 교육인적자원부.

김형섭 · 장애숙(2008). 〈일제고사의 분석과 대안적 평가방안 모색〉, 《일제고사와 학교현장》(세미나 자료집). 교육기획력 실천모임. 83-110쪽.

김회수 · 김철주(2003). 《대학 교육력 제고 방안 연구》. 대통령자문 교육혁신위원회.

노 성(2021). 〈공정성 확보를 위한 입학사정관의 사회적 책무와 직무윤리 －대학입시의 공정성과 투명성을 중심으로－〉. 《한국부패학회보》 26(2), 105-125쪽.

노향래(2017). 《삶을 기록한다》. 서울: 은빛.

대구광역시교육과학연구원(2008). 《2008학년도 중3, 고1 국가수준학업성취도평가 실시요강》. 대구광역시교육과학연구원.

대구시 교육청 보도자료(2019. 8).

동아일보(2023.7.4). 〈6세 절반 “사교육 3개 이상” … 영유아도 굴레〉.

동아일보(2023.7.6). 〈영어유치원 가려고 ‘4세 고시’ 내몰린다〉.

류방란 · 박상철 · 배선희(2004). 《일반계 고등학교의 학교 교육과정 운영 실태 분석》(RR2004-09). 한국교육개발원. 1-141쪽.

문교부(1989). 《국민학교 · 중학교 · 고등학교 생활기록부 취급요령 해설》(장학자료 제62호).

민부자 · 홍후조(2011). 〈교육과정의 효과적인 운영을 위한 학급 · 학교 규모에 관한 시론적 연구〉. 《아시아교육연구》 11(2), 1-24쪽.

박경식(1986). 《일본제국주의의 조선지배》. 서울: 청아출판사.

박균열 · 김순남 · 데와타카유키 외(2014). 《학교생활기록부 기재방식 및 교육적 활용에 관한 국제비교 연구》. 한국교육개발원.

박균열 · 엄준용 · 주영효(2015). 〈학생생활기록부 기재방식, 관리, 활용의 문제점과 개선방안〉. 《교육문제연구》 28(1), 81-107쪽.

박도순(1991). 〈대학수학능력시험의 구조와 의미〉. 《교육평가연구》 4(2), 71-84쪽.

박상규(2011). 〈입학사정관제 도입에 따른 대학 차원의 성과〉. 《입학사정관제의 성과와 발전방향》. 59-69쪽.

박윤배 외(2008). 《경북대학교 대학생 입학 후 성취도 연구 개발》. 경북대학교.

박은경(1999). 《일제하 조선인관료 연구》. 서울: 학민사.

박제남 외(2008). 《대학 입학사정관 정착모형 개발 연구》(2008학년도 대입자율화 정책연구). 교육과학기술부.

박이택(2006). 〈조선총독부 인사관리제도〉. 《정신문화연구》 29(2), 287-318쪽.

박철희(2002). 〈식민지기 한국 중등교육 연구 －1920~30년대 고등보통학교를 중심으로－〉. 서울대학교 박사학위논문.

백경선 · 한혜정 · 민용성(2011). 〈2009 개정 고등학교 교육과정의 편성 · 운영 실태 분석 연구〉. 《학습자중심교과교육연구》 11(4), 123-148쪽.

백순근(2003). 《일제강점기의 교육평가》. 서울: 교육과학사.

백순근 · 양정호(2009). 〈지역균형선발의 성과와 과제 ; 서울대 사례〉. 《대입제도의 선진화 방안 탐색 －선진적 입시제도 적용 사례－》. 한국대학교육협의회. 95-129쪽.

백정하 · 손병길 · 유상덕(2005). 〈대학교육 혁신〉. 《교육혁신위원회 2년 활동 백서》. 교육혁신위원회. 242-292쪽.

東亞日報(1930.2.7, 1934.4.6)

부재율(2007). 〈2008학년도 대학입시 제도에서 전형자료들의 당락에 대한 영향력과 학업성취도 예측력 변화에 대한 분석〉. 《교육평가연구》 20(3), 57-79쪽.

사교육걱정없는세상(2010). 〈'고교 교육 다양화 3차 토론회'〉. 보도자료(2010.6.28.).

사교육걱정없는세상(2019.5.28. 〈'IB 교육과정'의 국내 도입 관련 종합 분석 및 평가 발표〉. 기자회견문.

사교육걱정없는세상(2020.1.22). 보도자료.

서봉언(2028). 〈대학 입학전형요소와 교육성과간 메타분석〉. 《교육사회학연구》 28(1), 35-62쪽.

서울대학교(2009). 《2010학년도 서울대학교 대학 신입학생 입학전형 안내》. 서울대학교.

설규주(2005). 〈제7차 사회과 교육과정의 운영 실태와 개선방안〉. 《시민교육연구》 37(3), 111-146쪽.

성열관(2009). 〈'시험+공시' 정책 비판〉. 《교육비평》 25, 34-53쪽.

소경희 · 천일석 · 임형렬(2005). 〈수시 1학기 이후 고등학교 교육과정 운영 실태 및 문제〉. 《아시아교육연구》 6(4), 173-197쪽.

손종현(1993). 〈일제 제3차 조선교육령기하 학교교육의 식민지배 관행〉. 경북대학교 박사학위논문.

손종현(2005a). 〈2008학년도 대학입학제도 개선 방안〉. 《교육혁신위원회 2년 활동 백서》. 교육혁신위원회. 242-292쪽.

손종현(2005b). 〈단위학교 교육기획력 확대 방안〉. 《교육혁신위원회 2년 활동 백서》. 교육혁신위원회. 92-125쪽.

손종현(2005c). 《교육이력철 도입 · 활용 방안》(내부연구자료). 대통령자문 교육혁신위원회.

손종현(2006a). 〈학교의 교육력 신장을 위한 합리적인 강제를 만들자〉. 《좋은교사》. 좋은교사운동 출판부.

손종현(2006b). 〈근현대 한국교육, 어떻게 이해할 것인가〉. 《근현대 한국교육의 이론과 실천》(학술심포지엄). 교육문화연구소. 57-80쪽.

손종현(2007). 〈일제시대 학교시험제도의 정치학〉. 《교육철학》 31, 21-44쪽.

손종현(2008). 〈경북대학교 입학사정관제 특별전형 방안〉. 《경북대학교 입학전형정책 워크숍》.

98-123쪽.
손종현(2009). 〈식민지 사회구성의 핵심기제로서의 시험〉. 《좌절과 희망의 교육사》. 도서출판 사람대사람. 216-252쪽.
손종현(2010). 〈입학사정관제의 기원〉. 《입학전형과 평가》 1, 15-40쪽.
손종현(2011). 〈전공단위 선발제도의 철학적 탐색〉. 《교육철학》 44, 157-196쪽.
손종현(2011.6). 〈입학사정관제의 개요〉. 《2012학년도 입학사정관전형 워크샵》. 창원대학교 입학관리본부. 1-32쪽.
손종현(2012a). 〈경쟁과 선발과 교육의 시스템의 전환〉. 《교육철학》 48, 89-122쪽.
손종현(2012b). 〈입학사정관제의 지향: 전공단위 선발제〉. 《열린교육연구》 20(2), 187-211쪽.
손종현(2012c). 〈입학사정관제의 현안과 발전방안〉. 《입학사정관제 교원(전문직)연수》. 경북대학교 교육연수원. 7-14쪽.
손종현(2013a). 〈한국사회의 중앙주의 문화〉. 《떠남과 남겨짐의 교육》. 파주: 한국학술정보(주). 35-50쪽.
손종현(2013b). 〈중앙지향의 교육이주〉. 《떠남과 남겨짐의 교육》. 파주: 한국학술정보(주). 155-1800쪽.
손종현(2014a). 〈대학 교양교육의 재개념화: 人材교육적 관점에서〉. 《열린교육연구》 22(2), 307-329쪽.
손종현(2014b). 〈창의성 계발의 교육논리: 지식·문화 생산의 '이야기꾼' 키우기〉. 《교육철학》 54, 107-141쪽.
손종현(2014c). 〈대학 교양교육의 재개념화: 人材교육의 관점에서〉. 《열린교육연구》 22(2), 307-329쪽.
손종현(2015). 〈2045년 한국의 교육분야 미래전망과 정책방향〉. 《교육철학》 56, 35-68쪽.
손종현(2017). 〈교사 책임교육을 지속가능케 하는 교육정책〉. 《열린교육연구》 25(4), 101-124쪽.
손종현(2018). 〈대학 교양교육의 새로운 프레임 탐구〉. 《교양교육연구》 12(6), 11-39쪽.
손종현(2019). 〈기록 가능한 교육활동: '선발에 종속된 교육'에서 '교육에 종속된 선발로'〉. 《찾아가는 민주시민교육 특강 자료》. 지식과세상 사회적 협동조합 외.
손종현(2022). 〈입학사정관제도의 본래 취지 구현을 위한 제도적 조건 탐색〉. 《교육비평》 50, 237-274쪽.
손종현 편저(2010). 《입학사정관제, 최초의 교육개혁》. 대구: 경북대학교.
손준종(2006). 〈'내신제' 도입의 사회적 성격에 관한 연구 -1930년대를 중심으로-〉. 《교육사회학연구》 16(3), 135-165쪽.
손충기(2009). 〈학교교육과정 편성 실태 분석 연구〉. 《교육종합연구》 7(3), 1-28쪽.
전성은·이재강(2014). 《왜 교육정책은 역사를 불행하게 하는가》. 서울: 메디치.
송진경(2005). 〈교직의 존재형태와 사상지형〉. 경북대학교 대학원 박사학위논문.
안상진(2017). 〈새 정부에 바라는 대학입학제도 개선 방안〉. 《교육비평》 39. 168-186쪽.
안상헌(2010). 〈입학사정관 전형과 서류평가의 의미〉. 《교육평론》 5.
안상헌(2010). 〈입학사정관제와 대학의 선발력 강화〉. 《입학전형과 평가》 1, 91-114쪽.
안선회(2017). 〈'교육진보진영'의 대입제도 개선안은 진보가 아니다〉. 《교육비평》 39, 187-239쪽.
안선회(2018). 〈학생부 중심 대입제도의 추진과정과 정책문제 분석〉. 《교육문화연구》 24(6), 87-116쪽.

안현선 · 신동주(2020). 〈학생부종합전형 평가를 위한 핵심역량 평가모델 개발 및 타당화 검증〉. 《교육문화연구》 26(5), 269-293쪽.

안홍선(2020). 〈식민지시기 고등보통학교 개성조사' 연구: 학적부 기록 방식의 변천과 결과 분석〉. 《열린교육연구》 28(1), 189-217쪽.

양 림(2020). 〈대학입학전형제도의 공정성에 관한 연구〉. 《한국과 국제사회》 4(2), 113-138쪽.

양길석(2006). 〈대학수학능력시험의 문제은행 구축 및 활용〉. 《교육방법연구》 18(2), 177-199쪽.

양성관 외(2008). 《대학입학사정관제 지침서 개발 연구》(연구보고 RR 제2008-2-284호). 한국대학교육협의회.

양성관(2009). 〈대학입학사정관제의 특징 및 개선방안 분석 —Cooper 등의 4차원 정책분석모형을 사용하여〉. 《교육정치학연구》 16(3), 125-148쪽.

양성관 · 정일환(2007). 〈미국 대학입학제도의 전형자료, 입학사정관제도 및 기여입학제도 분석〉. 《비교교육연구》 17(3), 167-190쪽.

양은주(2009). 〈일제고사 문제로 다시 읽는 「이 시대의 교사」〉. 《교육비평》 25, 177-195쪽.

오동근(2009.10). 〈면접 스킬 향상 과정〉. ORP연구소.

오성배(2015). 〈대학입학전형별 입학생의 학교생활 추이 분석〉. 《한국교육문제연구》 33(1), 1-18쪽.

오성철(2005). 《식민지 초등 교육의 형성》. 서울: 교육과학사.

오수현(1991). 〈교육과정 편성과 운영의 파행을 진단한다〉. 《중등우리교육》, 138-146쪽.

오태희(2005). 〈과학교과수업의 학력평가〉. 경북대학교 교육대학원 석사학위논문.

윤세현(2010). 〈일반계 고교 영어과 교육과정 운영 실태조사 및 개선 방향〉. 경북대학교 교육대학원 석사학위논문.

이 현(2017). 〈대학 입시제도 어떻게 개선할 것인가?〉. 《교육비평》 39, 240-286쪽.

이경숙(2005). 〈1920 · 30년대 "시험지옥"의 사회적 담론과 실체〉. 《한국교육》 32(3), 한국교육개발원.

이경숙(2006). 〈1930년 조선총독부 학무국의 '시험폐지'규정과 교육담론〉. 《정신문화연구》 가을호. 한국학중앙연구원.

이경숙(2006). 〈일제시대 시험의 사회사〉. 경북대학교 대학원 박사학위논문.

이경숙(2007). 〈모범인간의 탄생과 유통: 일제시대 학생부 분석〉. 《한국교육》 34(2), 217-239쪽.

이경숙(2008). 〈삶과 물음에 비춰본 시험: 물음, 시험, 그리고 삶〉. 《한국교육》 35(1), 3-23쪽.

이경숙(2013a). 〈교육, 공간, 그리고 한국인의 삶: 교육으로 인한 떠남과 남음/남겨짐〉. 《떠남과 남겨짐의 교육》. 파주: 한국학술정보(주). 11-34쪽.

이경숙(2013b). 〈전투적 교육가족: 학벌전쟁을 이끄는 가족〉. 《교육열망과 재생산》. 파주: 한국학술정보(주). 51-82쪽.

이광우 · 오은순(2012). 〈창의적 인재 교육을 위한 중등학교 교육과정에 대한 전문가 인식〉. 《통합교육과정연구》 6(1), 45-68쪽.

이광현(2018). 〈학생부종합전형의 쟁점분석과 대입제도 개선방향〉. 《교육사회학연구》 28(3), 57-95쪽.

이광현 · 권용재(2021). 〈대입제도 쟁점분석: 수시와 정시 입학생들의 소득수준 비교 분석〉. 《한국콘텐츠학회논문지》 21(12), 107-118쪽.

이광호(2017). 〈고교 체제 및 대학 입시 개편 방향〉. 《전국 시 · 도교육청 국제학술대회 제2세션》. 발표원고. 1-27쪽.

이기혜(2021). 〈계층과 대입전형 대응 전략의 관계〉. 《한국교육》 48(4), 85-115쪽.

이기혜(2021). 〈대학입학전형 영향요인 분석: 2013년도와 2019년도의 비교를 중심으로〉. 《한국교육학연구》 27(4), 129-158쪽.

이근식 · 김종민(2015). 〈초등학생에 대한 교사별 평가제가 초등학생의 사회과 학업성취도와 학습태도의 향상에 미치는 영향〉. 《교육평가연구》 28(4), 1203-1223쪽.

이만규(1988). 《조선교육사 2》. 서울: 거름.

이명훈(2017). 〈대학생 학업성취도와 대학입학전형 요소의 관계에 대한 메타분석〉. 《학습자중심교과교육연구》 17(24). 439-457쪽.

이미경 외(2011). 《KU입학사정관전형 단순화, 특성화를 위한 입학정보 분석 연구》(연구보고 2011-002호). 건국대학교.

이미숙(2008). 〈고등학교 선택중심 교육과정의 운영 지원 실태 문석〉. 《학습자중심교과교육연구》 8(1), 299-318쪽.

이미숙 · 변희현 · 최홍원 · 김평국 · 성열관(2008). 《국가 교육과정의 체제 혁신 방안 연구(1)》(연구보고 RRC 2008-1). 한국교육과정평가원.

이병환(2021). 《교직실무》. 파주: 정민사.

이병환(2023). 《교직실무》. 서울: 동문사.

이수정(2018). 〈'학생부' 중심 대입제도개혁에 대한 쟁점 분석 –'학생부종합전형' 도입을 중심으로–〉. 《학습자중심교과교육연구》 18(4), 923-944쪽.

이승일(2011). 《기록의 역사》. 서울: 혜안.

이영민(2010). 〈대학입학사정관 전형의 타당성 제고를 위한 대학 전공계열별 핵심역량 분석〉. 《교육종합연구》 8(3).

이은생(2008). 〈일제고사와 초등학생의 사교육 변화〉. 《일제고사와 학교현장》(세미나 자료집). 교육기획력 실천모임. 51-55쪽.

이이화(2004). 《해방 그날이 오면》. 경기도: 도서출판 한길사.

이재우(2004). 〈제7차 교육과정에 따른 2005 수능 및 선택중심 교육과정 운영 실태 및 문제점〉. 《교육진흥》 17(2), 102-120쪽.

이재훈(2010). 〈입학사정관 전형 74%가 '무늬만'〉. 한겨레, 2010.10.4.

이천종(2019.10.28). 〈'문재인표 대입개혁' 후폭풍.. "공종" 외치며 주입식교육 회귀〉[뉴스분석].

이현(2017). 〈대학 입시제도 어떻게 개선할 것인가?〉. 《교육비평》 39, 240-286쪽.

이혜영 · 윤종혁 · 류방란(1997). 《한국 근대 학교교육 100년사 연구(Ⅱ): 일제시대의 학교교육》. 한국교육개발원.

이혜정(2018). 〈시험을 바꿔야 교육이 바뀐다〉. 2018 전반기 교육전문직 연수회 특강. 대구광역시교육청.

이홍우(1997). 《지식의 구조와 교과》. 서울: 교육과학사.

임성민 · 차정호(2005). 〈한국의 중등 과학 교육과정의 실태와 개선 방안〉. 《대구대학교 학술논문집》 1(1), 375-397쪽.

임영구(2015). 〈제주국제교육모델로서 IB 교육과정의 현황과 전망〉. 《교육과학연구》 17(2), 49-75쪽.

장신애(2018). 〈일본의 국제바칼로레아(IB) 도입 정책과 교사 양성의 현황〉. 《중등교육연구》

66(4), 1165-1192쪽.

전성은(2003). 〈수준 높은 교육〉(기조 강연). 1-7쪽.

정광희 · 이종재 · 김홍원 · 김정원 · 조덕주 · 함석동 · 구리나 · 이희숙(2004). 《「고교-대학」 연계를 통한 대입전형 연구(Ⅰ) -특별전형을 중심으로-》. 고교 교육의 정상화와 대입제도 개선을 위한 KEDI 8년 연구. 한국교육개발원.

정광희 · 김홍원 · 이종재 · 정진곤 · 박소영 · 남수경 · 조덕주 · 이희숙(2005). 《고교교육정상화와 대학 적격자선발을 위한 「고교-대학 연계」 방안 연구(Ⅱ)》(연구보고 RR 2005-6). 한국교육개발원.

정병오(2010). 〈입시모순, 입시에서 입학으로〉. 《입학사정관제, 최초의 교육개혁》. 경북대학교출판부. 171-194쪽.

정선이(1997). 〈경성제국대학의 성격 연구〉. 연세대학교 박사학위논문.

정순우(1989). 〈한국교육사연구의 성격과 전망〉. 《한국교육사학》 11, 56-74쪽.

정여진(2012). 〈2009 개정 초등학교 교육과정 자율화 운영 실태 분석〉. 부산대학교 교육대학원 석사학위논문.

정유리 · 송경오(2021). 〈학생부종합전형 정책에 대한 입학사정관의 순응 · 불응 행태 분석〉. 《교육행정학연구》 39(4), 373-403쪽.

정영근(2018). 〈일본 정부의 IB 교육과정 정책과 시사점〉. 《한국일본교육학연구》 23(2), 1-29쪽.

정일환 외(2008). 《입학사정관제도의 활성화를 위한 법적 · 제도적 방안 탐색》. 한국대학교육협의회.

정일환 · 김경범 · 김무봉 · 김무환 · 박용현 · 양성관 · 최병기 · 황영남(2010). 《입학사정관제 운영의 공통기준 개발연구》(RR 제2010-1-332호). 한국대학교육협의회.

정재걸 · 이혜영(1994). 《한국 근대 학교교육 100년사 연구(Ⅰ) -개화기의 학교교육-》. 한국교육개발원.

정진곤(2005). 〈미국대학의 학생선발방법과 한국입시제도에의 시사점 -Berkeley, Stanford와 Washington 대학을 중심으로〉. 《교육평가연구》 18(2), 149-171쪽.

제주진학지도협회(2015). 《베스트 학교생활기록부 작성 길라잡이》.

조영진(2006). 〈초등학교 학교생활기록부의 변천과정〉. 대구교육대학교 교육대학원.

조용개 · 손종현(2015). 〈교육과정 운영 실태에 관한 FGI 분석과 집단 : '무규범적 성과주의'의 실재성〉. 《열린교육연구》 23(1), 187-213쪽.

조용개 · 손종현 · 강이철 · 김규원 · 이경숙(2014). 〈인재교육체제 탐구를 위한 교육과정 운영 실태에 관한 인식 -대구 · 경북 초 · 중등학교를 중심으로-〉. 《열린교육연구》 22(2), 211-236쪽.

조용기(2005). 《교육의 쓸모》. 서울: 교육과학사.

조용기 · 김현지(2015). 《포괄적 문제해결학습》. 대구: 교우사.

조희권 · 김이지 · 김효희 · 김화신(2019). 〈학생부종합전형 공정성에 대한 입학사정관들의 인식 연구〉. 《입학전형연구》 8, 29-53쪽.

좋은교사운동 정책연구팀(2004). 〈제시하고 압박하고 설득하고 보여주라〉. 《좋은교사》 12, 62-65쪽.

좋은교사 편집부(2004). 〈"교사별 평가", 그것이 알고 싶다〉. 《좋은교사》 12, 48-53쪽.

주경철(2016). 〈스핑크스 같은 한국 교육〉. 동아일보 동아광장(2016.1.28.).

주순영(2006.12.25.). 〈초등학교까지 짓누르는 '시험'의 그림자〉. 한겨레 교육 섹션, 함께하는 교육.

중앙일보(2018.2.11).

지은림(1999). 〈대학입학전형자료들의 타당도 및 공헌도 평가를 통한 학생선발도구로서의 의미 고찰〉. 《경희대학교 교육문제연구소》 15.

지은림(2008). 〈면접전형 실시 및 채점 방안〉. 《대학입학사정관제 도입에 따른 정성적 평가방안 워크숍》. 경희대학교 입학관리처.

지은림(2011). 〈입학사정관제 도입에 따른 고교 차원의 성과〉. 《입학사정관제 성과와 발전방향》. 한국대학교육협의회. 1-20쪽.

진미숙(2010). 〈학교교육의 재개념화 : 선발체제를 중심으로〉. 《교육철학》 42, 213-238쪽.

진은영(2009). 〈고등학교 수학과 교육과정 운영 실태 연구〉. 경북대학교 교육대학원 석사학위논문.

최미숙 · 김병주(2021). 〈Q방법론을 활용한 대학입학사정관의 역할 유형 분석〉. 《교육정치학연구》 28(2), 81-109쪽.

최상천(2008). 〈일제고사의 숨겨진 목적〉. 《일제고사와 학교현장》(세미나 자료집). 교육기획력 실천모임. 41-48쪽.

최성욱(2005). 〈교육학 패러다임의 전환: 기능주의에서 내재주의로〉. 《교육원리연구》 10(2), 71-135쪽.

최승현 · 황혜정(2004). 〈제7차 수학과 교육과정 운영에 관한 실태 분석 연구〉. 《학교수학》 6(2), 213-233쪽.

최종석(2005). 〈일반계 고등학교 수준별 교육과정 이동 수업 운영의 문제점과 개선 방안〉. 《서울교육》 48(1), 92-98쪽.

KAIST 미래전략대학원(2014). 《대한민국 국가미래전략 2015》. 146-161쪽.

한겨레(2006.12.5). 〈함께하는 교육〉. 한겨레 교육섹션.

한겨레(2010.10.4). 〈입학사정관 전형 74%가 '무늬만'〉.

한국교육과정평가원(2014). 《대학수학능력시험 20년사》. 서울: 한국교육과정평가원.

한국기록관리학회 편저(2018). 《기록관리의 이론과 실제》. 서울: 조은글터.

한국대학교육협의회(2011.8.25). 〈입학사정관제의 질적 내실화와 점진적 확대 필요〉. 보도자료.

한국대학교육협의회 입학지원팀(2011). 〈2011학년도 대입전형분석 및 입학사정관제 이해〉. 1-54쪽.

한혜정 · 민용성 · 백경선(2011). 〈2009 개정 고등학교 교육과정의 '학교자율과정' 편성 현황 분석 및 시사점 탐색〉. 《교육과정연구》 29(4), 69-90쪽.

허정은 · 박창언(2019). 〈학생부종합전형에 대한 비판적 고찰 및 개선방안〉. 《예술인문사회융합멀티미디어논문지》 9(9), 353-361쪽.

허정은 · 원효헌(2015). 〈학생부종합전형에 따른 고교 교육의 변화 분석〉. 《수산해양교육연구》 27(3), 804-812쪽.

홍우평 · 김도식 · 남상섭(2010). 《전공적합연구》(연구보고 제2010-002호). 건국대학교.

홍원일 · 한종희(2021). 〈대학입학정책 변동 분석에 관한 연구: 단절적 균형 이론 적용을 중심으로〉. 《한국행정논집》 33(3), 607-634쪽.

홍훈(2003). 〈학벌타파와 공교육 정상화를 위한 우리의 제안〉. 《공교육살리기 실천 : 학벌을 어떻게 이해할 것인가》. 시포지엄 자료. 11-14쪽.

황정규 외(2012). 《교육평가의 이해》. 서울: 학지사.

Dewey, J.(1964). 《Logic, The Theory of Inquiry》. New York : Holt, Rinehart and Winston, INC.

Eisner, J.(1976). 이해명 역(1983). 《교육적 상상력 –교육과정의 구성과 평가》. 서울: 檀大출판부.

Foucault, M. 오생근 역(2000). 《감시와 처벌》, 서울: 나남신서.

Freire(1992). 《Learning to Question: A Pedagogy of Liberation》. New York: The Continuum Publishing Company.

Freire, P.(1998). 교육문화연구회 역(2000). 《프레이리의 교사론》. 서울: 도서출판 아침이슬.

Freire, P.(2000). 교육문화연구회 역(2002). 《희망의 교육학》. 서울: 도서출판 아침이슬.

Platon. 조우현(1994). 《소크라테스의 변명》. 서울: 도서출판 두로.

Platon. 천병희(2013). 《소크라테스의 변론》. 고양: 도서출판 숲.

Randall, G(2016). 《기록의 힘: 기억, 설명책임성, 사회정의》. 서울: 민주화운동기념사업회.

Roediger III, H. L., Putnam, A. L., &Smith, M. A. (2011). 〈Ten Benefits of Testing and Their Applications to Educational Practice〉. 《Psychology of Learning and Motivation-Advances in Research and Theory》 55(1).

Sedlacek, W. E.(2004). 《Beyond the Big Test》. Jossey-bass.

岡久雄(1940). 《朝鮮教育行政》. 帝國地方行政學會朝鮮本部.

夜間忠雄 · 土方惠治 共著(1934). 《各科 成績考查法の科學的新研究》. 東京 モナス 刊行.

子安美知子 著. 임영희 · 이연현 역(1997). 《슈타이너 학교의 참교육 이야기》. 서울: 도서출판 밝은 누리.

田中敬一 編(1898). 《學校管理法》. 東京: 金港堂書籍株式會社.

天野郁夫(1995). 《試験の社會史》. 東京大學出版會.

啓聖學校 教授進度表綴(1936).

啓聖學校 成績一覽表(1939, 1940).

啓聖學校 雜件綴(1938),

啓聖學校 卒業生關係綴(1938)

啓聖學校 學級經營案(1938).

교무수첩, 1982-1991년.

대구MBC 2021.10.4. 보도, TBC 2010.10.4. 보도.

수창초등학교 학적부

朝鮮總督府(1923). 《普通學校修身書 教師用》 卷一, 卷二, 卷三, 卷四, 卷五, 卷六.

朝鮮總督府(1928). 《朝鮮教育法覽》

朝鮮總督府(1938). 《朝鮮法令輯覽》, 帝國地方行政學會.

朝鮮總督府報告例別冊(甲號)

조선총독부 전기기술원양성소 규정(1940.4)

조선총독부 철도종사원양성소 강습과기술원 교습과 시행규칙(1940.1)

朝鮮總督府學務局學務課(1938). 《朝鮮學事例規》. 朝鮮教育會.

지방관리양성소 강습생 모집요강(1941.9)

학교공문서(1930.2.20., 1939.10.12 등 다수)

학교보고서(1945.5.23. 등 다수)

해군성 갑종 비행예과 연습생 양성소 모집요강(1941.11)
해군성단기고등해원양성소 모집요강
해주고보 포상내규
芦屋市立中學校 生徒指導要錄

경북대, 서울대, 성균관대, 연세대, 중앙대, 한양대의 2008학년도 모집요강.
경북대, 서울대, 성균관대, 연세대, 중앙대, 한양대의 2009학년도 모집요강.
2010년 입학사정관제 운영 지원사업 사업신청서(특성화 모집단위)(2010), 경기대학교, 경운대학교, 관동대학교, 국민대학교, 꽃동네현도사회복지대학교, 나사렛대학교, 영남대학교, 우석대학교, 우송대학교, 한국교원대학교.
2012학년도 대학입학 모집요강(2011), 건국대학교, 경북대학교, 서울대학교, 카이스트, 포스텍, 유니스트.

저/자/소/개

■ 손종현

1983 계성중학교 교사
1994 경북대학교 교육학박사
1994 경북대, 대구교대, 안동대, 경남대, 안동과학대 강사
2003 대통령자문 교육혁신위원회 상근전문위원
2010 대구가톨릭대학교 교수
2017 대구가톨릭대학교 교양교육원 원장
2019 대구가톨릭대학교 프란치스코칼리지 학장
2021 한국교육철학회 회장
2021 대통령직속 국가균형발전위원회 위원

주요 저서 및 역서

신문의 교육론 비판(2000) (공저)
생명의 교육(2001) (역서)
한국교육론(2006) (공저)
최초의 교육개혁 입학사정관제(2010) (편저)
배움과 행복: 교양교육의 철학적 탐색(2015) (공역)
교실을 위한 프레이리(2015) (공역)
프레이리의 사상과 실천(2017) (공저)

주요 논문

일제 초등학교 수신교육 연구(1995)
개화기 근대교육에 대한 영남유림의 저항과 수용(1999)
일제시대 학교시험제도의 정치학(2007)
일제시대 식민지 지배층화의 경로(2008)
人材교육체제의 이론적 논거: Dewey의 '삶의 주체' 교육론을 중심으로(2015)
교사 책임교육을 지속가능케 하는 교육정책(2017)
대안교육과 학교기획(2019)
현단계 공교육체제 개혁 정책기획(2021)
교사의 존재방식과 교육기획의 전문성(2021) (공동연구)
입학사정관제도의 본래 취지 구현을 위한 제도적 조건 탐색(2022)

주요 정책보고서

교사별 학생평가 방안 연구(2005) (공동연구자)
대구가톨릭대학교 교양교육과정 개발(2011) (연구책임자)
대구가톨릭대학교 교양교육의 새로운 프레임(2017) (연구책임자)
대안교육 발전 방안 모색을 위한 연구(2018) (공동연구자)
지역 공공인재 양성과 임용 확대 방안(2022) (연구책임자)

선발과 교육과 기록

1판 1쇄 인쇄 — 2023년 11월 29일
1판 1쇄 발행 — 2023년 12월 5일

저 자 - 손종현
발 행 인 - 강철원
발 행 처 - 양성원
주 소 - 경기도 파주시 검산로 173번길 29-12
전 화 - 031-946-3861(代)
팩 스 - 031-946-3864
이 메 일 - tnwpub@naver.com
홈페이지 - tnwpub.co.kr
출판등록 - 2015년 8월 31일 제 2015-000211 호

ISBN 979-11-6126-558-2

정가 25,000원